養護学概論

－養護の本質を捉えた実践の創造－

編著 北口和美・出井梨枝

著

江嵜和子

大平曜子

加藤和代

北川末幾子

米野吉則

柴田順子

土井理恵

長谷川ちゆ子

林照子

森脇裕美子

はじめに

　養護教諭の職務は、学校教育法第37条12項にあるように「児童の養護をつかさどる」と定められています。養護教諭は、学校看護婦、養護訓導、養護教諭という職名の変化の中で、遭遇する子ども達の様々な健康問題に対して、「養護をつかさどる」という基本的職務を果たすため、いかにあるべきかを問われ、また、自ら問い続けて養護活動を創造し展開してきました。養護教諭の歴史を辿ると、職務に一見大きな変化があったかに見えますが、大綱に変わりはなく、養護教諭は置かれた時代の学校教育の方向、社会の状況、子ども達の健康課題を見据えて「養護をつかさどる」という職務を着実に果たしてきたと言えます。

　現在、学校教育においては、多くの職種が関わる時代になっています。そのような中で、養護教諭の仕事は基本的に「独自性」「固有性」を有するものであり、他の職種との職務の違いが当然に存在しなければなりません。そのためには、根幹となる「養護をつかさどる」とは何か、「養護に根差した養護活動」とはどうあるべきかを、原点に返って考察してみる必要があります。

　「養護学概論」というと、一般的に養護教諭入門として、養護教諭の職務や職務内容についてその概略を示すものと誤解されやすい傾向にありますが、概説・概論はただ単に職務内容の概要や実践の方法を学ぶものではなく、「物事の本質を問い直す」という意味があります。

　本書は、「養護」とは、「子どもが心身ともに健康に成長し自己実現することを助ける」、言い換えれば「人間としての自然の行動が自由に行える状態で"生き生きと生きていく子ども"を育てるための具体的活動」であり、その本質は「命を守ること（生命の保障）」「命を育てること（教育の保障）（人権の保障）」であるという考え方に根差しています。そして、「養護の本質を見極めること」、「養護活動の論理的思考を十分に育てること」こそが本書に課せられた学問的意義であるということを念頭に置いて企画しました。

　第Ⅰ部で「養護とは何か」「養護教諭の歴史」「養護教諭の資質・能力」を大きな柱とし、第Ⅱ部では、「養護」の本質を捉えた養護活動を理解し実践に活かしていただくことを願い、職務内容とする養護活動について記述しています。本書が、これからの養護教諭が学校教育において「養護をつかさどる」という職務を先見性と実行性をもって「深化」させ続け、専門職としての実践を創造していくための一助になれば幸いです。

　また、本書は教育職員免許法における養護教諭の養成教育の必須かつ中核的科目である「養護概説」の教科書として活用できるよう作成しています。現職の養護教諭の皆様には、原点に返って職務を見つめなおす書として活用していただき、「養護学」の過去から現在、そして未来をつなぐ一書になれば嬉しく思います。

　最後に、本書の出版にあたっては、ジアース教育新社の舘野孝之氏、久保千裕氏に多大なご尽力をいただきました。ここに、厚くお礼申し上げます。

2020（令和2）年9月吉日

編著　北口 和美　出井 梨枝

3

目　次

第3章　子どもの健康実態の把握

第4章　健康診断

第5章　救急処置・救急処置活動

第6章　疾病の予防と管理

第7章　学校環境衛生

第Ⅰ部

養護学総論

　「養護の本質は何か」「養護を職務とする養護教諭とは何か」。専門職としての養護教諭にとって自明のことのようであるが、未だに養護の概念、養護教諭の専門性を支える知識・技術とは何かということについて共通認識があるとは言い難い。模索の背景には、「養護」の意味が多様に受け取られ、養護教諭の専門性を担保する学問的基盤が一般には理解されにくいという状況がある。

　養護を基盤として生きることを独自の業とする養護教諭にとって、「養護とは何か」「養護を職務とする養護教諭とは何か」を問い直すことは、職務の独自性・固有性について考え、職務そのものを深化していくことにつながる。

　第Ⅰ部は大きく3つの章によって構成されている。第1章では、養護の本質を深く追求すべく、多くの側面から「養護」を捉えることを試み、学校教育における養護の機能、学校教育と学校保健、学校保健と養護教諭について述べ、「養護」の本質について述べる。第2章では、養護教諭の歴史と職務の変遷をたどり、養護教諭の制度化や専門職化、現在の養護教諭の配置状況から養護教諭の職務について述べる。第3章では、養護教諭の専門性と必要とする資質能力、専門職としての社会的責任、職業倫理について述べる。

第1章　養護の本質

　この章では、養護教諭のつかさどる「養護」の本質をより深く探究すべく、多くの側面から「養護」を捉えることを試みている。第1節では、「養護の概念」について、様々な観点から、各領域の特徴や歴史的経過を踏まえ述べる。第2節では、日本の学校教育に「養護」が位置づけられた経緯と学校教育における「養護の機能」について述べ、第3節では、学校教育における「学校保健」が学校制度とともに変遷、整備された経緯を述べる。第4節では、「学校保健」の変遷に「養護教諭」の歩みを交差させ、時代に沿って述べる。

〔 第1節 〕　養護の概念と本質

　学校教育法第37条（施行時28条）において、養護教諭は「児童の養護をつかさどる」と規定されている。一方で「養護」という用語は、現在では教育に関わる「養護」以外にも様々な領域、分野で用いられている。

　養護教諭の職名に冠された「養護」とは何か、養護の概念を検討する試みは多く行われてきた。それは単に、学校教育法に、養護教諭の職務を規定して「養護をつかさどる」とされているからというだけのことでない。養護という語は、歴史的にも養護教諭の果たす機能に深く関わる概念として用いられてきており、養護教諭の職務の本質や特質に迫るための最も重要な概念の一つとされているからである。

　つまり、養護という語は、養護教諭の仕事の本来的意味を問う時や、その職務を規定する際の基本的概念として用いられており、「養護教諭の仕事とは何か」を問うていくと、究極には「養護とは何か」という問いに行きつく[1]。それはまた、養護教諭が、子どもの健康問題に沿った実践を重ねる中で湧き起こってくる「時代や社会の変化に柔軟に反応し変化する養護教諭の専門性とは何か、周りの変化にかかわらず専門性の根幹をなす『養護の本質』は何か」という問いに他ならないのである。

　本節では「養護」の概念を、一般的・社会的観点、教育としての観点、養護教諭の職務としての観点から、歴史的経過を踏まえながら整理して述べる。

1　養護の概念

(1)「養護」という用語の一般的解釈

　広辞苑（第六版）によると、「養護」とは「①危険が無いように保護し育てること。②学校教育で児童・生徒の健康の保持増進につとめること。③心身障害又は社会的な理由で特に手当てを必要とする者を保護し助けること。」とある。

　かつて文部省体育局事務官荷見は、「養護」とは「要するに、養育し、保護するという意味であろう」と述べている[2]。簡潔に説明するならばこの表現が一般的である。

　養護は保育と共通の語源である「養育し保護する」から抽出した「養い護る」から成り立っている。「養う」は「生活させる」「食べ物を与えて育てる」の意味を持ち、「護る」は「危険な状態に陥らないように防ぐ」という意味を持つ。このことから大谷は、「養護」とは「成長発達途上にある子どもが日々安全で、健康な生活を過ごせるよう世話することであり、人間的成長を支援することである。また、その活動は、一人ひとりの体を護り、健康の維持増進をはかっていくと共に一人ひとりが社会の中で自立した人間として成長できるよう育む働きかけである。」と述べている[3]。したがって、養護は元来、家庭で家族により行われたが、近年、様々な事情、ニーズから、専門の職種、機関でなされ発展してきた。今日わが国では養護の対象とされる人は、児童、障害者、高齢者、社会的弱者と多様である。一人の人間としての尊厳を保つ生き方、暮らしが困難な場合に、社会的仕組みが、福祉、教育といった場面で様々に整備されている。

　「養護」は日本語として元々存在した言葉ではなく、明治期に海外書籍の訳語として作られたものである。ヘルバルト学派リンドネルの著書（1890年代欧州で師範学校の教科書であった）の翻訳「倫氏教育学」において「養護」が初めて登場し、教育の方法を表す語として導入された。原本にある「pflege」（一般的には、「世話、手入れ、保護」等と訳されるドイツ語）が「養護」と翻訳されたとされている[4]。このように、「養護」は、明治の近代教育制度の発足以来、「世話をする」という意味を内包する教育学上の専門術語として提案され、後述する教育の3方法（教授・訓練・養護）の一つとして、日本で独自に発達した概念と考えられている。

(2) 様々な領域における「養護」

①保育領域における「養護」

　前述のように、「養護」という用語は、「赤ん坊に授乳する、哺乳する」意から発展して「養育し保護する」につながっており、そこから「養護」と「保育」が抽出されたとされ、共通の語源を有するとみられている。

　1947（昭和22）年「児童福祉法」が制定され、養護施設の登場により新しい概念として「養護」が誕生した。法律において「養護」とは何かは示されなかったが、養護の対象が「乳児を除いて、保護者の無い児童、虐待されている児童その他環境上養護を要する児童」とされ「養護とは養育保護であり、学校教育法による教育はこれを含まない。」と解説され

た。その後、保母養成において保育理論の中に養護理論が位置づけられ、さらに 1962（昭和 37）年保母養成課程改定により教科目「養護原理」が新設され、ここでの「養護」は保育所以外の児童福祉施設に入所する児童に対する療育行為や制度を意味するものとされた。1965（昭和 40）年「保育所保育指針」が制定され、「養護」は保育所保育において子どもが安定した生活を送るために必要な基礎的事項（生命の保持及び情緒の安定に関わる事項）を修得させることを意味するものとされた [5]。このように児童福祉分野の「養護」に関する定義が様々に登場し、多義性を持つようになった。

「児童福祉法」（2017（平成 29）年最終改正）においては、児童福祉施設として、児童養護施設、保育所、幼保連携型認定こども園が挙げられている。また、同法では保育士とは、「保育士の名称を用いて、専門的知識及び技術をもって、児童の保育及び児童の保護者に対する保育に関する指導を行うことを業とする者をいう。」と定められており、「児童福祉施設最低基準」（1948（昭和 23）年、最終改正 2019（令和元）年）では、「保育の内容」として、「保育所における保育は、養護及び教育を一体的に行うことをその特性とし、その内容については、厚生労働大臣が定める指針に従う」と規定されている。

また、2018（平成 30）年に改定された「保育所保育指針」では、「養護」は保育所保育の基盤であるとし、「養護の理念」として「保育における養護とは、子どもの生命の保持及び情緒の安定を図るために保育士等が行う援助や関わりであり、保育所における保育は、養護及び教育を一体的に行うことをその特性とするものである。保育所における保育全体を通じて、養護に関する狙い及び内容を踏まえた保育が展開されなければならない。」と規定している [6]。旧指針では第 3 章「保育の内容」に記載されていた「養護」が、保育所の基本原則を示す第 1 章「総則」に入り、保育所保育における「養護」の重要性が示されている。また、「総則」に「幼児教育を行う施設として共有すべき事項」を掲げ、「育みたい資質、能力」「育ってほしい姿」を目標として設定し、共有することを求めており、保育所を「教育機関」として位置づけたことは今回の大きな改定点である [7]。

②その他の領域における「養護」

「養護」という用語は、学校教育分野では明治期において用いられるようになったが、昭和期に入ってからは養護概念の拡大が見られ、社会福祉など様々な分野・領域で用いられるようになり、その意味は、分野、領域間で異なる部分がある。「養護」が用いられている領域としては、保育、幼児教育の他に、社会福祉、特別支援教育などがあるが、その概念には多義性、曖昧さが見られ、強調される点や具体的実践が異なるという点で多様性が見られる。

福祉領域の法律では、障害者、児童・高齢者と社会的に弱い立場の者全般を養護の対象としている。また、「家庭的養護」が、親の代わりに育てるなど、本来家庭で行う代わりに「育てる」といった意味合いで用いられる。

児童福祉法では、児童福祉施設として、児童養護施設が定められており、「保護者のいない児童［中略］、虐待されている児童その他環境上養護を要する児童を入所させて、これを

養護し、あわせて退所したものに対する相談その他の自立のための援助を行うことを目的とする施設とする。」としている。

　老人福祉法を根拠に老人福祉を行う施設としては老人福祉施設があり、養護老人ホーム、特別養護老人ホーム、老人デイサービスセンター、老人短期入所施設、軽費老人ホーム、老人福祉センター、老人介護支援センターがそれに当たる。

　「特別支援教育領域」では、大正時代にすでに、盲学校、聾唖学校、身体虚弱児童のための養護学級が開設されていたが、1941（昭和16）年国民学校令において虚弱児等「特別養護ノ必要アリト認ムルモノ」のため、養護学校・養護学級の新設が進められた（これらの学校には必ず養護訓導を置かねばならないとした）。当時の特殊学級の大半は身体虚弱児のための養護学級であり、特別な学校・学級の対象者が、「特別養護ノ必要アリト認ムルモノ」であったことが、名称につながったと考えられている[8]。

　1947（昭和22）年、学校教育法により、盲学校、聾学校、養護学校及び特殊学級が規定された。1953（昭和28）年には「教育上特別な取り扱いを要する児童生徒の判別基準」が文部省によって示された。1956（昭和31）年に新制度最初の公立肢体不自由養護学校、1957（昭和32）年には最初の公立精神薄弱養護学校が開かれ、その後様々な障害に対応する学校が開校した。1979（昭和54）年には養護学校の就学と設置が義務づけられ、2001（平成13）年文部科学省は特殊教育から特別支援教育の呼称に替え、2007（平成19）年学校教育法の一部改正により、全ての学校において特別支援教育が実施され、また、知的な遅れの無い発達障害も含めた対象の拡大が行われ、盲、聾、養護学校も特別支援学校となった[9]。

③共通する養護の概念

　多くの分野、領域で用いられる「養護」であるが、領域間での共通性として岡田[10]は、「養護」には「年齢が低い、高齢などの年齢的な理由（未熟さ）や病弱・障害といった社会的に弱い立場・家庭環境の理由によって、当りまえの日常生活を営むことが困難である人々を対象とし、生命の保持、情緒の安定を目指した、対象のニーズに合わせた生活との関わりの中での心身発達問題への意図的な支援」という意味があり、「養護」には「生命・生活の保持」「生活の安定」を目指し、「個々の心身の状態や障害の特性など対象のニーズに合わせた支援」という共通した本質が存在すると指摘している。

② 養護教諭の職務としての「養護」

(1) 養護教諭のつかさどる「養護」

①職務としての「養護」

　日本の学校において「養護」という言葉が注目されるようになったのは、1929（昭和4）年の文部省訓令「学校看護婦ニ関スル件」であると考えられている。「学校衛生に関しては、学校教職員、学校医、主としてこれに従事すといえども、就中幼弱なる児童を収容する幼

稚園、小学校等においては、学校看護婦をしてその職務を補助せしめ、もって周到なる注意のもとにいっそう養護の徹底を図るは極めて適切なることと言うべし。」とある。教育に関する法令の中で、学校看護婦の職務内容の統一が図られた。これは学校の場において「養護」が不可欠であり、養護の徹底を図るためには、そのことに専念できる専門の職種（当時は「学校看護婦」）が必要であることを示しており、後の養護訓導へとつながったとされている[11]。

　ヘルバルト学派によって1880年代に日本に紹介された教育学の体系では、教育の目的を「品性の陶冶」という道徳的理念の実現にあるとし、その方法を「教授」「訓練」「管理あるいは養護」という3つの概念をもって考えた。このような教育学の考え方を背景に、1941（昭和16）年、「国民学校令」施行規則第4条では、「心身を一体として教育し、教授、訓練、養護の分離を避くべし」と、教育の3つの方法が総合的になされる必要が述べられている。また、その3方法は、「子どもの世話」を意味する「養護」を根幹とし、その上に「訓練」「教授」がなされて成立するものであるとしている。その関係を大谷[12]は図1のように示している。

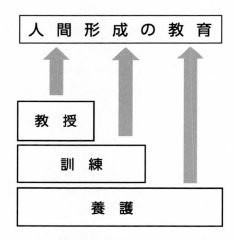

図1　教育学の中での「教授」「訓練」「養護」の関係

出典：大谷尚子『新養護学概論』[12]

　この国民学校令において、世界に例を見ない独自の教育職員として「養護訓導」は誕生した。同令では、「国民学校ニハ［中略］養護訓導［中略］ヲ置クコトヲ得」「養護訓導ハ学校長ノ命ヲ承ケ児童ノ養護ヲ掌ル」「養護訓導ハ女子ニシテ国民学校養護訓導免許状ヲ有スルモノタルベシ」と規定され、「養護をつかさどる」ことが職務であることが明記された。また、職務については「養護訓導執務要項」で示された。

　戦後の1946（昭和21）年憲法が発布され、1947（昭和22）年教育基本法に続いて制定された学校教育法では「小学校には、校長、教頭、教諭、養護教諭及び事務職員を置かなければならない」とされ、「教諭は児童の教育をつかさどる」「養護教諭は児童の養護を

つかさどる」と示された。しかし、「養護をつかさどる」ことの解説は無く、職務内容としては、「養護訓導執務要項」を踏襲する形で実務が行われた。養護教諭の数は、1946（昭和21）年では2,360名であったが、1953（昭和28）年には10,000名を超えて増加していった[13]。時代とともに社会状況の変化、疾病構造の変化に伴い子どもの持つ問題も変化する中で、次第に養護教諭自身の職務や役割について検討や研究が行われ、現在まで、養護教諭の専門性、機能、果たすべき役割について問われ、また自ら問い続け、議論や検討が続けられてきた。「養護」とは何かは示されてこなかったが、1972（昭和47）年文部省の諮問機関である保健体育審議会の「児童生徒等の健康の保持増進に関する施策について」の答申において、養護教諭を「専門的立場から実態を把握し、心身の健康問題の有無にかかわらず、健康の増進に関する指導を行い、教育に協力する役割」とする見方が国から示され、「養護とは、児童生徒の健康の保持増進に関するすべての活動」であり、主体性を持って行うべきであることが示された[14]（第Ⅰ部第3章第1節表7参照）。

　養護教諭の専門性に関わる養護概念については、藤田によると、1960年代小倉学が、1970年代杉浦守邦が一定の理論的な検討を加え、見解を示している。両氏はともに養護概念の成立時に遡って検討を加え解釈している。小倉は、養護概念が歴史的に「特別養護」から「一般養護」へ拡大・発展してきたと捉え、拡大するにつれてその活動が発展し、養護の専門的機能が次第に独自の分野を形成していったとし、また、国民学校令による養護訓導の制度化によって養護概念が確立した（一つの包括的な意味を持つ養護として設定された）としている。杉浦は、養護はもともと教育学に内包されていたものであり、まず最初に、一般教員が行う「一般養護」があり、次いで、新たに特別に問題を持った児童を対象に行う「特別養護」というものが出てきたと捉え、養護の本来的意味内容を学校看護婦の登場時の職務に求め、特別養護の機能が本来の職務であるとして養護を定義し、それに基づく「養護活動」のあり方を提案している[15]。養護教諭の担う「養護」とは何か。その定義については様々な議論や検討が行われ、問い続けられているが、両氏の分析・見解は主要な二つの柱として引用あるいは参考にされている。

　1997（平成9）年に「養護教諭教育（養護教諭の資質や力量の形成及び向上に寄与する活動）に関する研究とその発展」を目的として掲げ設立された日本養護教諭教育学会では、「養護」を、次のように定義している[16]。

> 　養護とは、養護教諭の職務として学校教育法第37条第12項において『養護教諭は、児童の養護をつかさどる』と規定されている言葉であり、児童生徒等の心身の健康の保持（健康管理）と増進（健康教育）によって、発育・発達の支援を行うすべての教育活動を意味している。

　また、「養護教諭」については、「養護教諭とは、学校教育法で規定されている『養護をつかさどる』教育職員であ」ることを踏まえ、「養護教諭とは、学校におけるすべての教育活動を通して、ヘルスプロモーションの理念に基づく健康教育と健康管理によって子どもの発育・発達の支援を行う特別な免許を持つ教育職員である」としている。その上で、法

律で、「養護」の専門家としての位置づけにあるのは養護教諭のみであること、「養護」の概念に相当する英語が存在しないことから、「養護教諭」の英訳について、Yogo　teacherと表記すると定めている。

②養護教諭のつかさどる「養護」

「養護」の目的（ねらい）は、①子どもの健康に生きる権利を保障すること、②子どもに適切な学習を保障すること、③子どもが一人の自立した人間として成長できるよう支援すること [17] であり、子どもが心身ともに健康で成長し、自己実現することを助けることである。言い換えれば、「健康で生き生きと生きていく子ども達」を育てることである。この目的に向けた具体的な活動が、「養護」であるとするならば、この目的が「養護の本質」であると捉えることができる。学校教育においては、人間形成という教育の目標に向けその根幹としての「養護」が重要であり不可欠であること、全教員が「養護」を職務とするが、養護教諭は専門職として「養護」を担うことが求められていることとなる。

「養護」は教育の方法の一つとして行われる。憲法第 25 条では「すべて国民は健康で文化的な最低限度の生活を営む権利を有する」とうたわれている。教育基本法第 1 条（教育の目的）では、「教育は、人格の完成を目指し、平和で民主的な国家及び社会の形成者として必要な資質を備えた心身ともに健康な国民の育成を期して行われなければならない。」とされている。ここにうたわれている人間の素朴な願いである「健康」とはどんな状態をいうのか。佐守 [18] は、「健康」を「人間としての自然な行動（「喜び」と「愛」の二つの顔を持つ行動）が自由に行える状態」とした上で、「ここにうたわれている「教育の目的」は人格の形成をめざしてすくすく伸びていく人間の生命を育成することであると考えられる」と述べている。すなわち養護の本質は「人間としての自然な行動（人間らしい、よりよい行動）が自由に行える状態（健康）で、生き生きと生きていく子どもを育てること」となる。

教育の方法としての「養護」を活動として実践するためには、教育の目的としている「健康」、教育の対象である成長発達途上の「子ども」、養護を内包する「教育」について深く考え、正しく広い知識と理解、見解が要求されることは言うまでもない。その上で、養護教諭の専門性として拠って立つところは何か、明らかにし認識することが必要となる。「養護」の対象は子どもであり、その全体としてのからだである（子どものからだをみることを通して子ども全体をみる）。養護教諭が直面する子どもの健康問題は、絶えず変遷し、新たな事象が現れる。移り変わる事象にどう力量を発揮するか、専門職としての真価が問われる。「子どものからだを確実にみる」学びと実践の積み上げは養護教諭の特質である。専門性の核といえるものをしっかり持つこと、そして、移り変わる問題に的確な判断をし、適切に対応すること。養護教諭にはこの二つの力が求められるのである。

養護の実践では絶えず予期せぬ事態に直面する。そのときいかに実践を「創造」できるかが養護教諭の力量であり、真価であるといえる。創造力は、想像力から生まれ、想像力は知識と経験によって湧き出す。創造する力を培うためには、基盤となる確かな専門的知識・技術と、たゆまぬ研鑽が必要となる。小倉は、専門職の職務遂行について次のように述べ

ている[19]。「専門職としての職務遂行には、最善の判断をする自由が与えられる。高度の知的な判断を要する問題に直面した時判断と決断する自由であり、当然高度の知識と専門技術が必要となる。それを備えた人に与えられる大幅な自由である。大きな責任も伴う。誤りのない判断と実施が出来るためには長期の専門教育と絶えざる研修が要求されるのである。信頼に値する知識が自由を許される。これが専門職としての自律性である。」すなわち、養護の実践を創造することと、それを展開する上での自律性を有することが「養護をつかさどる」ということなのであろう。

(2) 一般養護と特別養護

　明治20年代、ヘルバルト教育学が日本に紹介された当時の教育の3方法の一つである「養護」には、学校生活全般を通じて衛生的原則を守らせ、不良習慣を矯正して、健康を保持増進させる作用という意味が含まれていた。杉浦によると、その後、義務教育が進行し、学校医制度も整備され、身体検査を徹底するに伴い、健康上の問題として、病弱者、虚弱者（特にトラホーム、結核、腺病質、皮膚病等）が多数発見されることとなった。そこでそれぞれの問題に応じて、学校内で何らかの指導援助をし、健康の回復と学業を全うさせる必要が認識されるようになった。そこで養護も、身体検査で発見された特別の問題をもつものに対して特別の援助を行う分野を特別養護として分化し、一般的な健康保持の指導を行う分野を一般養護と呼ぶようになった[20]。

　一般養護は全ての教員の任務であるが、特別養護については、学校内に専門的知識と技術をもってその指導と管理に当たる者が必要とされ、病者・虚弱者等の監督養護の実務に従事する職員として学校看護婦が位置づけられた。その後、1920（大正9）年、身体検査が事後措置を重視したものに改正され、教育の担当者として学校看護婦から養護教諭へと発展していく契機となったとされている[21]。1941（昭和16）年国民学校令では虚弱児等「特別養護ノ必要アリト認ムルモノノ為」養護学校・養護学級の新設が進められ、これらの学校には必ず養護訓導を置かねばならないとされた。

表1　一般養護と特別養護

一般養護	一般的な健康法の指導から、不良習慣の矯正・良習慣の訓練等	一般の教師
特別養護	身体検査で発見された病弱児・虚弱児などに対し、個々の欠陥や体質に応じて医学的処置や指導を行う。 （「病者、虚弱者、精神薄弱者等ノ監督養護ニ関スル事項」より）	学校医 その後、 学校看護婦

※学校医の資格および職務に関する規定（1920（大正9）年2月）

出典：岡田加奈子他『新養護学概論』[22]

(3) 看護と養護

　養護教諭制度は明治期の学校看護婦が発端となっている。また、国民学校令では養護教諭の基礎資格を、看護婦、保健婦としており、その制度は長く続いた。現在も看護師免許

を基礎資格とする養成機関は極めて多い。また、保健師免許取得者が申請のみで養護教諭免許を取得できる制度は長く残った。このような背景から、養護教諭の制度発足以来、教育職としての専門性をいかに構築するかが大きな課題であり、看護師との違いから導き出そうとする試みがなされ続けてきた。養護と看護はどのように異なるのか、共通点は何か、養護教諭に必要な看護能力とは何かなどの議論、検討が現在も続けられている。

①看護の定義

　保健師、助産師、看護師は、保健婦助産婦看護婦法（1948（昭和23）年制定、2001（平成13）年保健師助産師看護師法に改正）において、次のように規定されている。

第2条　この法律において「保健師」とは、厚生労働大臣の免許を受けて、保健師の名称を用いて、保健指導に従事することを業とする者をいう。
第5条　この法律において「看護師」とは、厚生労働大臣の免許を受けて、傷病者若しくはじょく婦に対する療養上の世話又は診療の補助を行うことを業とする者をいう。

　ナイチンゲール以来、「看護」には様々な定義があるが、近年その対象が広く捉えられるようになってきている。

表2　様々な「看護」の定義

日本看護協会の「看護」の定義	そもそも看護とは、健康であると不健康であるとを問わず、個人または集団の健康生活の保持増進および健康への回復を援助することである。
国際看護師協会の「看護」の定義	看護は、ヘルスケア制度の欠くことのできない一部分として、あらゆるヘルスケアの場および地域社会において、健康の増進、疾病の予防および身体的精神的に健康でない、あるいは障害のある、あらゆる年齢の人々のためにケアを包含する。
アメリカ看護師協会の「看護」の定義	看護とは、人間の反応による診断と治療およびケアによる個人・家族・集団・人々の擁護を通じて、保護、推進、健全な状態と能力を最大限に利用し、病気や怪我を予防し、苦痛の軽減をはかるものである。

出典：日本看護協会『看護にかかわる主要な用語の解説』[23]

　これらに共通するのは、看護の対象を「健康であると不健康であるとを問わず」「さまざまな健康の段階にあるすべての人々」と捉え、「健康の保持、増進、健康の回復、あるいは安らかな死」のために「個人または集団に手助けをする」ということであろう。

　拡大してきた新たな看護の概念では、医療における医師、看護師、患者の関係は教育的関係であるとし、看護の役割は、臨床看護（診療の補助及び療養上の世話）の範囲を超え、従来の疾患を中心とする看護法の教育から、人間の生活そのものに直面する看護学へ視点を変え、成人、小児、母性それぞれの人間理解に基づく疾患の看護と保健が新たに加わっている。総合看護（包括看護）の立場はこのように従来の役割に教育的要素が加わったものである[24]。

②看護と養護の共通点と相違点

　上記のように看護の概念を幅広く捉えると、対象者、目的が養護と共通であると見ることもできる。岡田は看護と養護の主たる対象者の違いについて、看護は疾病等明らかに健康上の問題を持つ子ども個人の方が多く、養護教諭は健康問題を持つ子どもを対象とはしていても、多くは健康問題が顕在化していない、一見健康と言われる児童であるとした。また、活動の場は、看護は人々の存在するところ全てであるのに対して、養護では学校が中心で、なおかつ外に向かって広がるところに相違点があるとしている[25]。

　養護教諭と看護師の違いについて、森[26]は、養護教諭の仕事は子どもの健康を守ること（健康保護）と発達を促すこと（発達支援・保障）の両方を目的とした活動であり、その活動を教育活動の一環として捉えることであるとし、教育とは育てること、単なる生物として生長させることでなく人間らしい人間に形成していく営み、即ち価値観に指向された人間形成の営みであると言及している。教育という営みの中では、どのような人間（子ども）に育ってほしいのかという教師が願う子どもの姿「価値的人間観」と子どもとはどういうものかという科学的な子どもの姿としての人間観「科学的人間観」という二つの見方が問われるが、看護の場合には科学的な人間観の持つ比重が大きいと指摘している。また、養護の専門的力量については、「問題に対処する仕事」ではなく「人間らしく生きていく力を組織していく仕事」であり、養護の専門的力量の中に教育の論理が内在していることが要求され、そこに養護観と看護観の違いがあると述べている。

（4）教諭と養護教諭

　学校教育の中で共に教育に携わり、「教育をつかさどる」教諭と「養護をつかさどる」養護教諭であるが、教育の3方法における、両者の専門性の相違は次のように考えられる。

　学校における「教授」「訓練」「養護」の関係を先に述べた（図1）。教員は、教育の3方

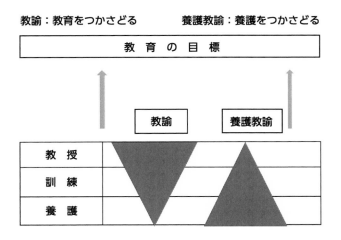

図2　教諭と養護教諭の専門性の違い―担うべき専門性の同と異―

出典：北口和美「養護教諭の職の深化を究める」（第21回日本養護教諭教育学会　学会長講演）をもとに作成

法全てに携わるが、どの分野を主として担うかに相違があると言える。即ち教諭は「教授」を専門として主に担い、養護教諭は、専門として主に「養護」を担う。図2に教諭と養護教諭の専門性の相違について示している。

　子どもをめぐる課題、教育のニーズに向き合いながら子どもに「生き生きと生きていく力」を育成していくためには全ての教員が力を発揮することが必要であり、それぞれが専門職としての視点を持ち実践をすることで、教育の目的である「健やかな育ちと人間形成」が達成できるものである。教育の目標達成に向け、それぞれが相互の役割を理解し、立場を尊重し、敬意をもって協力しあいながらその専門性を発揮していくことによって、教育に成果をもたらし、子ども達の健やかな成長が図られるものである。学校には多種の教員、職員が在籍するが、全ての教職員にとっても同様のことがいえる。

③　養護の本質

　本節では、養護教諭のつかさどる「養護」とは、「子どもが心身ともに健康で成長し、自己実現することを助ける」、言い換えれば「人間としての自然な行動（人間らしいより良い行動）が自由に行える状態で、"生き生きと生きていく子ども"を育てる」ための「具体的活動」であり、養護の本質は、「命を守ること（生命の保障）」「命を育てること（教育の保障）（人権の保障）」であるとする。「養護」は教育の根幹をなす働きであり、養護の対象は成長発達の段階にある子どもである。教育の目的を実現するための具体的活動である「養護」には、事象が変化しても変わらない「不易」の職務と、時代の変化、ニーズの変化に伴って転換する「流行」の役割がある。養護教諭は職制が定められて以来常に理想の姿を追い求め、社会の変化、子どもの健康問題の変化を見据えてその職務を果たしながら、「養護の本質」を問い続けてきた。さらなる深化を求めて養護教諭が自ら「養護とは何か」を絶えず問い直し、立ち返る姿勢が、養護教諭の専門性と固有性を高め、実践力を磨くことにつながっていく。上記のように「養護の本質」を捉えた上で、本書は、「養護をつかさどる」とは「養護教諭が専門職としての自由と自律性を持ち、教育のフィールドで養護の活動を創造し、実現していくことである」とする。

引用・参考文献

1）藤田和也（1985）．養護教諭実践論−新しい養護教諭像を求めて．青木教育叢書，p49-50.
2）荷見秋次朗（1949）．養護教諭実務必携．東山書房，p18.
3）大谷尚子他（2009）．新養護学概論．東山書房，p15.
4）杉浦守邦（2002）．養護教諭はどうしてこの名がついたか．日本養護教諭学会誌，5（1），p14-23.
5）吉田幸恵（2016）．「養護」という語の歴史的展開−児童福祉分野における「養護」−．中古屋経営短期大学．子ども学研究論集,8.
6）厚生労働省編（2018）：保育所保育指針解説．フレーベル館，p30-60
7）汐見稔幸（2018）．保育所保育指針ハンドブック 2017 告示版．Gakken.
8）鈴木裕子（2002）．養護教諭の歴史とアイデンティティに関する研究−養護概念の変遷の検討を中心に−．web 版 障害・医学・教育研究会誌，vol 4．p28.
9）文部科学省（2015）．学制百二十年史 第二章第六節 特殊教育.
　https://www.mext.go.jp/b_menu/hakusho/html/others/detail/1318248.htm（2018 年 10 月 17 日閲覧）
10）岡田加奈子他（2015）．養護内容と枠組みに関する検討．東京教育大学大学院連合学校教育学研究科教員対象「研究プロジェクト」研究実施報告書.
11）前掲書：3），p20
12）前掲書：3），p21
13）養護教諭制度 50 周年記念誌編集委員会編（1991）．養護教諭制度 50 周年記念誌．ぎょうせい，p292.
14）三木とみ子（2009）．四訂養護概説．ぎょうせい.
15）前掲書：1），p51-52
16）日本養護教諭教育学会（2012）．養護教諭の専門領域に関する用語の解説集（第 2 版），p6.
17）前掲書：3），p22
18）佐守信男（1965）．人間の歴史的自然 教育衛生学序説．六月社.
19）小倉学（1970）．養護教諭 その専門性と機能．東山書房，p10-12.
20）杉浦守邦（2004）．養護概説 第 3 版．東山書房.
21）前掲書：4），p16.
22）岡田加奈子他（2016）．養護教諭のための現代の教育ニーズに対応した養護学概論−理論と実践−．東山書房，p14.
23）日本看護協会（2007）．看護にかかわる主要な用語の解説.
24）池田哲子（1980）．養護教諭養成課程における看護の位置づけ．学校保健研究，22（12），p577-579
25）岡田加奈子（1998）．養護・養護教育と看護−養護教諭に関連して−．千葉大学教育学部研究紀要，第 46 巻，p183.
26）森昭三（1991）．これからの養護教諭−教育的視座からの提言−．大修館書店，p40.
27）佐守信男（1969）．幸福への賭け 科学的教育論．元新書.
28）杉浦守邦（2001）．養護教諭制度の成立と今後の課題．東山書房，2001.
29）杉浦守邦（2005）．日本の養護教諭の歩み．第 52 回日本学校保健学会教育講演資料.

1 学校教育における「養護」の位置づけ

日本の学校教育の歴史の中で、「養護」という言葉が初めて公的な規定に用いられたのは、1910（明治43）年に示された「師範学校規程」の中であると思われる[1]。

「師範学校教授要目」に、「師範学校規程」（1907（明治40）年）の「第一節　学科及其ノ程度」の内容の詳細が示されている。小学校教員になるために学ぶべき「教育」という科目の内容として、「養護」「教授」「訓練」の目的や方法等が挙げられている[2]。

この頃までには、日本の学校教育において、「養護」「教授」「訓練」の3方法が教育の方法として考えられるようになっていたと推察される。そこで、教育方法の3方法の一つに「養護」が位置づけられるようになった経緯について見ていきたい。

2 教育学における「養護」への注目

「養護」という言葉は、古くは1597年発行の字引「易林本節用集」に見られる[3]。明治初期には、人間に対して使われるほか、樹木等にも使われた[4][5][6]。しかし、日本の教育学において「養護」という言葉が用いられるようになるのは、明治20年代にドイツ型の教育学が取り入れられるようになった以降のことである。

日本では、明治初期、殖産興業、文明開化を目指して近代化が図られた。教育においても、個人の立身・治産・昌業、列強国に並ぶための人材育成を目指して近代化、洋学化が図られた[7]。1872（明治5）年の学制発布により必要となった教員養成では、東京師範学校を設け、米国から教師が招聘され、欧米の教育法を模範とする養成が開始された[8]。また、1873（明治6）年には、同じく米国からダビッド・モルレーが招聘され、文部省の督務官次いで学監として教育令の起草などに影響を与えた[9]。その外、欧米の教育書の翻訳、留学生の派遣などにより、米国、英国、フランス、ドイツなどの教育制度や教育方法が紹介された。当初は特に米国の影響が大きく、知育、徳育、体育の「三育思想」、自由主義教育、開発主義教育等が取り入れられた。この時期はまだ、身体に対する教育や学校環境の管理等の対応が求められても、「養護」という言葉のもとではなかった。

明治10年代に入ると、自由民権運動の激化、憲法法制・国会設立の問題などを巡って自由思想に対する批判がなされるようになった[7]。1879（明治12）年には、学制に代わって教育令が発布された。教学の方針は天皇が決定すべきであるという国教思想が主張されるようになり、明治10年代後半には徳育の振興が求められるようになった。この動きは、「教育に関する勅語」成立の素地となった。明治20年頃になると、大日本帝国憲法の公布に向け、ドイツ型の政治・軍事の制度、体制等が取り入れられた。教育についても、ドイツに

留学生を送ると同時に、1887（明治20）年には大学における教育学教授のために、ドイツから教師ハウスクネヒトを招聘した。ハウスクネヒトは、当時ドイツで広まっていたヘルバルト学派教育学（主としてケルン、ラインの著書による）に基づいて講義を行ったとされている [7]。

　ヘルバルト学派教育学は、教育の目的を徳性の涵養に置いており、国民道徳を重視する方向にあった日本にあって、広く受け入れられた [7]。ヘルバルトは、教育の目的を倫理学（実践哲学）に、教育方法を心理学に基づいて教育学を体系化した。ヘルバルト学派が教育学の対象としたのは知育とそれを支える徳育であり、教育の3方法として「管理（監護・看護）・教授・訓練（Regierung・Unterricht・Zucht）」を提唱した（当時、訳語は一定していない）。ヘルバルトによる教育学の体系化の影響は大きく、この後、昭和初期まで、教育は3方法から述べられるようになった。しかし、ヘルバルト学派教育学は、徳性を実践する器である身体が健全である必要性については注目していたものの、体育は教育の本務ではなく、医学、生理学の範疇のものとして教育学の対象とはしなかった [10]。

　そのようなヘルバルト学派の中でも、フリョーリヒは、リンドネルの教育学書を増訂するに当たって、知・情・意を対象とした教育方法「管理・教授・訓練」の基礎となるものとして「体育論」を展開し、身体養護について述べた [11]。教育学の翻訳書において、小見出しに「（身体）養護」という言葉が用いられた初期のものであると思われる。そこには、児童の身体を養護する方法として、消化作用に関する方法（広義の栄養）と血液循環呼吸作用に関する方法があるとした。血液循環呼吸作用に関しては、空気、温度、皮膚の清潔、衣服、適度の運動と過労の防止等について述べられている。なお、ラインは、教育方法を「教授学・教導学」の二分法で述べ、その「教導学」の中の管理の部分に「身体養護（体育論、衛生論）」を挙げた [12]。また、ケルンは、「教授・監護・訓練」の3方法の内の「監護」の内容の最初に「身体の養育」について述べている [13]。

　「養護」という語句に注目して、ヘルバルト学派教育学を学んだ日本の教育学者の著述を見渡すと、早期のものでは、湯本武比古が1894（明治27）年に出版した著書『新編教育学』の中にこの語が見られる。湯本は、「教育の目的物」は児童の身体と心意であるとし、心意教育の3方法「管理・教授・訓練」とは別に、「身体の教育即ち体育」との関係で「身体的発達の養護」について述べている [14]。また、大瀬甚太郎は、「養護」という語句を用いてはいないものの、1891（明治24）年に出版した著書で、教育の目的を達成するための「特別の方便」として「養育・訓練・教授」の3つを挙げている [15]。

　ヘルバルト学派教育学では「体育」を教育学の対象にしなかったため、教育方法の一つに「養護」が挙げられなかったものの、この頃の教育学においても身体の養護の必要性には目を向けられていたと推察される。その「養護・身体養護」は、体育や学校衛生との関係の中で言及されることが多かった。

③ 教育方法の一つとしての「養護」の位置づけ

　明治30年代に入ると、教育勅語（1890（明治23）年発布）に基づく天皇を中心とした国家思想、日清戦争（1894 − 95（明治27 − 28）年）による国家意識の高揚などに伴い、個人主義的であるヘルバルト学派教育学は批判されるようになった。代わりに、個人を社会の一員として教育することを目指し、学校を社会教化の一機関とする社会的教育学説が導入されるようになった[7]。社会的教育学説を説くトイシェルは、ヘルバルトによる区分のうちの「管理」を「訓練」に含め、ここに新たに「養護」を加え、教育の3方法を「養護・教授・訓練」とした[16]。教育学は①養護論あるいは教育衛生学、②教授論、③訓練論あるいは狭義の教育学、の3大部からなるとし、「解剖学、生理学、人類学及ひ精神物理学等より学ふ所なかるへからす」と述べた[17]。東京師範学校教授の森岡常蔵は、ラインが「教導学」のうちの児童の「管理」の中に「身体養護」を加えたことは「従来のヘルバルト派の論拠に一歩加えたもの」と評価をしながらも、それでは不十分であり、トイシェルによる三分法の方が妥当であるとした[18]。森岡は、「教授と訓育とは主として精神生活に関する陶冶であると云って宜い。尚は精神生活に対して身体生活に関する陶冶、詳しく云へば身体の健康を保持し、体力を発揚・練磨することをも務めなければならぬ。これが即ち教育上養護の負担すべき任務である」と述べた。また、「養護の注意は家庭に於ても学校に於ても均しく必要である」とし、教育方法の一つとして「養護論」を展開した[19]。また、学問研究上の便利から教授、訓育、養護を部門分けしているが、実際には相互に結合しているものであるとも述べている。

　森岡らの学説により、日本の教育学の中で、「養護」が教育方法の一つに位置づけられるようになった。

④ 教育方法「養護」における養護の機能

　ヘルバルト学派教育学に始まる日本の教育学における「養護」の捉え方の特徴は、「養護」は子どもが幼少であるほど必要となる、幼児期を主な対象とする教育方法であり、したがってその主たる責任は家庭にある、とされたことであった。また、身体の発育や健康の保持増進を目的とするが、生活習慣に配慮して健康管理を行うことを主とする消極的な方法と、運動や体操、作業などを通して身体を作り、体力増進を図る積極的な方法に二分して考えられた。

　湯本は、「新編教育学」において、「教育的養護ノ方便ハ、一部ハ積極的ニシテ一部ハ消極的ナリ。消極的方便ハ、有害ナル事物ヲ禁制シ、之ヲ遠ザクルヨリ成立シ、積極的ノ方便ハ、必須欠クベカラザル事物ヲ、授與スルヨリ成立スルモノナリ」。「養護スベキ主要ノ事項ハ、栄養、呼吸、運動及ビ姿勢、睡眠、神経系統及ビ諸覚官、衣服並ビニ身体ノ鍛錬ニ関スルモノ是レナリ」とした[20]。また、1907（明治40）年、稲垣末松は「科学現時の進歩に基く教育学要義」において、「養護とは、一方に於ては身体生活を保持し、他方に於

ては体力の増進を計り、かくて教授、訓練の作用を補翼するをいふ」とし、「教授、訓練」を助けるものとして「養護」を位置づけた[21]。身体生活の保持に関しては食物、空気及び衣服に注意し、体力の増進のためには運動、遊戯、手工、体操等の実施を挙げた。

　なお、1908（明治41）年発行の「教育大辞書」には「養護学」（Diätetik）の項があり、「摂生法の義なり」と説明されている[22]。当時のドイツ語の教育書から「養護」或いは「養護学」と訳される語には、Diätetik、Pflege、Körperpflege等があった。1917（大正6）年に、乙竹は、小学校師範学校の教育科教科書として作成した「教育学」の中で、「養護とは、身体を養ひ護る作用にして、児童の教育に於ては、特に缺くべからざる所のものなり。其の任務は児童身体の成長発達を助成して、その健康を増進し、身体の各部の機能を完全ならしむると同時に、全身を強壮ならしむるにあり。されば小学校令第一条に示されたる、「児童身体ノ発達ニ留意」することは、小学校における養護の特に努べき所なりとす」としている[23]。小学校教育の目的との関係の中で、「養護」の責務を捉えていたと考えられる。乙竹も、その「養護」の方法について、「養護には消極・積極の両目的あり」としている[24]。すなわち、「養護」は、消極的方法である身体の保護と、積極的な方法である身体の鍛錬からなるものであり、現在でいう「保健」と「体育」を内包するものであったと考えられる。また乙竹は、身体の健康は、幼少期には保護者や教師によって与えられるが、後には自ら健康と機能を高めなければならない。そのため、「養護」と「教授」が関係して生理・衛生に関する知識を培い、「養護」と「訓練」とが密接に関係する中で自制力や自発力を発揮して良い習慣を獲得し、規則正しい生活を送るようになることが求められるとした。ここには、「教授・訓練・養護」という教育の3方法を横断し、一体として行うものとして捉える「健康教育（身体活動・体育を含む）」の考え方が推察される。

5　「教育勅語」と「養護」

　1890（明治23）年に発布された「教育ニ関スル勅語」（教育勅語）は、発布以降、第二次世界大戦の終戦に至るまで、日本の学校教育の中心に位置してきた。教育勅語を受けて発布された小学校令（1890（明治23）年）では、第1条に「小学校ハ児童身体ノ発達ニ留意シテ道徳教育及国民教育ノ基礎並其生活ニ必須ナル普通ノ知識技能ヲ授クルヲ以テ本旨トス」とされた[25]。「児童身体ノ発達ニ留意」することは、初等教育の内容の第一に挙げられていた。この本旨は、1941（昭和16）年に小学校令が改正されて国民学校令が発布されるまで引き継がれた。

　文部省普通学務局学校衛生事項取調嘱託であった三島通良は、1893（明治26）年に出版した『学校衛生学』の序文に、教育勅語にいう忠孝の実現のためには「孝行実ニ衛生ヲ以テ其根本トナス、所謂身体髪膚毀傷セサル是也」と記し、身体の衛生を保つことは教育勅語に応えるものであると述べた[26]。しかし、三島が1891（明治24）年に行った調査によると、教育の目的が「身体強壮、志気恢弘、義勇忠良ノ国民ヲ作ル」ことにあるにもか

かわらず、「学校衛生を怠れる結果」、学校教育がかえって児童や学生の身体を損なっているとした[27]。そして、以下のように述べている。

「学校衛生をして、普及発達せしめ、健全強壮なる青年を得、民種の魁偉と堅忍不抜の気象とを有する国民を組織し、国富み兵強く、学術愈進み、雄を宇宙に争ひ遂に天下に盟主たるに至らしむる、亦た難きに非ざるへし。国家の盛衰栄枯一に此法の普及すると、否とにあり、この法の盛衰、即ち其国の栄枯を卜すへし」[28]。

この時期はまだ「養護」という言葉が学校教育のうちに根付いていなかったと考えられるため、「学校衛生」を「養護」と読み替えて解釈すると、三島は、「学校衛生」・「養護」の普及は国の盛衰にも関わるものであると考えていたことがわかる。三島はまた、身体を強壮にして健康を保持するためには、学校で体操をすることも必要であるとし、学校衛生学の中に「体操、遊戯」を含めて言及している。明治中期のこの時期より、児童生徒らの健康を管理し、「学校衛生」、「養護」、身体活動・運動（体育）によって身体をより強くすることは、「教育勅語」にある国民の育成に対する学校教育の課題とされていたことがわかる。

6 学校教育における「養護」

小学校教員を目指す学生が学ぶ「養護」について、1911（明治44）年に文部省検定を受けた師範学校教育科教科書『改訂 教育学』[29]を見ていく。

まず、教育方法について、「教育の目的より考察するときは、教育作用は被教育者の身体に留意せざるべからず。其の智能を錬磨せざるべからず。其の行為を指導せざるべからず。此に於いて教育の方法は分かれて三となるべし。曰はく養護、曰はく教授、曰はく訓練是なり。」とある[30]。そのうち「養護は身体の発育を保護し健康を増進して、以つて生活の基礎を強固ならしむる作用をいふ。主として家庭の任務とする所なれども、学校に於いてもまた注意してよく之を助け長ぜざるべからず」としている。小学校教師には、児童の学校生活以外の部分にも注意し、家庭とも連絡を取りながら「児童平常の飲食起臥の状」を観察し、父母の力の及ばないところを補う必要があると述べられている[31]。

この時期の教育の「終極目的は道徳的品性の陶冶」にあった。そして、「心意の活動及び其の発達は常に身体の状態に左右せらるゝを免れ」ないため、「道徳的品性の陶冶」を実現する身体の「養護」には、大いに注意を払うべきであるとされた。その学校教育における「養護」の目的には、次の5点が挙げられている[32]。

① 衛生法の指示する所により、身体の発育に有害なるものを排除して必要なるものを供給すること。
② 身体の発育を遂げしめ、健康を増進せしむべき良習慣を養成すること。
③ 身体を鍛錬して持久の勢力を養ひ、外囲の有害なる影響に対する抵抗力を養成すること。
④ 身体の姿勢及び挙止を整正優美ならしむること。
⑤ 挙動を敏捷にし、身体をして意志の忠僕たらしむること。

　以上のうち、①は消極的養護によるところ、②〜⑤は訓練とも関わって積極的養護によるところと考えられる。

　また、以上のような目的を達成するために教育がなすべきことについては、以下の 4 点が挙げられた [33]。

> ①　身体の諸機関及び諸成能を保護すること。
> ②　衛生に関する智識を教授すること。
> ③　衛生に必要なる良習慣を養成すること。
> ④　遊戯・体操・作業等を課すること。

　これらのうち、「養護」のみの範囲に属するのは①であるとされた。②は「教授」と、③は「訓練」と、④は「教授」と「訓練」の双方で取り扱われるとされている。①は、前出の区分でいえば「消極的養護」の内容と考えられ、「積極的養護」は「教授」や「訓練」の機能と「養護」が組み合わさることによって果たされると考えられていたと推察される。健康の保持増進や発育発達を支える学校教育において、「教授・訓練・養護の一元化」が求められた背景には、このような「教授・訓練・養護」とこれら相互の関係の捉え方とがあった。

　また、「養護」の方法については、「詳細なることは生理学・学校衛生法等の主として説明すべきものにして、教育学の任とする所にあらず」と述べられている。これは、著者の小泉又一が教育学者であるため、詳細はそれぞれの専門家の指導によるべきだという考えからと思われる。つまり、「教育上養護の主眼とする所は身体各部が最均斉にして調和ある発達を遂ぐるに在り」、生理学・学校衛生法の専門的な知見があってこそ、校地や校舎、教室の位置等及び教授用具の製作等を工夫し、栄養、呼吸、清潔、運動、神経及び感覚機能といった身体・精神面への注意を払い、児童の身体の諸機能を保護し児童の養護を全うすることができると考えられていたと推察できる。

　なお、1911（明治 44）年に出された前述の師範学校教授要目を見ると、小学校教員になるためには、学校衛生や人体の生理（身体諸機関の衛生、個人衛生・公衆衛生を含む）について学ぶとされていた [34]。

7　学校経営、学級経営と「養護」

　明治期の終わり頃より、学校経営、学級経営に関する著書や資料において、学校・学級経営における「養護」の方針や内容について記された項目が散見されるようになる。

　例えば、1912（明治 45）年に出された『学級経営』[35] には、「学級経営と養護」という章が立てられており、学級経営における「養護の三綱領」として、次の 3 点が挙げられている。

① 親切周到なる養護によりて教師児童間の親和を増さんことを図る
② 児童の衛生に留意すると共にまた甚しく消極的方法に陥らざらんことを期す
③ 学校伝染病に対しては特に意を用ひて之を予防す

その上で、各学年毎の発達の傾向と養護上の注意が挙げられている。細やかな「養護」は教師児童間の「親和」を増すと考えられていたことは、興味深い。

また、1920（大正 9）年に発刊された『学級経営綱領』[36] は、学級経営計画立案を指南するものであるが、教育の作用の記載についての章の中で、学級経営計画に盛り込むべき「養護方面」の内容についても述べられている。同著者は、続いて 1925（大正 14）年に『学校経営方案』を発刊し、その中でも学校経営における「養護の方針」を、以下のように約言して述べている[37]。

① 消極的保護的方面を忽諸に附すべからず。
② 積極的鍛錬方面に努むべし。但し児童身体の情況を参酌するを要す。
③ 各人の体格を本位とし個別取扱に留意すべし。

これらの記述から、消極的養護として児童の健康を保護することは勿論であるが、さらに積極的に身体を鍛錬する、いわゆる健康教育を重視していたことがわかる。さらに、そこには、身体検査の結果等をもとに、個別の状態への配慮が求められていた。

1936（昭和 11）年に山口県防府市華浦尋常高等小学校において、「養護を基調とせる学級経営並に之が教育に及ぼす効果」という報告書が発行されている[38]。これは、教育における学校衛生の重要性を周知させ、実践を奨励することを目指した山口県の指令を受けて、この表題について行った実際的研究の報告書である。本研究では、「十年後に於て皇国を双肩に担ふ中堅国民の育成は、今日に其基礎を築くのであることを思ふ時、健康の教育に一段の留意を払わなければならないことは明瞭である」とし、弱い児童でも「強くなる」という信念を得させるため、「教授・訓練・養護」の一元的活動を進めることが目標とされた[39]。また、「学校に於ける養護は、特殊な児童を対象としなければ出来ぬことであつたり、特殊な施設の下でなければ成立しないものであつてはならぬ」と、様々な健康レベルの子どもを普通学級の中で教育できることを目指したものであった[40]。一方で、「養護を基調」に据えることで、当時の社会状況に沿う国民教育の方向を目指すものでもあったことがうかがえる。

当時の文部省督学官であった龍山義亮は、「教育上における養護の意義」（1936（昭和 11）年）という論文の中で、当時「学校教育において養護といふものが一つの重要なる部門を形成せんとしてゐる。［中略］衛生的の見地が十分に教授、訓育の方面の考へ方と一致して全人格の陶冶、全人間の養成といふやうなことにまで進んできて、そこに人間教育の学校として、生活の学校として教育の本旨を十分にあらはすことができると思ふ」と述べている[41]。この頃、学校教育における「養護」が注目されつつあったことがうかがえる。

龍山は、当時の日本で「養護」が重視された背景として、次の2点を挙げている[42]。1点目に、第一次世界大戦を経験したことから、「今迄の教育を見返して」立派な国民の養成、大戦後の国力の挽回と発展を図る基礎として、活動力ある元気な国民を養成するため体育を重視し、積極的な予防の観点から学校衛生の完備を図ることが求められるようになったことである。また2点目に、第一次世界大戦後に興ったデモクラシー思想の影響により、障害のある子どもに対する教育への関心の高まりがあったことである。「身体の普通の者は勿論、特殊の頭脳を有する者、また身体の不具者に対しても平等に教育を與へなければならぬ、我は教育を受ける義務を有つてゐると同時に、一方においては教育を受ける権利を有つてゐる」という思想のもと、特殊教育が学校教育経営の一つの方法となりつつあった。当時の社会状況の変化に伴って、「学校衛生」「養護」「体育」が「教授」や「訓練」と並んで、単に授業の中だけでなく、学級経営や学校経営等学校教育全体にわたって貫かれる教育方法として重視されるようになっていたことがわかる。

8 国民学校における「養護」

1941（昭和16）年、小学校令が改正され、国民学校令が公布された。この改正は、明治以降の教育改革が、教育勅語に示された理想の実現に至っていないことから企てられたとされている。

国民学校令では、その第1条に、「国民学校ハ皇国ノ道ニ則リテ初等普通教育ヲ施シ国民ノ基礎的錬成ヲ為スヲ以テ目的トス」と国民学校の目的が示された。「教育勅語」に示された「道」である「皇国ノ道」に基づき、知識を主体的に実行につなげる「知行合一」のため、国民学校が心身一体の国民を「基礎的錬成」する「国民錬成の道場」とすることが期待されたという[43]。

その国民学校令の趣旨に基づいた教育上の留意点については、国民学校令施行規則の第1条に述べられた。第1条は10項からなり、第1項から第3項までは主として教育の精神と内容に関するところが、第4項から第10項は教育の方法に関することが述べられたということである。その教育方法に関する項の初め、第4項には「心身ヲ一体トシテ教育シ教授、訓練、養護ノ分離ヲ避クベシ」と示された。初めて法律上の用語として「養護」が用いられた条項である。「教授・訓練・養護」を一体として行う教育が、国民学校令第1条にある「錬成」であり、「訓練も養護も知識に照らされて始めて自覚した訓練となり、養護となる」、「訓練や養護、言ひ換へれば一切の精神的身体的実践は教授と有機的に関連せしめ、知性に照らされた実践であるやうにせねばならぬ」と説明された[44]。児童の内面にあって、「教授・訓練・養護」が一体となって作用するような教育実践が求められた。

東京女子師範学校教授である倉橋惣三は、「文部省主催養護施設講習会」（1942（昭和17）年）において、「国民教育の新らしい要諦」として、この「心身ヲ一体トシテ」ということについて取り上げている。「身」と「心」は必ず常に「一つに所在し、発達するといふ

原理が養護の教育的真骨頂を主張する基ゐ」であり、「養護的配慮と計画とが、常に中心と
なつて行はれてこそ、その学校の教授も訓練も、真に教育になれるといひうるくらゐ」で
あると述べている [45]。倉橋は、「養護」は従来のように家庭に任せきりにするのではなく、
学校が「少国民保健の直接責任を担ふところ、少くも直系の任務として分担するところと
ならねばならぬ」とした。倉橋によると、「養護そのものが教育をする」のであり、「極言
するならば、国民学校の訓導は、みんな養護訓導でなければならぬ。養護を忘れた教師に
何んの国民教育ができるか」という考えのもと、初等教育における「養護」は、後に述べ
る特別養護や養護教育ともつながったものであった [46]。

表1　教育審議会答申「国民学校ニ関スル要綱」より抜粋

4　国民学校ノ教育ハ左ノ趣旨ニ基ヅキ国民ノ基礎的錬成ヲナスモノトスルコト
（1）教育ヲ全般ニ亙リテ皇国ノ道ニ帰一セシメ、其ノ修練ヲ重ンジ、各教科ノ分離ヲ避ケテ知識ノ統合ヲ図リ其ノ具体化ニカムルコト
（2）訓練ヲ重ンズルト共ニ教授ノ振作、体位ノ向上、情操ノ醇化ニカヲ用ヒ、大国民ヲ造ルニカムルコト
9　心身一体ノ訓練ヲ重視シテ児童ノ養護、鍛錬ニ関スル施設及制度ヲ整備拡充シ左ノ事項ニ留意スルコト
（1）特ニ都市児童ノ為郊外学園等ノ施設ヲ奨励スルコト
（2）全体体育、学校給食其ノ他ノ鍛錬養護施設ノ整備拡充ヲ図ルコト
（3）学校衛生職員ニ関スル制度ヲ整備スルコト
14　精神又ハ身体ノ故障アル児童ニ付特別ノ教育施設並ニ之ガ助成方法ヲ講ズルヤウ考慮シ、特ニ盲聾唖教育ハ国民学校ニ準ジ速ニ之ヲ義務教育トスルコト

表1は、1938（昭和13）年に、国民学校令施行に先だって開催された教育審議会の答
申「国民学校ニ関スル要綱」の項目である [47]。その第4項は、国民学校令において「心身
ヲ一体トシテ教育シ教授、訓練、養護ノ分離ヲ避クベシ」と定められたもととなるもので
ある。第9項には、そのうちの「養護・鍛錬」のための具体的対策を整備充実する上での
留意点が挙げられ、国民学校令制定に当たり制度化が図られた。文部省体育局の大西永次
郎は、このことについて、以下のように述べている [48]。

「国民学校においては、［中略］これ等に関する施設の普遍化を図り、国民錬成の目標の一
つとして、それぞれ児童の素質と年齢に相応した体格、健康を各自に持たしめて、国民学
校を卒へさせねばならないのであります。したがつて、苟も身体の発育が非常に後れてゐ
るとか、虚弱な体質であるとか、不健康なからだであるとかの儘で学校を卒業さしたのでは、
国民学校教育の本旨に沿はないものと言はなければならないのであります。かやうな意味
において国民学校におきましては一般の教育を掌るべき訓導の外に、専ら児童の養護を掌
るべき専任職員として養護訓導の制度が設けられ、また身体虚弱・精神薄弱、その他心身
に異常があつて、特別養護を必要とする児童のために、養護学級または養護学校を編成す
ることを得ることゝなつたのであります。」

大西は、国民学校制度において、教育法規上に正文化された学校衛生の重要事項として、
次の3点を挙げた。①養護訓導に関する制度、②養護学級及び養護学校の編制、③衛生訓

練の教科への進出、である[49]。①については第2章で扱うので、②③について以下に概観する。

（1）養護学級及び養護学校の編成

　当時、児童の保健問題として、虚弱児童が多いことがあった。「学校身体検査規程」（1937（昭和12）年）では、学校身体検査の結果、学校衛生上特別養護の必要がある場合には「健康相談、予防処置、其ノ他適当ナル保健養護ノ施設ヲ講ズベシ」とされ[50]、虚弱児童のための林間・臨海聚落、さらに一般児童も対象とした自然の中での勤労作業による心身の鍛錬などが実施された[51]（この場合「施設」とは、設備面のことだけでなく、取組や対策、計画等の意味も含まれる）。国民学校令が施行され、「従来のやうに教育を受けることによつて、動もすれば健康を害するとか、乃至は学校を卒業はしたが、からだが虚弱であつたり、病気を持つたまゝで社会に出したといふのでは、真の教育、国民錬成の教育とは申されない」といわれる[48]ようになる中、「養護」は、健康な児童からより特別な養護を必要とする児童までを対象とする一つの枠組みの中で実施されることとなった。

　特別養護については、「国民学校ニ関スル要綱」の第14項に挙げられた（表2）。盲聾唖児以外の従来「精神又ハ身体ノ故障アル為」に義務教育を受けることができていなかった児童、特に肢体不自由児に対する特別教育施設の整備が勧告された。この項目は、国民学校令施行規則第53条に「国民学校ニ於テハ身体虚弱、精神薄弱其ノ他心身ニ異常アル児童ニシテ特別養護ノ必要アリト認ムルモノノ為ニ特ニ学級又ハ学校ヲ編制スルコトヲ得」と規定され、関連する規定も整備された。特別養護の対象は、身体虚弱、精神薄弱、弱視、難聴、吃音、肢体不自由等であった[52]。それらの対策に関連して学校医、学校看護婦等衛生職員の制度を整備することとされた。このことに基づいて、養護訓導の制度も整備された。しかし、実際には養護学級の編制は主として身体虚弱児を対象として進められたということである[51]。

　虚弱児童に対する養護と教育を併せて行う「休暇集落」は明治期後半から始まり、身体虚弱児や精神虚弱児の監督養護は、大正時代中期より学校医、学校衛生の範囲に位置づけられた。1929（昭和4）年には、文部省が学校看護婦を置くことを奨励し、休暇集落や特別学級、養護学校等の養護施設の普及に努力が図られるようになった。1931（昭和6）年には文部省が「精神薄弱児養護施設講習会」や「虚弱児養護施設講習会」を開催するなど、身体虚弱児等を対象とした特別養護に力が入れられるようになっていた[52]が、特に満州事変から第二次世界大戦の過程においては、軍部、政府による国民の体位強化計画のもとに養護教育が推進され、前述の国民学校令施行規則第53条につながったということである[51]。

　「文部省主催養護施設講習会」は、「国民学校教育における重要性に鑑み、養護施設に関する理会［原文ママ］を深からしめ以て指導の適正を期する」ために開催されたものである。受講資格は「国民学校長並師範学校附属国民学校主事」で、東京及び奈良の2会場で、4日間にわたって開催された[53]。本講習会の中で、倉橋は「初等教育と児童養護」というタ

イトルで講演している。前出の言葉も、この中で話されたものである。倉橋の講演の内容もまた、特別養護を含めて幅広く「養護」を捉えたものであった。倉橋は「特別養護学級（学校）の意義」として、次のように述べている[54]。

> 　　以上は、児童の普通生活の養護についてであるが、特別養護学級の場合といへども変りはない。特別とは要養護といふ特別の診断にもとづいてするだけで、国民学校の児童たること、国の児童たることにおいて、素より一毫変りはない。［中略］国民の基礎的錬成をなすにおいて、其結果は必ずしも望むところを完ふし得ないとしても、その子をその子として、国民錬成を為す教育心において変りはない。［中略］勿論、希くはその子等の心身の健全をぐつと高めたい。その為めに必要な保護を惜まない。［中略］しかし、そういふ教育なのであつて養護学級だからといつて、養護ばかりしてゐるところではない。そこでこそ、養護の全教育性が一ぱいに発揮せられるべきである。

（2）衛生訓練の教科への進出

　文部省は、体育には積極的方面である鍛錬と消極的方面である養護衛生の2方面があり、「養護衛生は国民学校に於ては学校生活全般に亘り、各教科を通じて重視され」るものであるとした。国民学校令下において、「養護」は、積極的養護と消極的養護の2方面から考えられていたことがわかる。そのうち養護衛生の鍛錬の部面の一部は、体錬科の教科内容に示したとしている[55]。体錬科の中の「衛生」の内容が、それに当たると考えられる。

　まず、国民学校の5つの教科（国民科、理数科、実業科、芸能科、体錬科）の一つである「体錬科」については、国民学校令施行規則第10条に以下のように示された[56]。

> **第10条**　体錬科ハ身体ヲ鍛錬シ精神ヲ錬磨シテ潤達剛健ナル心身ヲ育成シ献身奉公ノ実践力ニ培フヲ以テ要旨トス
> 　躾、姿勢其ノ他訓練ノ効果ヲ日常生活ニ具現セシムルニ力ムベシ
> 　特ニ児童心身ノ発達、男女ノ特性ヲ顧慮シテ適切ナル指導ヲ為スベシ
> 　衛生養護ニ留意シ身体検査ノ結果ヲ参酌シテ指導ノ適正ヲ期スベシ
> 　強靭ナル体力ト旺盛ナル精神力トガ国力発展ノ根基ニシテ特ニ国防ニ必要ナル所以ヲ自覚セシムベシ

　「身体ヲ鍛錬シ精神ヲ錬磨シテ潤達剛健ナル心身ヲ育成シ」には心身一体としての教育原理が述べられ、「献身奉公ノ実践力ニ培フヲ以テ要旨トス」には「体育の国家的意義」が含まれているとされる。「体育と云ふのは、身体を通して皇国臣民を錬成し、国家発展のために心身の剛健なる人的資源を作る教育」であり、単に「身体を育てる」という意味ではなく、「献身奉公の実践力」を培うことを目的としているとされる[57]。

　1942（昭和17）年には、文部省から「国民学校体錬科教授要項」が示された[58]。この要項は、「一　教授方針」、「二　体錬科ノ教材」、「三　教授上ノ注意」、「四　体育科授業時間外ノ体操」からなり、別に具体的な教授内容を挙げた「国民学校体錬科教授要項実施細目」も示された。体錬科は大きく分けて、「体操」と「武道」からなる。「体操」の教材には、「体操」、「遊戯」、「競技」、「教練」、「衛生」が含まれ、「武道」は「剣道」と「柔道」が含まれた。ここで教科とされた「衛生」では、「身体ノ清潔」、「皮膚ノ鍛錬」を、国民学校5年生以降では「救急看護」の「実際的訓練」を主として扱うとされた。これらの内容を指導するに当たっては、

理数科における生理衛生、国民科における国民衛生と関連して指導することが求められた。1942（昭和17）年に示された「養護訓導執務要項」に養護訓導は「衛生ノ躾、訓練ニ留意」とあったが、日常生活において衛生のための行動を実践できるように習慣化することが、教科としての「衛生」の責務であったと考えられる[59]。

⑨ 国民学校教育における「養護」実施上の注意点―倉橋惣三の視点

倉橋は、前出の「文部省主催養護施設講習会」における講演の中で、「初等教育における養護」の正しい意義と実際の注意として、以下の点を挙げている[60]。

---

①学校教育における養護の位置について
②初等教育における養護の正しい意義
　　養護は学校教育そのもの：養護の新教育観は心身相関の原理の上に確立されるべきもの
　国民学校令施行規則にある「心身ヲ一体トシテ教育シ、教授訓練養護ノ分離ヲ避クベシ」とあるのは、実施上の注意たるに止まらない。実に児童生活（人間生活）の原理に基づいている科学である。心身相関の理というところのもので、この知識なくして人間生活の活きた理解はできない。学校の養護はいわゆる養護として行われる狭義の分野のみに存するものではない。養護的考慮と計画とが、常に中心になって行われてこそ、その学校の教授も訓練も真に教育になりうるくらいである。この認識なくして養護がいかに周到に工夫せられても、決して活きた教育的機能を発揮し得ない。
③初等教育における養護の実際の注意
　・「生活的、全体的」…養護の活動や対策は、部門ごと或は身体部位ごとに行われるが、対象の子どもの学校生活全体の中のこととして計画される必要がある。
　・「環境的、科学的」…環境の養護的条件は重要であり、しかも、それは十分科学的性質を持つべきである。環境の注意は衛生上の効果だけでなく、児童の心意に影響し、教授上・訓練上に微妙な影響を與えることを忘れてはならない。
　・「自律的、積極的」…養護は、児童に対する保護を加える点においては他律的であるが、学校における養護は単なる治療と健康増進との施與ではない。養護の実際の場において、積極的に児童自らの養護性と実行力を教育（訓練）する鍛錬的意義を加えなければならない。
　・「個別的、家庭的」…教育としての養護である鍛錬を如何にして行うかは、必ず個別的考慮に基づかなければならない。個別的特性については、身体検査を活用して児童自身をみると共に家庭生活についても知らなければならない。
④養護と初等教育者
　　養護は初等教育者をして、最も親密に児童に近づけさせる。児童の身体のみならず、身体を通じて、その心に触れしめる。或いは、児童を通して、教育者の心に触れしめるといってもよい。

これらは、基本的には国民学校令施行規則の教則第1条を受けたものである（表2）[61]と同時に明治期から積み上げられてきた教育方法の一つである「養護」の方法や特質を踏まえたものであると考えられる。「養護」は、児童の栄養や運動、睡眠・休養、清潔、姿勢といった生活面、採光や室温、通風等の校舎の構造や机・椅子等の環境面に注意するものであった。それらは、解剖学や生理学、小児科学、心理学などと同時に建築学に基づく科学的な根拠によっていた。教育勅語にいう「一旦緩急アレバ、義勇公ニ奉」ずることの出来る強靭な国民の育成を目指す国民学校の教育の中にあっても、児童の心身を保護するだけでなく、自ら健康の保持増進を図る資質を育成し、身体検査の結果等に基づいて個別の課題に向き合い、健康相談や家庭訪問等により「養護」の基礎がある家庭と連携するもの

であったと捉えられる。子どもの心身を育てることを目的とする「養護」は、基本的に現在の「学校保健」と通じるものがあると思われる。

表2 国民学校令施行規則の教則第1条より（抜粋）

1	教育ニ関スル勅語ノ旨趣ヲ奉体シテ教育ノ全般ニ亘リ皇国ノ道ヲ修練セシメ特ニ国体ニ対スル信念ヲ深カラシムベシ
2	国民生活ニ必須ナル普通ノ知識技能ヲ体得セシメ情操ヲ醇化シ健全ナル心身ノ育成ニカムベシ
3	我ガ国文化ノ特質ヲ明ナラシムルト共ニ東亜及世界ノ大勢ニ付テ知ラシメ皇国ノ地位ト使命トノ自覚ニ導キ大国民タルノ資質ヲ啓培スルニカムベシ
7	家庭及社会トノ連絡ヲ緊密ニシ兒童ノ教育ヲ全カラシムルニカムベシ
8	教育ヲ国民ノ生活ニ即シテ具体的実際的ナラシムベシ 高等科ニ於テハ尚将来ノ職業生活ニ対シ適切ナル指導ヲ行フベシ
9	兒童心身ノ発達ニ留意シ男女ノ特性、個性、環境等ヲ顧慮シテ適切ナル教育ヲ施スベシ
10	兒童ノ興味ヲ喚起シ自修ノ習慣ヲ養フニカムベシ

　学校教育における養護は、明治期後期より、教育方法の3方法である「教授」「訓練」「養護」の一つとして位置づけられてきた。その背景には、明治期初期より日本の学校教育に「知育・徳育・体育」の三育思想があったことや、学校衛生学の存在がある。学校教育における養護は、体育と学校衛生を内包し、また内包されながら展開してきた。

　明治期に発展してきた学校における養護は、幼少期の身体の発育と健康を、生活行動や学校環境の管理により保護し助ける「消極的養護」（あるいは学校衛生）と、体操や遊戯等の身体活動及び衛生に関する健康教育により身体を鍛え体力と体格の向上を目指す「積極的養護」（あるいは体育）をその機能として含んでいた。これらのある部分は「学校管理」に、またある部分は衛生や体操などの「教授」や生活習慣などの「訓練」と連携しながら展開された。

　また、身体の保護や強壮、発育発達（体位の向上）などが求められ、特に重視されたことは、明治維新以降の国の発展と同時に、国の軍備増強に基づく人材育成の政策にも支えられていた。国民学校令で「心身ヲ一体トシテ教育シ教授、訓練、養護ノ分離ヲ避クベシ」とされ、国民学校教育において「養護」は「教授」、「訓練」と三位一体となって作用するものとして重視された。

　子ども達の健康と発育発達を支えることは、どのような状況にあっても求められることであり、支援の基本は当時も現在も大きく変わらないと考えられる。このため、現代を生きる養護教諭は、養護活動を何のために推進するのか、その目的を見失わないようにする必要があると考えられる。

　倉橋は、講演の中で、「養護」は初等教育者を最も親密に児童に近づけさせるものであり、児童の身体のみならず、身体を通じてその心に触れしめ、あるいは児童を教育者の心に触れしめ、「養護」に携わることが初等教育者の教育心を最もよく育てると述べている。前出の「学級経営と養護」の中で、「親切周到なる養護によりて教師児童間の親和を増さんことを図る」とあったが、今も昔も、「養護」は教師が一人ひとりの児童に心を寄せ、児童の健

康や成長のために教師自身が専門的に自己を磨き、科学的知見に基づいて活動を展開することにより教育として成立するものであると考えられる。

引用・参考文献・注釈

1) 啓成社編 (1910). 師範学校規程並教授要目. 啓成社.
2) 前掲書1), p49.
3) 政宗敦夫編 (1929). 節用集 (易林本). 日本古典全集刊行会.
4) 勃伺 (菅野虎太訳) (1881). 人体要論. 九皐館, p830.
5) 煙雨楼 (宇田川準一訳) (1879). 物理全志.
6) 農商務省 (1888). 欧米巡回取調書.
7) 日本近代教育史事典編集委員会 (1971). 日本近代教育史事典. 平凡社, p586-601.
8) 文部省 (1972). 学制百年史 (記述編). ぎょうせい, p138.
9) 前掲書8), p139-145.
10) ヘルバルト (藤代禎輔訳述) (1895). 独逸へるばると教育学. 成美堂.
11) リンドネル (湯原元一訳補). 倫氏教育学 (フリョーリヒ増補). 金港堂, p45-83.
12) ライン (湯本武比古訳) (1896). ラインの教育学原理. 紅梅書店, p234. ラインの教導学における養護学の原語は
「LehrevonderDiätetik」 (森岡常蔵 (1906) 教育学精義. 同文館, p184)、「LehrevonDiätetik」 (教育大辞書編輯局編 (1908).
教育大辞書) とされている.
13) ケルン (柳沢清太郎・立花銑三郎合訳) (1893). 格氏普通教育学. 富山房書店, p209-214.
14) 湯本武比古 (1894). 新編教育学. 普及社, p8-21.
15) 大瀬甚太郎 (1891). 教育学. 金港堂, p28-32.
16) 熊谷五郎編 (1901). 教育学. 博文館, p27-29.
17) 前掲書16), p32-33.
18) 森岡常蔵 (1906). 教育学精義. 同文館, p184-186.
19) 前掲書18), p637-655.
20) 前掲書14), p20-21.
21) 稲垣末松 (1907). 科学現時の進歩に基づく教育学要義. 開発社, p59-83.
22) 教育大辞書編輯局 (1908). 教育大辞書. 教育大辞書編輯局, p1567. 1935 (昭和10) 年発行の『教育辞典』(篠原助市, 寶文館)
には、「養護」の項に「Pflege, Diätetik」の両方を挙げている. 広義には「心身の自然の発達を保護増進する作用を意味」し、「精
神の健康を保護増進することも併せ称し」、「教授・訓練」に対する「養護」はここに含まれる. また、幼稚園教育である「保育」は「か
る意味の Pflege なり」とされている. 「Körperpflege」は狭義に「身体の健康を保持増進する作用」に限定されるとし、「我国にて養
護といふ場合には、一般に狭義に使用し、これを消極的の保護と積極的の鍛錬に二大別する.」と述べている.
23) 乙竹岩造 (1917). 教育学. 培風館, p30.
24) 前掲書23), p31-32.
25) 前掲書8), p90.
26) 三島通良 (1893). 学校衛生学. 博文館, p 序 1-5.
27) 前掲書26), p2-4.
28) 前掲書26), p24.
29) 小泉又一 (1910). 改訂 教育学 訂正四版. 大日本図書株式会社.
30) 前掲書29), p25-26.
31) 前掲書29), p27-29.
32) 前掲書29), p29-30.
33) 前掲書29), p30-31.
34) 前掲書1). p49-51, p75-78.
35) 澤正 (1912). 学級経営. 弘道館, p51-66.
36) 大元茂一郎 (1920). 学級経営綱領, 目黒書店, p17-37.
37) 大元茂一郎 (1925). 学校経営方案, 文光社, p18-19.
38) 山口県防府市華浦尋常高等小学校 (1936). 養護を基調とせる学級経営並に之が教育に及ぼす効果. 華浦尋常高等小学校.
39) 前掲書39), はしがき.
40) 前掲書39), p1-2.
41) 龍山義亮 (1936). 教育上における養護の意義 (下). 学校衛生, 第 16 巻 8 号. 帝国学校衛生会, p505-506.
42) 龍山義亮 (1936). 教育上における養護の意義 (上). 学校衛生, 第 16 巻 7 号. 帝国学校衛生会, p406-408.
43) 日本放送協会編 (1940). 文部省国民学校教則案説明要領及解説. 日本放送出版, p6-8.

44） 前掲書 43），p14-16.

45） 倉橋惣三（1943）. 初等教育と養護. 学校衛生，第 23 巻第 1 号. 帝国学校衛生会，p15-16.

46） 前掲書 45），p13-15.

47） 日本文化協会編（1939）. 教育審議会資料. 日本文化協会，p39-41.

48） 大西永次郎（1941）. 国民学校と衛生養護. 学校衛生，第 21 巻 9 号. 帝国学校衛生会，p8-9.

49） 大西永次郎（1941）. 国民学校と養護教育. 学校衛生，第 21 巻 11 号. 帝国学校衛生会，p2-3.

50） 文部省監修，日本学校保健会編集（1968）. 学校保健百年史. p552-554

51） 国立教育研究所編集（1974）. 日本近代教育百年史，第九編 特殊教育. 学校教育，4. 教育研究振興会，p808-815，833-834.

52） 前掲書 8），p607-609.

53） 文部省（1942）. 文部省主催養護施設講習会. 学校衛生，第 22 巻第 10 号. 帝国学校衛生会，p56-57.

54） 前掲書 45），p16-17.

55） 前掲書 43），p64.

56） 文部省普通学務局編（1942）. 国民学校制度ニ関スル解説，内閣印刷局.

57） 前掲書 43），p63-64.

58） 前掲書 43），p60-61.

59） 文部省（1942）. 国民学校体錬科教授要項. 学校衛生，第 22 巻第 11 号. 帝国学校衛生会，p8-29.

60） 前掲書 45），p18-22.

61） 前掲書 50），p116.

（第3節）　学校教育と学校保健

　「学校保健」とは「学校において、児童生徒等の健康の保持増進を図ること、集団教育としての学校教育活動に必要な健康や安全への配慮を行うこと、自己や他者の健康の保持増進を図ることができるような能力を育成することなど学校における保健管理と保健教育」[1]である。学校教育においては枢要な内容であり、学校教育活動の基盤である。学校教育における「学校保健」を概括する。

1　「学校保健」の変遷

　「学校保健」という用語は第二次世界大戦後に使われ始め、戦前は「学校衛生」と呼ばれていた。1872（明治5）年に学制が施行され、「学校衛生」は、「すでに学制の中に、伝染病対策として種痘に関する条項が規定されていた。」[2]とあるように、学制施行から始まった。その後、1879（明治12）年の教育令、1886（明治19）年の学校令（小学校令・中学校令・帝国大学令・師範学校令）により学校制度が確立された。

　学校制度が整備される中で、学校において子どもの健康を管理する、そして発育発達を推進するための制度が整えられた。文部省は、1891（明治24）年学校衛生事項取調嘱託として三島通良を採用し、全国の児童・生徒の身体発育測定と学校環境衛生検査を行うなど、本格的に学校衛生の整備に着手し始めた。

　明治30年代は、全国的に、日清戦争時に中国から伝播したといわれる、トラホームが大流行した時期で、1898（明治31）年には「学校伝染病予防及消毒方法」が定められ、学校で予防すべき伝染病が指定された。一方で、1900（明治33）年から全国の公立学校で、児童生徒の発育と健康の実態調査が「学生生徒身体検査規程」のもとに行われるようになった。つまり、この時期に保健管理制度が学校教育の中で始まったわけである。

　1920（大正9）年、学生生徒身体検査規程が改正された「学生生徒児童身体検査規程」が制定・公布され、検査後の事後措置に重点が置かれるようになった。トラホームの洗眼・点眼に加えて、皮膚疾患の治療や耳鼻咽頭疾患の処置等が行われ、そのための衛生室が、学校に設けられるようになった。

　1931（昭和6）年の満州事変後は、学校教育も戦争の影響を強く受けるようになり、児童生徒の健康、体力の向上や、国民病として恐れられた結核の感染予防も重要な課題となっていった。「大正時代の治療医学優先主義から、予防医学的さらに修練的方向へと急速に変貌していった。」[3]とあるように、学校衛生は、子ども達の体力向上と伝染病予防に取り組まなければ学校教育が成り立たなかった。

　1941（昭和16）年に第二次世界大戦が始まり、児童生徒の健康状態は急激に悪化していった。1945（昭和20）年の敗戦直後は、生活環境全般が大変劣悪になり、学校保健も結核対策、

赤痢やトラホームなどの伝染病対策、回虫などの寄生虫対策と低栄養問題が中心課題であった。世界に先駆け、学校医制度を進め、少なくとも医学的な保健管理に関しては優れた実績を持っていた戦前の学校衛生も、戦後の荒廃の中では、無力であった。

　子ども達の健康水準においても同じことがいえた。児童生徒の健康状態は最悪で、感染症や疾病も横行したが、戦後日本の復興は急激に進められ、児童生徒の健康管理・健康教育も重要視された。この頃「学校衛生」という名称が「学校保健」に変更された。

　1947（昭和22年）の学校教育法、1958（昭和33）年の学校保健法制定により、教育制度として学校保健が位置づけられた。

　時代は変わって平成に入ると、メンタルヘルスに関する問題やアレルギー疾患等の現代の多様化・深刻化する子どもの健康課題に対応するため「学校保健法等の一部を改正する法律」が2008（平成20）年6月に成立し、2009（平成21）年4月に「学校保健安全法」として施行された。この改正においては、学校保健に関して地域の実情や児童生徒等の実態を踏まえつつ、各学校において共通して取り組まれるべき事項について整備を図るとともに、学校の設置者並びに国及び地方公共団体の責務を定めるなどの措置が講じられた。具体的には養護教諭を中心に関係職員と連携した組織的な保健指導や、地域の医療機関との連携による保健管理の充実などが規定された。また、2008（平成20）年から2009（平成21）年にかけて小・中・高等学校などにおける学習指導要領が改訂され、その総則において、

　学校における体育・健康に関する指導は、児童の発達の段階を考慮して、学校の教育活動全体を通じて適切に行うものとする。特に、学校における食育の推進並びに体力の向上に関する指導、安全に関する指導及び心身の健康の保持増進に関する指導については、体育科の時間はもとより、家庭科、特別活動などにおいてもそれぞれの特質に応じて適切に行うよう努めることとする。また、それらの指導を通して、家庭や地域社会との連携を図りながら、日常生活において適切な体育・健康に関する活動の実践を促し、生涯を通じて健康・安全で活力ある生活を送るための基礎が培われるよう配慮しなければならない。

とされた[4]。児童の発達の段階を考慮して学校教育全体として取り組む必要性が強調された。

　さらに、2017（平成29）年・2018（平成30）年に学習指導要領の改定が行われた。2020（令和2）年から全面実施される学習指導要領は、予測困難な時代に、一人ひとりが未来の創り手となるという社会の変化への対応がポイントになっている。児童生徒の心身の健康に関しては、総則において、

　学校における体育・健康に関する指導を、児童の発達の段階を考慮して、学校の教育活動全体を通じて適切に行うことにより、健康で安全な生活と豊かなスポーツライフの実現を目指した教育の充実に努めること。特に、学校における食育の推進並びに体力の向上に関する指導、安全に関する指導及び心身の健康の保持増進に関する指導については、体育科、家庭科及び特別活動の時間はもとより、各教科、道徳科、外国語活動及び総合的な学習の時間などにおいてもそれぞれの特質に応じて適切に行うよう努めること。また、それらの指導を通して、家庭や地域社会との連携を図りながら、日常生活において適切な体育・健康に関する活動の実践を促し、生涯を通じて健康・安全で活力ある生活を送るための基礎が培われるよう配慮すること。

とされ[5]、心身ともに健康で安全な生活と豊かなスポーツライフの実現が一体的に示された。そして前回と同じく児童の発達の段階を考慮して、学校の教育活動全体として体育・健康に関する指導に取り組むことが重要であるとしている。

2 「学校保健」の「学校教育」における意義と役割

教育基本法第1条に、教育の目標が次のようにうたわれている。

> 教育は、人格の完成を目指し、平和で民主的な国家及び社会の形成者として必要な資質を備えた心身ともに健康な国民の育成を期して行われなければならない。

また、学校教育法では、第12条に、健康診断を通じて児童生徒の健康の保持増進を図るべきと明記されている。

> 学校においては、別に法律で定めるところに、幼児、児童、生徒及び学生並びに職員の健康の保持増進を図るため、健康診断を行い、その他その保健に必要な措置を講じなければならない。

これらの法律を受けて、学校教育においては、児童生徒の健康の保持増進を第一義に掲げる「学校保健」の推進はなくてはならないものとなっている。つまり、「学校保健」は教育目標を達成するための最重要課題である。

さらに、「学校保健」は、日本養護教諭教育学会では以下のように定義されている[6]。

> 学校保健とは、児童生徒等及び職員の健康を保持増進するために、学校において行われる保健活動の総称である。学校保健の領域は、保健教育と保健管理に分けられ、これらを円滑に進めるために保健組織活動がある。

「学校保健」の領域を見てみる。保健教育は、各教科（体育・保健体育科や保健に関連する各教科等）、特別活動、総合的な学習の時間、保健指導に分類される。保健管理は対人管理と対物管理（環境管理）に分類される。さらに、対人管理は主体管理と生活管理に分類される。

保健組織活動には、教職員保健委員会、PTA保健委員会、児童生徒保健委員会、学校保健委員会、地域学校保健委員会等が含まれている。このように学校保健の領域は、分類され構造化されている（第Ⅱ部第1章、第11章参照）。

「学校保健」の担い手は誰であろうか。学校保健の総括責任者は学校長であり、そのもとで全ての教職員が活動を行う。主な担い手は、保健主事、養護教諭、栄養教諭・栄養職員、教諭、学校三師であるが、子ども達の健康課題が変化し、様々な支援が求められる中、近年配置されるようになったスクールカウンセラーやスクールソーシャルワーカーや様々な支援員等も、学校保健の担い手として期待されている。

2015（平成27）年12月には、中央教育審議会より「チームとしての学校の在り方と今後の改善方策について（答申）」[7]が取りまとめられた。この答申では、「チームとしての

学校」像を、「校長のリーダーシップの下、カリキュラム、日々の教育活動、学校の資源が一体的にマネジメントされ、教職員や学校内の多様な人材が、それぞれの専門性を生かして能力を発揮し、子供たちに必要な資質・能力を確実に身に付けさせることができる学校」としている。また、「チームとしての学校」の在り方の一つに、家庭・地域・関係機関との関係を挙げ、「生徒指導や子供の健康・安全等に組織的に取り組んでいく必要がある。」としている[8]。

③ 教員養成における「学校保健」の履修

「学校教育」を担う教員の「学校保健」に関わる資質・能力の育成について考察する。

多くの大学では「教職課程」が設置されている。教職課程とは、教育職員の普通免許状の授与を受けるのに必要な単位が修得できるよう所定の科目等を設置した課程のことである。教職課程を履修し必要な単位を取得し各都道府県の教育委員会に申請することで教員免許状が交付される。その枠組みについては教育職員免許法及びその関係法令に定めがある。教職課程においては「教職に関する科目」や「教科に関する科目」など（免許状が対象とする職（教諭・養護教諭・栄養教諭など）によって履修する科目区分が異なる）を修得しなければならない。

「学校保健」は、教員を目指す学生にとって重要な領域である。しかし、現状では、教員免許状取得のための必修科目に含まれていない。教員が健康教育・学校保健分野での専門的な知識・技能を習得せぬまま、様々な心の問題・がん教育や生命の問題などの健康課題について対応できるであろうか。

2017（平成29）年11月17日に、「教育職員免許法施行規則及び免許状更新講習規則の一部を改正する省令」が公布された。改正の要点としては、教育職員免許法施行規則上の科目区分が大括り化され、履修事項の見直しがなされている。追加事項として、「情報機器及び教材の活用」「チーム学校運営への対応」「学校と地域との連携」「学校安全への対応」「カリキュラム・マネジメント」「キャリア教育」が追加されているが、「学校保健」は含まれていない。

④ 「学校保健」の現代における課題

2017（平成29）年3月に、小中学校の新しい学習指導要領が改訂された（高等学校は翌年度）。2020（令和2）年度より実施され、学校教育は大きく変わろうとしている。学校保健もそういった教育の流れに沿う形で変化しながら、同時に基盤として在り続けなければならない。

近年、経済のグローバル化、情報化、IoT化、少子高齢化等、ライフスタイルや社会の急激な変化により子ども達を取り巻く環境も大きく変化してきている。さらに、異常気象、自然災害、温暖化といった新たな環境下における子どもの安全・安心の確保が喫緊の課題とされている。このような中で、子どもの健康課題も多様化、複雑化、深刻化してきており、

養護教諭は教職員をはじめ、学校内外の関係者・関係機関との有機的な連携のもと、今まで以上にその役割を十分発揮することが求められている。

　ライフスタイルの変化は、夜型の生活、運動不足、朝食の欠食、睡眠不足等、生活習慣の乱れとして、子ども達の心身の健康に様々な影響を及ぼしている。裸眼視力 1.0 未満の者は、小学校、中学校、高等学校で増え続けており、視力と生活習慣に関する詳細な分析と対策が望まれる。運動器疾患がある子どもも見られ、肥満傾向児も年齢層にばらつきがあるものの増加傾向にある。過度な運動と運動不足という、運動習慣の二極化が推測される。

　アレルギー疾患には、喘息、アトピー性皮膚炎、アレルギー性結膜炎、アレルギー性鼻炎、食物アレルギー、アナフィラキシー等が挙げられるが、多くは近年増加傾向にあり、食物アレルギー、アナフィラキシー等は症状が急速に悪化する場合がある。また、小児医療の進歩により、子どもの疾病構造が変化し、小児科の診療が外来を中心としたものとなった結果、長期にわたり継続的な医療を受けながら学校生活を送る子どもも増えている。さらに、感染症の新たな課題としては、新型コロナウイルス感染症、新型インフルエンザ、ノロウイルス・ロタウイルスによる感染性胃腸炎等が挙げられる。いずれも組織的な保健管理体制の構築と推進が必要である。

　メンタルヘルスに関する課題としては、いじめ、不登校、児童虐待等があり、事件、事故、災害等も含めた心身の傷つき体験から、ASD（急性ストレス障害）や PTSD（心的外傷後ストレス障害）を引き起こし、最悪の結果として自殺をまねく場合がある。いずれも心の健康問題として、予防を第一義とし、早期発見・早期対応が求められる。

　性に関する健康問題については、インターネットの普及により、性に関する情報が氾濫するなど、子どもを取り巻く社会環境は大きく変化している。また、若年層の人工妊娠中絶や性感染症等の問題がある中、各学校の実態を踏まえた性教育や健康教育が求められる。薬物乱用については、近年、芸能人等の薬物犯罪が相次いで発生しており、その乱用が社会問題となっている。また、若者を中心に大麻事犯による検挙者が急増しており、MDMA等合成麻薬事犯とともに高水準で推移している。

　子どもの健康課題は、多様化、複雑化、深刻化しており、より専門的な視点での取組が求められるようになっている。

引用・参考文献
1）文部科学省 WEB サイト. https://www.mext.go.jp/a_menu/kenko/hoken/index.html（2020 年 10 月 13 日閲覧）
2）杉浦守邦監修（2009）. 新版学校保健 第 7 版. 東山書房, p38.
3）前掲書 2）, p43.
4）文部科学省（2008）. 小学校学習指導要領解説総則編, p24-25.
5）文部科学省（2017）. 小学校学習指導要領（平成 29 年告示）, p18.
6）日本養護教諭教育学会（2012）. 養護教諭の専門領域に関する用語の解説集.
7）中央教育審議会（2015）. チームとしての学校の在り方と今後の改善方策について（答申）. 平成 27 年 12 月 21 日.
8）中央教育審議会（2015）. チームとしての学校の在り方と今後の改善方策について（答申）概要. 平成 27 年 12 月 21 日.
9）北口和美（2014）. 子どもの健康問題と養護教諭の職務について－過去から現在までの歩みを通して－, 近大姫路大学教育学部紀要, 第 7 号.
10）文部科学省（2010）. 保健主事のための実務ハンドブック.

1872(明治 5 年)8 月の学制の実施により、それまでの各種学校を全て文部省の管轄下に
おいた学校制度のもとに教育が実施されるようになった。その後、1879(明治 12) 年には
教育令が公布され、1885(明治 18) 年には初代の文部大臣が就任し、1886(明治 19) 年に
教育改革が行われ、学校令 (小学校令・中学校令・帝国大学令・師範学校令) が公布された。
これにより学校制度が確立された。学校制度が整備される中で、学校において子どもの健
康を管理する、そして発育発達を推進するための制度が整えられた。これらを学校衛生と
いう (終戦後の 1945 (昭和 20) 年、「学校保健」と改められた)[1]。学校教育の普及に伴っ
て、校地・校舎・校具等の衛生問題や児童生徒の有病率の上昇、虚弱児の増加の問題が生
じ、1891 (明治 24) 年、学務局に学校衛生事項取調嘱託 1 名が置かれた[2]。学校衛生の制
度は第一歩を踏み出したものの、養護教諭の前身である学校看護婦に関しては、1905 (明
治 38) 年の登場を待つことになる。

1905 (明治 38) 年以前とそれ以降の、学校衛生（学校保健）及び養護教諭の歩みを以
下の 4 期に分けて概観する。

1 明治：黎明期の学校保健（医学的学校衛生）と養護教諭

当時、国民の衛生観念は一般的に低く、かつ東洋医学を基礎とした養生思想による生活
が中心であり、その中へ西洋文化を中心とした学校教育制度が始まったのであるから、施
設設備、教員の資格、学校の運営等全般にわたって、多くの課題が山積していた。しかし、
その中でもすでに、以後の学校衛生の基本的な事項がいくつか示されている。伝染病予防
と入学不許可、学区巡視事務章程 (現在の学校環境衛生に関する内容が示された規則)、活
力検査 (体力・体格検査)、養生法 (小学校における衛生教育) 等である[3]。その後、学校
制度の整備に伴い衛生教育が修身科、理科、体操などの科目で整備されたが、教員の指導
力の実情から見ても、当時の小学校教育に定着することは困難であった[4]。

このような流れは、同時にヨーロッパでの児童の健康問題と、それをめぐる論議などの
情報が日本で盛んに紹介される結果につながった。ヨーロッパでは児童の義務就学が進む
に従って、近視、脊柱側弯、虚弱などの健康被害が気づかれ、その原因は児童を不良な学
習環境に一日中拘束するためであるという見解、中でも児童に近視発生率が著しく高い原
因として、教室の照度不足、机・椅子の不都合等が考えられた。これらを監視指導するために、
学校への医師の派遣を提唱したドイツ・ブレスラウ大学の眼科教授ヘルマン・コーンの主
張 (1866 年) は有名であり、これを受けて、1874 (明治 7) 年にはベルギーのラッセルで、
また 1887 (明治 20) 年にはハンガリーで学校医が設置されたヨーロッパの動きが日本に
伝えられた[5]。

　こうした背景から、明治時代の日本の学校でも、子ども達の健康障害に対応すべき学校衛生活動として、ドイツの流れをくんだ、学校医中心の医学的学校衛生が進められるようになった。日本における学校医の始まりは、1894（明治27）年5月に東京市麹町区、同年7月に神戸市内の小学校に学校医が置かれたことからであると言われている[6]。1898（明治31）年には、「公立学校ニ学校医ヲ置クノ件」並びに「学校医職務規程」が公布され、学校医制度が定められた。ただし、職務の内容は学校の環境衛生的監視と身体検査の実施に主体が置かれており、治療に関することはこの時点では全く含まれていなかった[7]。

　ヨーロッパと同様に、学校教育が進展するに従って、近視や脊柱異常の児童が非常に増えてくる。それは寺子屋に近い教室の環境の問題であろうということで、1898（明治31）年の「学校医職務規程」によると、学校医は毎月少なくとも1回、授業時間に出校して、地方長官直属の立場から環境衛生に関する事項を視察・監察することになっていた。また、視察に当たって罹患者を発見したときは、欠課、休学、療治等の勧告を学校長にすることになっていた。その他、身体検査の実施、伝染病発生時の予防消毒方法の施行、学校閉鎖が主要な職務であった。しかし、この時代、眼の疾患であるトラホームが全国的に問題となっており、現実には学童のトラホームに罹っている割合が非常に高い学校では、学校医が独自に校内治療を行っていた場合もあったという[8]。そして、1908（明治41）年、文部省は道府県に対して、学校医によるトラホーム罹患児童の校内治療を認める通牒を出した（「学校におけるトラホーム患者の点眼に関する通牒」）。このように学校医制度スタートの当初には、学校内における治療に学校医が従事した時期もあったが、やがてトラホーム問題は終息し、学校医は職務規程に則った職務に従事するようになった。1898（明治31）年の勅令公布の翌年の学校医の設置率はわずか20%で、1906（明治39）年40%、1910年（明治43）年60%という状況であった[9]。

　1920（大正9）年の「学校医ノ資格及職務ニ関スル規程」では、従来の環境衛生と身体検査に関する職務のほかに、特に、「病者、虚弱者、精神薄弱者等ノ監督養護ニ関スル事項」が挙げられ、これら疾病欠陥児の就学上の助言、校内における取り扱いの指導に従事することを求めている。同じ年改正された学生生徒児童身体検査規程でも「身心ノ健康状態不良ニシテ学校衛生上特ニ継続的ニ観察ヲ要スルト認ムル者」を要観察者として選び出し、これに対し特別に注意と必要な処置をとることを規定している[10]。さらに、子どもの疾病像の多様化・複雑化により、眼科、耳鼻咽喉科、皮膚科、歯科等の専門学校医制度の導入の要望が高まった[11]。

　学校医制度の実施によって、学校衛生の基礎が成立し学校医の任務は急激に増加したため、学校医の助手として働き、監督養護の実務に当たる専任の職員が必要となり、学校看護婦が置かれるようになる。1905（明治38）年に学校看護婦が置かれるようになるまでは、学校衛生の担い手は教諭と学校医であったといえよう。

　養護教諭の原点は看護婦であったことに鑑み、当時の看護婦の状況について、渡辺[12]の文章からその概要に少し触れておく。女性教員は当初から国家が養成したのに対し、看護

教育の第一歩は、欧米の事情に明るい医師・宣教師らの手によって外国から看護師が招かれ、明治10年代に開始された。卒業生は少数であったが、明治の看護界を支えた。1902（明治35）年の看護婦数3,122人に対し、1,604人と約半数が東京に在住していた。速成看護婦5,943人であった（速成看護婦とは主として自治体が避病舎（伝染病専門病院）で働く看護婦を短期間に養成した者）。したがって正規の看護婦は地方には少なく、質・量共に学校に看護婦を雇用するほどには至らない状況であった。学校衛生の専従者として初めて公立学校に学校看護婦が採用されたのは、1905（明治38）年である。岐阜県の小学校に配置されたのが初めてで、当時は全国的なトラホームの大流行があり、洗眼等の衛生処置に対応している。岐阜県になぜこのように早く看護婦が採用されたかという背景には、1900（明治33）年に県立病院に看護婦養成所が創設されていたこと、熱心な校医がいたことなどの理由が挙げられている。

[2] 大正：社会政策的学校衛生と養護教諭

　大正時代になると、第一次世界大戦によって一時的な軍需景気がもたらされたが、その一方で物資の高騰などが起こり、庶民の生活の質が著しく低下した。さらに、この15年間の短い時代に特殊な死亡状況が見られる。1918（大正7）年には、統計史上最高の乳児死亡率、出生1000対（188.6）、妊婦死亡率出生10万対（352.1）などがある。1918-1920（大正7-9）年にかけてスペイン風邪の大流行で2,300万人の罹患者と38万人の死者が出た。また1923（大正12）年には関東大震災があった。これを受けて、イギリスに端を発した社会政策的な学校衛生が導入されるようになり、学校では、疾病の予防、身体虚弱児、精神薄弱児等の施設が設けられた。学校では、欠席が増加し、疾病は特に結核、急性伝染病、疥癬、寄生虫などが多発し、学校衛生は目下の急務であった[13]。1922（大正11）年から1923（大正12）年に東京市は初めての学校衛生婦4名を採用し巡回訪問を試みている（東京市は学校看護婦といわず学校衛生婦の名称を用いている）。1日1校を巡回し、昼食を食べられない貧困家庭の子女を対象にした学校給食、あるいは学校内に設置された診療所でのトラホームの治療、歯科治療、寄生虫の駆除、虱退治、耳だれ、その他多数を扱っていた。また、長期欠席者の家庭訪問時には、家族の病気の相談にも応じるなど学校衛生婦の仕事は活気に満ちた仕事であったという[14]。学校診療所の設置に伴って、多くの学校に常勤の学校看護婦が置かれるようになった。

　1922（大正11）年6月の文部省調査では、全国で112名であったが、1924（大正13）年の調査では316名に及んでいる[15]。学校看護婦の増加に対応するため、1923（大正12）年7月、文部大臣官房学校衛生課より、「学校看護婦執務指針」が発表された。内容は、校内執務と校外の執務の双方について、その方針を述べている。

　校内執務については、「学校看護婦ハ、学校内ニ置イテハ、概ネ学校医ノ執務ノ補助トシテ働クナルヲ以テ、其ノ執務ノ範囲モ亦学校医ノ夫レ以外ニ出ズルコト少ナシ。学校医執

務ノ日ハ、其ノ指示ヲ受ケ得ベシト雖モ、然ラザル豫メ其ノ意図ヲ聞キオキ、濫リニ独断専行セザルヤウ心掛クモノトス」とされている[16]。学校看護婦の執務については、学校医の指示下に置かれ、「独断専行しないように」とされており、学校看護婦の自立性は全く認められていなかった。

③ 昭和初期～戦前：教育的学校衛生と養護教諭

　昭和の初めから中頃になると、「医学的学校衛生と社会政策的学校衛生だけでは、学校で行うべき健康管理としては十分でない。学校という教育の場で行うのであれば、教育目的に沿って、その教育の目的が達成されるようにバックアップする健康管理でなければならない。また、将来子ども達が独り立ちできるような健康教育が必要である。」という主にアメリカの流れをくんだ教育的学校衛生への志向が、意識ある人たちによって強く叫ばれるようになる。

　1928(昭和3)年、文部省の外郭団体である帝國学校衛生会は、その内部組織として「学校看護部」を新設した[17]。学校看護部について、鈴木[18]は次のように述べている。「全国で1,000名を超えた学校看護婦の組織化を図り、学校看護事業の発展を図ろうとするものであった。事業は月刊誌の発行と全国学校看護婦大会の開催であった。機関誌「養護」は、学校看護婦の職業観・使命感の樹立を目標として、文部省関係者の意見や講演記録、現場報告等が掲載された。1929（昭和4）年に開催された第1回全国学校看護婦大会では、文部大臣諮問事項「我国の現状に鑑み学校看護婦事業の発達上特に留意すべき事項如何」に対し、設置規程の制定等を要望する答申を採択したほか、協議題として「学校看護婦は学校職員なりやまたは市役所吏員なりや」といった疑問なども提出された。この大会は官制的性格を持つものであったにもかかわらず、当初から参加者側から身分待遇の問題点と改善の要望が多数出され、職務制定確立運動として年々高揚していった。同1929（昭和4）年、文部省訓令をもって「学校看護婦ニ関スル件」が公布された。これは基準制定を要求する声に応えて、国として初めて、法的に学校看護婦の位置づけや職務を示したものである。

　学校看護婦に対しては、1934（昭和9）年、文部省は学校衛生調査会に諮問し、学校看護婦に関する勅令案を検討させた。ここでは「学校看護婦は学校長の監督を承け学校衛生の実務に服すること」と明確に教育職員待遇とし、小学校教員に準じて検定により専門免許を与える制度を打ち出している。この勅令案は、国家資格である看護婦との混同を避け、名称を「学校衛生婦令」として答申された。しかし、この勅令は様々な疑義が出され棚上げになった。1938（昭和13）年より再び勅令案が起草された。この案では名称を「学校養護婦」とし、職務の中にも養護という文言を加え、「学校における衛生養護に関する職務に従事する」とされたが、学校養護婦令が制定されることはなかった」。

　杉浦[19]は、ここで「養護」という表現が用いられた理由として、次の三つを挙げている。「第一に、1937（昭和12）年の学校身体検査規定の改正である。ここでは、要養護者の選

別が強調され、学校看護婦がその「保健養護」を担当することとされた。第二に、同年1月に厚生省が発足し、学校衛生関係者の指導助成と学童の養護に関する以外は所管が文部省から厚生省に移管したことである。養護に関することが文部省の管轄に残されたということは、養護が教育的活動とみなされることを意味し、「養護婦」とすることで教育職員としての性格を明確にしようとしたと考えられる。第三は、同時期に厚生省で検討中であった「保健婦」と混同しやすい名称を避けるためであったという」。

厚生省は、学校養護婦といえども、保健衛生関係の職務をつかさどる以上、衛生職員であるとの見解を示したといわれるが、学校衛生婦連合会は再び大規模な請願活動を展開し、厚生省との間で、学校養護婦の職務内容の重点を治療補助面より教育指導面に置くことで文部省所管とするという合意がなされた。厚生省管轄の看護婦・保健婦と文部省管轄の養護婦とが分離されたのは、このときからである。

1941（昭和16）年、国民学校令が公布され、国民学校令第15条に「国民学校ニハ学校長及訓導ヲ置クベシ、国民学校ニハ教頭、養護訓導及准訓導ヲ置クコトヲ得」、第17条に「訓導及養護訓導ハ判任官ノ待遇トス」「養護訓導ハ学校長ノ命ヲ承ケ児童ノ養護ヲ掌ル」との規定がなされた。これを受けて、養護訓導が教育職員として正式に位置づけられるようになる。これは、学校看護婦ではなく、あくまでも訓導である。しかし、戦争が激しくなるにつれて、国策として強い兵隊になれる子ども達を育てるという方向へ移ってしまう。教育職員として本格的にその位置づけが認められるのは、戦後の学校教育法[20]の中で、養護教諭が位置づけられてからのことになる。

幼児教育の第一人者である倉橋惣三（当時高等女子師範学校教授）は、1941（昭和16）年に行われた文部省主催講習会で、「初等教育における養護の正しい意義」として「養護」について述べている（第Ⅰ部第1章第2節を参照）。この「養護そのものが教育をする」という考え方は、すでに1922（大正11）年の森岡常蔵[21]の講演で「色々のことを授くる際の根本的基礎条件」「教育事業の三分の一でなくして全部に関係する大切な事業」とされたものと同質な概念である。「養護」は学校教育の根底に位置づく基本的概念であるという考えが受け継がれていることがわかる。

4　戦後：学校保健と養護教諭

敗戦直後は、生活環境全般が大変劣悪になり、子ども達の健康水準も劣悪であった。こうした中で、1947（昭和22）年に制定された教育基本法は、その前文に「われらは、さきに、日本国憲法を確定し、民主的で文化的な国家を建設して、世界の平和と人類の福祉に貢献しようとする決意を示した。この理想の実現は、根本において教育の力にまつべきものである。われらは、個人の尊厳を重んじ、真理と平和を希求する人間の育成を期するとともに、普遍的にしてしかも個性ゆたかな文化の創造をめざす教育を普及徹底しなければならない。ここに、日本国憲法の精神に則り、教育の目的を明示して、新しい日本の教育の基本を確

立するため、この法律を制定する。」と、高邁な教育の目的を掲げた。

　同じ年に、国民学校令が廃止され、新たに学校教育法が制定された。国民学校は「小学校」と改正され、これに伴い訓導は「教諭」に、養護訓導は「養護教諭」に改称された。学校教育法第28条第7項では「養護教諭は、児童の養護を掌る」とされ、国民学校令の養護訓導時代の職務を踏襲している。

　さらに、同年4月には、GHQから米国教育使節団報告書が発表された。これは戦後教育改革の基本方向を示すものとして重要な意味を持っているが、この報告書の中で、「健康（保健）教育は、国民学校において重大な欠陥があるように思う。そこでは、生理も衛生もほとんど教えられていない」と、学校保健について述べられている。GHQの報告により、日本の学校保健は、管理・治療的なものから、大きく教育的な方向に転換することになった。その第一歩は、GHQの助言により、文部省が編纂刊行した「保健計画実施要領」である。中等学校の実施要領が1949（昭和24）年11月、小学校が1951（昭和26）年2月に伝達され、この実施要領を基本として学校保健が推進されることになった。しかし、この「保健実施計画」は、養護教諭の職務遂行においては、ほとんどの項目が「援助」「協力」「補助」「助力」「助言」等となっており、養護教諭の主体的な役割の幅が狭くなっている。これは、アメリカのスクールナースの制度の考え方が背景にあると考えられる。

　戦後の変革期の教育推進において、文部省は、新しい憲法や教育基本法の理念を広げるために学校現場の教師を育てる必要がある、「教育の改善は、よい教師を得ることによって実現される」として、全国の教育長及び教育の指導者を集め、教育指導者講習 IFEL（Institute for Educational Leadership）を開催した。養護教諭の講習会も第5期（1950（昭和25）年）、第7期（1951（昭和26）年）に行われ、全国から延べ84名が受講している。三原の論文[22]から養護教諭の指導者講習について、その概要を以下に示す。

　「養護教諭の現職教育は、「新しい教育分野を開拓するために」設けられたコースにてスタートしている。養護教諭には、新生日本の将来を担う子ども達の健やかな成長を支援する「新たな学校保健」を構築する使命があった。「養護教育の内容と方法につき研究を進めることにより、その担当教員の養成教育及び現職教育の良き指導者を得る」ことを目的に、講習会は進められた。「養護教諭の職務を果たすためには、その職務に必要な教養を十分に持たなければならない。教育者としての心構え、医学的専門職としての自覚と責任、教育公務員としての人格を磨くために地域の実態に即した研究活動や講習会を行い、資質向上に努めることが必要である。これからの学校保健は、WHOの前文に書かれた健康の定義を目標として展開され、その中核となる養護教諭の職務も大きな変革が必要になってきた。養護をつかさどることは、全教職員が考えるべきことである。一般教員は担当クラスに対する養護を担当し、養護教諭は学校全体の養護を考えなければならない。児童生徒の健康管理に重点を置き、学校全体を把握して教育計画に還元すること。」というように、講習科目は、公衆衛生、教育学、学校保健管理、養護教諭の職務、養護実習等多岐にわたり、養護教諭の職務については、「養護教諭の職務研究」「養護教育と諸機関との協力」について、

職務内容については、「身体検査、疾病予防、家庭訪問、救急看護、学校環境衛生、健康教育、学校給食、執務計画、特殊児童養護、養護教諭の歩み・歴史」等が協議されている」。

この講習の内容は、養護教諭の養護実践を考えるに当たり、現在においても大きな示唆を与えてくれる。昭和20年・30年代の養護教諭の記録を見ると、「当時の世相は敗戦国の名の通り衣食住にも事欠く極貧の生活であり、疲弊した社会にあっては当然のごとく児童生徒にも伝染病の発生、栄養欠乏、寄生虫病、眼病、結核の蔓延等々健康問題は山積しており、この改善をまず教育の中に求められた。このような動きの中で、これからの養護教諭の活動分野は大きく広がり、現在少数の養護教諭も飛躍的に増員されるだろう、と前途に明るい希望を抱いた。これらのこともあって、私たちは保健衛生の専門職であるという誇りをもって、がむしゃらに働いた。20年代・30年代の研究大会誌、部会誌を開くと、要望決議事項として必ず「103条の撤廃」「養成機関の設置」という言葉が常套句のように並んでいる。今も忘れることが出来ないのは増員をお願いすると必ず「養護教諭の必要性は皆さんの仕事ぶりで実証してください。養護教諭の必要性は皆さんを見ている多くの人たちから声が上がってこそ成果があるのです」という言葉が返ってきたことである。当時の養護教諭皆がこのような責務を負っているのだと自覚していたと思う。長い養護教諭時代を顧みて苦難の時代ではあったが、当時の養護教諭の仕事に「激しい情熱をかけて生きることが出来た」ことを誇りに思う」と書かれている [23]。

> **103条の撤廃とは……**
> 　戦後の当時は、1947（昭和22）年に公布された学校教育法に則り教育が行われていた。この学校教育法第103条には、「小学校、中学校及び中等教育学校には、[中略] 当分の間、養護教諭は、これを置かないことができる。」とある。同法第28条及び51条では養護教諭を置かなければならないとしている一方で、103条では「当分の間養護教諭を置かないことができる」としていたため、103条を適用して学校が養護教諭を置かないという問題が起こっていた。
> 　なお、現在では養護教諭の配置率は100％になっているにもかかわらず、現行の学校教育法においても附則第7条に「小学校、中学校及び中等教育学校には、第37条（第49条において準用する場合を含む。）及び第69条の規定にかかわらず、当分の間、養護教諭を置かないことができる。」と当時のままの文章が残っている。

WHOの保健憲章に見られる「新しい教育観」による健康づくりを目標に、健康教育が再び学校教育の中に大きく位置づけられ、学校保健管理も学校が主体的に取り組むべきものであるという考え方が定着した。また、学校保健活動は学校の責任において学校自身が行うべきものである、という考え方に立脚した学校保健法が1958（昭和33）年に制定された。これまで養護教諭が自主的に実践してきた保健管理活動にも法的根拠が与えられ、健康診断も新しい方法で実施されることになった。

学校インフラの整備が進み、生活様式が大きな変化を遂げる中で、子どもの健康問題にも変化が現れた。結核等の感染症や寄生虫が減少する一方で、むし歯（う歯）、肥満、視力低下等が増加傾向にあり、高度経済成長に伴う社会環境の変化がもたらす食生活の変化、受験戦争、運動不足、生活習慣の夜型化などを背景に、学校保健における保健管理に加えて保健指導の取組が必要となった。養護教諭の職務の推進においても、子どもの健康問題

に対応すべく養護教諭の職務や専門性について明確にしていこうとする動きが高まり、様々な研究が行われるようになってきた。

　国としては、1972（昭和47）年に文部大臣の諮問機関である保健体育審議会が「児童生徒等の健康の保持増進に関する施策について」[24]を答申した。そこでは「学校における保健管理体制の整備」の項を設けて学校保健関係組織や職員の充実を提言し、養護教諭について「専門的立場から全ての児童生徒の保健および環境衛生の実態を的確に把握して、疾病や情緒障害、体力、栄養に関する問題等心身の健康に問題を持つ児童生徒の個別指健康の増進に関する指導にあたるのみならず一般教職員の行う教育活動にも積極的に協力する役割を持つものである。」とし、養護教諭の役割について明確に示した。

　さらに、2008（平成20）年の中央教育審議会答申「子どもの心身の健康を守り、安全・安心を確保するために学校全体としての取組を進めるための方策について」[25]では、子ども達の現代的健康課題と養護教諭の職務と役割を次のように示している。

　健康課題として、「近年、都市化、少子高齢化、情報化、国際化などによる社会環境や生活環境の急激な変化は、子どもの心身の健康にも大きな影響を与えており、学校生活においても①生活習慣の乱れ、②いじめ、不登校、児童虐待などのメンタルヘルスに関する課題、③アレルギー疾患、④性の問題行動や薬物乱用、⑤感染症など、新たな課題が顕在化している。同時に、⑥小児医療の進歩と小児の疾病構造の変化に伴い、長期にわたり継続的な医療を受けながら学校生活を送る子どもの数も増えている。また、⑦過度な運動・スポーツによる運動器疾患・障害を抱える子どもも見られる状況にある。」（①〜⑦は筆者による）とし、7領域を挙げている。

　そして、養護教諭の職務と役割を「養護教諭の職務は、学校教育法で『児童生徒の養護をつかさどる』と定められており、1972（昭和47）年及び1997（平成9）年の保健体育審議会答申において主要な役割が示されている。それらを踏まえて、現在、救急処置、健康診断、疾病予防などの保健管理、保健教育、健康相談活動、保健室経営、保健組織活動などを行っている。／また、子どもの現代的な健康課題の対応に当たり、学級担任等、学校医、学校歯科医、学校薬剤師、スクールカウンセラーなど学校内における連携、また医療関係者や福祉関係者など地域の関係機関との連携を推進することが必要となっている中、養護教諭はコーディネーターの役割を担う必要がある」とし、「このような養護教諭に求められる役割を十分に果たせるよう、学校教育法における養護教諭に関する規定を踏まえつつ、養護教諭を中核として、担任教諭等及び医療機関など学校内外の関係者と連携・協力しつつ、学校保健も重視した学校経営がなされることを担保するような法制度の整備について検討する必要がある」としている。この答申を踏まえて、学校保健法は50年ぶりに改正され、2009（平成21）年に「学校保健安全法」が公布され、学校保健・学校安全の充実が図れる体制の推進を目的とした。

　現在、学校教育の体制も大きく変わろうとしている。「チームとしての学校」体制の推進をキーワードとして、多様な専門職種が学校教育に関わる時代になってきている[26]。学校

保健活動の推進の中核的役割を担う養護教諭においても、ますます専門性が問われ、存在意義が問われる時代になっている。

引用・参考文献

1) 文部省監修 (1973). 学校保健百年史. 第一法規. p 1-2.
2) 前掲書 1). p 4.
3) 前掲書 1). p 5-6.
4) 前掲書 1). p 10-11.
5) 前掲書 1). p 110-112.
6) 前掲書 1). p 111.
7) 前掲書 1). p 111.
8) 前掲書 1). p 117.
9) 前掲書 1). p 115-116.
10) 鈴木裕子 (2013). 養護教諭の歴史とアイデンテイテイに研究. p 4. http://www.matsuishi-lab.net/yogo.htm (2017 年 11 月 16 日閲覧).
11) 前掲書 1). p 231-232.
12) 渡辺喜美子 (1991). 養護訓導制度化以前の学校衛生と学校看護婦の歩み. 養護教諭制度 50 周年記念誌. ぎょうせい. p 2-3.
13) 養護教諭制度 50 周年記念誌編集委員会 (1991). 養護教諭制度 50 周年記念誌. ぎょうせい. p 5.
14) 前掲書 12). p 5.
15) 前掲書 1). p 136.
16) 竹下智美 (2013). 昭和初期における学校看護婦の執務の変化. 埼玉大学紀要　教育学部 62(2). p 33.
17) 前掲書 11). p 10.
18) 前掲書 10). p 4.
19) 杉浦守邦 (1974). 養護教員の歴史. 東山書房.
20) 学校教育法 (1947)　昭和 22 年 3 月 31 日法律第 26 号.
21) 森岡常蔵. 明治〜昭和期の教育家, 教育学者 東京文理科大学名誉教授. 1934. (東京文理科大学長兼教授, 東京高師学長)
22) 三原和子 (2001). IFEL(教育指導者講習) における養護教育. 奈良教育大学紀要.
23) 前掲書 12). p 6-10.
24) 保健体育審議会 (1972). 児童生徒の健康の保持増進に関する施策について (答申) 昭和 47 年 12 月.
25) 中央教育審議会 (2008). 子どもの心身の健康を守り. 安心・安全を確保するために学校全体としての取組を進めるための方策について (答申). 平成 20 年 1 月 17 日.
26) 中央教育審議会 (2015). チームとしての学校の在り方と今後の改善方策について (答申). 平成 27 年 12 月 21 日.

養護教諭の歴史と職務の変遷

> この章では、養護教諭の歴史と職務の変遷を中心に述べる。過去から現在に至る養護教諭の歩みを理解し、未来につなげていきたい。
>
> 第1節では、学校看護婦から養護教諭に至るまでの職務の変遷を述べる。第2節では、養護教諭の養成制度の変遷をたどり、専門職としての養成教育や課題について、第3節では、配置状況から見た養護教諭の変遷として、養護教諭の人数と配置校数の状況を把握し、配置における問題について考えてみる。

第1節　養護教諭の職務の変遷

1　学校看護婦時代

養護教諭の歴史は、前身である学校看護婦の登場から始まる。

日本の公立学校に、学校衛生の専従者として初めて学校看護婦が採用されたのは、1905（明治38）年9月、岐阜県においてであった。岐阜県羽島郡竹ヶ鼻小学校と笠松小学校に公費で雇用されたのが始まりとされている。その背景には、日本の急速な近代化と1872（明治5）年の「学制」発布以降の義務教育学校の就学児童の増加、そして全国的に広がりを見せるトラホームの蔓延状況があった。先の二つの小学校もトラホーム罹患率が極めて高いことによるトラホーム洗眼を目的とした登用といわれる。看護婦は特設の治療室で、校医監督のもとに放課後、洗眼や点眼を行い、1年後、竹ヶ鼻小の被患率は66.4％から24.1％に低下したという。この時代は、いわば公衆衛生対策の必要上、学校に看護婦が雇用されたというもので、純粋の学校衛生の必要性からではなかった[1]。

明治初期から中期にかけて、人々のトラホームに対する認識はまだ低く、診断できる眼科医も少なかった。1898（明治31）年に学校医制度が布かれると、にわかに医師、眼科医の注目するところとなり、トラホーム検診・調査も増え、トラホーム児童が発見されるようになった。そうした状況下でトラホームの全国的蔓延状態が起こったとも考えられる。

1908（明治41）年、岐阜市京町小学校に学校経費で雇用された広瀬ますは、翌年からは市費職員となり、以降28年間、同一校に勤務し、学校看護婦第1号といわれている。広瀬によると、先の2校と同様、この小学校でも1906（明治39）年からトラホーム治療を開始し、通院治療を勧めても効果が上がらないことから、学校長と学校医が協議の上、校

内での洗眼点眼の治療を始めたという。このように純粋に学校衛生の必要性からではないものの、当初から学校看護婦は学校職員的性格を持っていたといえる[2]。

市町村が学校衛生業務に従事させる目的で学校看護婦を職員として採用したのは、1912（明治45）年の大阪府堺市が最初である。5名の学校専属の看護婦に市内小学校9校、幼稚園2園を巡回させた。この時「学校看護婦服務規程」が初めて制定され、「学校医ノ指導監督ヲ承ケ児童ノ衛生事務ニ従事スルモノトス」とその職務範囲も明確にされた。学校看護婦はトラホーム患者の洗眼治療の外、内科、外科的応急処置、身体検査補助、修学旅行・校外教授・運動会等の随伴など、その職務範囲は学校衛生全般（当時の用語でいう「衛生事務」全般）にわたった[3]。

明治末期には就学率が向上し、健常者とともに病弱時や障害児が入学するようになると、健康格差が生じ、個別対応を求められるようになる。1920（大正9）年には、学校医職務規程が改正され、「病者、虚弱者、精神薄弱者等ノ監督養護」が加えられたが、嘱託学校医制度では対応しきれず、学校に常駐して学校と学校医と家庭をつなぎ、継続的に健康を監督する人の必要性が高まり、学校衛生全般に従事する学校看護婦が次第に増加していった。

1912（明治45）年に、全国でわずか9人であった学校看護婦が、1922（大正11）年には111人、1924（大正13）年には316人、1928（昭和3）年には1,199人、1934（昭和9）年には3,092人になった[4]。1922（大正11）年、大阪市の済美学区では、それまでの派遣看護婦とは異なる新しい学校看護婦が登場する。欧米やドイツなどのスクールナースの活動に注目した大阪市教育部の視学山口正は、大阪市に導入することを考えた。ただし、諸外国のスクールナースが都市の衛生施策として始まり、公衆衛生職員の性格を有していたのに対し、大阪市は、都市の教育施策として、教育職員の形で導入することを考えた。1923（大正12）年、1校1名駐在・全校配置制が大阪市において3年計画で進められることになる。

ここから遡ること7年、1916（大正5）年、大阪教育会は、東京での大都市連合教育会に「都市小学校に看護婦を置き、学校医と相俟って、保健に関する職務を執らしむるの可否」という協議題を提出し、次年度の本会議において「小学校に学校看護婦を置きて学校医指導の下に保健衛生の事に当たらしめん」と決議された。このとき示された「大阪市学校看護婦の職務要項」には、第1に「家庭訪問」、第2に「保護者の代理事務担当」、第3に「学校医の介補」、第4に「衛生教育実施」が示され、これまで学童のトラホームの洗眼治療を主任務とする公衆衛生的職員であった学校看護婦は、包括的な保健活動を行う存在と規定された。

1916（大正5）年当時、山口が教育雑誌に「学校看護婦」という論文を寄稿している。そこに1校1名の専任学校看護婦の配置の提案とともにその職務を「学校児童の教育的養護」と表現していることは特記すべき事項である。その頃学校衛生の主軸であった環境の衛生維持などは含まず、健康状態の観察・救急処置・傷病児の看護など、直接子どもに関わる仕事を学校看護婦の職務とみなした。学校看護婦の職務（機能）を「養護」という概

念を用いて表した最初の頃に当たるとみられる[5]。

　文部省では、1923（大正12）年7月、学校看護婦の増加に対応して、その職務基準を明確にするため、文部大臣官房学校衛生課が「学校看護婦執務指針」を発表している。ここでは、「学校看護婦ノ業務ハ之ヲ校内執務ト校外執務トニ分ツヲ得ベシ」と、その職務が校内勤務と校外勤務に分けられている。校内執務は、「概ね学校医執務の補助者として働くものなるを以て、その執務の範囲も亦学校医の夫れ以外に出ずること少し」といい、執務の範囲についても「学校医執務ノ日ハ其ノ指示ヲ受ケ得ベシ」とし、そうでないときは、予め聞いていることをして「濫リニ独断専行セザルベキヨウ心掛クベキモノトス」とある。具体的内容は、設備衛生の視察、児童の視察、教授の視察、体育運動の視察、病気の治療及診療設備の整理、身体検査の補助、衛生教育の補助、学校給食の介補、調査事務及講話の補助の9項目である。学校環境衛生から身体検査、衛生教育まで、その活動範囲は現代にも通じるものだが、この段階ではまだ、その主体性は確保されてはいない。校外勤務としては、「家庭訪問」「家庭訪問に関する注意」「運動会、遠足、郊外教授の勤務」の3項目を挙げ、特に家庭訪問の重要性を記している。その内容は、疾病異常の治療矯正勧告、疾病治療の世話、病気欠席児童の調査慰問、家庭衛生の勧告、学校給食の決定などである。子ども達の発育促進や健康増進は学校と家庭の協力が重要と認識の上、学校看護婦の家庭訪問は「学校衛生上特殊ノ意義」を有すると、学校看護婦の固有の機能と見ていたことがわかる。

　同年11月、全国学校衛生主事会において、文部大臣の諮問「学校看護婦ノ適当ナル普及方法及職務規程如何」の答申として「学校看護婦職務規程」案が示されている。学校看護婦の勤務や職務の均一化を図るため、府県単位で職務規程を制定することになった。この答申では、学校看護婦は「学校長ノ監督」を受けることと、勤務は「教員ニ準ズ」という文言が見られる。職務として、学校医の補助に加えて、家庭看護法の実習指導などが明記され、学校衛生における教育的活動が見られる。1924（大正13）年の学校看護婦の調査報告の中にも学校看護婦の学校衛生の実務者としての期待の高まりが見てとれる[6]。

２　学校看護婦から養護訓導へ

　1928（昭和3）年発行の雑誌「養護」に「学校看護婦の執務指針」と題して文部省体育課が、先の「学校看護婦執務指針」（1923（大正12）年）についての文章を寄せている。そこでは「名実共に本邦学校看護婦界を統一せる執務指針」であると評価しながらも「その後の研究に照らし、教育の実際に鑑み、多少の改定を必要とする点なきにしもあらず」と述べ、学校看護婦の執務内容を再検討することを示唆している。学校看護婦の当時の状況は、従事者の増加と社会の情勢の変化に少なからず影響を受けていたと考えられる。この養護教諭（学校看護婦）の登場を藤田は、「学校には（近代学校の成立以来）、養護の機能（役割）が賦与されていて、それを一般教師たちでは担いきれないために、それをもっぱら中心的

に担うことを期待されて登場してきた」と解している[7]。

1929（昭和4）年10月29日、「学校看護婦ニ関スル件」が公布されている。「これは学校看護婦大会における規準制定を要求する声に応えて、国として初めて法的に学校看護婦の位置づけや職務を示したものである。」[8]

当時の文部大臣小橋一太の名による公布文を見ると、「学校衛生ニ関シテハ［中略］幼稚園、小学校ニ於テハ学校看護婦ヲシテ其ノ職務ヲ補助セシメ以テ周到ナル注意ノ下ニ一層養護ノ徹底ヲ図ルハ極メテ適切ナルコトト云フベシ」と、おそらく公の文書において初めてと思える「養護」という概念を用いて表している。さらに、その職務に関する記述に、「学校看護婦ハ看護婦ノ資格ヲ有スルモノニシテ学校衛生ノ知識ヲ修得セル者ノ中ヨリ適任者ヲ採用スルコト　但シ教育ノ実務ニ経験アルモノニシテ学校衛生ノ知識ヲ修得セル者ヲ採用スルモ妨ゲナキコト」と、看護婦の免許を必要としないことを加えているなどは注目すべき点である[9]。しかしながら、学校長や学校医その他の関係職員の指揮を受ける立場は変わらず、瀧澤らは「職務遂行に専門的自立性を有さない立場に限定され、その職務も雑駁性を否定できない」という。すなわち、職務は、「医療補助的・衛生的機能（疾病予防、診療補助、救急処置、身体検査、環境衛生等）、準教育的機能（監察を要する児童の保護、衛生訓練等）、社会福祉的機能（学校食事の補助、眼鏡調達の世話等）」だが、「その主要部分を教職員や学校医の補完的業務が占め」、事務的業務も相当量伴っていたという。瀧澤は、「こうした構造が後々の養護訓導や養護教諭の職務理解に影響を及ぼした」と指摘している[10]。

学校看護婦の全国的な組織化が図られる中、文部省は1934（昭和9）年「学校看護婦令案」を起草したものの棚上げ状態になった。1936（昭和11）年、全国学校衛生婦職制促進連盟が結成され、法文化されないために生じる不利益の解消に向けて職制運動を活発化する。1938（昭和13）年には名称を「学校養護婦令案」と改め、再び公布に向けて動き出すが、厚生省の同意を得られず実現には至らなかった[11]。

③　養護訓導時代

明治に創設された教育制度が、戦時体制の中で時世に合わなくなり、1943（昭和18）年に国民学校令が改正された。国民学校令には、学校衛生の立場から画期的な制度が定められている。第一は、養護訓導の制度化、第二は、体練科の体操の中に衛生についての教授が明瞭に示されたこと、第三は、身体虚弱、精神薄弱等、特別養護を要する者への学級、学校の編制を定めたことである。国民学校令の起草に際し、拠り所としたのは教育審議会の答申であるが、第9項「児童ノ養護、鍛錬ニ関スル施設及制度ヲ整備拡充」の（3）には「学校衛生職員ニ関スル制度ヲ整備スルコト」とある。その対象が「学校看護婦」であることを受け、ようやく、学校看護婦が法制上初めて制度化に向けて動き出した。残る問題は正式名称やその職務、身分についてであった。「養護」は教科ではないが、教科の延長と考えられ、養護に充てる時間も授業時間に算入されることとなった。教科の延長である

以上、担当者である養護婦の身分も変わるべき、すなわち技術職員ではなく教員として扱うべきという主張があった。青少年の虚弱化の救済に養護学級の増設が計画されたことに伴い、それまでの学校看護婦としての実績が評価され、学校看護婦が養護担当の専門職員として置かれることになる。また身分も「訓導」が相当と考えられた。国民学校において「学校看護婦」は「養護訓導」となり、教員として処遇されることになった。養護訓導になったことは、自らの地位の安定を求めて熾烈な職制運動を展開した職制促進連盟の成果でもあった。これらの仕掛け人と目されるのは、後に内閣法制局の参事官になる入江俊郎であり、養護訓導については彼独自の法理論があったと杉浦は述べている [12]。

　国民学校令は、環境衛生や学校診療中心の学校衛生から、児童生徒の訓練・養護中心の学校衛生に転換したという意味で重要かつ画期的なものだった。教育方針にも「教授・訓練・養護」が一体となることが明示されている。また、明治の学制発布以来、初めて国民学校で「衛生」が教科として教えられることになったことも特記に値する。

　養護訓導制ができて1年後の1942（昭和17）年になって「養護訓導執務要項」が訓令として出された。1929（昭和4）年の文部省訓令「学校看護婦ニ関スル件」では、「学校看護婦ハ学校長、学校医ソノ他ノ関係職員ノ指揮ヲ受ケ」と教員の補助的職種とみなされていたが、養護訓導執務要項には「養護訓導ハ医務ニ関シ学校医、学校歯科医指導ヲ承クルコト」と、医務に関してのみ指導を受けることが記されている。1943（昭和18）年6月、国民学校令が改正され、養護訓導は、学校長、訓導と同じく全校必置制となった。しかし、養成が追い付かず、附則において「当分の間［中略］之を置かざることを得」とされた。

　学校看護婦の職務内容、養護の分野は、全てそのまま教育に包含される。このため、制度が変更され「養護訓導」となる以前から、学校看護婦自身が「自分は教員である」と認識していたとしても否めない。しかし、制度変更以前より執り行ってきた業務の全てが「養護」の範疇であり、養護訓導のすべき仕事であったとはいえなかったのではないか。「即ち身分の変更にともなって、職務内容の整理を学校看護婦層自身の手で、十分な検討の下に実施されるべきであった。そのことが不十分・不徹底であったことによって、後年多くの混乱をかもす原因となったのではないかと推測される」と杉浦は指摘している [13]。

　ともかくも、戦後、子ども達の体位低下と疾病蔓延状況は著しく、その中で健康回復に最も寄与する職員として期待されたのが養護訓導であった。

4　養護教諭時代

（1）戦後復興期〈1945 － 57（昭和 20 － 32）年〉

　1945（昭和20）年の第二次世界大戦の敗戦後の日本は連合軍の占領下にあり、国民は疲弊し、健康状況の低下は甚だしく、成長期の児童生徒の発育・健康状態は食糧難も手伝って大変悪かった。非衛生的環境は、皮膚病や寄生虫、結核や様々な感染症を招き、先天性疾患や養護すべき障害を抱えた子ども達に容易に手を差し伸べることはできなかった。戦

後の復興は、何より学童の健康回復が緊急課題であった。1946（昭和21）年2月、文部省体育局は、学校衛生刷新について通達を出し、緊急施策8項目を示した。

　8項目には、衛生教育の徹底、臨時身体検査の実施、養護学級の開設、学校給食の再開、巡回歯科診療の実施などに加え、養護訓導の緊急増員を呼びかけ、その活躍に期待を寄せている。同年3月「養護訓導試験検定臨時措置ニ関スル件」が公布され、翌年には各府県で養成講習会が開催され、学校教育法に養護助教諭の制度も新設され、多量養成が始まる。終戦当時1,750人だった養護訓導は、21年には2,360人となった。

　1947（昭和22）年に学校教育法が制定されると、養護訓導は「養護教諭」に改められた。養護教諭と改称された1947（昭和22）年の人数は4,308人、1948（昭和23）年には5,547人、1949（昭和24）年には6,104人となり、養護助教諭1,713人も加えると総勢8,000人近くの養護教員が誕生したことになる[14]。職務は「養護をつかさどる」ことで変わりはなかった。占領下の混乱は養護教諭の資格や職務規程の面でも現れた。一つは、養護教諭は全て看護婦の資格をもつものとし、保健婦資格を持つものには全て養護教員資格を与えよ、というものであった。1949（昭和24）年公布の教育職員免許法上にも全ての教員が大学での養成を原則としたにもかかわらず、養護教員は看護婦養成機関を終えなければ免許が得られなかったのである。

　二つ目は「学校保健計画実施要領」に現れる。中等学校保健計画実施要領は昭和24年度版として1949（昭和24）年11月に発行され、小学校編は昭和25年度版として1951（昭和26）年2月に発行された。学校保健の推進は学校長を中心に行うとされ、運営に当たっては学校保健計画を作成し、その作成と関係者との調整役に保健主事の設置を提案している。かつて、学校衛生は学校医、学校歯科医、養護教諭など技術関係者の役割だったが、新方針では学校長や保健主事が学校保健計画を作成する、その補助者の一員として、また、保健委員会の構成員の一人としての位置づけになった。これはアメリカ流の学校保健の反映であり、アメリカのスクールナースとは異なる発展を遂げてきた養護教諭や学校医の役割が理解されないままの方針提示だったと考えられる。職務内容もそのほとんどが「助力する」「助言する」「援助する」「協力する」という補助者の役割で占められており、養護教諭が主体的に行うのは、第3項の身体検査の結果の処理、第14項の地域の保健資料の収集、第15項の家庭訪問、第16項の保健婦との連絡だけであった。

　1951（昭和26）年9月8日、日本政府は「サンフランシスコ講和条約」に調印し、翌1952（昭和27）年4月28日には、正式に国家としての全権を回復した。それとともに日本独自の養護教諭の職制や養成制度が確立することになるが、保健婦の養護教諭資格はなおも残った形となった[15]。

（2）学校保健法制定期〈1958 － 71（昭和33 － 46）年〉

　これまで、アメリカ式の学校保健理念に拘束されていたが、ようやく他国に制約されない学校保健の基本法といえる法律が制定された。1958（昭和33）年4月10日、「学校保健法」が公布された。しかし、この法律の中には「養護教諭」の文字は見当たらない。に

もかかわらず、どの条項も養護教諭なくしては執行できないものばかりであった。

　これに対して政府関係者は「養護教諭であるから、従来どおり学校教育の基本法である学校教育法において学校に置かれる本来的な職員として規定するのが適当と考えられるからである」と説明し、看護婦と保健婦との同一視を否定し、一線を画したといわれる[16]。『学校保健法の解説』（第一法規出版）の中には、後に職務16項目といわれる養護教諭の職務内容が挙げられている。先の学校保健計画実施要領に比べれば、自主性は幾分か確保されているが、自らの判断に基づいて実施する項目は、4項目にすぎず、ここでも「養護をつかさどる」という専門性が明確にされるものではなかった[17]。

（3）専門性確立に向けて〈1972 − 92（昭和47 −平成4）年〉

　国立養護教諭養成所協会（後の国立大学養護教諭養成協議会）は、1973（昭和48）年「養護教諭の基本的職務」として次の8項目を挙げている。

---

① 　学校教育の計画と運営に参画する。
② 　学校保健の基本計画の立案にあたる。
③ 　学校保健組織活動の計画・運営に参画する。
④ -1 児童・生徒の健康状態・環境の衛生・安全、生活・行動の実態を把握し、健康問題の発見にあたる。
　 -2 児童・生徒、環境の衛生・安全、および生活・行動上の健康問題の改善について助言・指導する。
　 -3 児童・生徒の健康の保持増進、環境の衛生・安全の維持、生活・行動上の健康問題の予防について助言・指導する。
⑤ 　救急看護の計画・運営・判断・実施にあたる。
⑥ 　保健学習・保健指導のための情報・資料を提供するとともに、助言・指導にあたる。
⑦ 　学校保健活動の評価に参画する。
⑧ 　専門職としての研究に努める。

　文部大臣の諮問「児童生徒等の健康の保持増進に関する施策について」（1972（昭和47）年12月）の答申の中で、養護教諭の職務のあり方が次のように述べられている。

　養護教諭は、専門的な立場からすべての児童生徒の健康および環境衛生の実態を的確に把握して、疾病や情緒障害、体力、栄養に関する問題等心身の健康に問題を持つ児童生徒の個別の指導に当たり、また、健康な児童生徒についても健康の増進に関する指導に当たるのみならず、一般の教員の行う日常の教育活動にも積極的に協力する役割を持つものである。

　この内容は、養護教諭の職務について、きわめて簡略に、しかも的確に示したものとして、以降大きな拠り所となった。養護教諭の職務は「児童生徒の健康の保持増進に関わるすべての活動」と理解された。

　答申の内容を分類すると次のようになる。

---

① **実態の把握**…児童生徒の健康、環境衛生
② **心身の健康に問題を持つ児童生徒の個別の指導**…疾病、情緒障害、体力、栄養
③ **健康な児童生徒の指導**…健康の増進に関する指導
④ **一般教員の行う日常の教育活動に積極的に協力**

　救急処置に関する職務と保健室経営に関する職務は自明のものとされ、明記されていないが、救急処置に関する職務は特徴的な職務であり、この段階で明記しておくべきではなかったかと思われる。

（4）専門性確立期〈1993（平成5）年－現在〉

　養護教諭は、多様化・複雑化する子ども達の健康問題の情報を発信し、教育の課題や社会の問題として世に投げかけてきた。その結果、次第に教育や社会に大きな役割を果たしていることが理解され、行政や教育を動かすことに繋がってきた。

①養護教諭の複数配置

　養護教諭の配置人数については、「公立義務教育諸学校の学級編成及び教員定数の標準に関する法律」（以下、義務標準法）により定められている。養護教諭については「第6次公立義務教育諸学校教職員定数改善計画」（1993-2000（平成5-12）年度）において養護教諭の複数配置が示され、2001（平成13）年度より義務標準法のもとに制度化された。これにより、30学級以上の学校における養護教諭の複数配置が始まった。さらに、「第7次義務教育諸学校教員定数改善計画」（2001-05（平成13-17）年度）において、養護教諭の複数配置の拡大、加配制度が示され、現在は次のようになっている。

小中学校 （義務標準法第8条）	原則学校に1人（3学級以上） 複数配置　小学校児童数851人以上の学校に＋1人 　　　　　　中学校生徒数801人以上の学校に＋1人 無医村・無医離島加算
特別支援学校 （義務標準法第12条）	学校に1人 複数配置　児童生徒数61人以上の学校に＋1人
加配特例 （義務標準法第15条）	地域の社会的条件についての政令で定める教育上特別の配慮を必要とする事情がある場合、上記により算定した定数に、それぞれ政令で定める数を加えるものとする。

②保健主事への登用

　これまで保健主事には一般教諭が充てられ、校長の監督を受け学校における保健に関する事項の管理推進にあたるとしていたが、1995（平成7）年、子どもの心身の健康問題が多様化・複雑化してきたことに伴い、専門的力量が求められるようになってきたことから、1995（平成7）年学校教育法施行規則が一部改正され、養護教諭も保健主事に任命されるようになり、学校保健の管理・計画・推進の役割を担うようになった。1995（平成7）年学校教育法施行規則の改正の要旨について、文部省事務次官通達では以下のように述べている。

　近年、児童生徒の心身の健康問題が複雑、多様化してきており、特に、いじめや登校拒否等の生徒指導上の問題に適切に対応するとともに、児童生徒の新たな健康問題に取り組んでいくためには、学校における児童生徒の心身の健康についての指導体制の一層の充実を図る必要があり、保健主事、養護教諭の果たす役割が極めて重要となっている。このため、保健主事に幅広く人材を求める観点から、保健主事には、教諭に限らず、養護教諭も充てることができることとしたこと。また、これにより、養護教諭が学校全体のいじめ対策等においてより積極的な役割を果たせるようになるものであること。

③養護教諭の新しい役割（健康相談活動）

　養護教諭の新しい役割として、健康相談活動が登場する。この背景には、学校教育の現場が抱える現代的問題である「いじめ」や「不登校」「暴力」などに対する養護教諭の活躍への期待がある。

　保健体育審議会答申（1997（平成9）年9月）「生涯にわたる心身の健康の保持増進のための今後の健康に関する教育及びスポーツの振興の在り方について」では、ヘルスプロモーションの理念に基づいた健康教育の推進が求められ、従来の役割に加えて現代的な健康課題を解決する養護教諭の役割に期待が寄せられている。養護教諭の健康相談の重要性は、「児童生徒の心の健康問題の深刻化に伴い、児童生徒の身体的な不調の背景にいじめなどの心の健康問題がかかわっていること等のサインにいち早く気付く立場にある養護教諭の行うヘルスカウンセリング（健康相談活動）が一層重要な役割を持ってきている。」と述べられている。

　この答申を受け、1998（平成10）年の「教育職員免許法の一部を改正する法律」が施行され、養護に関する科目に「健康相談活動の理論及び方法」「養護概説」各2単位が設定された。

④保健の授業を担任する教諭又は講師になること

　1998（平成10）年、教育職員免許法の一部改正（附則第18項：現行第15項）により、養護教諭の免許状を有し、3年以上の勤務経験がある養護教諭が、「保健」の教科の領域に係る教諭又は講師になり、勤務校において授業を担当できる制度的措置が取られた。子どもの健康問題の解決に、養護教諭の持つ専門的な知識や技能を活用するために講じられた措置であり、養護教諭の職制において大きな改革といえる。

⑤管理職への登用

　1998（平成10）年の中央教育審議会答申を受けて、2000（平成12）年1月に「学校教育法施行規則の一部改正」により学校教育法施行規則の第8条、第10条が改正され、校長・教頭の資格の規制緩和が行われた。これにより、養護教諭の管理職への登用が法的に可能になった。その後、各都道府県において養護教諭出身の管理職が徐々に増えてきている。

⑥養護教諭の役割の明記と学校保健安全法の施行

　2008（平成20）年の中央教育審議会答申「子どもの心身の健康を守り、安全・安心を確保するために学校全体としての取組を進めるための方策について」において、養護教諭については、学校保健活動の推進に当たって中核的な役割を果たすことが求められた。また、養護教諭の職務は、1972（昭和47）年、1997（平成9）年の保健体育審議会答申の内容を踏まえ、現在は、「保健管理」「保健教育」「健康相談活動」「保健室経営」「保健組織活動」の5領域に整理された。さらに、学校保健関係者の役割の明確化を図るとともに、全職員

で組織的に学校保健活動を進めるにはどうしたらよいかについて、具体的な提言が行われた。

　この答申を受けて、2008（平成20）年6月18日に「学校保健法等の一部を改正する法律」が公布され、学校保健法が50年ぶりに改正された。2009（平成21）年から施行されている。養護教諭らの行う健康相談、保健指導、健康観察が新たに規定され、学校環境衛生基準の法制化、学校安全については危機管理マニュアルの作成などの改正が行われた。

　以上、養護教諭の職務の変遷について述べてきた。1905（明治38）年に養護教諭の前身である学校看護婦が置かれ、1941（昭和16）年に国民学校令が施行されて以来、養護教諭は「養護をつかさどる」ことを職務として、次々に起こる子ども達の心やからだの健康問題の解決に向け、その役割を果たしてきた。現在は、変化する社会や教育の方向を見定めながら、多様化・複雑化する子ども達の健康課題の解決に向けた多職種との連携・協働の中で、養護教諭の職務や専門性がますます問われる時代になってきている。

引用・参考文献

1) 文部省監修, 財団法人日本学校保健会編（1973）. 学校保健百年史. 第一法規出版, p238-239.
2) 杉浦守邦（2005）. 日本の養護教諭の歩み. 東山書房, p3.
3) 前掲書1), p240.
4) 澤山信一編著（2004）. 学校保健の近代. 不二出版, p56.
5) 藤田和也（1985）. 養護教諭実践論. 青木書店, p49, p128.
6) 瀧澤利行・七木田文彦編（2015）. 雑誌「養護」の時代と世界 別巻. 大空社, p38.
7) 前掲書5), p55.
8) 前掲書6), p76.
9) 前掲書6), p78.
10) 瀧澤利行・七木田文彦編（2015）. 雑誌「養護」の時代と世界 I巻. 大空社, p15.
11) 前掲書2), p9-12.
12) 杉浦守邦（2003）. 養護訓導と入江俊郎. 日本養護教諭教育学会誌, 6（1）, p18-32.
13) 杉浦守邦（1974）. 養護教員の歴史. 東山書房.
14) 前掲書13), p94.
15) 杉浦守邦（2004）. 養護教諭の戦後50年 第1報. 日本養護教諭教育学会誌, 7（1）, p22-51.
16) 塚田治作・渋谷敬三（1958）. 学校保健法の解説. 第一法規出版, p220-221.
17) 前掲書15), p32.
18) 采女智津江編（2016）. 新養護概説 第9版. 少年写真新聞社.
19) 瀧澤利行・七木田文彦編（2015）. 養護／学童養護, 別巻1. 大空社.
20) 杉浦守邦（1996）. 学校保健50年. 東山書房.
21) 小倉学（1990）. 改訂養護教諭—その専門性と機能—. 東山書房.
22) 近藤真庸（2003）. 養護教諭成立史の研究—養護教諭とは何かを求めて—. 大修館書店.

〈 第2節 〉　養護教諭の養成制度の変遷

1　学校看護婦講習会の開催

　文部省が主催する学校看護婦対象の学校衛生講習会は、1924（大正13）年から行われている[1]。1928（昭和3）年には岩手県と広島県呉市で行われた。岩手県の講習会では、小学校女性教員の有志者に対し講習を行い、成績優秀者に対して看護婦の免許を与えていたが、その後一般的普及を目的とした講習が行われている。内容は、学校看護婦の業務、設備衛生及び教授衛生、身体検査、体育運動及び看護、学校衛生上必要な救急処置、学校衛生上注意すべき疾病異常、学校眼科、耳鼻咽喉科、小児科であり、講師は、医学博士及び医学士によるものであった。呉市では、看護婦有資格者に対して、教育課長及び学校医が講義を担当していた。その他多くの県や市でも開催されていた[2]。同年、沖縄県の女子師範学校内に養成期間1ヶ年の学校看護婦養成所ができた[3]。1929（昭和4）年に文部省では、現に学校看護婦として勤務している者、学校看護婦を希望している者等に対して、学校看護婦講習会を行った。学校看護婦の需要が増加していく中、地方では、文部省講習会を終えたことを採用条件とする場合が多かったことなどから、この学校看護婦講習会は盛況で、全国的に強い反響があり、希望者は500名を超えていたとされる[4]。文部省がそれまで中央で行ってきた学校看護婦講習会について、第2回全国学校看護婦大会（1930（昭和5）年3月）では、「文部省主催ノ学校看護婦講習会ヲ各地ニテ開催スル様当局ニ希望スルノ件（可決）」とあり、講習会を各地で行ってほしいとの要望が上げられていた[5]。その後北海道や北陸、近畿、九州でも行われるようになっていった。第4回全国学校看護婦大会（1932（昭和7）年3月）では、国立学校看護婦養成所を設立することへの要望[6]、翌年の第5回全国学校看護婦大会では、学校看護婦の任用資格について文部省に建議されている[7]。岩手県の例では、長期講習会形式での養成が行われていた。内容は女子師範学校生に課外に2年間看護学を学ばせ、夏休みに盛岡赤十字病院で看護実習後に県の検定試験を受け看護婦免許状を与えるというものであった[8]。

2　養成所による養護訓導及び養護教諭の養成

　1941（昭和16）年、国民学校令が制定され、学校看護婦は養護訓導となり免許状及び検定の制度が設けられることになった。各地に養護訓導養成所ができ、修業年限は高等女学校卒業者で2年以上のものと、高等女学校を卒業して看護婦免許を有する者で1年以上のものがあった。前者の場合は、修身公民、教育、心理、衛生、育児保健に看護学であり、後者の看護婦免許を持っている場合は授業から看護学が除かれていた[9]。1942（昭和17）年、文部次官による通牒で「看護婦ニ関スル件」として、これまでの学校看護婦は養護婦として、

養護訓導執務要項に準拠した執務をすることが可能になった。1943（昭和18）年、国民学校令が改正され養護訓導は必置制となるが、養護訓導の養成が間に合わないため附則では当分の間置かなくてもよいとされた [10]。1947（昭和22）年、学校教育法の制定により養護訓導は養護教諭に改称され、養護教諭養成講習会が行われた。養護訓導養成所は養護教諭養成所に移行していった [11]。1949（昭和24）年、教育職員免許法が制定され、全ての教員が原則として4年制大学や大学に2年または1年間の在学が必要となったことに対して、養護教諭の場合は看護婦資格が基礎資格として必要とされたことから、大学での養成は考えられていなかった。この当時、日本はGHQの占領下にあり、全面的に強い干渉を受けていた [12]。公衆衛生看護婦としてのアメリカのスクールナースと同じ制度にしようというGHQの強い考えがその根底にあったと考えられる。このときの養護に関する専門科目は、公衆衛生学、「食物及び栄養学、予防医学」、学校保健計画及び養護教諭の職務について、それぞれ2単位以上、教職に関する専門科目は「教育心理学、教育原理」養護実習、それぞれ2単位以上であった [13]。

　当時の教育改革の流れの中で、文部省は1948（昭和23）年から教育指導者の現職教育IFEL（Institute for Educational Leadership）を行っており、1950（昭和25）年に行われた第1回養護教育講習では、24名（内養護教諭11名）が養護教育のワークショップに参加している。討議・協議によって挙げられた養護教諭の執務は、①身体検査について、②疾病予防について、③家庭訪問、④救急看護、⑤学校環境の衛生、⑥健康教育、⑦学校給食、⑧執務計画 [14] であり、今日の養護教諭の職務の基調を示していると思われる。

③　大学における養護教諭の養成

　1953（昭和28）年、教育職員免許法の改正により、教員養成は大学教育で行うとされ、養護教諭免許状は看護婦資格を必要としなくなったことから、免許状取得の幅が広がった。大学4年のコースと2年以上の短大コースができたが、当時、養護教諭養成を行う4年制大学は、国立・私立各1校のみで、いずれも看護系大学であり、この時期に養護教諭養成を量の面で支えたのは2年制指定教員養成機関と短期大学であった。なお、文部省では、1962（昭和37）年から国立大学8校に、看護婦有資格者を入学資格とし1年間で1級普通免許状を与える養成コースを設置した。1965（昭和40）年からは3年制の国立養護教諭養成所を9国立大学に附置した。この養成所はその後、1975（昭和50）年から順次4年制の大学における養護教諭養成課程に移行した [15]。1953（昭和28）年の教育職員免許法が施行されてから遅れること22年、国立教員養成大学・学部の中でようやく教諭と同等の養護教諭養成教育が開始された。

　2019（平成31）年4月1日現在、養護教諭一種免許状が取得できる大学は135大学、二種免許状取得ができる大学は10短期大学、専修免許状が取得できる大学は63大学、通信課程で免許状が取得できる大学は4大学である（文部科学省総合教育政策局教育人材政

策課)。

　養護教諭の大学院進学についても長い間制限されていた。学士の資格を持つ養護教諭一種免許状を持つ者のみが進学でき、同じ養護教諭一種免許状でも取得方法によって、その差は歴然として残っていた。しかし、1998(平成10)年に教育職員免許法が改正になり、やっと養護教諭一種免許状を持つ者全てに大学院への進学の道が開かれた。教育職員免許法においては、養護教諭免許取得に必要な単位は表1、教職及び養護に関する科目は表2、表3のようになっている[16]。

表1　教育職員免許法及び教育職員免許法施行規則（抜粋）
別表第二（第五条関係）

第一欄	第二欄		第三欄		
			大学又は文部科学大臣の指定する養護教諭養成成機関において修得することを必要とする最低単位数		
所有資格 免許状の種類	基礎資格		用語に関する科目	教職に関する科目	養護又は教職に関する科目
養護教諭	専修免許状	修士の学位を有すること。	28	21	31
	一種免許状	イ　学士の学位を有すること。	28	21	7
	二種免許状	イ　短期大学士の学位を有すること又は文部科学大臣の指定する養護教諭養成機関を卒業すること。	24	14	4

表2　養護教諭の普通免許状を受ける場合の養護に関する科目の単位

	養護に関する科目	免許状の種類		
		養護教諭		
		専修免許状	一種免許状	二種免許状
最低修得単位数	衛生学及び公衆衛生学（予防医学を含む。）	4	4	2
	学校保健	2	2	1
	養護概説	2	2	1
	健康相談活動の理論及び方法	2	2	2
	栄養学（食品学を含む。）	2	2	2

表3　養護教諭の普通免許状の授与を受ける場合の教職に関する科目の単位

第一欄		教職に関する科目	右項の各科目に含めることが必要な事項	養護教諭		
				専修免許状	一種免許状	二種免許状
最低修得単位数	第二欄	教職の意義等に関する科目	教職の意義及び教員の役割 教員の職務内容（研修、服務、及び身分保障等を含む。） 進路選択に資する各種の機会の提供等	2	2	2
	第三欄	教育の基礎理論に関する科目	教育の理念並びに教育に関する歴史及び思想 幼児、児童及び生徒の心身の発達及び学習の過程（障害のある幼児、児童及び生徒の心身の発達及び学習の過程を含む。） 教育に関する社会的、制度的又は経営的事項	4	4	2
	第四欄	教育課程に関する科目	教育課程の意義及び編成の方法 道徳及び特別活動に関する内容 教育の方法及び技術（情報機器及び教材の活用を含む。）	4	4	2
		生徒指導および教育相談に関する科目	生徒指導の理論及び方法 教育相談（カウンセリングに関する基礎的な知識を含む。）の理論及び方法	4	4	2
	第五欄	養護実習		5	5	4
	第六欄	教職実践演習		2	2	2

　2017（平成29）年11月28日に改正された教育職員免許法の施行に伴い、文部科学省では、同法施行規則の改正や、教職課程コアカリキュラム等の策定を行い、これに併せて、教職課程認定基準を改正している。

　教育職員免許法の改正の趣旨は、2015（平成27）年12月21日付中央教育審議会答申「これからの学校教育を担う教員の資質能力の向上について」を受けて、大学の創意工夫により質の高い教職課程を編成することができるようにするため、教職課程において修得することが必要とされている科目の大括り化を行うとともに、今般の学校現場をめぐる状況の変化や学習指導要領の改訂を踏まえ、教職課程において学生が修得すべき内容等を改めるものであること、としている。養護教諭の免許状については、現行の8つの科目（①養護に関する科目、②養護又は教職に関する科目（以上法律上の科目区分）、③教職の意義等に関する科目、④教育の基礎理論に関する科目、⑤教育課程に関する科目、⑥生徒指導及び教育相談に関する科目、⑦養護実習、⑧教職実践演習）を次の5つの科目とする。

①	養護に関する科目
②	教育の基礎的理解に関する科目
③	道徳、総合的な学習の時間等の内容及び生徒指導、教育相談等に関する科目
④	教育実践に関する科目
⑤	大学が独自に設定する科目

　2019（平成31）年度からの養護教諭一種免許状取得に必要な教育と単位数を表4に示す。

表4　教育職員免許法による養護教諭一種免許状取得に必要な教育

第一欄	養護及び教職に関する科目	右項の各科目に含めることが必要な事項	一種免許状必要単位数
第二欄	養護に関する科目	変更なし	28
第三欄	教育の基礎的理解に関する科目	・教育の理念並びに教育に関する歴史及び思想 ・教職の意義及び教員の役割・職務内容（チーム学校運営に関する対応を含む。） ・教育に関する社会的、制度的又は経営的事項（学校と地域との連携及び学校安全への対応を含む） ・幼児、児童及び生徒の発達及び学習の過程 ・特別の支援を必要とする幼児、児童及び生徒に対する理解 ・教育課程の意義及び編成の方法（カリキュラム・マネジメントを含む）	8
第四欄	道徳、総合的な学習の時間等内容及び生徒指導、教育相談等に関する科目	・道徳、総合的な学習の時間及び特別活動に関する内容 ・教育の方法及び技術（情報機器及び教材の活用を含む） ・教育相談（カウンセリングに関する基礎的な知識を含む）の理論と方法	6
第五欄	教育実践に関する科目	・養護実習 ・教育実践演習	5 2
第六欄	大学が独自に設定する科目		7

　今回の教育職員免許法の改正において、特に養護に関する科目について各養護教諭団体で検討を行い、日本養護教諭関係団体連絡会を中心に専門科目の単位数を増やすよう文部科学省に要望したが、1998（平成10）年に示された従来通りの科目とされ改定には至らなかった。

4 養護教諭の免許取得方法（高等学校卒業後）

養護教諭二種免許状　短期大学卒業相当
　短期大学、文部科学省指定教員養成機関、保健師資格（＋所定の科目履修）
養護教諭一種免許状　大学卒業相当
　大学、短期大学専攻科、文部科学省指定教員養成機関（看護師資格＋1年含む）
養護教諭専修免許状　大学院卒業相当
　大学院　大学専攻科
免許法認定講習・公開講座・通信教育
　教員免許状を有する現職教員が、上位の免許状や他の種類の免許状を取得しようとする場合に、必要な単位を修得するために開設されている。一定の在職年数があり、上位の免許状を希望する場合は、すでに持っている免許状をもとに取得する道が開かれている[17]。

5 教員免許更新制の導入

　2007（平成19）年の改正教育職員免許法の成立に伴い、2009（平成21）年度から教員免許状には10年という有効期間が設けられ、教員免許更新制が導入された。目的は、定期的に最新の知識や技能を身に付け、教員として自信と誇りを持って社会の尊敬と信頼を得ることを目指している。

　原則的には有効期限満了日（修了確認期限）の2年2ヶ月から2ヶ月前までの2年間に、大学などが開設する30時間以上の免許状更新講習を受講・修了した後、免許管理者（都道府県教育委員会）に申請する必要がある。

　更新講習の受講対象者は、現職教員であるが、実習助手、寄宿舎指導員、学校栄養職員、養護職員、教員採用内定者、教育委員会や学校法人などが作成した臨時任用教員リストに登録されている者、過去に教員として勤務した経験のある者などである[18]。

　養護教諭の養成教育はいかにあるべきか、ということは「今後の養護教諭の在り方」に直接つながる問題である。日本における教員養成は「開放制の原則」により、一般教養を重視した教育課程を有する大学において養成することを原則としている。しかし、養護教諭の養成機関は多様化しており、養護教諭の資質能力の教育における課題が現存している。

引用・参考文献

1) 養護教諭制度50周年記念誌編集委員会（1991）．養護教諭制度50周年記念誌．ぎょうせい，p281.
2) 瀧澤利行・七木田文彦編（2015）．養護／学童養護，第1巻．大空社．
3) 日本学校保健会（2001）．学校保健会80年史．
4) 瀧澤利行・七木田文彦編（2015）．養護／学童養護，第2巻．大空社．
5) 瀧澤利行・七木田文彦編（2015）．養護／学童養護，第3巻．大空社．
6) 瀧澤利行・七木田文彦編（2015）．養護／学童養護，第5巻．大空社．
7) 瀧澤利行・七木田文彦編（2015）．養護／学童養護，第6巻，大空社．
8) 工藤宣子他（1999）．岩手県における養護教諭養成の歴史的変遷 第1報．岩手県立大学看護学部，p 4-13.
9) 養護教諭制度50周年記念誌編集委員会（1991）．養護教諭制度50周年記念誌．ぎょうせい，p251.
10) 三井登（2012）．養護教諭制度化に関する試論．帯広大学短期大学紀要，第49号，p56.
11) 前掲書1），p253
12) 守屋美由紀他（2003）．学校に配置された看護師の職制と職務に関する一考察 川崎医療福祉学会誌，Vol.13,No.1，p128，2003
13) 養護教諭制度50周年記念誌編集委員会（1991）．養護教諭制度50周年記念誌．ぎょうせい，p255.
14) 三原和子他（2001）．IFEL（教育指導者講習）における養護教育－第5回教育指導者講習研究集録－．奈良教育大学紀要，Vol 50，p97-111.
15) 杉浦守邦監修（2012）．養護概説．東山書房，p49.
16) 文部科学省WEBサイト．http://www.mext.go.jp/a-menu/koutou/kyoin/1268593.htm（2017年9月30日閲覧）
17) 文部科学省WEBサイト．http://www.mext.go.jp/a_menu/shotou/kyoin/010602.htm
（2017年9月30日閲覧）
18) 文部科学省WEBサイト．http://www.mext.go.jp/a_menu/shotou/koushin/001/1316007.htm（2017年9月30日閲覧）

〈 第3節 〉　配置状況から見た養護教諭の変遷

　これまで、学校看護婦に始まり、養護訓導として職制が開始し、現在の養護教諭に至る歴史を職務の内容と養成制度の視点から述べてきた。ここでは、養護教諭の人数と配置校数の状況はいかなるものであったのだろうかという視点に立って、学校看護婦、養護訓導、養護教諭の変遷に迫りたい。

1　学校看護婦から養護教諭までの配置状況の推移

　第1節で述べた通り、初めて学校に看護婦が配置されたのは、1905（明治38）年、岐阜県竹ヶ鼻小学校及び笠松小学校であった。その後、学校看護婦は、1922（大正11）年に文部省の全国調査により111名であることが発表されている。翌年、大阪市や岐阜市をはじめ市内全校配置の動きが広がり、1929（昭和4）年1,438名、1934（昭和9）年3,092名、1940（昭和15）年約5,900名と学校看護婦の人数は急増していった。トラホーム治療を目的に始まった学校看護婦配置の流れは、身体検査や傷病看護、欠席児童への家庭訪問など職務の拡大とともに全校配置へと広がりを見せている[1)2)3)4)]。

　1941（昭和16）年、学校看護婦から養護訓導の職制成立以降は、1943（昭和18）年3,964名（養護婦）、1945（昭和20）年1,750名（養護訓導）であった。当時、全国に21,000校の国民学校が存在し、養護訓導の人数は1,750名と校数の1割にも満たないものであった。これは学校看護婦時代の人数からも減っている状況にある。その理由の一つに、戦時下における医師や看護婦に対する応召義務が挙げられる。養護訓導の制度化と同時に、第二次世界大戦が開戦となり、看護婦資格を持つ養護訓導は、戦局の悪化とともに従軍看護婦として召集されたのである。戦時下において数少ない養護訓導は、学童疎開の引率教員として子どもの健康管理体制の中心を担っていた[1)2)3)5)]。

　1945（昭和20）年終戦後、GHQの介入により教育職ではない看護婦の配置を進める動きもあったが、教育職としての養護訓導がそれまでの活動を評価された結果、1947（昭和22）年には学校教育法制定により養護教諭に改称され、小学校、中学校、盲学校、聾学校に配置されることになった。養護教諭の人数は、小学校4,040名、中学校519名であった。以降、1950（昭和25）年より5年ごとに校種別に養護教諭の人数や配置率の推移を概観していきたい。校種別の校数、養護教諭人数、配置率等を表1と図1に示す[1)2)3)6)]。

　1947（昭和22）年から30年の間に、宮城県、山形県、岩手県、北海道、愛知県、埼玉県と養成所の開設や設置が行われた。1962（昭和37）年には茨城大、金沢大、愛知学芸大、神戸大、岡山大に養護教諭養成課程（1年）の設置、翌年には山形大、徳島大、熊本大に同養成課程が設置された。養成所及び養成課程を設置する大学が急速に増えたことで、養護教諭の人数は増加している。しかし、養護教諭の配置率は十分とはいえないままだった。

表1　校種別(小、中、高)の校数、養護教諭人数、配置率

	小学校			中学校			高等学校		
	校数	養護教諭	配置率	校数	養護教諭	配置率	校数	養護教諭	配置率
1947 (昭和22)	不明	4,040		不明	519				
1950 (昭和25)	21,081	6,484	30.8	13,363	1,498	11.2	2,903	849	29.2
1955 (昭和30)	26,880	6,980	26.0	13,767	1,663	12.1	4,607	1,574	34.2
1960 (昭和35)	26,858	6,975	26.0	12,210	1,973	16.2	4,598	1,835	39.9
1965 (昭和40)	25,977	8,135	31.3	12,079	3,449	28.6	4,849	2,704	55.8
1970 (昭和45)	24,790	10,808	43.6	11,040	4,486	40.6	4,798	3,380	70.4
1975 (昭和50)	24,652	15,181	61.6	15,181	6,574	43.3	4,946	4,063	82.1
1980 (昭和55)	24,945	20,611	82.6	10,779	8,819	81.8	5,208	4,643	89.2
1985 (昭和60)	25,040	21,966	87.7	11,131	9,723	87.4	5,453	5,201	95.4
1990 (平成2)	24,827	22,997	92.6	11,275	10,347	91.8	5,506	5,578	101.3
1995 (平成7)	24,548	24,561	100.1	11,274	10,757	95.4	5,501	5,983	108.8
2000 (平成12)	24,106	24,221	100.5	11,209	10,778	96.2	5,478	6,103	111.4
2005 (平成17)	23,123	24,007	103.8	11,035	10,934	99.1	5,418	6,736	124.3
2010 (平成22)	22,000	22,885	104.0	10,815	10,840	100.2	5,116	6,583	128.7
2015 (平成27)	20,601	21,596	104.8	10,484	10,533	100.5	4,939	6,538	132.4
2019 (令和元)	19,738	21,306	107.9	10,222	10,337	101.1	4,887	6,572	134.5

※学校基本統計調査より作成　※校数には分校を含む　※高等学校には定時制を含む
※養護教諭人数には養護助教諭を含む本務人数である。

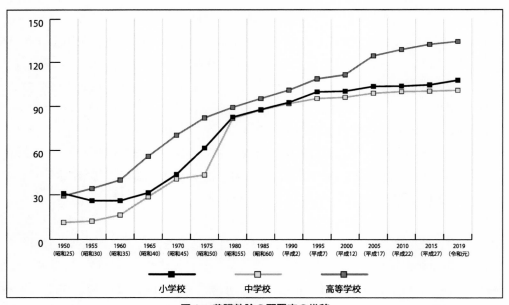

図1　養護教諭の配置率の推移

出典：文部科学省「学校基本調査」[6]

また、養成所は2ヶ月325時間以上、大学の養護教諭養成課程が1年と短期間での養成であり、性急すぎたことは否めない。養護教諭養成の独立性は低く、看護婦養成に依存的であったといえる[1][2][3][7]。

　1965-80（昭和40-55）年は、小、中、高の養護教諭の配置率が8割に達した時期である。国立養護教諭養成所設置法公布や4年制大学における養護教諭養成制度確立への請願

書の採択を経て、1965（昭和40）年に3年制養護教諭養成所の設置、1975（昭和50）年に4年制養成課程の設置が続々と始まった。また、全国養護教員研究会や全国養護教諭サークル協議会、全国養護教員会が発会、発足し始め、文部省主催の全国養護教諭研究大会も開催された。養成機関や研究会の充実に伴って、養護教諭の配置率の増加とともに養護教諭の専門性の確立と資質向上が保障された時代といえる[1][2][3][7]。

　1980（昭和55）年以降から現在を見ると、高等学校、小学校、中学校の順で養護教諭の配置率が100％に達している。学校教育法では小学校・中学校において「養護教諭を置かなければならない」と定められており、全校に養護教諭がほぼ配置された状況である。一方、高等学校の養護教諭の配置は必置義務ではなく、努力義務となっている。高等学校の養護教諭の配置率が小・中学校に比べ高い数値であるにもかかわらず、法的には必置ではない現状にある。

　養護教諭の複数配置の始まりは1965（昭和40）年頃に遡る。大阪府と神奈川県の公立学校で地方自治体における取組であった。1993（平成5）年に施行された「第6次公立義務教育諸学校教職員定数改善計画」及び「第5次公立高等学校学級編成及び教職員改善計画」によって、養護教諭の複数配置の基準が明示された。この時期に、養護教諭の複数配置が全国的な規模で推進された。その後、2001（平成13）年に施行された「第7次公立義務教育諸学校教職員配置改善計画」及び「第6次公立高等学校学級編成及び教職員改善計画」において、小学校は児童数851人以上、中学校・高等学校は生徒数801人以上、特殊教育諸学校は児童生徒数61人以上で養護教諭を複数置くことが明示された。多様化する子どもの心身の健康課題や学校における危機管理への対応など、これまで以上に児童生徒一人ひとりに丁寧に対応することが求められており、養護教諭の複数配置の拡充が必要となると考えられる。

２　特別支援学校における養護教諭の配置状況

　肢体不自由児のための初めての公的な教育機関は、1932（昭和7）年、当時の東京市立光明学校（現在の東京都立光明学園）である。当時の肢体不自由児は、就学が免除及び猶予されていた。また東京市の就学を免除及び猶予された児童は約700名もいた。そのような理由から光明学校が開設されたのである。開設された年に看護婦4名が配置されている。1947（昭和22）年に養護教諭へと職制が転換後も、東京都では看護婦の配置を残したまま、追加で養護教諭を配置した。1947（昭和22）年に戦後の新しい学校制度が発足したが、一連の戦争により親兄弟を失った戦災孤児が大量に生み出され、学校に通う余裕もない状況であった。それは、支援を要する子どもにとっても同様であり、1950（昭和25）年に実施された未措置要保護児童の調査によって、戦災孤児の中に相当数の盲児、聾唖児、虚弱児など障害のある児童が確認された[1][2][3][8]。

　以降、1950（昭和25）年から盲学校、聾学校、養護学校、特別支援学校の養護教諭の

人数や配置率の推移を概観していきたい。校種別の校数、養護教諭人数、配置率等を表2に示す。盲学校と聾学校は1950（昭和25）年に養護教諭の配置率が50％を超えており、1980年代にはどの校種よりも早く100％に達していた。一方、養護学校は1950（昭和25）年に3校とそもそも校数が少ない状況であった。肢体不自由児の就学先が整備されていない時代であったといえる。1947（昭和22）年の学校教育法の公布に伴って就学が図られるようになり、校数が増加し養護教諭の人数が増加、配置率も高くなった。1979（昭和54）年の養護学校義務制度の開始により、重度心身障害児や医療的ケアを必要とする児童生徒の就学が急増し、さらに校数が増加し、養護教諭の配置率も高くなった[6）9）]。

その後、2006（平成18）年には学校教育法の改正により、盲・聾・養護学校が特別支援学校へ一本化し、発達障害を含む障害のある児童生徒等への教育支援の充実が図られた。2015（平成27）年の調査では、養護教諭の配置率が150％と、特別支援学校の半数近くが複数配置であることがわかる。また、特別支援学校は看護師を配置している。養護教諭は看護師と協働しながら医療的ケアの手続きや実施、校内体制の構築などへの推進役を担うことが求められている。

表2　特別支援学校の校数、養護教諭人数、配置率

	盲学校			聾学校			養護学校			特別支援学校		
	校数	養護教諭	配置率	校数	養護教諭	配置率	校数	養護教諭	配置率	校数	養護教諭	配置率
1947（昭和22）												
1950（昭和25）	72	43	59.7	76	42	55.3	3	1	33.3			
1955（昭和30）	77	57	74.0	99	77	77.8	5	2	40.0			
1960（昭和35）	76	67	88.2	103	91	88.3	46	22	47.8			
1965（昭和40）	77	75	97.4	107	100	93.5	151	103	68.2			
1970（昭和45）	75	71	94.7	108	106	98.1	230	190	82.6			
1975（昭和50）	77	74	96.1	107	111	103.7	393	379	96.4			
1980（昭和55）	73	75	102.7	110	116	105.5	677	676	99.9			
1985（昭和60）	72	77	106.9	107	114	106.5	733	789	107.6			
1990（平成2）	70	79	112.9	108	114	105.6	769	862	112.1			
1995（平成7）	70	76	108.6	107	110	102.8	790	920	116.5			
2000（平成12）	71	77	108.5	107	111	103.7	814	1027	126.2			
2005（平成17）	71	80	112.7	106	125	117.9	825	1182	143.3			
2010（平成22）										1,039	1,709	164.5
2015（平成27）										1,114	1,896	170.2
2019（令和元）										1,146	2,017	176.0

※校数には分校を含む　※養護教諭人数には養護助教諭を含む本務人数である。
※2007（平成19）年より盲・聾・養護学校が特別支援学校に名称統合された。

出典：文部科学省「学校基本調査」[6）]

3　幼稚園における養護教諭の配置状況

幼稚園は学校として取り扱われる教育機関である。1948（昭和23）年の幼稚園（認定こども園を含む）における養護教諭の人数（助教諭を含む）と配置率（助教諭を含む）は106名と5.9％であった。2015（平成27）年は962名と7.2％（国立大学付属幼稚園を含

む）である。他校種と比べても非常に低い数字である。また、幼稚園の養護教諭には兼務者が多く、2015（平成27）年においては962名の内469名が兼務者で半数近くが2園以上を兼務しているか、近隣小学校と兼務していることになる。国立大学付属幼稚園は1994（平成6）年度から定員化されているが、学校教育法「幼稚園には、［中略］養護教諭、［中略］養護助教諭その他必要な職員を置くことができる」や、幼稚園設置基準「幼稚園には、養護をつかさどる主幹教諭、養護教諭又は養護助教諭及び事務職員を置くように努めなければならない」に影響され、ほとんどの幼稚園が養護教諭を配置していない状況にある。その理由として、幼稚園では幼児を保育し、幼児の健やかな成長のために適当な環境を与え、心身の発達を助長するという特性があるために、幼稚園教諭自身が幼児の健康に配慮する必要があることが挙げられる。しかし、小・中・高等学校では「養護教諭の職務は高い専門性を求められる」とされるように、幼児教育の現場においても、同様に「幼児の健康に配慮できる」高い専門性を持つ存在は必要であり、幼稚園にも養護教諭の配置が必要と考えられる[6]。

4　男性養護教諭の出現

　男性養護教諭は、学校基本調査によると1967（昭和42）年徳島県で養護助教諭として初採用されたのが始まりである。学校看護婦の誕生から60年、養護教諭と呼ばれるようになって20年経ってからのことではあるが、男性養護教諭の出現は100年余りの養護教諭の歴史の中でもそれほど新しい話ではない[6]。

　男性養護教諭の人数の推移を表3、図2に示す。1997（平成9）年の8名から年々微増し、2019（令和元）年では84名に増加している。校種別に見ると小学校、特別支援学校の配置が多い。また男性養護教諭の配置のほとんどが複数配置であり、男女それぞれの養護教諭が保健室にいるということになる。都道府県別では、大阪が9名と最も多く、次いで東京の6名、愛知5名、静岡4名、北海道3名と並ぶ。しかし、全国の養護教諭は40,000名以上存在し、男性養護教諭の割合は0.1％という現状である[6]。

　現代の多様な健康課題に対応するならば養護教諭にも両性の視点が必要であり、男性養護教諭の活躍が期待される。一方で、女子児童生徒への応急処置、健康相談、健康診断などで男性では養護教諭としての専門性を発揮できないのではとの指摘もある。しかし、女性が中心となって培ってきた養護教諭の歴史の中で、男性養護教諭の出現を養護教諭全体の課題として取り上げ、十分に議論を深めることは未だなされていない。

　2010（平成22）年から男性養護教諭友の会が発足し、毎年研修会を行っている。その中で少しずつではあるが、男性養護教諭の実践が継続的に報告されている。このような男性養護教諭の活躍が社会的に認知されれば、複雑化している子どもの健康課題に多様な視点で対応する養護活動ができるであろう。

表3　男性養護教諭人数の推移 (名)

	1997（平成 9)	2002（平成 14)	2007（平成 19)	2012（平成 24)	2017（平成 29)	2019（令和元)
幼稚園	2	4	2	4	2	4
小学校	1	3	5	7	19	27
中学校	2	2	6	8	12	14
高等学校	1	6	10	12	14	15
特別支援学校	2	4	13	14	21	24
総　計	8	19	36	45	68	84

※高等学校には定時制を含む　※人数には養護助教諭を含む

出典：文部科学省「学校基本調査」[6]

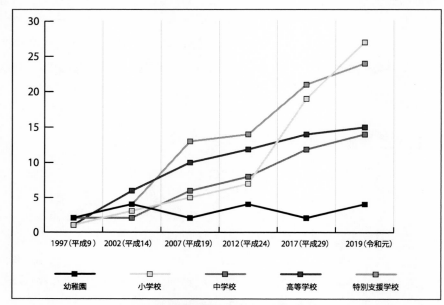

図2　男性養護教諭の配置人数（積み上げ）

出典：文部科学省「学校基本調査」[6]

引用・参考文献

1）采女智津江（2016）．新養護概説 第 9 版．少年写真新聞社，p8-17.
2）安藤志ま（2001）．養護教諭職制 60 年の軌跡〈養護教諭に灯をかかげて〉．
3）養護教諭制度 50 周年記念誌編集委員会（1991）．養護教諭制度 50 周年記念誌，ぎょうせい．
4）守屋美由紀・津島ひろ江他（2003）．学校に配置された看護師の職制と職務に関する一考察．川崎医療福祉学会誌．
5）三井登（2012）．養護訓導の制度化に関する試論．帯広大谷短期大学紀要，49 巻．
6）文部科学省（1967-2019）．学校基本調査．
7）杉浦守邦（1974）．養護教員の歴史．東山書房．
8）小針誠（2007）．教育と子どもの社会学．梓出版社．
9）山田景子・津島ひろ江（2013）．特別支援学校における医療的ケアと実施に関する歴史的変遷．川崎医療福祉学会誌，Vol23,No1.
10）瀧澤利行・七木田文彦編（2015）．養護の時代と世界．養護／学童養護，別巻1．大空社．
11）小倉学（1990）．改訂養護教諭―その専門性と機能―．東山書房，p130-213.
12）近藤真庸（2003）．養護教諭成立史の研究―養護訓導とは何かを求めて―．大修館書店．

第3章　養護教諭の専門性と資質能力

この章では、養護教諭の専門性と資質能力について述べる。第1節は、養護教諭の専門性を関連法規等や児童生徒等の健康課題の変遷から述べ、第2節では、審議会答申等で示されている教員に求められる資質能力、養護教諭に求められる資質能力について述べる。第3節では、養護教諭の専門職としての理念と使命感、その責務を果たすための指針や規範を定めた倫理綱領について述べる。

〔第1節〕　養護教諭の専門性

　教員は、公教育との関連から一般的には専門的な職業とされている。教育職員養成審議会答申[1]を見ても、「専門的職業である『教職』」「専門職としての教員の職責」など専門職として必要な責務が示されている。さらに、子ども理解力、児童・生徒指導力など教育の専門家としての確かな力量を、情熱や人間力とともに優れた教員の要素としている[2]。

　また、中央教育審議会答申[3]では、近年、学校教育が抱える課題の多様化等に伴う教員の多忙化や、社会全体の高学歴化に伴い専門職としての教員に対する社会的評価が低下してきていることも踏まえながら、改めて高度専門職業人として学び続け、専門性を高めていく必要性を示している。これら審議会答申で示されている専門性は、教員として養護教諭にも求められている専門性である。

　今後、「チームとしての学校」に向けた体制が推進され、学校の専門分化が進む中、学校組織の一員として、多様な専門性を持つ人材と効果的に連携・分担し、組織的・協働的に取り組むためにも、教員の専門性、さらにはこれからの養護教諭の専門性を明らかにしておくことは重要である。

　ここでは、関連法規等から見た専門性と児童生徒の健康課題の変遷から見た専門性の二つの面から養護教諭の専門性を捉える。また、専門性を担保するために必要な研修、研究について言及する。

1　関連法規等から見た養護教諭の専門性

(1) 学校教育法と養護教諭の専門性

　学校教育法第37条で「養護教諭は児童の養護をつかさどる」と定められている。「養護をつかさどる」は、法的に養護教諭にしかできない、他の職種には代行できない専門的な教育的機能と捉えることができる。学校教育での養護教諭の専門性や役割を考える上でも基盤になっている。養護をつかさどるとは何かということは、これまでいろいろ議論されてきたが、児童生徒の健康の保持増進を図るための全ての活動を指すと理解することが一般的となっている[4]。しかし捉え方の多様性や曖昧さは残されたままである。

　「養護」の概念の変遷[5]と併せて「養護教諭」の職名・職務内容は、法的にも時代的にも変遷がある。養護教諭の専門性というものは、固定的なものではなく、時代とともに変化・発展するものである[6]と捉えられている。しかしその中でも時代を超えて変わらない養護教諭の専門性について次の項で述べる。

(2) 教育職員免許法と養護教諭の専門性

　専門職であるとか専門性を持っていると位置づけられている条件として、専門教育を受け、所定の免許を取得していることが必要とされることが多い。教育職員免許法施行規則（9条、10条関係）に示されている「養護教諭の免許取得に必要な科目」は、養護に関する科目（2020（令和2）年現在、医学分野、看護学分野、心理学分野、保健・養護分野の9科目）の取得が専門性を成り立たせている。中でも看護学（臨床実習、救急処置を含む）は、他の多くの科目が2単位であるのに対して10単位の修得が規定されており、養護教諭の専門的な学びとして重要な要素を含んでいる。その中でも救急処置は、単位的には看護学に含めて示されているが、看護学とは別の履修科目として定められ、一般的に使用される応急処置、応急手当ではなく、医療等の専門的な有資格者等が行う場合に使用される「救急処置」の履修を規定している。このことから養護教諭が行う救急処置には、高度な知識や技能が求められていることがわかる。

　養護教諭の免許取得に必要な「養護に関する科目」は、1998（平成10）年に一部改正され、「健康相談活動の理論及び方法」と、従来「学校保健」に包括されていた養護教諭の職務に関する内容を独立させた「養護概説」が新設された。「養護概説」は養護教諭の職務を教える科目のように受け止められるかもしれないが、決してそのような単純なものではないと指摘されているように、「養護概説」を学ぶことによって養護教諭の専門性がより明確になっていく[7]。今後、「養護」に関する研究が進み、「養護概説」という授業科目を支える「養護学」が確立されることを望む声は多い。

　これらの専門的知識や技能を基盤にして、児童生徒への教育的関わり、教育的な支援を行うために必要な教職に関する科目の修得が、教育職としての専門的立場を明確にしている。児童生徒一人ひとり、学級や学校集団全体の健康実態や健康課題に応じた教育的な働きかけや指導・支援に養護教諭の専門性があるといえるのである。

(3) 中央教育審議会答申と養護教諭の専門性

　中央教育審議会答申[8]の中で、養護教諭の役割及び職務が、「保健管理」「保健教育」「健康相談活動」「保健室経営」「保健組織活動」の5領域で示されたが、「保健室経営」以外は養護教諭だけでなく教職員が全体で組織的に取り組む内容である。その中で養護教諭は、自らの専門的知識や技能をもとに学校全体の保健活動の推進における中核的役割を果たすこと、また、子どもの現代的健康課題の対応に当たっては、学校内、学校外の連携のコーディネーターの役割を担うことも求められている。

　同答申では、養護教諭の役割が拡大している中、役割が十分果たせるよう環境や法制度の整備、さらには子どもの現代的健康課題に適切に対応していくため、常に新たな知識や技能を習得できる研修制度の検討を求めている。このように、養護教諭の役割の拡大は、専門性の拡大、深化でもあるといえる。

(4) 学校保健安全法と養護教諭の専門性

　前述の中央教育審議答申を踏まえ、学校保健法が学校保健安全法と改称改正された（2009（平成21）年4月）。第7条（保健室）では、従来の健康診断、健康相談、救急処置の例示に保健指導が加えられ、旧法では雑則に位置づけられていた「保健室」がこの改正で本章に位置づけられた。これらにより養護教諭の職務の明確化が図られている[9]。第9条（保健指導）の新設では、養護教諭を中心として関係教職員と連携した健康相談、保健指導、健康観察が法に明確に位置づけられるとともに、保護者への助言も盛り込まれるなど保健指導の充実が図られている[10]。学校保健安全法の条文の中に「養護教諭」の名称が明記された意味は大きい。さらに養護教諭が行う保健指導が重要視されるとともに、健康相談は学校医等の特定の教職員に限らず、関係教職員による積極的な参加が求められた中で「養護教諭の行う健康相談」として理解された。このように「保健指導」「健康相談」における養護教諭の役割が法においても明確化され、その専門性が保証されたことになる。

2　児童生徒の健康課題の変遷から見る養護教諭の専門性

　社会環境や生活環境が変化するとともに、時代によって児童生徒の健康実態・健康課題も変わり、養護教諭に求められるニーズも変遷してきた。養護教諭は、これら子ども達の変化する多様なニーズに柔軟に対応しながら時代を超えた普遍的な専門性の追求も行ってきた。つまり「養護とは何か」である。これまでの子どもの健康実態・健康課題の変遷を通して養護教諭の職務の専門性を検討する。

表 1　年代別児童生徒の健康課題と求められた養護教諭の専門性

年　代	児童生徒の健康実態　健康課題	求められた専門性、職務内容
学校看護婦の時代 1905（明治 38）年〜	トラホーム、結核の流行 栄養状態の悪化	・校内での点眼、洗眼など学校医の治療補助 ・学校医の監督で救急処置の補助 ・身体検査補助 ・衛生教育の補助
学校看護婦の時代 （学校衛生婦） （学校養護婦） 1929（昭和 4）年〜	体位が憂慮すべき状態 虚弱児や結核児の増加	・学校医の補助から学校衛生の中核的推進者へ （医学的知識と技術をもつ専門家として） ・身体測定による要監察者（要養護者）の選 　別と対象者への保健養護、指導的活動
養護訓導の時代 1941（昭和 16）年〜	戦後の食糧難、体力低下、結核、寄 生虫、頭じらみ、疥癬などの蔓延	・自律的に職務を執行できる専門職、教育職員 ・児童生徒の健康復興、健康増進のための養護 　活動 ・寄生虫対策、シラミ退治、脱脂粉乳などの給 　食補助、伝染病対策
養護教諭の時代 1947（昭和 22）年〜	結核や寄生虫の減少、むし歯（う 歯）、肥満、視力低下の増加	・受診指導 ・歯磨き指導 ・肥満児指導 ・遠方凝視訓練 ・生活点検 ・習慣化を図るための保健指導、個別の指導
1970（昭和 45）年頃〜	朝食抜き 睡眠時間の減少、側弯、骨折の 増加	・からだの学習 ・家庭地域と連携した健康教育
1980（昭和 55）年頃〜	落ちこぼれ、つっぱりなど少年非 行の社会問題化 アトピー性皮膚炎、ぜんそく 起立性調節障害（OD）	・一人ひとりに耳を傾けるヘルスカウンセリング ・たまり場と批判され保健室閉鎖 ・従来の純潔教育から新しい性教育への取組 ・学校全体で取り組む健康教育の推進
1990（平成 2）年頃〜	テレクラ、援助交際、生活習慣病、 薬物乱用、エイズ感染者増加 O-157 集団食中毒 成人病予備軍 登校拒否（不登校） 摂食障害	・駆け込み寺・心の居場所としての保健室 ・薬物乱用防止教育 ・エイズ教育 ・兼職発令による「保健」授業の担当 ・保健室での相談活動
2000（平成 12）年頃	頭じらみ 無理なダイエット いじめ、自殺、不登校 虐待 食物アレルギー	・健康相談活動 ・保健室登校 ・スクールカウンセラーとの連携
2010（平成 22）年頃〜	歯周疾患の増加、生活習慣の乱れ 発達障害、ストレス 登下校中の誘拐などの事件 地震などの自然災害、PTSD 発達障害及びその二次障害 子どもの貧困、健康格差	・個別の教育的ニーズに対応 ・特別支援教育の支援 ・クールダウン ・医療的ケア ・心のケア ・ストレス対処、ストレスマネジメント ・スクールソーシャルワーカーとの連携

　子ども達の健康課題、発育・発達課題は、時代とともに、そして社会の変化とともに変わってきており、変化する子ども達の多様なニーズを受け止めながら、養護教諭は自らの仕事をつくり出してきた[11]。　養護教諭は教育職員としての専門性と「養護をつかさどる」という養護教諭としての専門性を子ども達の心やからだの健康推進のために発揮してきた。すなわち、社会環境の大きな変化、子ども達の健康実態、健康課題の変化に伴い、新たな役割が求められ、専門性が深まり、広がってきたのである。そこには、養護教諭にしかできない保健管理、保健教育があり、そこに養護教諭の専門性があると考えられる。児童生徒の健康生活のあらゆる場面において、養護教諭の専門的知識が活用され、技術が展開され、しかもそれが教育的になされねばならない[12]。

　いつの時代にあっても、子どもは成長、発達していく中で、発達課題、生活習慣習得上の課題、かかりやすい疾患、成長に伴う不安や悩みなど、子どもが抱えやすい心とからだの健康課題と出会っていく。子ども一人ひとり、または集団の心とからだの健康課題を早期に把握し、子ども自身が課題解決するための支援が、養護教諭の普遍的な専門性といえる。つまり、養護教諭の持つ医学的、看護学的、心理学的等の知識や技能等を、教育に替えて組織的に児童生徒を指導、支援していくことが、これまでも、これからも変わらない、養護教諭にしかできない専門性である。時代的な変化にかかわらず養護教諭の教育活動として共通しているのは、学校組織の一員として、医学、看護学、心理学等を基盤に、子どもの心やからだの実態を把握し、顕在又は潜在する健康的ニーズと教育的ニーズをアセスメント（判断）し、救急処置、保健指導、健康相談といった形で教職員、家庭、関係機関と連携協力して、子どもを支援してきたことである。

③　養護教諭の専門性と「養護学」の確立

　養護教諭の専門性については、これまで「養護とは」を追求しながら多くの研究・実践の中で問われ続けてきた。それは児童生徒の健康課題が、社会環境の変貌に合わせて大きく変化し、時代とともに養護教諭の専門性にも深まりや広がりが求められてきたからである。本書でも、養護教諭の専門性を明確にするため、近接領域の職と比較し、「看護師」や「教諭」との違いについて明らかにしてきた。

　養護教諭養成の立場からは、専門性を明確にし、その上に立った養成教育内容の体系化、さらには「養護学」の確立が望まれてきたものの、「養護」の概念が多様に捉えられてきたために、養護教諭の専門性の具体的内容が明確にされ、その内容が共通認識となった研究は限られている。

　例えば、養護教諭の歴史的な過程に沿って深まり広がってきた専門性と機能を図式化した「四層機能」[15]の中で提唱された「学校救急看護」の用語は、比較的多くの研究、文献に取り上げられてきた。これに対して、養護教諭が行う救急処置には独自の理念があるとし、看護とは異なる「学校救急養護」として捉え直す流れがあった。また、養護教諭の専門性

と機能が「医療としての看護」から「教育としての養護」へと深化を遂げてきた現状にあっては、「救急看護」「学校看護」の用語は学校現場ではなじみの薄い言葉になってきていると見る調査結果もある[17]。このように、一つの用語についても様々な意見がある。

　また、養護という概念の捉え方として、「非常に重要な緊急時の救命救急活動」を根幹に、救急処置活動、健康相談のような「（護る）健康支援活動」と、保健指導や保健学習のような「（育てる）健康教育活動」があり、さらには健康支援活動をしながら健康教育活動をしている[18]という捉え方も示されている。養護教諭の専門性を考える上で「救急処置」の活動は重要視されてきたが、今後はより教育的な「救急処置」が求められている。

　養護教諭の活動には、看護と異なる独特の理論的根拠が存在するのではないかという指摘は多くあるが、研究者、現職養護教諭の中でも「養護理論」が統一されていない現状がある。養護教諭の実践に共通する特徴は、子どもの心やからだの健康を直接ケアする営みと、子どもの認識や行動に働きかける（育てる）営みが有機的に組み合わされながら進められることであり[20]、このような実践の積み上げを通して、「養護」独自の専門性をさらに明確にしていく必要がある。「養護学」が確立されれば、「医学、看護学的知識と技能」を基礎に「教育学的知識と技能」を加えた「養護学的知識と技能」が明確にされるであろう。

　今後学校がチーム化する中で、養護教諭の専門性を明確にすることは重要であり、養護教諭自身の日々の研鑽、教育実践に基づく専門的な研究、論理能力を高める教養などの継続的な努力で教育としての「養護学」を確立することが、養護教諭の専門性を担保することにつながると考えられる。

引用・参考文献

1) 教員養成審議会（1999）．養成と採用・研修との連携の円滑化について（第3次答申）．
2) 教育職員養成審議会（2005）．新しい時代の義務教育を創造する（答申）．
3) 中央教育審議会（2015）．これからの学校教育を担う教員の資質能力の向上について～学び合い、高め合う教員育成コミュニティの構築に向けて～（答申）．
4) 采女智津江編集代表（2018）．第10版新養護概説．少年写真新聞社．
5) 杉浦守邦監修（1992）．養護教諭講座1 養護教諭の職務．東山書房．
6) 森昭三（2009）．変革期の養護教諭—企画力、調整力、実行力をつちかうために—．大修館書店．
7) 前掲書6）．
8) 中央教育審議会（2008）．生涯にわたる心身の健康の保持増進のための今後の健康に関する教育およびスポーツ振興の在り方について（答申）．
9) 公益財団法人日本学校保健会（2015）．学校保健の課題とその対応—養護教諭の職務等に関する調査結果から—．
10) 前掲書4）．
11) 岡田加奈子（2015）．養護教諭ってなんだろう—その魅力とこれからの養護教諭の専門性—．少年写真新聞社．
12) 大谷尚子（2011）．養護教諭のための養護学序説．ジャパンマシニスト．
13) 山梨八重子（2015）．養護教諭専門職論の一考察—小倉学の専門職論の検討から—．熊本大学教育学部研究紀要, 64, p 267-274.
14) 森昭三（1991）．これからの養護教諭 – 教育的視座からの提言 –．大修館書店．
15) 小倉学（1985）．養護教諭その専門性と機能．東山書房．
16) 杉浦守邦（1978）．救急養護学序説．東山書房．
17) 大原榮子他（2011）．養護教諭の専門性と学校看護の捉え方についての研究．名古屋学芸大学短期大学部研究紀要, 第8号, p14-33.
18) 前掲書11）．
19) 森昭三（2002）．変革期の養護教諭．大修館書店．
20) 藤田和也（2008）．養護教諭が担う教育とはなにか．農文協．

〈 第2節 〉　養護教諭の資質能力

　養護教諭には、社会人及び教育職員として児童生徒等の心身の健康保持増進を推進していく専門職としての資質能力が必要である。教育者として求められる資質能力について、教育職員養成審議会答申等においてはどのように示されているのか述べる。

1　教員に求められる資質能力

　教員は、子ども達の心身の発達に大きく関わり、その人格形成にも影響を与えるものである。1987（昭和62）年答申では、教員の資質能力とは、一般に、「専門的職業である『教職』に対する愛着、誇り、一体感に支えられた知識、技能等の総体」といった意味内容を有するもので、「素質」とは区別され、後天的に形成可能なものと解されると述べている。「学校教育の直接の担い手である教員の活動は、人間の心身の発達にかかわるものであり、幼児・児童・生徒の人格形成に大きな影響を及ぼすものである。このような専門職としての教員の職責にかんがみ、教員については、教育者としての使命感、人間の成長・発達についての深い理解、幼児・児童・生徒に対する教育的愛情、教科等に関する専門的知識、広く豊かな教養、そしてこれらを基盤とした実践的指導力が必要である。」と示されている[1]。

表1　　教員に求められる資質能力

いつの時代も教員に求められる資質能力
教育者としての使命感、人間の成長・発達についての深い理解、幼児・児童・生徒に対する教育的愛情、教科等に関する専門的知識、広く豊かな教養、そしてこれらを基盤とした実践的指導力が必要である。

今後特に教員に求められる具体的資質能力		
○地球的視野に立って行動するための資質能力 ・地球、国家、人間等に関する適切な理解 ・豊かな人間性 ・国際社会で必要とされる基本的資質能力	○変化の時代を生きる社会人に求められる資質能力 ・課題解決能力等に関わるもの ・人間関係に関わるもの ・社会の変化に適応するための知識及び技能	○教員の職務から必然的に求められる資質能力 ・幼児・児童・生徒や教育の在り方に関する適切な理解 ・教職に対する愛着、誇り、一体感 ・教科指導、生徒指導等のための知識、技能及び態度

得意分野を持つ個性豊かな教員の必要性
画一的な教員像を求めることは避け、生涯にわたり資質能力の向上を図るという前提に立って、全教員に共通に求められる基礎的・基本的な資質能力を確保するとともに、さらに積極的に各人の得意分野づくりや個性の伸長を図ることが大切である。

出典：文部科学省「1997（平成9）年教育職員養成審議会第1次答申」[2]

教員の資質能力は、日々の職務及び研修を通じて育成されていくものである。また、各ライフステージに応じて学校において担うべき役割も異なることから、各段階に応じた資質能力について、「養成と採用・研修との連携の円滑化について（第3次答申）」（1999（平成11）年教育職員養成審議会）では、次のように示されている[3]。

表2　教員の各ライフステージに応じて求められる資質能力

【初任者の段階】	【中堅教員の段階】	【管理職の段階】
大学の教職課程で取得した基礎的、理論的内容と実践的指導力の基礎等を前提として、採用当初から教科指導、生徒指導等を著しい支障が生じることなく実践できる資質能力が必要であり、さらに、教科指導、生徒指導、学級経営等、教職一般について一通りの職務遂行能力が必要である。養護教諭については、心身の健康観察、救急処置、保健指導等児童・生徒の健康保持増進について、採用当初から実践できる資質能力が必要である。	学級担任、教科担任として相当の経験を積んだ時期であるが、特に、学級・学年運営、教科指導、生徒指導等の在り方に関して広い視野に立った力量の向上が必要である。また、学校において、主任等学校運営上重要な役割を担ったり、若手教員への助言・援助など指導的役割が期待されることから、より一層職務に関する専門知識や幅広い教養を身に付けるとともに、学校運営に積極的に参加していくことができるよう企画立案、事務処理等の資質能力が必要である。養護教諭については、保健室経営の在り方、学校保健の推進等に関して広い視野に立った力量の向上が必要である。	地域や子どもの状況を踏まえた創意工夫を凝らした教育活動を展開するため、教育に関する理念や識見を有し、地域や学校の状況・課題を的確に把握しながら、学校の目標を提示し、その目標達成に向けて教職員の意欲を引き出すなどのリーダーシップを発揮するとともに、関係機関等との連携・折衝を適切に行い、組織的、機動的な学校運営を行うことのできる資質を備え、また、学校運営全体を視野に入れた総合的な事務処理を推進するマネジメント能力等の資質能力が必要である。

出典：文部科学省「1999（平成11）年教育職員養成審議会答申」[3]

教員は子ども達の心身の発達に大きく関わり、その人格形成にも影響を与えるものであることから、教員はこれらの資質能力を確実に身に付けることが重要である。また、社会状況が急速に変化し、学校教育が抱える課題も多様化・複雑化している現在、教員は、日々、専門性の向上を図り総合的な人間力を高めるために、研鑽していくことが必要である。

表3　優れた教師の条件

○教職に対する強い情熱	○教育の専門家としての確かな力量	○総合的な人間力
教師の仕事に対する使命感や誇り、子どもに対する愛情や責任感などである。また、教師は、変化の著しい社会や学校、子どもたちに適切に対応するため、常に学び続ける向上心を持つことも大切である。	「教師は授業で勝負する」と言われるように、この力量が「教育のプロ」のプロたる所以である。この力量は、具体的には、子ども理解力、児童・生徒指導力、集団指導の力、学級作りの力、学習指導・授業作りの力、教材解釈の力などからなるものと言える。	教師には、子どもたちの人格形成に関わる者として、豊かな人間性や社会性、常識と教養、礼儀作法をはじめ対人関係能力、コミュニケーション能力などの人格的資質を備えていることが求められる。また、教師は、他の教師や事務職員、栄養職員など、教職員全体と同僚として協力していくことが大切である。

出典：文部科学省「2005（平成17）年中央教育審議会答申」[4]

　2006（平成 18）年中央教育審議会答申では、社会の大きな変動に対応し、国民の学校教育に対する期待に応えるためには、教員に対する揺るぎない信頼を確立し、国際的にも教員の資質能力がより一層高いものとなるようにすることが極めて重要であると述べている。また、教員には、不断に最新の専門的知識や指導技術等を身に付けていくことが重要となっており、「学びの精神」がこれまで以上に強く求められていると示されている[5]。

表4　教員に求められる資質能力

○教職に対する責任感、探究力、教職生活全体を通じて自主的に学び続ける力	○専門職としての高度な知識・技能	○総合的な人間力
・使命感 ・責任感 ・教育的愛情	・教科や教職に関する高度な専門的知識 ・新たな学びを展開できる実践的指導力 ・教科指導、生徒指導、学級経営等を的確に実践できる力	・豊かな人間性や社会性 ・コミュニケーション力 ・同僚とチームで対応する力 ・地域や社会の多様な組織等と連携・協働できる力

　　　　　　　学び続ける教員像の確立

出典：文部科学省「2012（平成 24）年中央教育審議会答申」[6]

　2012（平成 24）年中央教育審議会本答申では、社会からの尊敬・信頼を受ける教員、思考力・判断力・表現力等を育成する実践的指導力を有する教員、困難な課題に同僚と協働し、地域と連携して対応する教員が必要であると述べている。また、教職生活全体を通じて、実践的指導力を高めるとともに、社会の急速な進展の中で、知識・技能の絶えざる刷新が必要であることから、教員が探究心を持ち、学び続ける存在であることが不可欠であることも示されている[6]。

　教職生活全体を通じて、実践的指導力を高めるためには、校内・校外での自主的な学びの場の環境整備が必要である。教員の自己研鑽の意欲は高く、自主的な資質能力向上の取組には、教育委員会や地域の大学等による支援も必要である。

　教員が備えるべき資質能力については、使命感、責任感、教育的愛情、専門的知識、実践的指導力、総合的な人間力等がこれまでの答申等においても繰り返し提言されてきた。これらの資質能力は教員として当然、必要なものである。今後は、その資質能力を生かし続けるために各ライフステージにおいて自ら学び続けることが必要であり、そのための環境整備を行わなければならない。「これからの学校教育を担う教員の資質能力の向上について～学び合い、高め合う教員育成コミュニティの構築に向けて～（答申）」（2015（平成 27）年中央教育審議会）では、表5、表6のように示されている[7]。

　教員の資質能力・力量は、児童生徒等や管理職・同僚・保護者との出会いによって学ぶことも多く、日々の実践の中で切磋琢磨されていく。時代の変化やキャリアステージに応じて学び続けることのできる制度の構築が必要である。

表5　これからの時代の教員に求められる資質能力

○これまで教員として不易とされてきた資質能力に加え、自律的に学ぶ姿勢を持ち、時代の変化や自らのキャリアステージに応じて求められる資質能力を生涯にわたって高めていくことのできる力や、情報を適切に収集し、選択し、活用する能力や知識を有機的に結びつけ構造化する力などが必要である。
○アクティブ・ラーニングの視点からの授業改善、道徳教育の充実、小学校における外国語教育の早期化・教科化、ICT の活用、発達障害を含む特別な支援を必要とする児童生徒等への対応などの新たな課題に対応できる力量を高めることが必要である。
○「チーム学校」の考えの下、多様な専門性を持つ人材と効果的に連携・分担し、組織的・協働的に諸課題の解決に取り組む力の醸成が必要である。

表6　主な課題

【研 修】	【採 用】	【養 成】
○教員の学ぶ意欲は高いが多忙で時間確保が困難 ○自ら学び続けるモチベーションを維持できる環境整備が必要 ○アクティブ・ラーニング型研修への転換が必要 ○初任者研修・十年経験者研修の制度や運用の見直しが必要	○優秀な教員の確保のための求める教員像の明確化、選考方法の工夫が必要 ○採用選考試験への支援方策が必要 ○採用に当たって学校内の年齢構成の不均衡の是正に配慮することが必要	○「教員となる際に最低限必要な基礎的・基盤的な学修」という認識が必要 ○学校現場や教職に関する実際を体験させる機会の充実が必要 ○教職課程の質の保証・向上が必要 ○教科・教職に関する科目の分断と細分化の改善が必要

出典：文部科学省「2015（平成 27）年中央教育審議会答申」[7]

2　養護教諭に求められる資質能力

　日本養護教諭教育学会では、「養護教諭の資質・能力とは、養護教諭が職務を遂行する上で必要な専門的知識や技量、考え方である」と定義している。養護教諭に求められる資質能力は、先に述べた教員として求められる基本的な資質能力に包括されるが、1972（昭和47）年保健体育審議会答申、1997（平成9）年保健体育審議会答申、2008（平成20）年中央教育審議会答申では次の力が求められている[9][10][11]。

表7　職務拡大に伴い求められる資質

1972（昭和47）年　保健体育審議会答申
　養護教諭は、専門的立場からすべての児童生徒の保健及び環境衛生の実態を的確に把握して、疾病や情緒障害、体力、栄養に関する問題等、心身の健康に問題を持つ児童生徒の個別の指導にあたり、また、健康な児童生徒についても健康の増進に関する指導にあたるのみならず、一般教員の行う日常の教育活動にも積極的に協力する役割を持つものである。このため、養護教諭の専門的知識および技能をいっそう高めるよう、その現職教育の改善充実に特に配慮する必要がある。

1997（平成9）年　保健体育審議会答申
（養護教諭の新たな役割）
　養護教諭は、児童生徒の身体的不調の背景に、いじめなどの心の健康問題がかかわっていること等のサインにいち早く気付くことのできる立場にあり、養護教諭のヘルスカウンセリング（健康相談活動）が一層重要な役割を持ってきている。養護教諭の行うヘルスカウンセリングは、養護教諭の職務の特質や保健室の機能を十分に生かし、児童生徒の様々な訴えに対して、常に心的な要因や背景を念頭に置いて、[中略] 心や体の両面への対応を行う健康相談活動である。[中略] 養護教諭については、健康に関する現代的課題など近年の問題状況の変化に伴い、健康診断、保健指導、救急処置などの従来の職務に加えて、専門性と

保健室の機能を最大限に生かして、心の健康問題にも対応した健康の保持増進を実践できる資質の向上を図る必要がある。

（求められる資質）

このような養護教諭の資質としては、保健室を訪れた児童生徒に接した時に必要な「心の健康問題と身体症状」に関する知識理解、これらの観察の仕方や受け止め方等についての確かな判断力と対応力（カウンセリング能力）、健康に関する現代的課題の解決のために個人又は集団の児童生徒の情報を収集し、健康課題をとらえる力量や解決のための指導力が必要である。その際、これらの養護教諭の資質については、いじめなどの心の健康問題等への対応の観点から、かなりの専門的な知識・技能が等しく求められることに留意すべきである。さらに、平成7年度に保健主事登用の途を開く制度改正が行われたこと等に伴い、企画力、実行力、調整能力などを身に付けることが望まれる。

2008（平成20）年　中央教育審議会答申

①養護教諭は、学校保健活動の推進に当たって中核的な役割を果たしており、現代的な健康課題の解決に向けて重要な責務を担っている。[中略] 養護教諭の行う健康相談活動がますます重要となっている。また、メンタルヘルスやアレルギー疾患などの子どもの現代的な健康問題の多様化により、医療機関などとの連携や特別な配慮を必要とする子どもが多くなっているとともに、特別支援教育において期待される役割も増してきている。

②養護教諭の職務は、[中略] 現在、救急処置、健康診断、疾病予防などの保健管理、保健教育、健康相談活動、保健室経営、保健組織活動などを行っている。また、子どもの現代的な健康課題の対応に当たり、学級担任等、学校医、学校歯科医、学校薬剤師、スクールカウンセラーなど学校内における連携、また医療関係者や福祉関係者など地域の関係機関との連携を推進することが必要となっている中、養護教諭はコーディネーターの役割を担う必要がある。

③養護教諭が子どもの現代的な健康課題に適切に対応していくためには、常に新たな知識や技能などを習得していく必要がある。

④養護教諭については一人配置が多いことから、[中略] 現職養護教諭の育成や支援体制の充実を図るため、経験豊かな退職養護教諭などの知見を活用することについて検討を行うことが必要である。

⑤深刻化する子どもの現代的な健康課題の解決に向けて、学級担任や教科担任等と連携し、養護教諭の有する知識や技能などの専門性を保健教育に活用することがより求められていることから、学級活動などにおける保健指導はもとより専門性を生かし、ティーム・ティーチングや兼職発令を受け保健の領域にかかわる授業を行うなど保健学習への参画が増えており、養護教諭の保健教育に果たす役割が増している。

⑥保健室へ来室する子どもの心身の健康課題が多様化しており、また、来室者が多い上に、一人当たりの対応時間も増加しているため、一人の養護教諭では、より良い対応を図ることが困難な状況にある。また、特別な配慮を必要とする子どもが多い状況にあり、学校、家庭、地域の関係機関との連携の推進が必要であることから、養護教諭の複数配置の促進などを図ることが必要である。

⑦養護教諭はその職務の特質からいじめや児童虐待などの早期発見・早期対応を図ることが期待されており、国においても、これらの課題を抱える子どもに対する対応や留意点などについて、養護教諭に最新の知見を提供するなど、学校の取組を支援することが求められる。

⑧子どもの健康づくりを効果的に推進するためには、学校保健活動のセンター的役割を果たしている保健室の経営の充実を図ることが求められる。そのためには、養護教諭は保健室経営計画を立て、教職員に周知を図り連携していくことが望まれる。

養護教諭の資質能力は、養成・採用・研修の各段階を通じて生涯にわたり形成されていくものである。養成段階から答申等において、繰り返し明記されている「教員に求められる資質能力」を培い、カリキュラムの内容を習得することが必要である。

採用後の資質能力に関して「養護教諭研修プログラム作成委員会報告書」では、次の内容が述べられている [12]。

表8　採用後の資質能力

【新規採用養護教諭】	【10年経験者養護教諭】
養護教諭の職務（保健管理、保健教育、健康相談、保健室経営及び保健組織活動）の基本的事項について、地域や学校の実態に応じた実践ができるようにするとともに、教員としての倫理観や使命感を養う。	養護教諭個々の能力や適性に応じて、専門性や実践的指導力の向上を図るとともに教員としての倫理観や使命感の向上を図る。具体的には、学校、家庭及び地域社会が連携して学校保健活動を推進していく上で、中核的な役割が果たせるようにする。

出典：日本学校保健会『養護教諭研修プログラム作成委員会報告書』[12]

　2008（平成20）年中央教育審議会答申では、学校保健活動の推進に当たって中核的な役割が養護教諭に求められたことから、リーダーシップを発揮できる力がこれまで以上に必要になっている。養護教諭はキャリアステージに応じ、知識・技術を活用した実践場面での省察と熟考を通して養護実践力を高めていかなければならない。このことは、課題探究能力や問題解決能力の育成とも関わっているので大学・教育委員会・教育現場とのさらなる連携は重要である。養護実践を行い、学校保健活動を推進するために必要な知識を統合化し、養護活動の技術・方法を修得していかなければならない。

　2017（平成29）年、「教育職員免許法・同施行規則の改正及び教職課程コアカリキュラムについて」が公表された。養護教諭関連団体連絡会では、養護教諭養成教育における「養護に関する科目」の充実を願ってきたが、今回の改正では総単位数に変更はなかった。附則では、経過措置として「大学が独自に設定する科目とみなすことができる」と、独自性を重視することが明記されている[8]。また、2015（平成27）年中央教育審議会答申では、教員の主体的な学びを支える様々な取組を進めるための基盤として、教育委員会と大学等が相互に議論し、養成や研修の内容を調整するための制度として、「教員育成協議会」（仮称）を創設することが適当であると示された[7]。教育委員会と大学等の協働による教員育成指標、研修計画の全国的な整備が行われており、これまで以上に体系的かつ効果的な研修が実施されることが期待される。

　これからの学校教育を担う養護教諭の資質能力育成に向けて、大学・教育委員会の連携協力をより一層進めていくことが必要である。

引用・参考文献

1）教育職員養成審議会（1987）．教員の資質能力の向上方策等について（答申）．昭和62年12月18日．

2）教育職員養成審議会（1997）．新たな時代に向けた教員養成の改善方策について（第1次答申）．平成9年7月．

3）教育職員養成審議会（1999）．養成と採用・研修との連携の円滑化について（第3次答申）．平成11年12月10日．

4）中央教育審議会（2005）．新しい時代の義務教育を創造する（答申）．平成17年10月26日．

5）中央教育審議会（2006）．今後の教員養成・免許制度の在り方について（答申）．平成18年7月11日．

6）中央教育審議会（2012）．教職生活の全体を通じた教員の資質能力の総合的な向上方策について（答申）．平成24年8月28日．

7）中央教育審議会（2015）．これからの学校教育を担う教員の資質能力の向上について〜学び合い、高め合う教員育成コミュニティの構築に向けて〜（答申），平成27年12月21日

8）初等中等教育局教職員課（2017）．教育職員免許法・同施行規則の改正及び教職課程コアカリキュラムについて（資料1-1）．平成29年7月．

9）保健体育審議会（1972）．児童生徒の健康の保持増進に関する施策について（答申）．昭和47年12月20日．

10）保健体育審議会（1997）．生涯にわたる心身の健康の保持増進のための今後の健康に関する教育及びスポーツの振興の在り方について（答申）．平成9年9月22日．

11）中央教育審議会（2008）．子どもの心身の健康を守り、安全・安心を確保するために学校全体としての取組を進めるための方策について（答申）．平成20年1月17日．

12）日本学校保健会（2009）．養護教諭研修プログラム作成委員会報告書．

13）日本学校保健会（2012）．学校保健の課題とその対応−養護教諭の職務等に関する調査結果から−．

14）文部科学省（2016）．教育職員免許法施行規則等の一部を改正する省令の公布について（通知）．平成28年3月31日．

〔第3節〕 養護教諭の倫理綱領

1 専門職と倫理綱領

　「倫理綱領」とは、「専門職団体が、専門職としての社会的責任、職業倫理を行動規範として成文化したもの」（図書館情報学用語辞典第4版）である。近年、コンプライアンスの観点から、最低限度の職業倫理について明示することが増えてきている。金沢[1]によれば、職業倫理とは、ある特定の職業（又は職能）集団が自分たちで定め、その集団の構成員間の行為、あるいは、その集団の構成員が社会に対して行う行為について規定し、律する行動規範であるとともに、現実の問題解決の指針となるものである。医療や教育は、対象者の権利を保障する専門職であるため、より強く、あるべき姿について問われているといえる。

　医療においては医療倫理の基本原則を基盤とし、看護職の倫理綱領が定められている。「看護職が専門職としてより質の高い看護を提供するためには、深い知識と確実な看護技術だけではなく、高い倫理性が不可欠」とし、「専門職として自らの行動を律するために」倫理綱領を定め、日本看護協会WEBサイト上で看護職の自己学習テキストとしても公開[2]している。前文には、看護の使命と目的が明記され、免許により実践する権限を与えられている看護職が社会的責任を果たすために、人権の尊重が求められていることが確認されている。

　学校と連携する専門職である臨床心理士、ソーシャルワーカーについても、その資質や能力として、倫理観を問う責務が明文化され、それぞれの倫理綱領が定められている。

　それでは、教育職員についてはどのように規定されているであろうか。日本の教職史上最初の倫理綱領は、1881（明治14）年の文部省通達「小学校教員心得」に見られ、戦後は、教師の人格特性に関わる倫理だけではなく、職業としての教職がもつ倫理的特性に目が向けられてきている[3]。以下、養護教諭の倫理綱領について紹介する。

2 養護教諭の倫理綱領

(1)「養護教諭の倫理綱領」（2015（平成27）年度）

　「養護教諭の倫理綱領」は学術団体である日本養護教諭教育学会が2015（平成27）年に示した倫理綱領である[4][5]。その構成は、大きく3つに分かれ、「倫理綱領一般と共通するもの」「養護教諭の専門性に関わるもの」「養護教諭の発展に関わるもの」からなる。

　2008（平成20）年度から検討を重ねていたものに、第13条「養護実践基準の遵守」として「養護教諭は、質の高い養護実践を目指し、別に定める養護実践基準をもとに省察して、実践知を共有する。」という条文が追加され、2015（平成27）年度総会で現行のものが承認された。

　時系列的経緯については日本養護教諭教育学会 WEB サイトで公開されているので確認されたい。ここでは特に、2015（平成 27）年に新たに追記された「養護学実践基準」の議論について紹介する。

　なぜ、養護教諭の倫理綱領に養護実践の基準が追記されたのであろうか。日本養護教諭教育学会は、養護教諭を「「教育職員」としての専門性を発揮し、保健室の機能や保健指導等を通して子ども達の自己実現に向け教育活動をしている。このような「職」は世界に類を見ない優れた存在である。」とし、「養護教諭の実践レベル（水準を保証する基準）」の重要性を指摘している。その上で、養護教諭自身が実践基準の維持に対する責任をもつためには、その根拠となるものを養護教諭自身が参照できるようまとめる必要があることを説明している。これは同時に行政といった社会にも示されるものである。「子どもの生命を守る専門性をもった専門職であることを標榜する」からにはその職特有の実践基準が重要視される。一方で、綱領としての「養護実践基準」という用語は実践現場では馴染みにくく浸透しているとは言えず、基準化するとなれば、それに縛られるのではないか、実践の範囲が狭くなるのではないか等の懸念も論じられた。

　養護実践基準は、養護教諭の未来につながる確かな資質・能力を保証するものとして、継続して検討されている。議論の経緯とともに、更新される基準を確認されたい。

養護教諭の倫理綱領

前文

　養護教諭は学校教育法に規定されている教育職員であり、日本養護教諭教育学会は養護教諭の資質や力量の形成および向上に寄与する学術団体として、「養護教諭とは、学校におけるすべての教育活動を通して、ヘルスプロモーションの理念に基づく健康教育と健康管理によって子どもの発育・発達の支援を行う特別な免許を持つ教育職員である」と定めた（2003 年総会）。

　養護教諭は子どもの人格の完成を目指し、子どもの人権を尊重しつつ生命と心身の健康を守り育てる専門職であることから、その職責を全うするため、日本養護教諭教育学会はここに倫理綱領を定める。

　養護教諭が自らの倫理綱領を定め、これを自覚し、遵守することは、専門職としての高潔を保ち、誠実な態度を維持し、自己研鑽に努める実践の指針を持つものとなり、社会の尊敬と信頼を得られると確信する。

条文

第1条　基本的人権の尊重

　養護教諭は、子どもの人格の完成をめざして、一人一人の発育・発達権、心身の健康権、教育権等の基本的人権を尊重する。

第2条　公平・平等

　養護教諭は、国籍、人権・民族、宗教、信条、年齢、性別、性的指向、社会的問題、経済的状態、ライフスタイル、健康問題の差異にかかわらず、公平・平等に対応する。

第3条　守秘義務

　養護教諭は、職務上知りえた情報について守秘義務を遵守する。

第4条　説明責任

　養護教諭は、自己の対応に責任をもち、その対応内容についての説明責任を負う。

第5条　生命の安全・危機への介入

　養護教諭は、子どもたちの生命が危険にさらされているときは、安全を確保し、人権が侵害されているときは人権を擁護する。

第6条　自己決定権のアドボカシー

　養護教諭は、子どもの自己決定権をアドボカシーするとともに、教職員、保護者も支援する。

第7条　発育・発達の支援
　　養護教諭は、子どもの心身の健康の保持増進を通して発育・発達を支援する。
第8条　自己実現の支援
　　養護教諭は、子どもの生きる力を尊重し、自己実現を支援する。
第9条　ヘルスプロモーションの推進
　　養護教諭は、子どもたちの健康課題の解決やよりよい環境と健康づくりのため、校内組織、地域社会と
連携・協働してヘルスプロモーションを推進する。
第10条　研鑽
　　養護教諭は、専門職としての資質・能力の向上を図るため研鑽に努める。
第11条　後継者の育成
　　養護教諭は、社会の人々の尊敬と信頼を得られるよう、品位と誠実な態度をもつ後継者の育成に努める。
第12条　学術的発展・法や制度の確立への参加
　　養護教諭は、研究や実践を通して、専門的知識・技術の創造と開発に努め、養護教諭にかかわる法制度
の改正に貢献する。
第13条　養護実践基準の遵守
　　養護教諭は、質の高い養護実践を目指し、別に定める養護実践基準をもとに省察して、実践知を共有する。
第14条　自己の健康管理
　　養護教諭は、自己の心身の健康の保持増進に努める。

出典：日本養護教諭教育学会『養護教諭の倫理綱領』[4)5)]

(2)『学校保健の課題とその対応』（2010（平成22）年度）

　本書は、養護教諭の職務に関する検討委員会（2010-11（平成22-23）年度）により作成されたもので、日本学校保健会から刊行されている。各学校に配布されており、現職養護教諭に広く知られている。その中で、養護教諭の職業倫理について以下のように明記されている。

　　養護教諭の職業倫理とは、社会人及び教育職員として児童生徒の健康の保持増進に関わる諸活動を推進していく上で、人権の尊重、平等な扱い、プライバシーの保護などの守るべき義務をいう。社会規範を守ることは当然ながら、その上で教員として特に児童生徒の健康に関わる専門職として、以下の基本的な事項を遵守することが大切である。」

◇人権の尊重
　　養護教諭は、個々の子どもの尊厳及び人権を遵守する。子どもの持つ権利を理解し、それを保証する姿勢を常に持つようにする。
◇平等
　　養護教諭は、国籍、信条、年齢、性別及び家庭環境、健康課題の性質、学業成績などにかかわらず、子どもに平等に接する。
◇プライバシーの保護
　　養護教諭は、子どもの健康に関する情報等、職務上知り得た個人情報については守秘義務を守る。
◇関係者との協働
　　養護教諭は、子どもの心身の健康の保持増進及び健康課題の解決に当たって、組織的に対応し、他の教職員や保健医療福祉などの関係機関、保護者等と協働して効果的な解決を図る。
◇研さん
　　養護教諭は、主体的・自発的学習者として自己学習・研修・研究等を通して専門的知識や技術の習得に努める。
◇健康
　　養護教諭は、自身の心身の健康の保持増進に努める。

出典：日本学校保健会『学校保健の課題とその対応』[6)]

（1）（2）のいずれも共通している点は、教育職員であること、子どもの人権の尊重が職業倫理の前提にあるということである。また、「ヘルスプロモーションの推進」と「関係者との協働」の項では、学校内外の専門機関つまり他の専門職との協働が求められ、子どもを通した他職種の倫理綱領に対する理解も必要であるといえる。

　例えば「守秘義務」に関して考えたい。2015（平成27）年9月に成立した公認心理師法にあっては、守秘義務等の法的遵守が厳しく規定されているだけでなく、業務を行うに当たって関係者との連携を保たなければならないという義務が課せられている。つまり、秘密保持と当該支援の関係者間の情報共有という相反する行動を要求されることになっている[7]。

　学校での諸問題や虐待対応、さらには職場への適応などの点で、チームによって援助を行うことが求められる。この場合には、様々な立場の人でチームが構成されることとなり、各職種の教育訓練内容の違いや個々人の捉え方の違いなどによっても、援助対象者の秘密をどのように扱うか、違いがあるかもしれない。チーム学校が推進されている現在、養護教諭はそのコーディネーターの役割が期待されている。学校において教員間で共有される情報については、他職種の職業倫理を理解した上で、情報共有の範囲について十分に話し合っておくことが欠かせない。また、援助の必要な子どもであっても、インフォームド・コンセントも含め、情報を取り扱う養護教諭自身に、明確で具体的なルールが必要である。

③ これからの課題

　2014（平成26）年から始まった学校教育を担う教員の資質能力の向上に関する政策動向に対し、養護教諭の職能団体は日本養護教諭関係団体連絡会として再組織化され、組織の充実を図るための体制整備等について協議するようになってきている。職能団体としては職業倫理についても共通理解するとともに、一教育職員としての職業倫理について各自治体主体の現職研修で再確認する機会が必要であろう。また同時に、日々の教育実践を通じて、養護教諭自身が、専門職としてどのようにあるべきか、他職種と協働しつつ自律的に問い直していく必要がある。教育職員として学校教育現場で何よりも優先されるべき子どもの権利保障を捉えつつ、倫理綱領という枠組みから養護教諭自らの行動の意思決定を振り返ることも大切であろう。教員養成段階の取組としても、「教職倫理」という学修課題を学ぶためには主体的、能動的学習が重要とされ、ケースメソッドという討論型授業が提案[3]されている。実際に、教職科目「教職実践演習」でのさらなる教育実践が期待できる。教員養成を担う高等教育機関で教育職員として求められる教育実践力の基盤を育てるために、学生自らが学校教育現場で遭遇するかもしれない課題を、自分の問題として考えることのできるような教育方法の工夫が求められる。

引用・参考文献

1) 金沢吉展（2006）．臨床心理学の倫理を学ぶ．東京大学出版会．
2) 日本看護協会 WEB サイト．https://www.nurse.or.jp/nursing/practice/rinri/index.html（2019 年 10 月 30 日閲覧）．
3) 丸山恭司・坂越正樹・曽余田浩史（2005）．教職倫理をケースメソッドで教える．日本教育学会大會研究発表要項，64（0），p130-131．
4) 日本養護教諭教育学会（2016）．「養護教諭の倫理綱領」（2015 年度総会（2015 年 10 月 11 日承認）について，日本養護教諭教育学会誌，19（2），p110-113．
5) 日本養護教諭教育学会 WEB サイト．養護教諭の倫理綱領．https://yogokyoyu-kyoiku-gakkai.jp/?page_id=1508（2019 年 10 月 30 日閲覧）．
6) 日本学校保健会（2012）．学校保健の課題とその対応—養護教諭の職務等に関する調査結果（平成 22 年度）から—，p7-9．
7) 日本心理研修センター監修，岩壁茂・金沢吉展・村瀬嘉代子（2018）．公認心理師の職責．　公認心理師現任者講習会テキスト 2018 年度版，p27-32．

第Ⅱ部
養護活動の実際

　第Ⅰ部では、「養護の本質」「養護教諭の歴史と職務の変遷」「養護教諭の専門性と資質能力」を中心に、養護教諭が職務を果たす上で、基盤として理解しておきたい事項を総論として述べてきた。第Ⅱ部では、第Ⅰ部の考え方を基盤に、児童生徒等及び教職員の心身の健康を保持増進するために、学校で行われる諸活動を総称する学校保健について理解を深め、その中で養護教諭が職務内容とする養護活動（養護活動の理論と実際、子どもの健康実態の把握、健康診断、救急処置、疾病の予防と管理、学校環境衛生、保健教育、健康相談・健康相談活動、保健室経営、保健組織活動）について述べる。

第1章　学校保健と学校保健計画

　養護活動の基盤にあるものは、学校保健目標であり、その目標を達成するために学校保健計画が策定される。その計画の実施は、養護教諭一人でできるものではなく、子どもを取り巻く全ての人々との連携・協働を必要とする。連携・協働のためには、組織の形成が必要であることは言うまでもない。現在、養護教諭が保健主事を担当し、学校保健活動の企画・調整と円滑な推進に当たっている例も多く、さらに学校保健活動の推進に中核的な役割を果たすことが求められている養護教諭が、養護活動を展開していく前に、学校保健の各領域でどのような役割を担っているのかを認識しておくことが重要である。

　本章は、第1節で学校保健の概要を述べ、第2節では学校保健計画の策定、実施、評価及び学校保健推進における養護教諭の役割について述べる。

第1節　学校保健

　学校保健は、児童生徒等及び教職員の心身の健康を保持増進するために、学校で行われる諸活動を総称した活動である。その活動は、それぞれの学校管理下において計画され、組織され実行される保健活動の総合計画といえる。その目的は、対象である児童生徒等及び職員の健康の保持増進を図り、「心身ともに健康な国民の育成」という教育目標の達成を目指すとともに、教育の効果に資することにある。このような学校保健を計画的に推進していくためには、子ども達の「養護」に関わる全ての人々との連携・協働によって行われることが重要である。

　学校保健の構造領域については図1の通りである。学校保健の構造領域は、大きく分けると保健管理、保健教育、組織活動の3領域を含んでいる。学校保健の意義の中にも、養護の本質である子ども達の「生命の保障、教育の保障、人権の保障」ということを含んでいる。

１　保健管理

　保健管理は、学校という場で子ども達の「生命を保障する」ために営まれる活動である。生命の保障は、生活のどの部分においても保障されなければならない基本的な権利である。また、個別の保健管理においては、子どもの人権を保障して行わなければならない。さらに、

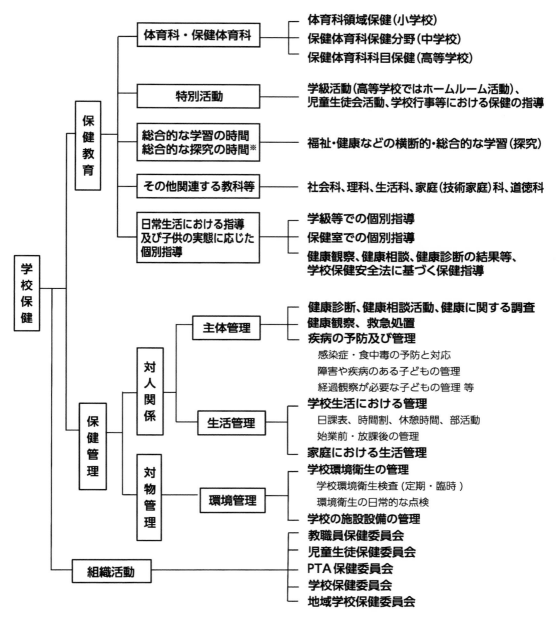

```
                    ┌─ 体育科・保健体育科 ──┬─ 体育科領域保健(小学校)
                    │                      ├─ 保健体育科保健分野(中学校)
                    │                      └─ 保健体育科科目保健(高等学校)
                    │
                    ├─ 特別活動 ──────────── 学級活動(高等学校ではホームルーム活動)、
          ┌─ 保    │                      児童生徒会活動、学校行事等における保健の指導
          │  健    │
          │  教 ───┼─ 総合的な学習の時間 ── 福祉・健康などの横断的・総合的な学習(探究)
          │  育    │  総合的な探究の時間※
          │        │
          │        ├─ その他関連する教科等 ─ 社会科、理科、生活科、家庭(技術家庭)科、道徳科
          │        │
          │        └─ 日常生活における指導 ─┬─ 学級等での個別指導
          │           及び子供の実態に応じた │ ─ 保健室での個別指導
          │           個別指導              └─ 健康観察、健康相談、健康診断の結果等、
          │                                   学校保健安全法に基づく保健指導
学
校 ───────┤
保        │                          ┌─ 健康診断、健康相談活動、健康に関する調査
健        │                          ├─ 健康観察、救急処置
          │           ┌─ 主体管理 ───┤─ 疾病の予防及び管理
          │           │              │      感染症・食中毒の予防と対応
          │     ┌─ 対 │              │      障害や疾病のある子どもの管理
          │     │  人 │              │      経過観察が必要な子どもの管理 等
          │     │  関 ┤              └─ 学校生活における管理
          │     │  係 │                    日課表、時間割、休憩時間、部活動
          ├─ 保 │     │ ─ 生活管理 ──┤      始業前・放課後の管理
          │  健 ┤     │              └─ 家庭における生活管理
          │  管 │     │
          │  理 │  ┌─ 対        ┌─ 学校環境衛生の管理
          │     │  │  物 ─ 環境管理┤    学校環境衛生検査(定期・臨時)
          │     └─ │  管        │    環境衛生の日常的な点検
          │        └─ 理        └─ 学校の施設設備の管理
          │
          │                       ┌─ 教職員保健委員会
          │                       ├─ 児童生徒保健委員会
          └─ 組織活動 ────────────┼─ PTA保健委員会
                                  ├─ 学校保健委員会
                                  └─ 地域学校保健委員会
```

※　高等学校の「総合的な学習の時間」は、2022（令和4）年より「総合的な探究の時間」に変更される。

図1　学校保健の構造領域

出典：采女智津江編集代表『新養護概説 第11版』[10] より一部改変

保健管理は、子ども達の教育を受ける権利と教育の機会均等を保障するという意味を持つ。日常的に子どもの健康を保持増進し、学校施設の衛生安全の維持改善に当たり、健康安全の面から、教育の目的を遂行するために必要な諸条件の整備確立を図る活動でもある。このことは、学校保健安全法第1条に「学校教育の円滑な実施とその成果の確保に資する」と言い表されている。

② 保健教育

　保健教育の目標は、心身ともに健康な国民の育成である。これは教育基本法においても第1条（教育の目的）に明示されている教育の基本的な目標であり、その意義は大きい。

　保健教育には、子ども達が学習し、生活する場である学校において、健康で安全な生活を送ることができるようにすること、また、生涯にわたって健康で安全な生活や健全な食生活を送るために必要な資質・能力を育み、安全で安心な社会づくりに貢献できるようにすることが求められている。さらに、子ども達の現代的な健康課題の解決を図ることも期待されている。子ども達を取り巻く社会環境や生活環境は急激に変化しており、この変化は子ども達の心身の健康状態や健康に関わる行動に大きく影響し、心身の健康課題は多様化・複雑化している。これらの健康課題を解決するためには、学校、地域が連携・協働し多面的な対策に取り組んでいくことが不可欠である。

　2016（平成28）年12月中央教育審議会「幼稚園、小学校、中学校、高等学校及び特別支援学校の学習指導要領等の改善及び必要な方策等について（答申）」では、変化の激しいこれからの社会を生きていくために必要な資質・能力の総称である「生きる力」を育成することの意義を改めて捉え直し、しっかりと発揮できるように教育課程を改善することが示された。このことから、従来、保健教育は「保健学習」と「保健指導」に大別されていたが、学習指導要領では、「保健学習」「保健指導」の用語を用いた分類は使用せず、教職員や国民が理解できる教科等の名称で説明することとなった。『改訂「生きる力」を育む小学校保健教育の手引』[1]では、保健教育の体系として、「体育科・保健体育科」「特別活動」「総合的な学習の時間」「その他の関連する教科等、社会科、理科、生活科、技術・家庭科、道徳科」「日常生活における指導及び子供の実態に応じた個別指導」の5つを挙げている。

　教科（体育科・保健体育科）指導においては、養護教諭は保健の科学についての専門的知識を提供して教諭を支援するだけでなく、3年以上の勤務経験がある養護教諭はその勤務する学校で「保健の教科の領域に係る事項の教授を担任する教諭又は講師となることができる（教育職員免許法附則第14条）」。保健の授業に参加できる環境整備をした上で、養護教諭だからこそできる授業の工夫、例えば養護教諭が把握している子ども達の健康実態や保健室利用状況、生活実態や行事との関連付け等、「生きた教材」による授業を行うことが求められる。教諭と同じ指導では、養護教諭が授業を担当することに対する周囲の理解は深まらない。

　「日常生活における指導及び子供の実態に応じた個別指導」は、養護教諭が最も専門性を発揮して行うことのできる保健指導と捉えることができる。子どもが抱える課題を受け止め、他の教職員と連携しながら問題解決を図り、発育・発達を支援することが重要であり、子ども達一人ひとりの「生命の保障」「教育の保障」「人権の保障」を根底に置きながら推進していきたい。特別活動、総合的な学習の時間においても、保健室の機能や養護教諭の特質を生かした積極的な参加が望まれる。

③　組織活動

　保健組織活動は、学校保健計画を組織的に推進していくだけでなく、「学校保健のすべてについていろいろな問題を発見し、それらの問題を自分たち自身のものとし、これを自主的に効果的に解決するために、学校及び関連する集団の人的、物的、行政的な資源を活用して実行して行く過程をいう」[2]。

　今後、子どもの心身の健康問題が多様化・複雑化するに伴い、保健組織活動はますます重要性を増していくであろう。重要なことは、組織を作ることは目的ではなく、児童生徒等の心身の健康を保持増進するための活動を確実にするための手段であると十分理解しておくことである。

（第2節）学校保健計画

①　何のために計画を策定するのか

　学校は、定められた教職員と施設・設備をもって、専門的、計画的、継続的に児童生徒を対象として教育を行うところである。言い換えれば、学校教育は専門的、計画的、継続的に推進されなければならない。

　「計画的」に学校教育を推進するためには、学校保健に関しても、学校教育全体に視点を置いた計画が必要となる。この計画が、学校保健計画である。

　学校保健計画は、学校における児童生徒等及び教職員の安心と安全を確保するための総合計画である。学校は教育の場として、また多数の児童生徒が集団生活をする場として、人的にも物的にも健康・安全に適した環境である必要がある。児童生徒の健康・安全が学校教育における学習能率増進の基礎であることは言うまでもない。そして、児童生徒の健康・安全の保持増進そのものが教育目標につながっている。そのためには、保健管理と保健教育の諸活動の統合と調整を図り、年間を通した保健に関する基本計画を策定することが重要となる。

　なお、学校保健計画の原案は保健主事が中心となって策定するが、各担当者が収集した情報や意見等を十分に生かすようにするとともに、計画された事項が、学校の諸計画に位置づけられるようにすることが大切である。

②　学校保健計画・学校安全計画を策定する法的根拠

　1958（昭和33）年の「学校保健法」では学校保健計画のみが定められていたが、1978（昭和53）年の学校保健法、同法施行規則の一部改正等により「安全」が加えられ、「学校保健安全計画」となった。

　この計画では、学校の事情により、保健に関する事項と安全に関する事項を一括して「学

校保健安全計画」として立てても、「学校保健計画」「学校安全計画」と別々に作成しても差し支えないとしていた。しかし、これらの2つの計画は、2009（平成21）年に施行された「学校保健安全法」において、それぞれ計画を策定し実施しなければならないことになった。

　学校安全計画を策定しなければならないとした背景には、子どもの身の回りで多数の事故や不審者が子どもに危害を加えるなどの事件が発生したこと、阪神淡路大震災をはじめとした大規模自然災害が多発したこと、情報化が急速に進展し、子どもが携帯電話やコンピュータを利用する機会が増えたために、違法・有害情報サイトを通じた犯罪やいじめ等が増加したことなどがある。子どもの安全を守るために、①安全な環境を整備し、事件・事故の発生を未然に防ぐための事前の危機管理、②事件・事故の発生時に適切かつ迅速に対処し、被害を最小限に抑えるための発生時の危機管理、③危機が一旦収まった後、心のケアや授業再開等の通常の再開を図るとともに、再発防止を図る事後の危機管理という3段階の危機管理に対応して、安全管理と安全教育の両面から取組を行うことが必要である。

　学校保健計画の策定については、学校保健安全法第5条に「学校においては、児童生徒等及び職員の心身の健康の保持増進を図るため、児童生徒等及び職員の健康診断、環境衛生検査、児童生徒等に対する指導その他保健に関する事項について計画を策定し、これを実施しなければならない。」と規定されている。

　学校安全計画の策定等については、同法第27条に「学校においては、児童生徒等の安全の確保を図るため、当該学校の施設及び設備の安全点検、児童生徒等に対する通学を含めた学校生活その他の日常生活における安全に関する指導、職員の研修その他学校における安全に関する事項について計画を策定し、これを実施しなければならない。」と規定されている。

　これらの計画については、学校保健安全法では、「作成する（＝計画や書類、また文章などを作ること）」から「策定し、実施する（＝政策や計画を定める、Plan、Project に関する取り決めを実施する）」という文言に変わっている。ただ単に計画を作成するだけでなく、政策的に実施することを求めている。

３ 計画の策定に当たっての注意点

①　学校の教育方針、諸行事を考慮して実施内容の重点事項を精選し、有機的な関連を持たせて特色のあるものとすること。
②　学校の実態などを把握するために、収集した資料や調査結果を十分活用して、適切な計画とすること。
③　保健教育・安全教育と保健管理・安全管理との関連性を明確にしておくこと。
④　学校内関係者だけの一方的な計画にならないように、教育委員会はもちろん保健安全関係機関との連絡調整を十分図ること。
⑤　関係職員の理解と関心を深めるとともに、責任分担を明確にすること。
⑥　PTA や地域社会一般の保健・安全活動との連携を図り、児童生徒の郊外における健康で安全な生活が送れるよう配慮すること。

　近年、医療・保健領域は EBM（Evidence-Based Medicine）とインフォームドコンセントのもとに行われている。学校においても説明責任（accountability）が求められる。

説明責任とは、学校が児童生徒、保護者、地域住民とのコミュニケーションを図りつつ、教育の改善に取り組む責任といえる。特色ある学校づくり、開かれた学校づくりを通した「信頼される学校づくり」は時代の要請である。学校保健・安全は、教育の改善に大きな影響を与える活動であるから、着実に実行できる計画を策定することが大切である。

4　作成の手順

学校保健計画の原案は保健主事が中心となって策定するが、図2の作成手順のように、各担当者が収集した情報や意見等、十分に生かすようにするとともに、計画された事項が、学校の諸計画に位置づけられるようにする。

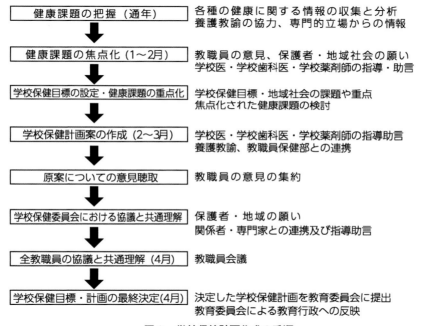

図2　学校保健計画作成の手順

出典：松岡弘・渡辺正樹編著『新版学校保健』[3]

学校保健計画の実際については、インターネット上や養護教諭関連の実践書に多数掲載されているので参考にするとよい。しかし、計画において心得ておくべきことは、自分の学校の教育の方向、子ども達の健康実態、子どもを取り巻く家庭・地域社会の実態の確実な把握が根底にないと、単なる計画倒れになってしまい、教職員や家庭地域の協働力を形成することができないということである。

5　教職員への周知、連携に当たって心がけること

① 保健室を通して見られる子どものからだと心の問題は、職員朝礼などの機会を捉えて指導の要点の周知を図る。

② 保健活動に積極的でない学級がある場合には、保健主事と協力し、変容のための手立てを工夫して働きかける。
③ 学校保健委員会を開催し、保護者や地域の人々の協力を得る。
④ 教職員保健部会等の打ち合わせ会は、毎月開催するようにして、進行状況を確認し合う。
⑤ 教職員保健部等を中心に、主な活動の責任者を明確にする。
⑥ 学校保健計画の学級化が図れるようにするために、必要に応じ月間計画又は学級保健計画の作成についても考慮する。
⑦ 学校医、学校歯科医、学校薬剤師との協力関係が円滑なものになるよう常に連絡をとる。必要に応じて、教職員保健部会の参加も依頼する。

6 学校保健の評価

学校評価については、学校教育法に次のように規定されている。

第42条 小学校は、文部科学大臣の定めるところにより当該小学校の教育活動その他の学校運営の状況について評価を行い、その結果に基づき学校運営の改善を図るため必要な措置を講ずることにより、その教育水準の向上に努めなければならない。
※幼稚園、中学校、高等学校、中等教育学校、特別支援学校等にもそれぞれ準用。

学校運営の評価の中に、当然ながら学校保健の評価が含まれる。学校保健の評価には、自己評価・学校評価（外部アンケート）・第三者評価（学校評議員会等）がある。

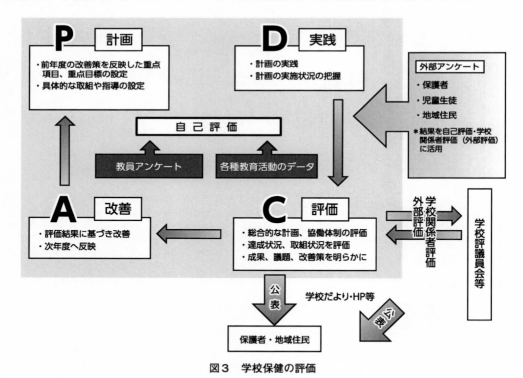

図3　学校保健の評価

学校保健評価は、学校保健目標を達成するために必要な諸条件の整備状況を確かめたり、あらかじめ計画した目標にどの程度到達し、児童生徒がどのように変容したのか等を明らかにすることにより、改善点を明確にし、より効果的な学校保健活動の実現を図ることを目的として行われる。適切な評価が行われることにより、学校での保健活動の良さが引き

出され、それぞれの学校における活動をより確かなものにすることができる。

　評価の方法は、全教職員の自己評価とともに、特に養護教諭は学校保健活動の推進の中核的役割を担う立場であるから、その役割が果たせたか、養護教諭自身の自己評価が必要である。学校関係者評価は自己評価の結果を踏まえた評価を行うもので、第三者評価は学校保健推進の状況について専門的視点から行う評価である。学校医や学校歯科医、学校薬剤師にも評価をしてもらうことが必要であろう。評価には様々な例があるので、内容を検討してより良い評価表を作ることが重要である。

7　学校保健における養護教諭の役割

　中央教育審議会答申（2008（平成20）年）[4]では「子どもの心身の健康を守り、安全・安心を確保するために学校全体としての取組を進めるための方策について」の提言がされており、その中で「養護教諭に求められる役割」についても述べている。この答申を受けて、日本学校保健会が養護教諭の主な役割を次のようにまとめている[5]。

---

① 学校内及び地域の医療機関等との連携を推進する上でコーディネーターの役割
② 養護教諭を中心として関係教職員等と連携した組織的な健康相談、健康観察、保健指導の実施
③ 学校保健センター的役割を果たしている保健室経営の実施
④ いじめや児童虐待など児童生徒の心身の健康問題の早期発見、早期対応
⑤ 学級活動における保健指導をはじめ、ティーム・ティーチングの兼職発令による保健学習などへの積極的な授業参画と実施
⑥ 健康・安全にかかわる危機管理への対応

　さらに、養護教諭の職業倫理として関係者との協働を挙げており、養護教諭は、子どもの心身の健康の保持増進及び健康課題の解決に当たって、組織的に対応し、他の教職員や保健医療福祉などの関係機関、保護者等と協働して効果的な解決を図るとしている。

引用・参考文献
1) 文部科学省（2019）. 改訂「生きる力」を育む小学校保健教育の手引.
2) 江口篤寿（1996）. 学校保健大辞典. ぎょうせい, p725.
3) 松岡弘・渡辺正樹編著（2010）. 新版 学校保健概論. 光生館, 北口和美分担執筆部分 p181-194.
4) 中央教育審議会（2008）. 子どもの心身の健康を守り, 安全・安心を確保するために学校全体としての取組を進めるための方策について（答申）.
5) 日本学校保健会（2012）. 学校保健の課題とその対応養護教諭の職務等に関する調査結果から, p6.
6) 教員養成系大学保健協議会（2004）. 学校保健ハンドブック 第4次改訂. ぎょうせい.
7) 杉浦守邦（2004）. 改訂学校保健 第5版. 東山書房.
8) 小倉学（1997）. 改訂養護教諭—その専門性と機能—. 東山書房.
9) 杉浦正輝監修（2002）. 学校保健. 建帛社.
10) 采女智津子編集（2019）. 新養護概説 第11版. 少年写真社.
11) 三木とみ子（2005）. 四訂養護概説. ぎょうせい.
12) 日本学校保健会（2004）. 保健主事の手引き 三訂版, p75.
13) 学校保健・安全実務研究会編著（2018）. 新訂版 学校保健実務必携 第4次改訂版. 第一法規.
14) 渋谷敬三（2001）. 新学校保健法の解説 第5次改訂版. 第一法規.
15) 日本学校保健会（2003）. 学校保健活動推進マニュアル.
16) 北口和美（2015）. 学校保健計画. のまど書房.
17) 文部科学省（2019）. 改訂「生きる力」を育む小学校保健教育の手引.
18) 文部科学省（2019）. 改訂「生きる力」を育む中学校保健教育の手引.
19) 文部科学省（2015）.「生きる力」を育む高等学校保健教育の手引き.

本章は、「養護をつかさどる」ことを職務とする養護教諭が、自らの職務と専門性を問い直す中で、全ての養護活動において根底に流れる基本的な考え方や進め方を述べる。第1節・第2節で、養護教諭の職務・専門性と養護活動における基本的視点を述べ、第3節では養護活動の過程とそれに対応した養護教諭の思考過程を示し、それぞれの段階における内容を述べる。第4節では、現在日本養護教諭教育学会で、養護活動の質の向上のために検討されている養護実践基準について概要を示している。養護教諭一人ひとりが、養護活動の意味を考える指標として示した。

第1節 養護教諭の職務・専門性と養護活動

養護教諭の職務は、学校教育法第37条12項に「児童の養護をつかさどる」とされている。「養護」の概念について本書は、第Ⅰ部で述べたように「子どもが心身ともに健康で成長し、自立するのを助けるための具体的活動である。」とし、全ての活動の内実は、子ども達の「生命の保障」「教育の保障」「人権の保障」であると捉えた。ここに基盤を置きながら、養護活動を進めていくことが重要である。

「養護」は「教授」「訓練」と並ぶ教育の方法であり、「養護」によって「人格形成」という教育の目標を達成するということは、「教授」や「訓練」とは異なる方法によって行うということである。しかし、学校教育の場での展開であることを考えれば、「教授」と「訓練」という教育の方法と関連させることを欠いてはならない。そして養護活動には、「養護」という特性を生かして教育活動を展開していくことが重要である。さらに、養護教諭は学校内で児童生徒の心身の健康問題を専門的に扱う唯一の教員であり、養護の専門職として学校保健活動の推進においてもリーダーシップをとり、学校全体を通して教育活動を進めていく立場にあることを踏まえて、「養護」という特性が教職員に理解されるよう活動を展開していかなければならない。

養護教諭の職務理論については、1968（昭和43）年、小倉学により「養護教諭三層機能」が発表されて以来、大きく発展した。その後、同氏は1997（平成9）年、『改訂養護教諭－その専門性と機能－』で、養護教諭の専門的機能を「学校救急看護機能」「保健管理機能」「保健教育機能」「人格形成の機能」とする、「四層機能」を提示している（図1）[1]。

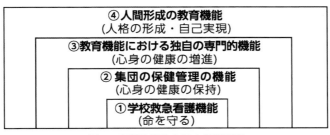

図1　専門的機能の拡大発展過程

出典：小倉学『改訂養護教諭－その専門性と機能－』[1] より一部追記

　その後、養護教諭の職務内容については、子ども達の健康課題の多様化・複雑化に伴い2008（平成20）年中央教育審議会答申[2] において、子ども達の現代的健康課題が挙げられ、1972（昭和47）年及び1997（平成9）年の保健体育審議会答申を踏まえて、養護教諭の職務内容（役割）が、「救急処置、健康診断、疾病予防などの保健管理」「保健教育」「健康相談活動」「保健室経営」「保健組織活動」の5項目で具体的に示された。

　さらに、養護教諭の仕事は、子どもの健康実態を把握することが出発点といわれるように、子どもの健康実態の問題をどのような視点で、どれだけ深く捉えるかが、養護活動の質を決めるといっても過言ではない。このため、本書のⅡ部で5項目に加えて、養護活動の前提となる子どもの健康実態の把握を加え、6項目の養護活動について、基本とその方法について述べる。

　なお、答申では「このような養護教諭に求められる役割を十分に果たせるよう、学校教育法における養護教諭に関する規定を踏まえつつ、養護教諭を中核として、担任教諭等及び医療機関など学校内外の関係者と連携・協力しつつ、学校保健も重視した学校経営がなされることを担保するような法制度の整備について検討する必要がある」とし、これを受けて2009（平成21）年に学校保健安全法が施行されている。

　子どもの健康をめぐる現代的な課題への対応としては、子どもの健康課題は、1958（昭和33）年当時と比較して、多様化し、より専門的な視点での取組が求められるようになっているが、このような現代的な健康課題の解決を図るためには、健康に関する課題を単に個人的な課題とするのではなく、学校、家庭、地域社会が連携して、社会全体で子どもの健康づくりに取り組んでいくことが必要である。そのため、学校においては、地域の実情に即しつつ、子どもの教育に第一義的な責任を持つ家庭と、疾病の治療・予防に当たる医療機関をはじめとする地域の関係機関などの適切な役割分担のもとに、相互に連携を深めながら子どもの心身の健康の保持増進を目指す学校保健を推進することが必要である。また、これらの学校保健に関する取組については、学校、教育委員会、地方公共団体などの実施主体ごとに事前に計画を立て、その進捗状況を定期的に評価するとともにその結果を相互に連絡し合い、今後の対策に生かしていくことが求められていると提言されている。

　養護活動において、多様化・複雑化した子ども達の心身の健康課題の解決のため、養護教諭の役割を推進するための基本について十分理解し、活動を推進したい。

〈 第2節 〉 養護教諭の養護活動

1 養護活動とは

　養護活動とは何か。日本養護教諭教育学会では、「養護教諭の専門性を生かしたあらゆる活動は、『養護活動』と言われ、その中でも特に目的意識をもって意図的に対象に働きかける教育活動を『養護実践』という」としている[3]。養護活動は、児童生徒等の規定された集団の中で出現する健康関連のいろいろな事象の頻度や分布及びそれらに影響を与える要因を明らかにして、健康関連の諸問題に対する有効な対策を立て、意図的に対象に働きかける教育活動であり、その活動の展開は、学校保健安全法や学習指導要領を根底に置きながら、学校教育の一環として、児童生徒等の発育・発達の支援を行い、教育の目的である人間形成に寄与するものでなければならない。

　さらに、養護教諭の日々の養護活動がどのような内部構造になっているのか「養護」の本質から考えてみたい。学校教育における「養護」は、学校教育の目標を達成するために行うものであり、学校そのものが存立する基盤を構築する機能である。その構造は、図2のように①生命の保障－守る－子どもの心身の健康を守る機能、②教育の保障－教える－教科・健康について教える機能、③人権の保障－育てる－人間的・保健的機能からなり、これが「養護」の機能であると捉えられる。養護教諭の活動において、それぞれが重要な機能であり、これらがばらばらに存在するのではなく、養護教諭の一つの仕事の中に、こ

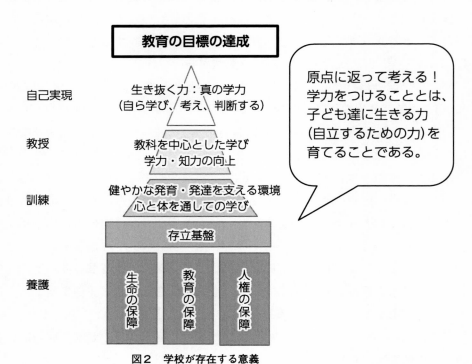

図2　学校が存在する意義

の3つの機能が組み込まれていなければならない。

　そもそも学校が存在する意義は、子ども達が教授・訓練・養護という機能を通して、人として自立していくことである。子ども達の生命・人権・教育が保障されることは、学校が存立する基盤ともいえる。近年、子ども達をめぐる健康課題に教育の基盤を揺るがす事象が多くなっていることを考えると、「養護」を担う養護教諭の役割は、重要な意味を持っている。

② 健康問題と養護教諭の対応

　養護教諭の仕事は、子どもの実態把握が出発点であるといわれる。それは、子どもの健康実態がわからずして、有効な養護活動はできないということである。子どもの健康実態の問題をどのような視点で、どれだけ深く捉えられたかが、養護活動の質を決める。しかし、現実の子どもの心やからだの問題は、教育や社会の様々な矛盾やゆがみから発生しており、子ども個人の問題にとどまらない。2008（平成20）年の中央教育審議会答申では、子どもの健康課題を次のように示している[2]。

> 　近年、都市化、少子高齢化、情報化、国際化などによる社会環境や生活環境の急激な変化は、子どもの心身の健康にも大きな影響を与えており、学校生活においても生活習慣の乱れ、いじめ、不登校、児童虐待などのメンタルヘルスに関する課題、アレルギー疾患、性の問題行動や薬物乱用、感染症など、新たな課題が顕在化している。同時に、小児医療の進歩と小児の疾病構造の変化に伴い、長期にわたり継続的な医療を受けながら学校生活を送る子どもの数も増えている。また、過度な運動・スポーツによる運動器疾患・障害を抱える子どもも見られる状況にある。

　これらは日本における子ども達の現代的健康課題として挙げられているが、養護教諭はこれらを視野に入れながら、自校の子ども達の健康実態を確実に把握することが重要である。問題の把握、解決には、子どもを取り巻く多くの人々の参加が必要となるため、様々な組織や環境を調整し、発育発達する主体としての子どもを育てるよう働きかける必要がある。その中で、養護教諭には健康問題を科学的に捉える能力が必要であり、感性だけでは人は動かないことを肝に銘じておきたい。

③ 養護活動の基本的視点

（1）歴史的変遷の中で見える子どもの健康問題の理解

　子どもの健康問題の変遷については、第Ⅰ部第3章で詳しく述べている。子どもの健康問題は、社会的事象と深く関わっていることが理解できるであろう。子どもは、置かれた教育環境や社会の中で、発育発達の問題として、心やからだを通して表現している。保健室はそのような問題が最も集約されて現れる場であり、子どもを捉える養護教諭の確かな目と、子どもの側に立った養護活動は、健康問題の解決のみならず、教育全体の問題解決や教育の効果を高めていく重要な活動となるはずである。

（2）養護活動の実際の留意点

　幼児教育の第一人者である倉橋惣三は、1942（昭和17）年の文部省主催養護施設講習会において、「初等教育における養護の正しい意義と養護の実際の注意」として以下のように述べている。この内容は、養護活動の軸として理解しておきたい[5]。

表1　初等教育における養護の実際の注意

「生活的、全体的」	養護の活動や対策は、部門ごと或は身体部位ごとに行われるが、対象の子どもの学校生活全体の中のこととして計画される必要がある。
「環境的、科学的」	環境の養護的条件は重要であり、しかも、それは十分科学的性質を持つべきである。
「自律的、積極的」	養護は、児童に対する保護を加える点においては他律的であるが、学校における養護は単なる治療と健康増進との施與ではない。養護の実際の場において、積極的に児童自らの養護性と実行力を教育（訓練）する鍛錬的意義を加えなければならない。
「個別的、家庭的」	教育としての養護である鍛錬を如何にして行うかは、必ず個別的考慮に基づかなければならない。個別的特性については、身体検査を活用して児童自身を見ると共に家庭生活についても知らなければならない。

出典：倉橋惣三「文部省主催養護施設講習会講演」（1942）

　さらに、養護教諭は、日々学校に勤務する教員として、子どもと学校生活を共有しているため、子どもを取り巻く学校生活や環境の条件を把握することができる。さらに教職員の構成メンバーの特性を理解するとともに、協働関係や組織体制を十分理解できる立場にいる。これらの特性を生かし、意味のある養護活動を展開するために、次のことを特に留意したい。

---

①子どもの特性を把握する

　子どもの健康問題の特徴や構造を明らかにするためには、問題を持つに至る過程や対象の子ども像など、個の特性を把握することが大切である。そのためには、子供の成育過程を正しく理解し、発育発達における課題を把握し、解決のための支援を行うことが重要である。

②個の生活や環境との関連性を明らかにする

　子どもの症状や問題行動は、成長により、周りとの関係性の中で絶えず変化し、また生活や環境条件により、出現したり消退したりする。また、問題行動が形成されると、家族間や学級内に緊張が生じ、悪循環となり増悪することもある。子どもの症状や問題行動が、どんなとき、どのような場面で生じ、変化するかを見極める力を持ち、その原因や対応を見極めたい。

③子どもの個性、個人差を明らかにする

　子どもは、環境との相互作用の中で発育発達する存在である。また子どもは極めて個性的な存在であり、一般論が当てはまらない場合が多い。10人いれば10通りの対応が必要となる。子どもが真に望んでいることを明らかにすることが大切である。

④子ども個人の情報集積が、その集団の情報集積となる

　「グローバルな視点とローカルな視点」「鳥の目と蟻の目」「木を見て、森を見る」という養護教諭の独自の視点を併せ持つことが大切である。

〔 第3節 〕　養護活動の過程

　前述したように、小倉[5]は養護教諭の専門的機能を専門職化の歴史的な過程に沿って四層機能として提示している。そして、「実際活動では各機能は同時的・総合的に発揮されることになる。たとえば、ひとりの児童の「①学校救急看護」に当たっている時でも、個々の健康問題は「②集団の健康管理」の観点から、全校児童・生徒の問題傾向の中に位置づけられるはずである。さらに、「③教育保健」の観点から、教育への寄与を考え、保健教育（保健指導）を伴わせる必要があることは当然である。同時に、児童・生徒の人間形成ないし人格的発達の視点から、支援・助言し、配慮していくべきことは、教育職員としての不可欠な職務である。」と述べている。

　これらを念頭に置きながら、養護活動の科学的アプローチの段階として、次のような段階が挙げられよう。

```
① 子どもの実態・健康課題を把握する
② 健康課題の構造の明確化と発生要因を分析する
③ 健康課題の共通化と教育目標・教育計画との関連付けを図る
④ 学校保健安全計画、保健室経営計画、個別的支援計画を検討・修正する
⑤ 計画を実施する
⑥ 評価する
```

　養護活動の過程において、子どもの実態・子どもの健康課題を把握することが前提となることから、第1段階に健康実態の把握を入れ、6段階の展開を図3に示し、それぞれの段階における活動過程と思考過程を述べる。

　養護教諭に求められる資質能力は、先に述べた教育者としての基本的な資質能力に包括されるが、特に養護活動に求められる能力を具体的に示すと次の通りである。

　1997（平成9）年の保健体育審議会答申では、健康相談に関することや養護教諭の保健主事への登用（1995（平成7）年3月）の道が開けたことから、次に示す力が求められている。

```
① 保健室を訪れる児童生徒に対応するための知識・理解・技能及び確かな判断力と対応力
② 健康課題を捉える力
③ 健康課題を解決するための指導力
④ 企画力、実行力、調整能力
```

　これらの能力の基礎には、特に医学的・看護学的知識及び技術が必要である。医学的・看護学的知識や技術は、養護教諭独自の能力であり、専門職として確かな力が要求されるといえよう。

　養護教諭に求められる力量を養護活動全体から考えていけば、限りなく挙げられるが、ここでは、養護活動の全体構造を追いながら上記の4つの能力を生かした実践について考えておくべきことを説明する。

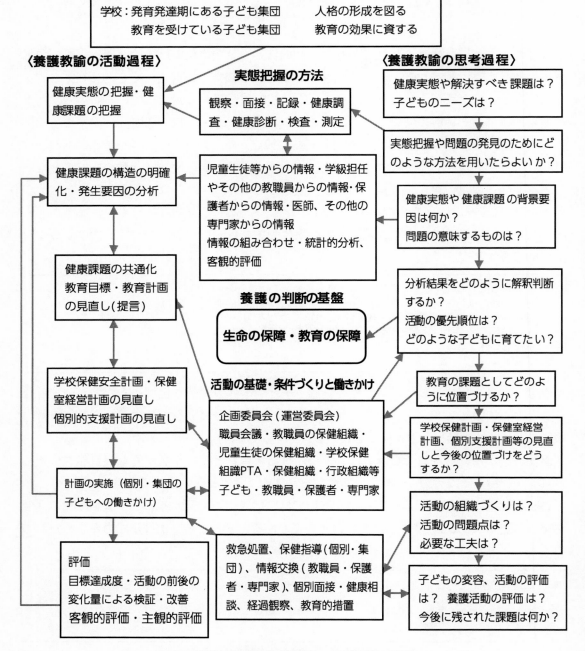

〈養護活動の過程〉

学校：発育発達期にある子ども集団　　人格の形成を図る
　　　教育を受けている子ども集団　　教育の効果に資する

〈養護教諭の活動過程〉　　　　　　　　実態把握の方法　　　　〈養護教諭の思考過程〉

健康実態の把握・健康課題の把握

観察・面接・記録・健康調査・健康診断・検査・測定

健康実態や解決すべき課題は？
子どものニーズは？

実態把握や問題の発見のためにどのような方法を用いたらよいか？

健康課題の構造の明確化・発生要因の分析

児童生徒等からの情報・学級担任やその他の教職員からの情報・保護者からの情報・医師、その他の専門家からの情報
情報の組み合わせ・統計的分析、客観的評価

健康実態や健康課題の背景要因は何か？
問題の意味するものは？

健康課題の共通化
教育目標・教育計画の見直し（提言）

養護の判断の基盤

生命の保障・教育の保障

分析結果をどのように解釈判断するか？
活動の優先順位は？
どのような子どもに育てたい？

活動の基礎・条件づくりと働きかけ

学校保健安全計画・保健室経営計画の見直し
個別的支援計画の見直し

企画委員会（運営委員会）
職員会議・教職員の保健組織・児童生徒の保健組織・学校保健組織PTA・保健組織・行政組織等
子ども・教職員・保護者・専門家

教育の課題としてどのように位置づけるか？

学校保健計画・保健室経営計画、個別支援計画等の見直しと今後の位置づけをどうするか？

計画の実施（個別・集団の子どもへの働きかけ）

活動の組織づくりは？
活動の問題点は？
必要な工夫は？

評価
目標達成度・活動の前後の変化量による検証・改善
客観的評価・主観的評価

救急処置、保健指導（個別・集団）、情報交換（教職員・保護者・専門家）、個別面接・健康相談、経過観察、教育的措置

子どもの変容、活動の評価は？　養護活動の評価は？
今後に残された課題は何か？

図3　養護活動の基礎、創造的・発展的養護活動過程

出典：飯田澄美子他編著『養護活動の基礎』[6]より一部改変

106

1 子どもの実態・健康課題を把握する

養護活動の第1段階は、発育発達期にあり、教育を受けているという特性を持つ児童生徒の健康実態を明らかにし、現象としての健康課題を発見することであろう。保健室で接する個々の子どもの抱える問題を的確に把握するという力量だけではなく、こうした子ども達の状況の中で共通する問題をつかみ取ったり、個々の子どもの問題の中に一般的状況を把握する力量も含んでいる。さらに様々な子どもに関する調査、検診、検査などの客観的データの分析から、課題を発見する力量が必要である。この段階における養護教諭の思考過程としては、実態把握や課題発見のためにどのような方法を用いたらよいかということや、自校ではどのような方法が可能であるかを検討することである。さらに発見した問題が、どのカテゴリーに属するのかを考慮しながら、方法を選定したり、組み合わせたり、回数を増やしたりといった工夫が必要となる。

藤田は、子どもの実態の何をどのように捉えるのか、という視点として①体の異常や健康の問題を捉える、②子どもの発達的変化とその契機を捉える、③子どもの実態の中に「問題の構造」を捉える、という3つの視点を挙げている[7]。それらの判断は、知りえた児童生徒等の実態や校種、規模などの学校の性格、教育方針、家庭・地域の実態などを総合してなされる必要があり、養護教諭の活動の中では最も根底的な欠かせない活動といえる。

2 健康課題の構造の明確化と発生要因を分析する

第1段階で捉えた健康課題をより明確にし、発生要因を探るのが第2段階である。この分析を進めることによって、その学校の活動をどのように展開していくかの方向性がはっきりしてくる。この段階で養護教諭に求められることは、現象としての健康課題の意味するものは何か、発生要因は何かの予測（仮説）であり、さらにこの仮説を実証するために、どのような情報やデータが必要かの判断である。その上で、情報やデータを組み合わせて問題の範囲、程度、緊急性、発生要因を明らかにしていく。この過程で数量化できるものは数量化し、統計分析することによって、現象の客観化を図り、教職員の共通理解を図ることが必要である。このような問題の分析結果の解釈や判断は養護教諭にとって極めて重要である。専門的知識とともに、養護教諭自身の養護観、子ども観、教育観が大きく関わってくる。

3 健康課題の共通化と教育目標・教育計画との関連付けを図る

子どもの健康課題は、子どもが置かれた時代の教育・家庭・社会環境と大きく関わっている。しかも、健康課題は子どもの発育発達に影響をもたらしている。したがって、ある特定の個人の問題や保健上の問題で片づけることができない場合が多く、子どもが現す問題から、子ども本来の在り方や教育・社会の在り方を問い直すことが重視される。養護教

諭の活動を中心として明らかにされた健康実態や健康課題は、子どもを取り巻く事象を全面的に捉え、教育の課題として明らかにしていくことに生かされなければならない。そのためには、健康実態について、子どもや教職員、保護者などの共通理解を図ることが大切であり、その手立ての検討が必要となる。

　教育の課題として位置づけるということは、児童生徒の生命を守り、発育発達を保障しながら、求める子ども像に向けた教育活動が推進されるように、教育計画の中に具現化することである。そして、課題の共通化の過程においては、教職員が現在の教育目標と子どもの健康課題の矛盾、あるいは目標と教育活動との乖離について、丁寧な説明、働きかけを行い、その気づきから生じた子どものニーズ、教育のニーズを組織化することが必要と思われる。一方で、このようなニーズの組織化は、教職員に限らず、児童生徒、保護者などにも共通理解が必要であることは言うまでもない。

④　学校保健安全計画、保健室経営計画、個別的支援計画を検討・修正する

　第3段階での教育計画を具現化するため、学校保健安全計画や保健室経営計画及び個別的支援計画を見直し、修正するのが第4段階である。すなわち、どのような活動目標、活動方法が計画され、どのように予算、活動時間、役割分担などの裏付けがなされているか、その妥当性・適切性についての検討が必要となる。特に学校保健活動を活発化し、児童生徒や関係者の士気を高めていくことも必要である。保健室経営計画においても、養護教諭としての専門的立場から何をどのように計画・実施していくかの責任を明確にすべきである。子どもの実態と健康課題の解決に向けた養護教諭の取組を見直し、検討・修正していく。個別的支援計画においては、当該児童生徒の生命の保障、人権の保障、教育の保障が守られるよう、特に養護教諭が直接的関係のもとに、子どもの内なるニーズに働きかけながら、子ども自身が活動目標を立て、具現化できるよう支援していく体制が求められる。

⑤　計画を実施する

　目標達成のために活動を展開するのが第5段階であり、より具体的な実施計画の立案・実施の準備が必要となる。この段階で当初の計画の修正や変更を行う必要性が生じることもある。

　計画に沿って実施すればよいといえばそれまでであるが、実際は具体的な実施計画を立て、それに基づく打ち合わせ、連絡や指導資料、記録用紙など印刷物の準備、器材の準備などを行って、初めて実施となる。特に養護活動の基本となる健康診断などは、事前準備・実施・事後措置で最も計画を綿密に立てるべき活動である。実施上の配慮事項は、本書第Ⅱ部の各章で述べるが、特に一般的に養護活動を進めていくために配慮すべきことの一つは、チームワークということであろう。関係者の反応に注意し、できる限り教職員や児童

生徒・保護者のニーズに即して進め、チームワークを育てることが重要といえる。

　特に、子どもの問題解決や学校保健活動の推進において、養護教諭にコーディネーターの役割が求められている。コーディネーターとしての資質能力には、問題把握能力、組織形成力、専門的知識、コミュニケーション力が求められる。チームワーク形成には、これらの能力を発揮することが望まれる。

6　評価する

　目標をどれだけ達成したか（効果）、用いた方法（対策）は効率（能率）的であったかを判定するのが第6段階である。その結果が次の段階（今後の取組）に反映される。また、評価によって明らかになった活動の効果が、児童生徒や教職員、保護者などにフィードバックされることによって、彼らに達成感や満足感を与え、今後の活動の活性化への士気を高めることになる。

　評価には、それぞれの段階の問題発見、選定、診断、計画、実施の全過程について行う過程の評価（PDCA サイクル）と、領域ごと、あるいは特定の活動に即して行う分析的な評価がある。また、評価の観点として、目標をどれだけ達成ないし充足したかという効果の面から、一方は対策や方法の効率の面から行う。

　評価の指標としては、表2に示すようなものが挙げられる。評価には、なるべく客観的数量的で、しかも直接的効果を観察できる指標を選ぶべきであるが、適切な指標が得られない場合もある。その場合は間接的に効果が推察される指標に頼らざるを得ない。例えば、手洗い状況の変化を石鹸の消費量から、給食指導の効果を残量調査から見ることなどである。また、短期的な変化が期待できない発育測定や疾病異常被患率などは、他の視点から目標を設定する必要もある[8]。

表2　養護活動の評価の指標

健康問題のカテゴリー	指　標
疾病異常、外傷、主訴等の身体的問題	・被患率　・治療率　・受検率　・外傷発生件数 ・主訴（内科系）件数　・出欠率 ・保健室来室率　・処置（保健室対応）率
生活行動面の問題	・実施率（保健習慣） ・生活習慣（食生活、生活時間）の調査結果
悩み、情緒不安等の精神的問題	・悩み調査　・心理テスト　・観察、聴取結果
発育、体力、姿勢の問題	・発育統計値　・体力測定値（スポーツテスト値） ・観察　・机椅子の適正配置
意欲や心理・社会性の問題	・心理テスト　・いじめ調査結果 ・観察　・聴取結果　・各種心理　・社会性検査
自律的な健康管理・自己教育力の問題	・健康についての捉え方 ・保健知識　・健康問題に関する興味関心 ・自己の心身に関する関心と理解度

出典：飯田澄美子他編著『養護活動の基礎　第2版』[10] より一部改変

また精神面の評価や行動の変容などは客観的に評価することは難しく、主観的指標、例えば表情・動作・性格などや、子ども自身に自己評価を行わせる形成的評価は、子ども自身が自己の変化に気づき、自信や意欲を引き出すという教育的意義も見逃せない[9]。

　ここまで、系統立った養護活動の過程を述べたが、養護教諭の活動を創造的・発展的活動としてその質を高めていくのは、それぞれの養護教諭自身である。児童生徒の養護をつかさどる専門職としての実践を踏まえた研究が多くなることを期待したい。

〈 第4節 〉 養護実践基準

　養護教諭の倫理綱領[11]については、学術団体である日本養護教諭教育学会（2015（平成27）年10月）で示された倫理綱領が挙げられる（第Ⅰ部第3章第3節）。養護活動（養護実践）について、第13条に「養護実践基準の遵守」を掲げ、「養護教諭は、質の高い養護実践を目指し、別に定める養護実践基準をもとに省察して、実践知を共有する」としている。

　この条文を受け、別に定めるとされた「養護実践基準」の作成が学会理事からなるワーキンググループによって検討された。この報告[11]の中では、「すべての養護教諭は、教育職員として子どもたちに向き合い、子どもの人格の完成を目指して、子どもの発達保障・健全育成に努めている。養護実践は、社会の変化や子どもの健康課題に応じて変化するものであることから、養護実践基準は様々な養護実践知によって今後も発展するものと考える」と述べられ、養護教諭固有の専門性のある役割として、「保健室経営」「保健管理」「健康相談」「保健教育」「保健組織活動」「心身の危機管理」の6項目が示されている。6項目について、各項目の職務内容に関する実践基準として、「何のために」「何を目指して行うものか」を簡潔に示している。具体的な内容は、学会活動や現職養護教諭の意見を踏まえて今後も検討が行われる。2019（令和元）年12月現在、提示されている6項目の目指すところを表3に記載する。

　本書では、2008（平成20）年中央教育審議会答申が示す5項目に「子どもの健康実態の把握」を加えたものを「養護活動」としている。内容については、第2節に述べた通りである。養護教諭一人ひとりが、職務内容について、どのような養護活動を行えば良いのかを、日頃の実践を通して考えることが必要である。養護実践基準は、養護活動の基本的指針となるため、検討の続く内容を今後も注視する必要がある。

表3　養護実践基準（案）

〈何を〉	〈何のために〉
保健室経営	子どもの発達保障・健全育成のために、健康課題の解決に寄与する保健室経営を行う。
保健管理	子どもの心身の健康の保持増進のために、学校保健安全法を遵守し、個人あるいは集団の健康を適切に管理するとともに、必要に応じて指導を行う。
健康相談	生涯にわたる心身の健康の保持増進のために、健康相談を通して問題の解決を図り、子どもの発育・発達を支援する。
保健教育	子ども自身が生涯を通じて健康を適切に管理し改善していく資質や能力を育成するために、保健教育を推進する。
保健組織活動	子どもの心身の健康の保持増進をはかるために、学校・保護者・地域社会の連携のもと、組織的に保健活動を行う。
心身の危機管理	子どもの生命及び心とからだ、人権を守るために、事件・事故の発生の未然防止と被害を最小限に抑える迅速な対応及び再発防止を行い、危機管理にかかわる学校運営に参画する。

出典：日本養護教諭教育学会「第27回学術集会抄録集」[11]

引用・参考文献

1) 小倉学（1997）．改訂養護教諭―その専門性と機能―．東山書房，p133.
2) 中央教育審議会（2008）．「子どもの心身の健康を守り、安全・安心を確保するために学校全体としての取組を進めるための方策について（答申）」．平成20年1月17日.
3) 日本養護教諭教育学会（2019）．養護教諭の専門領域に関する用語集 第3版，p10.
4) 出井梨枝・北口和美編著（2019）．養護学研究のあゆみ．兵庫養護学研究会．p22-23.
5) 前掲書1），p151-152.
6) 飯田澄美子他編著（1990）．養護活動の基礎 第2版．家政教育社，p61-62.
7) 藤田和也（1987）．養護教諭の実践．青木教育社，p135.
8) 前掲書1），p127.
9) 前掲書1），p45.
10) 前掲書6），p45.
11) 日本養護教諭教育学会理事会（2019）．「養護教諭の倫理綱領」第13条における用語実践基準の検討について（中間報告：第3報）．第27回学術集会抄録集，p38-39.
12) 日本養護教諭教育学会（2015）．養護教諭の倫理綱領.

子どもを取り巻く環境は刻々と変わり、子どもの健康課題も変化する。2020（令和2）年現在、世界は新しいウイルス感染症の感染拡大の渦中にあり、全世界がパンデミックの状況下にある。今後、おそらく、社会、教育の枠組みにこれまでにない大きな変革が起こり、従来とは異なった生活になることを予想しなければならない。大きな変化の渦の中で、改めて養護教諭の役割、存在意義、養成の在り方などが問われることとなる。養護の本質に立ち返り、子どもの健康課題を見据え、新たな養護の活動を創造していくことが期待される。

本章は、第1節で子どもの健康実態について、第2節で実態の把握について、第3節で把握の方法としての保健調査や健康観察の実際について述べる。

第1節 子どもの健康実態

子どもの健康実態把握のためには、前提として、子どもとはどのような存在なのか、人の生涯においてどのような時期で、どのような問題を抱えやすいのかといったことを理解し、教育が目標とする「望ましい子どもの姿」を思い描けることが必要である。ここでは、様々な調査統計の結果や資料等を通して、子どもをめぐる健康問題と課題を概観する。

1 生涯における子どもの時期

（1）生涯保健の出発点としての学校保健

図1は、国勢調査結果から算出された日本の1947（昭和22）年、1955（昭和30）年、1975（昭和50）年、2010（平成22）年、2015（平成27）年の出生10万当たりの年齢別死亡数である。死亡数は70歳代で急速に増え、80歳代、90歳代前半でピークを迎える。この死亡数のピークは、時代が下るにつれて、より高齢の方に移動している。また、学齢期はライフステージの中で最も死亡数の低い年代であることがわかる。

戦後の経済発展に伴う生活基盤の整備、生活水準、栄養状態の改善、医療技術の進歩、保健医療施設の充実によって、それまで死亡順位の上位を占めていた肺炎、気管支炎、胃腸炎、結核などの細菌感染による死亡、特に若年層の結核死亡の克服と乳児死亡の著しい減少が平均寿命の著しい延伸をもたらした。近年では、死亡順位の上位は悪性新生物と心

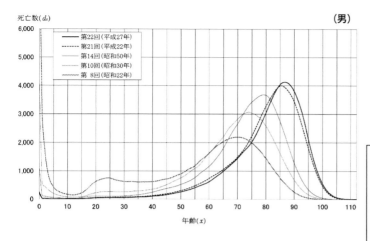

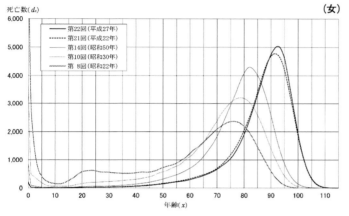

平均寿命の推移		
	男	女
1947（昭和22）年	50.06	53.96
1955（昭和30）年	63.60	67.75
1975（昭和50）年	71.73	76.89
2010（平成22）年	79.55	86.30
2015（平成27）年	80.75	86.99

注）1929（昭和4）年以前は沖縄県を除く値

図1　死亡数の推移

出典：厚生労働省「第22回生命表」[1]

疾患、脳血管障害が占めるようになった。これらはいずれも食事内容、ストレスの蓄積、運動不足など長年の生活習慣に起因する高血圧、動脈硬化、糖尿病が深く関係している。その予防には、基本的生活習慣の確立を柱とする生涯を通じての一貫した健康づくりが必要となる。

　人の生涯の中で最も死亡率が低く、最も活動性の高い学齢期における健康の課題は、単に現在の状態としてのみ捉えるのでなく、生涯を通した健康につながるものと捉える必要がある。社会の複雑化に伴うストレスは、学校や家庭における子どもの生活の中でも増大しており、食生活や運動不足の問題は学童期の肥満や事故とも関わっていることから、武田[2]は「学校保健は生涯保健の出発点であるという認識のもとに、将来の健康を見据えた生活態度を形成し、生涯を通じて健康で安全な生活を送るための基礎となる健康教育が積極的に展開されなければならない。」として、生涯保健の出発点としての学校保健の重要性を述べるとともに、子どもの日常生活のあり方が重要であるため、学校だけでなく家庭、地域も連携した社会全体の努力が必要であると指摘している。

（2）子どもの死因

　図1に見られるように、学齢期の子ども達の死亡率は極めて低い。めったに死なないし、死を身近に感じることもない。この時期にこそ、心身両面で人間らしさを伸ばすための教育活動が大胆に展開されるべきである。しかし、この時期、わずかながら死亡がある。学齢期の子どもたちの死因の上位を占めるのは、表1のように、不慮の事故と自殺である。低い死亡率の中で、二つの死因の占める割合は非常に大きい。

表1　死因順位（第5位まで）別に見た年齢階級性別死亡率（人口10万対）・構成割合（%）

年齢		5～9歳			10～14歳			15～19歳			20～24歳			全ての年齢		
		死因	死亡率	割合(%)	死因	死亡率	割合(%)	死因	死亡率	割合(%)	死因	死亡率	割合(%)	死因	死亡率	割合(%)
男	第1位	不慮の事故	3.3	32.4	不慮の事故	2.0	21.6	不慮の事故	11.3	35.0	自殺	29.9	50.3	悪性新生物	336.4	33.9
	第2位	悪性新生物	1.9	19.1	悪性新生物	1.6	17.4	自殺	9.7	29.9	不慮の事故	13.1	22.1	心疾患	139.5	14.0
	第3位	心疾患	0.7	6.8	自殺	1.1	12.1	悪性新生物	3.1	9.7	心疾患	3.9	6.5	肺炎	97.6	9.8
	第4位	先天奇形、変形及び染色体異常	0.5	5.1	その他の新生物	0.7	7.8	心疾患	1.7	5.2	悪性新生物	3.7	6.2	脳血管疾患	96.7	9.7
	第5位	肺炎、他殺	0.4	3.8	心疾患	0.5	5.7	脳血管疾患	0.6	1.9	その他の新生物	0.6	1	不慮の事故	36.8	3.7
女	第1位	悪性新生物	2.0	22.8	悪性新生物	1.6	22.4	自殺	5.5	33.8	自殺	13.7	48,7	悪性新生物	213.6	25.9
	第2位	不慮の事故	1.6	17.8	不慮の事故	1.1	15.1	不慮の事故	3.7	23	不慮の事故	3.6	12.7	心疾患	147.6	17.9
	第3位	心疾患	0.7	7.9	自殺	0.7	10.2	悪性新生物	1.6	9.9	悪性新生物	2.9	10.4	脳血管疾患	97.8	11.8
	第4位	その他の新生物	0.7	7.5	心疾患	0.5	6.3	心疾患、脳血管疾患	0.6	4.0	心疾患	1.1	4.0	肺炎	80.8	9.8
	第5位	インフルエンザ	0.6	6.6	その他の新生物、先天奇形・変形及び染色体異常	0.4	5.9				脳血管疾患	0.7	2.4	老衰	45.5	5.5

注：1　死亡割合（%）は、それぞれの年齢別死亡総数を100とした場合の百分率である。

出典：厚生労働省「平成21年人口動態統計」[3] より作成

　子どもの死亡原因の「不慮の事故」は、幼児期に多い家庭内の事故や、交通事故、災害死、事件などであるが、学齢期では、学校管理下での事故・災害による死亡、心臓疾患などの突然死が含まれており、その数は年間50数件にのぼる。独立行政法人スポーツ振興センター「令和元年度災害共済給付状況」[4] によると、2019（令和元）年度の学校管理下における死亡の発生件数は、小学校11件、中学校20件、高等学校23件であった（学校管理下の死亡事故の状況については、第Ⅱ部第5章参照）。

　また、年齢が上がるにつれて、「自殺」が死因の上位を占めるようになる。文部科学省の調査[5] によると、2018（平成30）年度に学校（国公私立、小中高通信を含む）から届出のあった子どもの自殺は、小学校5人（前年度6人）、中学校100人（前年度84人）、高等学校227人（前年度160人）であった。精神発達上の危機や、社会の変化に伴う心の健康問題への対応は、重要な課題となっている。厚生労働省の調査[6] によれば、日本における自殺者は1998（平成10）年頃より年間3万人を越え、2006（平成18）年には自殺対策基本法が制定された。ここ数年は減少傾向にあり、2019（令和元）年度は約2万人となっている。

　なお、全ての年齢を合わせた場合（総数）の死因は、悪性新生物、心疾患、脳血管疾患が上位を占めている。

2 子どもの発育・発達

子どもの健康課題を考える場合、「発育・発達の途上にある」という身体的特性に十分に配慮することが重要である。一般に子どものからだの年齢的変化を表現する場合、形態面については発育（growth）、機能面については発達（development）と呼ぶことが多い。

（1）からだの発育

出生から12歳までの平均的なからだの発育（身長・体重の伸び）を2010（平成22）年の平均値をもとに表2に示した。出生時から、幼児期、学童期と急速に発育し、青年期まで成長発育は続く。また、その発育は非常に個人差が大きい。学齢期の子どもは、日々成長（発育・発達）を続ける存在であり、そこから様々な葛藤や課題が生まれてくる。このことは、学校保健推進の上で非常に重要な意味をもつものである。

表2　出生から12歳までのからだの発育　2010（平成22）年

		出生時	1歳	2歳	5歳	6歳	12歳
平均身長 (cm)	男	48.7	74.9	86.7	110.7	116.7	152.4
	女	48.3	73.3	85.4	109.8	115.8	151.9
平均体重 (kg)	男	2.98	9.28	12.03	19.0	21.4	44.1
	女	2.91	8.71	11.34	18.6	21.0	43.8

出典：厚生労働省「平成22年乳幼児身体発育調査」[7]、文部科学省「平成22年学校保健統計」[8]より作成

（2）心の発達と課題

学齢期の児童は、からだの発育に伴って、身体運動機能や精神機能（知能、言葉、自我、社会性など）の発達が目覚ましく、スピードも著しい。乳幼児期、学童期、思春期、青年期など、各年齢・各段階のそれぞれに発達課題があり、これを程よく達成することでその時期にふさわしいレベルの人格が形成される。このことに留意して、家庭や教育の場では発達の状況に細やかな配慮をすべきである。子ども達がより健全な発達の過程をたどれるよう支援することが、養護教諭の重要な役割として期待される。

各時期の発達の特徴・要約[9]

① 幼児期は、思考が発達し、会話や集団への参加が可能となる（社会的な人としての条件を満たす）時期である。3歳前後で自分を強く主張し始め、親から離れて自立へ向かう（第1反抗期）。

② 児童期は、社会で役立つスキルを学校の中で学習していく時期である。言葉の面では、書き言葉が発達し、自己の内面を反省的に見つめられるようになる。

③ 青年期（中学、高校、大学時代）は第二次性徴が現れ、身体の性差がはっきりしてくる。青年期の発達には個人差が大きく、置かれている環境によるところも大きい。心と体のバランスが取れないことも多く、配慮が必要である。

なお、児童期には発達障害や問題行動が表面化することが多く、青年期には自我の発達に伴う人間関係の問題から不登校やいじめなどが起こりやすくなる。

高石は、子どもの健康課題は多くの視点から多角的に論じられるべきであるとし、考えるための視点として次の6点を挙げている[10]。

①**質的に見た疾病の重要性**…心疾患、腎疾患など（数は多くないが、その後の経過のため、十分な管理が必要となるもの）
②**量的に見た疾患の重要性**…むし歯（う歯）、視力不良、耳鼻咽頭疾患など
③**健康のゆがみあるいは半健康**…肥満傾向や、身体虚弱など
④**集団生活の場で避けられない重要な課題**…感染症、食中毒など
⑤**精神的健康の課題**

また、保健体育審議会答申（1997（平成9）年)の「健康に関する現代的課題と心の健康問題」の記述、「とりわけ児童生徒については、薬物乱用、性の逸脱行動、肥満や生活習慣病の兆候、いじめや登校拒否、感染症の新たな課題等の健康に関する現代的課題が近年深刻化している。これらの課題の多くは自分の存在に価値や自信を持てないなど、心の健康問題と大きくかかわっていると考えられる。」にも言及し、健康の現代的課題は心の健康との関連性が重要であるとしている。

上記の視点を踏まえながら、近年の調査、統計資料等から、学齢期の子ども達の現状を見ていきたい。

（1）発育の状況

発育の年次推移については、戦前の緩やかな上昇傾向が戦中及び終戦直後の生活混乱によって一時下降した後、経済復興とともに急速に上昇し、毎年伸びる傾向にあったが、中高生の年代では1994（平成6）年から2001（平成13）年頃にピークを迎え、その後概ね横ばい傾向となっている。

表3は、2018（平成30）年学校保健統計より作成した、身長、体重の世代間比較である。

表3　身長、体重の平均値世代間比較

区　　分		身　長（cm）			体　重（kg）		
年　齢		平成30年度	昭和63年度（親の世代）	昭和38年度（祖父母世代）	平成30年度	昭和63年度（親の世代）	昭和38年度（祖父母世代）
男	5歳	110.3	110.8		18.9	19.2	
	11歳	145.2	144.1	137.5	38.4	37.4	31.5
	14歳	165.3	164.1	157.1	54.0	53.6	46.6
	17歳	170.6	170.3	165.9	62.4	61.8	56.7
女	5歳	109.4	110.1		18.5	18.9	
	11歳	146.8	145.9	139.3	39.1	38.5	32.9
	14歳	156.6	156.3	151.8	49.9	49.9	45.8
	17歳	157.8	157.8	154.4	52.9	52.7	50.8

注　子の世代：2013（平成25）年生まれ、親の世代：1970（昭和45）年度生まれ
　　祖父母の世代：1948（昭和23）年度生まれ

出典：文部科学省「平成30年度学校保健統計」[11] より作成

（2）疾病・異常の被患率

　幼稚園及び小学校においては「むし歯（う歯）」の割合が最も高く、次いで「裸眼視力1.0未満の者」の順となっている。中学校、高等学校では「裸眼視力1.0未満の者」が最も高く、次いで「むし歯（う歯）」の順となっている。

表4　疾病異常の被患率等　　2018（平成30）年

区分		幼稚園	小学校	中学校	高等学校
60％以上～70％未満					裸眼視力1.0未満の者
50～60				裸眼視力1.0未満の者	
40～50			むし歯（う歯）		むし歯（う歯）
30～40		むし歯（う歯）	裸眼視力1.0未満の者	むし歯（う歯）	
20～30		裸眼視力1.0未満の者			
10～20			鼻・副鼻腔疾患	鼻・副鼻腔疾患	
1～10	8～10				鼻・副鼻腔疾患
	6～8		歯・口腔のその他の疾病・異常 耳疾患		
	4～6		眼の疾病・異常 歯列・咬合	眼の疾病・異常 歯列・咬合 歯垢の状態 耳疾患 歯・口腔のその他の疾病・異常 歯肉の状態	歯垢の状態 歯肉の状態 歯列・咬合
	2～4	歯列・咬合 鼻・副鼻腔疾患 耳疾患 歯・口腔のその他の疾病・異常 アトピー性皮膚炎	ぜん息 アトピー性皮膚炎 歯垢の状態 心電図異常	心電図異常 蛋白検出の者 ぜん息 アトピー性皮膚炎 脊柱・胸郭・四肢の状態	眼の疾病・異常 蛋白検出の者 心電図異常 耳疾患 アトピー性皮膚炎
	1～2	ぜん息 眼の疾病・異常 口腔咽喉頭疾患・異常 その他の皮膚疾患 蛋白検出の者	歯肉の状態 栄養状態 口腔咽喉頭疾患・異常 脊柱・胸郭・四肢の状態	栄養状態	ぜん息 脊柱・胸郭・四肢の状態 歯・口腔のその他の疾病・異常
0.1～1	0.5～1	歯垢の状態	蛋白検出の者 心臓の疾病・異常 難聴 その他の皮膚疾患	心臓の疾病・異常 口腔咽喉頭疾患・異常	栄養状態 心臓の疾病・異常 顎関節
	0.1～0.5	言語障害 歯肉の状態 心臓の疾病・異常 栄養状態 脊柱・胸郭・四肢の状態	言語障害 腎臓疾患 顎関節	難聴 顎関節 その他の皮膚疾患 腎臓疾患 尿糖検出の者 言語障害	口腔咽喉頭疾患・異常 難聴 その他の皮膚疾患 尿糖検出の者 腎臓疾患
0.1％未満		顎関節 腎臓疾患	尿糖検出の者 結核	結核	言語障害 結核

（注）
1「口腔咽喉頭疾病・異常」とは、アデノイド、扁桃肥大、咽頭炎、喉頭炎、扁桃炎、音声言語異常のある者等である。
2「歯・口腔のその他の疾病・異常」とは、口角炎、口唇炎、口内炎、唇裂、口蓋裂、舌小帯異常、唾石、癒合歯、要注意乳歯等のある者等である。
3「その他の皮膚疾患」とは、伝染性皮膚疾患、毛髪疾患等、アトピー性皮膚炎以外の皮膚疾患と判定された者である。
4「心電図異常」とは、心電図検査の結果、異常と判定された者である。
5「蛋白検出の者」とは、尿検査のうち、蛋白第1次検査の結果、尿中に蛋白が検出（陽性（＋又は擬陽性（±）と判定）された者である。
6「尿糖検出の者」とは、尿検査のうち、糖第1次検査の結果、尿中に糖が検出（陽性（＋以上）と判定）された者である。

出典：文部科学省「平成30年度学校保健統計」[11]

（3）アレルギー疾患

　日本では、2人に1人が何らかのアレルギー疾患を有しているといわれている。2015（平成27）年、「アレルギー疾患対策基本法」が施行された。また、アレルギー疾患の子どもが安全・安心に学校生活が送れるように、日本学校保健会によって『学校のアレルギー疾患に対する取り組みガイドライン』が作成された。

　図2は、2013（平成25）年度の全国の小学校・中学校・高等学校全体におけるアレルギー疾患有症率である。エピペン保持者は全体の0.3％、アナフィラキシーの54.2％に当たる数が保持していた。2004（平成16）年と比較すると、アレルギー性鼻炎、食物アレルギー、アナフィラキシーの有症率は大きく増加し、喘息はほぼ同等、アトピー性皮膚炎は減少傾向にある[5]。

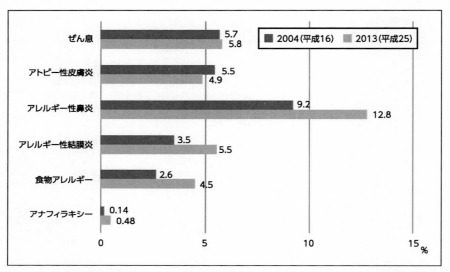

図2　アレルギー疾患有症率（2004（平成16）年度と2013（平成25）年度の調査比較）

出典：日本学校保健会『平成30年度版　学校保健の動向』[12] より一部改変

（4）不登校

　文部科学省が各学校を対象に毎年行っている「児童生徒の問題行動・不登校等生徒指導上の諸課題に関する調査（年間30日以上の欠席者）」によると、2018（平成30）年度の不登校児童生徒数は小中学校全体で16万人を超え、25年間で約2倍に増加している（図3）。またいじめの認知件数についても毎年過去最多を更新している。学校現場における不登校やいじめ等の課題はメンタルヘルス（心の健康）と密接に関連している。また、不登校になったきっかけの「本人に係る要因」としては、「『不安』の傾向」が最も高い割合を占めており、続いて「『無気力』の傾向」となっている[5]。

　しかし、不登校の要因や背景は一様ではなく、理由がはっきりしないもの、遊びや非行による怠学、発達障害や児童虐待による場合もあるなど多様化している。

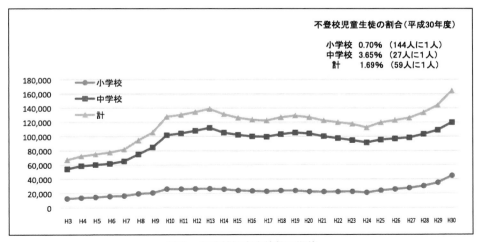

図3　不登校児童生徒数の推移

出典：文部科学省『平成30年度　児童生徒の問題行動・不登校等生徒指導上の諸課題に関する調査結果について』[5]

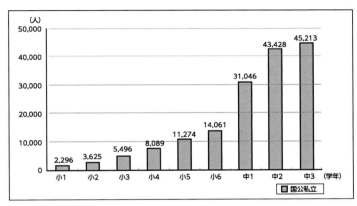

図4　学年別不登校児童生徒数

出典：文部科学省『平成30年度　児童生徒の問題行動・不登校等生徒指導上の諸課題に関する調査結果について』[5]

（5）保健室登校

　日本学校保健会の『保健室利用状況に関する調査報告書（平成28年度調査結果）』[13]によると、保健室登校の現状は次のようなものである。

・保健室登校の児童生徒「有」は、小学校32.4％、中学校36.5％、高等学校36.8％である。
・保健室登校開始月は全校種9月が最も多い。
・開始学年は、中、高等学校の第1学年が多い。
・教室復帰した児童生徒の割合は、小学校44.1％、中学校32.3％、高等学校43.3％である。

※この調査における保健室登校とは、常時保健室にいるか、特定の授業には出席できても、学校にいる間は主として保健室にいる状態をいう。なお、保健室に隣接する部屋にいて、養護教諭が主に対応している場合も保健室登校とする。

（6）児童虐待

　2000（平成12）年5月、児童虐待防止法が制定されたが、児童虐待は年々増加し、尊い命が奪われるなど、深刻な事件が後を絶たない。このため、2004（平成16）年10月に児童虐待防止法の改正が行われ、「虐待内容の見直し」「児童虐待に係る通告義務の拡大」「国・地方公共団体の責務の改正」等対策の強化が図られた。これにより、虐待を受けた疑いのある児童も通告の対象となった。

　早期発見に関する努力義務が課せられている学校職員や、その他児童の福祉に職務上関係のある者だけでなく、学校やその他の関係団体が組織として児童虐待の早期発見に責任を負うことが明確にされるなど、学校の役割が一層重要になった。

　2018（平成30）年、厚生労働省の調査による児童相談所への児童虐待対応件数は図5の通りであり、年々増加している。内容は「心理的虐待」が最も多く、「ネグレクト」「身体的虐待」と続く。2013（平成25）年を境に近年は心理的虐待の割合が増加しており、一層外部から認識しづらいものになってきている。

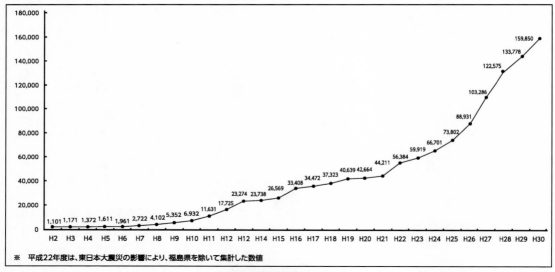

図5　児童虐待相談対応件数の推移

出典：厚生労働省『平成30年度　児童相談所での児童虐待相談対応件数（速報値）』[14]

　養護教諭は、職務の特質や専門性から、児童虐待を発見しやすい立場にある。保健室での救急処置時や健康診断時などに、変化を早期に発見し、その可能性に気づくことで、事態が解決に向かう場合もある。常に児童虐待の視点を持ち、様々な機会を通して、早期発見、早期対応に努める必要がある。

　学齢期の子ども達は、人の生涯の中で最も死亡率が低く活力にあふれるが、発育・発達の程度が質量ともに非常に大きく、そのために様々な健康問題が生じてくる。生き生きと生きていく子どもの育成のために、子どもの健康実態をどのように捉えるかについて、次節で述べる。

（第2節）　子どもの健康実態の把握

1　子どもの健康実態の把握

　養護とは、子どもの生命の保障と発達の保障である。養護活動は、子どもの健康実態を
もとに、日々成長する子どもに対して専門性をもって、意図的な養護実践として展開される。
そして、その全ての活動の出発点は子どもの現実の姿である。

（1）健康実態の把握の意味

　小倉[15]は、養護教諭の機能体系化の試みの中で「健康把握（問題発見・診断）の機能」
を挙げ、「健康状態をとらえ、問題を明らかにすること」としている。また、主体（子ども）
のそれだけでなく、環境の衛生・安全、生活・行動をも含め様々な問題の発見、診断（要
因分析・対策の検討）まで含め、養護教諭は一連の活動の実施計画立案と実施における説明・
調整・推進など専門職として運営に当たり、教員への助言、活動の推進を行うとしている。
　藤田[16]は、養護活動において養護教諭が果たしている実態的な役割（実際の活動）を4
つの領域に整理し、養護教諭の実践の全体構造を概念図として表している（図6）。

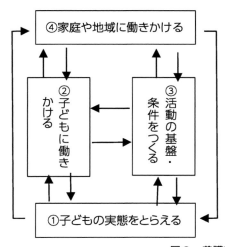

①	子どもの実態をとらえる［根底的な仕事］	子どもの会話、観察、健康診断、実態調査など	実際に取り組む時の出発点 実践がいつも立ち返る原点
②	子どもに働きかける［中核的な仕事］	保健室での実践、自治活動の指導、保健指導など	直接子どもに働きかける
③	活動の基盤・条件をつくる［条件づくりの仕事］	職場への働きかけ、組織づくり、行政への働きかけなど	活動を支える体制づくり
④	家庭や地域に働きかける［発展的な仕事］	家庭への働きかけ、父母の組織化、地域実践など	取組に家庭や地域を巻き込み、連携する

図6　養護教諭の実践の全体枠（全体構造）

出典：藤田和也『養護教諭実践論』[16] に一部追記

　領域②③を養護教諭の仕事の（質の異なる）二本柱とし、二本柱を上下から挟むように
位置づけられた①を基盤・出発点・原点、④を発展（先にあるもの）としている。

さらに藤田は、「子どもの現実の姿から始まる」とは、ただ出発点を意味するだけでなく、捉え得た現実は何か、実践を点検し問い直すために常に立ち返るべき原点といった意味合いをもっており、これは養護活動の根底にあるものであるということ、また、「子どもの実態を捉える」とは、子ども達の状態を集団的、全体的に把握するとともに、一人ひとりの子どもを把握することであるということ、そして、教育、養護など対象に働きかける実践では、一人ひとりの子どもの心やからだ、生活背景などをまるごと捉えた上で、その子どもへの働きかけの契機や方向性を探っていくものであると述べている。

　保健室で個々の子どもに対応する場合、養護教諭はまず健康保護の視点で子どもを捉え、身体症状で何を訴えているか、それはどこからくるか（相談事の核心）、表情やしぐさ等々を観察・聴取し、判断（診察・診断）して、対処方法を考える。緊急度、重症度の判断に基づく救急処置とともに、どのような教育的働きかけが必要かも判断する。これは養護教諭の仕事の基本である。緊急の事態に的確に対処する専門的能力が要求され、養護教諭でなければなしえない観察と判断が求められる。その上で、次の①②へと実践を深めていく。

> ① 捉えた子どもの健康状態の中から、他の子どもにも共通する問題、一般的意味をもつ問題をつかみ取り、明らかにする。それをもとに健康阻害の実態を明らかにし、他に働きかけ、解決に向けて学校保健活動、実践を展開していく。
> ② 養護教諭の意図的な働きかけによって子どもの内面や行動に引き起こされる能動的で積極的な変化を見逃さず、子どものどこに（何に）どのように働きかければよいかなど、自らの働きかけについて問い直す。

2　実態把握から健康問題の発見へ

(1) 実態把握のための方法

　実態把握のためには次の方法が用いられる。

> ①健康観察…担任による朝の観察、いつもと違う気づき、集団の中での気づき。
> ②面接（聴取）…児童生徒・保護者・担任教諭・養護教諭・学校医その他、幼稚園教諭、医療・福祉関係者に面接して聴取する。多角的な情報を他の方法と合わせて判断する。
> ③記録…健康診断票、健康相談記録、指導要録、成育歴、欠席状況記録、救急処置記録、保健日誌、学校保健委員会記録など。
> ④統計的分析…健康診断結果の集計、感染症罹患率、発育統計、障害発生統計など。
> ⑤調査…保健調査、自覚症状調査、生活時間調査、感染症・食中毒発生時の疫学調査、心理テスト、悩みの調査など。質問紙法が多い。
> ⑥スクリーニング検査…ふるい分け検査・選別検査、視力検査、聴力検査、尿検査など。
> ⑦学校医、学校歯科医による診断…定期・臨時の健康診断としての集団検診。

　上記の健康状態把握（問題発見）の方法は、主観的なものから客観的なもの、精度の低いものから高いものなどの観点で配列されているが、問題がどのカテゴリーに属するかということや、必要経費・時間・労力・専門医の有無などを考慮し、自校の実態に合わせて可能かつふさわしい方法を選択することが望ましい。

　学校で用いられる一般的方法とその特徴を表5に示した。これら全ての方法について、

児童・生徒が自己の体や健康に関心を向け、自己理解するための教育的目標達成の工夫が
必要である。

表5　　学校で用いられる健康実態把握の方法と特徴

方　法	例	長　　所	短　　所
観　察	朝の一斉観察 継続的観察	・日常の健康実態の把握に適する（平常時からのずれ、本来あるべき姿からのずれとして）	・主観的である→確かめていく姿勢が必要
面　接	相談面接 救急処置時の対応等	・表情、言語によって対象者の反応を確かめながら働きかけることができ、問題の質的把握に適する	・一人当たりの所要時間が長いため、対象人数に制限がある ・児童生徒の発達段階や性格により、発問の仕方や対応に工夫が必要
記　録	健康観察、救急処置、健康相談等の記録、実践記録等	・系統記録は個人や集団の傾向としての問題把握に適する ・実践記録は活動評価や残された課題の発見に適する	・記録とその分析に時間がかかるため記録様式の工夫が必要
調　査	既往歴、自覚症状調査、生活行動調査、悩みの調査	・広範囲な集団の実態把握に適する ・精神面や学校生活以外の生活行動状況の把握に適する	・質問の項目や仕方によって対象者の受け止め方が異なり、結果が左右される ・具体的、質的問題の把握が難しい
統計・分析	発育統計、疾病異常統計、救急処置統計、調査結果の統計分析	・個人や集団の健康問題を数量的に把握するのに適する ・要因や問題相互の関係がつかめる	・集団の中の個の問題を見落としがちになる ・データを絶対視しがちになる
検査・測定 （スクリーニング）	身長、体重 視力、聴力 尿検査	・集団の中から精密検査を必要とする者の選別に適する	・選別基準によってふるい分けるため、とりこみすぎ（false negative）、とりこぼし（false positive）を生ず
検　診	学校医・学校歯科医による検診	・集団の中から疾病異常者（疑い者）を早期発見するのに適する	・多人数を短時間で、しかも施設・設備の乏しい学校で行うため、スクリーニング検診としての限界がある

出典：飯田澄美子他『養護実践の基礎』[17] より一部改変

(2) 何をどのように捉えるか

①**体の異常や健康の問題を捉える**…心身の機能は良好に保たれているか、疾病異常はないか、あってもうまくコントロールされているか。
・個々の子どもを具体的全体的に捉える
・単に「異常」としてのみでなく「問題」と捉える（働きかけの糸口を探りだすため）
②**子どもの発達的変化とその契機を捉える**…順調に発育・発達を遂げているか。
・子どもへの働きかけを通して発達的変化を捉える
・教員の意図的な働きかけによって子どもに引き起こされる能動的変化を捉える
③**子どもの実態の中に「問題の構造」を捉える**…一般的・全体的状況を分析的に捉える。
・問題・現象だけを捉えるのではなく、その背後にある問題の構造や問題性を捉える
・個と集団を問わず、子どもの実態の中に一般的な問題の構造や問題性を捉える

(3) 発見すべき健康問題

　養護教諭の把握する子どもの健康問題は、次のようなカテゴリーに分類することができ、問題発見時の視点、取組の方向付けなどに用いられる。

```
①　生活行動の問題
②　身体的問題
③　精神保健面の問題
④　発育・発達、体力の問題
⑤　社会性の問題
⑥　自主的健康管理能力の問題
⑦　その他
```

　これらの取組には、校種による健康問題の特徴、学校独自の問題、地域の問題等の観点での検討が必要である。

3　問題の明確化と共通化

　把握した健康実態から見つかった健康問題の分析段階で養護教諭に求められるのは、現象の意味するものは何か、発生要因は何かという予測（仮説）を立てることであり、仮説を実証するためにどんな情報やデータが必要かの判断である。

　要因の分析に養護教諭が多く用いているのは、教員・保護者・主治医などとの情報交換、児童（生徒）との面接、健康観察、保健室来室記録、諸調査などである。中でも情報交換は、子どもの健康問題が、子どもを取り巻く人間関係や生活に深く根差しているがゆえに、問題の本質をつかむ上で不可欠な方法といえる。また、児童生徒との面接は、児童生徒が問題を認識し、自ら解決に至れるよう指導する機会として重要である。

　問題の分析結果の解釈・判断は、養護教諭にとって極めて重要であり、専門的知識とともに養護教諭自身の児童生徒観、教育観が大きく関わってくる。特に「子どものあるべき姿」をどのように捉えているかは重要であり、養護の本質や発達過程での健康問題発生のメカニズムについて理解を深める努力が必要である。その過程を経て、解決を要する問題は何かが明らかになり、養護活動の目標が明確になってくる。

　前節でも見たように、児童生徒の健康問題は、その時代の社会、経済、文化と深く関わっており、その影響を受けた子どもの生活のひずみや矛盾から生じることも多い。ゆえに、子どもの問題は、ある特定の個人の問題と捉えるのではなく、子どもの本来的な在り方や教育の在り方を問い直す契機と捉え、家庭や地域社会での実態の情報とともに児童生徒、教員、保護者で共通理解を図ることが大切である。

〈 第3節 〉　健康実態把握の実際

1　健康調査

　健康調査は、短時間で、1学年あるいは学校全体の児童生徒の健康状態を把握できるという利点を持っている。調査内容によっては、既往歴や自覚症状などから、現在健康であることの確認ができたり、疾病異常の発見につながったりする場合もある。また、学校からは見えづらい、家庭や地域社会での子どもの実態が把握でき、健康上の問題やニーズを発見したり、問題解決・改善の資料として活用したりすることができる。健康調査には、保健調査、精神保健調査、家庭環境調査、性に関する意識調査等がある。

健康調査に取り上げる主な内容
- **基礎調査**：成育歴、予防接種歴
- **栄養状態**：食事の摂取状況、おやつの内容
- **歯・口腔**：歯列、歯肉の状態、歯磨き状態
- **アレルギー症状**：食物アレルギー、薬
- **既往歴**：疾病、外傷や骨折、手術の有無
- **眼**：目の充血、目の病気、近視、弱視など
- **耳鼻咽頭疾患**：難聴、鼻炎、中耳炎等
- **その他**：自覚症状、健康上の問題など

現在学校で行われている主な質問紙による健康調査
① 健康診断における保健調査
② 入学時の健康歴の調査
③ 疾病及び健康歴の治療状況調査
④ 学校行事前の健康調査
⑤ 生活実態調査 等

出典：大谷尚子他『新養護学概論』[18]

2　保健調査

（1）保健調査の目的と意義

　保健調査は、学校保健安全法第13条に示されている「健康診断」を円滑に実施するために行う調査である。学校における健康診断が、児童生徒のある時点での横断的な健康評価であり、疾病異常発見のスクリーニングであることを考慮して、健康診断をより有意義なものとするために保健調査を実施する。また、保健調査は、個々の子どもの健康問題、日々対応の必要な疾病、傷害など緊急時の基礎資料としての要素が含まれており、緊急連絡票としても活用されている。

---

① 健康診断がより的確に行われるとともに、診断の際の参考になるなど、健康診断を円滑に実施することができる。
② 児童生徒個々の健康情報である。
③ 健康情報を総合的に評価する補助資料となる。
④ 児童生徒の生活スタイル等の情報は、保健学習、保健教育に活用できる。
⑤ 保健管理に活用できる。
⑥ 健康相談活動・教育相談・カウンセリング等の相談活動に活用できる。

（2）保健調査の法的位置づけ

　学校保健安全法施行規則（2016（平成28）年4月1日改正）の第11条で、「法第13条の健康診断を的確かつ円滑に実施するため、当該健康診断を行うに当たっては、小学校、中学校、高等学校及び高等専門学校においては全学年において、幼稚園及び大学においては必要と認めるときに、あらかじめ児童生徒等の発育、健康状態等に関する調査を行うものとする。」と位置づけられている。

（3）保健調査の内容

表6　保健調査の主な内容例

調査項目		調査内容
健康基礎調査		出生時の状況、成育歴、生活歴、運動器検診、予防接種歴等
既往症等		配慮を必要とする疾患・障害の有無
栄養状態		食事の摂取状況、朝食・間食の状況
脊柱・胸郭・四肢		日常の姿勢、歩行等の異常、関節痛の有無
眼		眼の状況（疲労度、見え方、色彩感覚）、眼の疾患の有無
耳鼻咽喉		聴覚、めまいの有無、アレルギー症状、発音
歯・口腔		顎関節の状態、歯列、噛み合わせ、歯肉の状態、歯磨き状況
内科	心臓	心疾患の既往歴、チアノーゼ、動悸、息切れ、川崎病の既往歴
	腎臓	腎疾患の既往歴、浮腫・血尿・疲労感等の有無
結核		本人・家族の結核性疾患の既往歴、予防薬服用の有無、外国居住歴の有無 咳・痰などの症状の有無、受診の有無
ライフスタイル		睡眠時間、便通、運動、テレビ視聴時間、ゲームの時間、習い事・塾の状況
アレルギー様症状		眼・鼻・皮膚・呼吸器・消化器等の症状・薬・食物などアレルゲン 喘息・喘息様気管支炎の有無
その他	本人の自覚症状	現在の健康状況、体についての悩み
	家庭での様子	家族が発見している健康上の問題（現在罹患中の病気、かかりやすい病気、使用中の薬、使えない薬、その他連絡しておきたいこと）
	学級等での様子	学級担任等が気づいている健康上の問題

出典：三木とみ子『四訂養護概説』[10] に加筆修正

（4）保健調査作成上の配慮事項（留意点）

① 学校医・学校歯科医等の指導助言を得て作成する。
② 地域や学校の実態に即した内容のものとする。
③ 内容・項目は精選し、必要最小限で活用できるものとする。
④ 集計や整理が容易で客観的分析が可能なものとする。
⑤ 発育・発達状態や健康状態及び生活背景を捉えることができるものとする。
⑥ 個人のプライバシーに十分配慮し、身上調査にならないようにする。
⑦ 継続して使用できるものとする。
⑧ 緊急時や災害時にも活用できるよう、緊急連絡先、かかりつけの医療機関、健康保険証等の記入欄を設ける。

出典：日本学校保健会『児童生徒の健康診断マニュアル』[21] に一部追記

③　健康観察

　健康観察とは、「心身ともに健康な状態であるか、一定の方針に基づき、日々の継続的な心身の観察の実施によって詳しく見極める」ことである。具体的には、外見からの指針と本人の自覚症状の聞き取りにより、健康状態を把握することである。

　教育活動全体を通じて全教職員によって行われる健康観察は、児童生徒の心身の健康問題の早期発見、早期対応を図る上で重要な役割を果たしている。体調不良のみならず心理的ストレスや悩み、いじめ、不登校、虐待や精神疾患など、子どもの心の健康問題の早期発見・早期対応にもつながることから、その重要性は増してきている。

（1）健康観察の目的

① 子どもの心身の健康状態を把握することにより、健康で安全な学校生活を保障し、円滑な教育活動を行う。
② 日々の継続的な実施によって、児童生徒に自他の健康に興味・関心を持たせ自己管理能力の育成を図る。
③ 子どもの保健管理、保健指導の資料として活用する。
④ 感染症や食中毒などの集団発生状況を把握し、感染の予防や拡大防止を図る。

（2）健康観察の法的位置づけ

　児童生徒の心身の健康問題の早期発見、早期対応を図る上で重要な役割を果たしている健康観察は、中央教育審議会答申「子供の心身の健康を守り、安全・安心を守るために学校全体としての取組を進めるための方策について」（2008（平成 20）年 1 月）においてその重要性が述べられており、これを踏まえて学校保健安全法に健康観察が明確に規定され、全ての学校での実施が求められている。

中央教育審議会答申（2008（平成 20）年 1 月 17 日）
Ⅱ 学校保健の充実を図るための方策について
２．学校保健に関する学校内の体制の充実
（3）学級担任や教科担任等
②健康観察は、学級担任、養護教諭などが子供の体調不良や欠席・遅刻などの心身の変化について早期発見・早期対応を図るために行われるものである。また、子どもに自他の健康に興味・関心を持たせ、自己管理能力の育成を図ることなどを目的として行われるものである。日常における健康観察は、子どもの保健管理などにおいて重要であるが、現状は、小学校 96.4%、中学校 92.3%、高等学校 54.3% で実施されており、学校種によって取り組みに差が生じている。
③学級担任等により毎朝行われる健康観察は特に重要であるため、全校の子どもの健康状態の把握方法について、初任者研修をはじめとする各種現職研修等において演習などの実践的な研修を行うことやモデル的な健康観察表の作成、実践例の掲載を含めた指導資料作成が必要である。

学校保健安全法
　（保健指導）
第 9 条 養護教諭その他の職員は、相互に連携して、健康相談又は児童生徒等の健康状態の日常的な観察により、児童生徒等の心身の状況を把握、健康上の問題があると認めるときは、遅滞なく、当該児童生徒等に対して必要な指導を行うとともに、必要に応じ、その保護者（学校教育法第 16 条に規定する保護者をいう。第 24 条及び第 30 条において同じ）に対して必要な助言を行うものとする。

（3）健康観察の留意点

①	学校における健康観察は、学級担任や養護教諭が中心となり、教職員との連携の下で実施すべきものであることから、全教職員が健康観察の意義と重要性を理解し共通認識のもとに実施できるようにすることが重要である。
②	実施方法については、どのような方法なら実施できるか、学校の実態に応じて管理職及び保健部等と検討して組織的に進めていく。
③	児童生徒は、自分の気持ちをうまく表現できないことが多く、心の問題が顔の表情や行動に現れたり、頭，痛・腹痛などの身体症状となって現れたりすることが多いためきめ細やかな観察が必要である。
④	心の健康問題が疑われる場合でも、まず、身体的な疾患があるかないかを見極めてから対応することが大切である。
⑤	「体に現れるサイン」「行動や態度に現れるサイン」「対人関係に現れるサイン」の３観点から、健康観察ができるようにする。
⑥	児童生徒に自分の健康状態を意識させることによって、自己管理能力を育てることが大切である。
⑦	家庭における保護者が行う健康観察も、児童生徒の心身の状況を把握する上で重要であることから、保護者にも児童生徒の健康観察の視点について周知を図り、理解と協力を得ていくことが重要である。

出典：学校保健・安全実務研究会編著『新訂版　学校保健実務必携　第４次改訂版』[19]

（4）健康観察の機会と流れ

①　健康観察の機会・内容と主な実施者

　学校における健康観察は、教育活動全体を通じて行われなければならない。また、家庭における健康観察も重要であり、保護者の理解と協力を得ながら情報収集することが大切である（表7）。

表7　健康観察の機会

	時　間	主な実施者	主な視点
学校における健康観察	朝や帰りの会	学級担任(ホームルーム担任)	登校の時間帯・形態、朝夕の健康観察での表情・症状
	授業中	学級担任及び教科担任等	心身の状況、友人・教員との人間関係、授業の参加態度
	休憩時間	教職員	友人関係、過ごし方
	給食（昼食）時間	学級担任(ホームルーム担任)	食事中の会話・食欲、食事摂取量
	保健室来室時	養護教諭	心身の状況、来室状況
	部活動中	部活動担当職員	参加態度、部活動での人間関係、体調
	学校行事	教職員	参加態度、心身の状況、人間関係
	放課後	教職員	友人関係、下校時の時間帯・形態
家庭における健康観察	・食欲、睡眠（起床・就寝の状況を含む）、排便等の基本的生活習慣に関わるもの ・家庭における学習、遊びのときの心身の状況 ・習癖等（爪噛み、指しゃぶり、チック等） ・身体的特徴（顔色、目・耳・鼻・皮膚等の状況、体温等） ・姿勢、歩き方、運動時の状態等		

出典：文部科学省『教職員のための子どもの健康観察の方法と問題への対応』[20] に一部追記

② 健康観察の流れ

学校における健康観察の実施から事後措置までは図７のような流れで行われる。

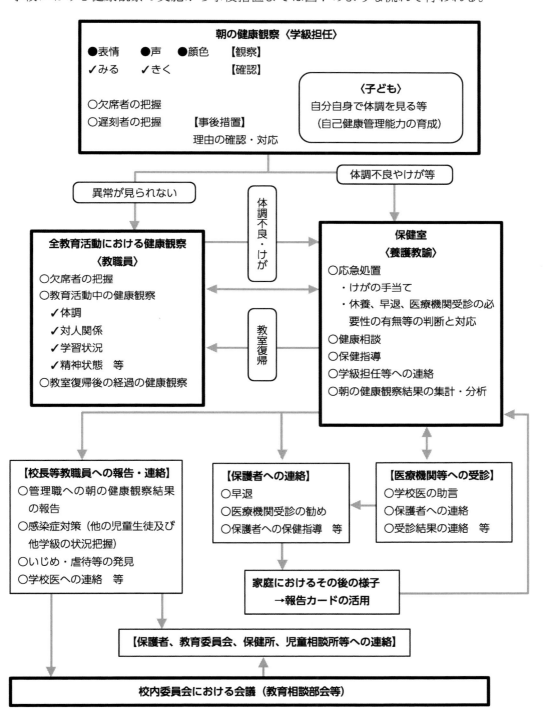

図７ 健康観察の実施から事後措置までの流れ

出典：文部科学省『教職員のための子どもの健康観察の方法と問題への対応』[20]

（5）健康観察の内容

①　観察者の視点

①学級担任
　・学級担任は児童生徒に一番近い教員として「いつもと違う子どもの健康状態」を的確に把握する。異常に気づいたときは、養護教諭に連絡・相談する。
②教科担任
　・授業中の健康状態を観察し、異常がみられたら、保健室に引率するなどにより養護教諭に相談する。また、その状況を、学級担任に報告する。
③養護教諭
　・医学的知識、技能を持った専門職として観察する。
　・学級担任や教科担任の健康観察によりスクリーニングされた児童生徒を観察し、養護診断、対応を行う。
　・欠席調べや健康観察カードにより、学校全体の児童生徒の健康状態を把握する。
　・保健室に来室した児童生徒の救急処置や健康相談活動の場面で健康観察を行う。
　・登校時の観察や、校内巡視により健康状態を把握する。

②　健康観察の内容

①外観…表情、顔つき、顔色、皮膚の状態、目の様子、姿勢、行動等の外観を総合的に観察し、平常時との違いを判断する。そのためには、健康時の状態を把握しておくことが不可欠である。
②身体症状…異常と見られる身体症状が出ているか診る。一般的な健康に関する知識で判断できるものもあるが、多くの場合は医学的な知識、技能により的確な判断が可能になる。養護教諭がバイタルサインや観察を通して状況を把握する。

③　健康観察の項目と観点

　健康観察の項目例と、推測される主な疾患を、表8に示す。

（6）健康観察の方法

　学校における朝の健康観察は、児童生徒の発達の段階に応じて、適切な方法で実施する。方法には次のようなものがある。

①呼名・尋ねる…学級担任が子どもの名を呼び出席を取りながら、観察や問いかけを行う。必要に応じてさらに詳しく観察する。
②申告…児童生徒が自己の健康状態について異常がある場合に学級担任に申し出る。小学校低学年では「健康カード」「連絡帳」などで保護者が申告する。
③相互申告…児童生徒が少人数で相互に観察し、記録する。児童生徒が自己及び友達等の健康に気を配ることができる。

表8　健康観察の項目　〈小学校・中学校・高等学校（例）〉

主な観察事項（例）		推測される主な疾患名
欠席	散発的な欠席	
	継続的な欠席	
	欠席する曜日が限定している	
	登校渋り	
	理由のはっきりしない欠席　　等	
遅刻	遅刻が多い	
	理由のはっきりしない遅刻　　等	
心身の健康状態	観察項目（他覚症状） 普段と変わった様子が見られる	
	元気がない	発熱を来す疾患、起立性調節障害　等
	顔色が悪い（赤い、青い）	発熱を来す疾患、起立性調節障害　等
	せきが出ている	上気道炎、気管支炎、肺炎、気管支喘息、百日咳、マイコプラズマ感染症、麻しん（はしか）、心因性咳そう　等
	目が赤い	アレルギー性結膜炎、流行性角結膜炎、咽頭結膜熱（プール熱）　等
	鼻水・鼻づまり	鼻炎、副鼻腔炎、鼻アレルギー、異物等の存在　　等
	けがをしている	擦過傷（すり傷）、切創（きり傷）、打撲、火傷　等
	その他	
	聞き取りや申告（自覚症状） 頭痛	頭蓋内の疾患、耳鼻眼の疾患、慢性頭痛、心因性頭痛　等
	腹痛	感染性胃腸炎、腹腔内の疾患、アレルギー性紫斑病、過敏性腸症候群　等
	発熱	感冒、インフルエンザ、麻しん（はしか）などの感染症、川崎病、熱中症、心因性発熱　等多数
	目がかゆい	結膜炎、結膜アレルギー　等
	喉（のど）が痛い	咽頭炎、扁桃腺炎、ヘルパンギーナ、溶連菌感染症　等
	ほほやあごが痛い	反復性耳下腺炎、川崎病、流行性耳下腺炎（おたふくかぜ）等
	気分が悪い、重い	感染性胃腸炎、起立性調節障害、心因性おう吐　等
	体がだるい	発熱を来す疾患、起立性調節障害　等
	眠い	睡眠障害、起立性調節障害、夜尿症　　等
	皮膚がかゆい	アトピー性皮膚炎、じん麻しん　　等
	発しん・湿しん	じん麻しん、アレルギー性紫斑病、川崎病、アトピー性皮膚炎、風しん（三日ばしか）、水痘（みずぼうそう）、溶連菌感染症、とびひ　等
	息が苦しい	気管支喘息、過換気症候群（過呼吸）、異物等の存在
	関節が痛い	オスグッド・シュラッター病、スポーツ障害　等
	その他	

出典：文部科学省『教職員のための子どもの健康観察の方法と問題への対応』[20] より一部修正

（7）健康観察における養護教諭の役割

① 養護教諭は観察の視点を示し、観察の結果や所見を記入できる資料を準備して提示する。
② 児童生徒等の発達段階、年齢に応じてかかりやすい病気、特別な支援を必要としている特性等を考慮した観察項目、手順、記録用紙等各学校の実態に合った方法で実施する。
③ 担任等の行った健康観察でスクリーニングされた児童生徒等を、養護教諭の持つ医学的な知識や技術に基づいてより的確な健康観察を行う。
④ 日々の保健室来室の様子、出欠席の状況、学級担任や教科担任の健康観察結果、保護者からの情報等を受け、専門的な立場から、学校全体の健康状態を集計分析し、教育活動に総合的に活用する。
⑤ 養護教諭は心の問題児童生徒を支援していることが多く、学級担任や保護者からの相談依頼も多い。心の問題の対応に当たっては、中心的な役割を果たすことが求められている。受診の必要性の有無を判断し医療機関へつなぐ役割、スクールカウンセラー・ソーシャルワーカー・関係機関との連携におけるコーディネーターの役割等がある。
⑥ 児童生徒個々の健康観察の結果を健康相談や健康相談活動等に生かす（第Ⅱ部第9章参照）。
⑦ 必要に応じて健康観察の結果を家庭に連絡し、学校・家庭が共通理解を深め、健康管理に当たる。

（8）健康観察の評価

　健康観察の評価は、以下の観点等に基づいて評価することとなる。学期ごとあるいは学年末に行い、次年度の実施に生かすことが大切である。

① 健康観察の必要性について共通理解されているか。
② 学級担任による朝の健康観察は適切に行われているか。
③ 全教育活動を通じて実施されているか。
④ 健康観察事項は適切であったか。
⑤ 心身の健康問題の早期発見に生かされているか。
⑥ 健康観察の事後措置（健康相談・保健指導等）は適切に行われたか。
⑦ 子どもに自己健康管理能力が育まれたか。
⑧ 必要な事項について記録され、次年度の計画に生かされたか。
⑨ 保護者の理解や協力が得られたか。　等

引用・参考文献

1) 厚生労働省（2017）. 第22回生命表.
2) 武田眞太郎他（1995）. 保健科教育法 新しい健康教育の展開. ぎょうせい, p19-22.
3) 厚生労働省（2010）. 平成21年 人口動態統計.
4) 日本スポーツ振興センター（2019）. 令和元年度 災害共済給付状況.
5) 文部科学省（2019）. 平成30年度 児童生徒の問題行動・不登校等生徒指導上の諸課題に関する調査結果について.
6) 厚生労働省（2020）. 令和元年中における自殺の状況.
7) 厚生労働省（2011）. 平成22年 乳幼児身体発育調査.
8) 文部科学省（2011）. 平成22年度 学校保健統計.
9) 采女智津江編集代表（2009）. 新養護概説 第4版. 少年写真新聞社, p132-140.
10) 三木とみ子編集代表（2009）. 四訂養護概説. ぎょうせい, p62-66,158.
11) 文部科学省（2019）. 平成30年度 学校保健統計.
12) 日本学校保健会（2018）. 学校保健の動向 平成30年版, p67,94,145.
13) 日本学校保健会（2018）. 保健室利用状況に関する調査報告書（平成28年度調査結果）.
14) 厚生労働省（2019）. 平成30年度 児童相談所での児童虐待相談対応件数.
15) 小倉学（1970）. 養護教諭 その専門性と機能. 東山書房.
16) 藤田和也（1985）. 養護教諭実践論―新しい養護教諭像を求めて. 青木教育叢書.
17) 飯田澄美子他（1990）. 養護活動の基礎. 家政教育社.
18) 大谷尚子他（2009）. 新養護学概論. 東山書房.
19) 学校保健・安全実務研究会（2017）. 新訂版学校保健実務必携（第4次改訂版）. 第一法規.
20) 文部科学省（2009）. 教職員のための子どもの健康観察の方法と問題への対応.
21) 日本学校保健会（2015）. 児童生徒等の健康診断マニュアル.

| 第4章 | 健康診断 |

　養護活動の基本は、子ども達の健康の実態を把握し、養護的な関わりが必要であるかどうかを判断することである。子ども達の健康実態を把握し、健康問題を発見する方法として、最も基本的なものが健康診断である。特に定期健康診断は、学校教育を円滑に実施する重要な資料として、学校保健安全法で位置づけられている。養護教諭の職務としての保健管理においても、健康診断は最も中核となる養護活動である。

　本章は、第1節・2節で健康診断の基本的内容及び健康診断の変遷等、第3節では健康診断の実際として、計画・実施・事後措置、健康診断の活用などについて述べる。第4節では、健康診断における養護教諭の役割として、「養護」の観点を念頭に置きながら担うべき役割を述べる。

第1節　健康診断の基本

　学校における健康診断とは、学校教育法並びに学校保健安全法の規定に基づき、児童生徒等及び職員の健康の保持増進を図り、学校教育の円滑な実施とその成果の確保に資することを目的として実施されるものである。教育課程上では、学習指導要領で「特別活動」の健康安全・体育的行事に位置づけられ、教育活動として実施される。つまり、健康診断は、学校における保健管理の中核であるとともに、教育的活動であるという2つの意味を持っている。

　健康診断は、医学的見地から個人及び集団の健康状態を把握するとともに、発育・発達や疾病異常に関する現状や問題点を明らかにし、継続的な保健管理や健康相談、保健指導を個人及び集団の課題解決に役立てるという重要な意義を有する。さらに、健康診断を遺漏なく実施することに重点が置かれやすいが、事前・実施時、事後にわたって教育活動として位置づけることや教育的配慮が必要であることを十分に意識することが必要である。

健康診断の目的
① 家庭における健康観察を踏まえ、学校生活を送るに当たり支障があるか否かについて、疾病をスクリーニングし健康状態を把握する。
② 学業やこれからの発育に差し支えるような疾病を早期発見する。
③ ほかの人に影響を与えるような感染症にかかっていないかを見分ける。
④ 学校における健康課題を明らかにして健康教育に役立てる。
⑤ 見出された問題について、プライバシーを考慮しつつ管理し、個々の子どもの人権の保障をしながら指導する中で、最善の教育活動への参加を保障していく。

健康診断は単なる検査の実施にとどまらず、検診結果に基づき健康上の問題が見出された児童生徒にかかりつけ医師や専門医への受診を勧めると同時に学校生活についての指導、助言を行うことが大切である。また、健康相談等を活用し、個別の保健指導を行い、学校教育活動全般の中で健康教育として活用することも大切である。また、定期健康診断の結果は、教育活動を実施する上で考慮すると同時に、児童生徒自身も普段の健康管理上活用すべきである。検診結果は 健康診断票に記録され、制度的にも整備されているが、転校したり、学齢に応じて公立学校や私立学校を跨いだりしたときには、必ずしも正確な健康管理記録が伝えられているとは言い難く、学校医の健診時の協力がより求められる。また、健診後は、児童生徒等の結果を担任及び養護教諭は共有し、児童生徒等に対してはその内容を説明し、自らの日々の生活を通じた健康づくりに反映できるように指導する。また、個人の生涯を通じた健康づくりに役立てる。

〔 第2節 〕　健康診断の理解

① 健康診断の法的根拠

　法的根拠は、次に示すように記されている。

学校教育法
第12条 学校においては、別に法律で定めるところにより、幼児、児童、生徒及び学生並びに職員の健康の保持増進を図るため、健康診断を行い、その他その保健に必要な措置を講じなければならない。

学校保健安全法
（目的）
　学校における教育活動が安全な環境において実施され、児童生徒等の安全の確保が図られるよう、学校における安全管理に関し必要な事項を定め、もつて学校教育の円滑な実施とその成果の確保に資することを目的とする。
（児童生徒等の健康診断）
第13条　学校においては、毎学年定期に、児童生徒等（通信による教育を受ける学生を除く。）の健康診断を行わなければならない。
２　学校においては、必要があるときは、臨時に、児童生徒等の健康診断を行うものとする。
第14条　学校においては、前条の健康診断の結果に基づき、疾病の予防処置を行い、又は治療を指示し、並びに運動及び作業を軽減する等適切な措置をとらなければならない。

学校保健安全法施行規則
第2章　健康診断
　第1節　就学時の健康診断
　　　　　第3条　方法及び技術的基準
　　　　　第4条　就学時健康診断票
　第2節　児童生徒等の健康診断
　　　　　第5条　時期
　　　　　第6条　検査の項目

第 7 条　方法及び技術的基準
第 8 条　健康診断票
第 9 条　事後措置
第 10 条　臨時の健康診断
第 11 条　保健調査

幼児・児童生徒を対象とした健康診断の種類、法的根拠と実施主体は次の通りである。

表1　健康診断の種類等

種　類	対　象	法的根拠	実施主体
定期の健康診断	児童生徒	学校保健安全法第 13 条	学校
臨時の健康診断	児童生徒	学校保健安全法第 13 条	学校
就学時の健康診断	就学時の幼児	学校保健安全法第 11 条	市町村教育委員

2　健康診断の変遷

健康診断は、1980（昭和 33）年に学校保健法により始まり、その時々に合わせて改定され、現在に至っている。その変遷を次に示す。

表2　健康診断の変遷

年　度	変遷内容
1980（昭和 33）年 6 月 1 日施行	**学校保健法** 　健康診断の内容が細かく規定され、健康診断は学校保健活動の中心として定着した。
1972（昭和 47）年 12 月 20 日	**保健体育審議会答申「児童生徒等の健康の保持増進に関する施策について」** 　スクリーニングの方法の定着を図り、集団検診としての目的が明確になった。さらに定期健康診断が特別活動の健康安全的行事として位置付けられた。
1995（平成 7）年 4 月 1 日施行	**「学校保健法施行規則の一部を改正する省令の施行及び学校における健康診断の取扱いについて」** 　健康診断項目の変更が行われ、スクリーニング方法の定着、学校行事・健康安全的行事としての健康診断が再確認された。
1997（平成 9）年 9 月 22 日	**保健体育審議会答申** 　心の健康問題をはじめ薬物乱用や性の逸脱行動等健康に関する現代的課題への対応が強調された。今後は年 1 回の健康診断では発見することの困難な疾病や感染症、日常の心身の健康問題等に対して、日々の健康観察、養護教諭による健康相談の充実が大切であるとされた。さらに、児童生徒が主体的に健康に関する課題解決を図り、生涯にわたる健康づくり・自己のライフスタイルを確立することができるよう支援すること、第一次予防としての教育・健康教育の一層の推進が必要であるとされた。
2009（平成 21）年 4 月 1 日施行	**学校保健安全法** 　2008（平成 20）年 1 月「中央教育審議会スポーツ・青少年分科会学校保健・安全部会」において、子どもの健康・安全を守るための基本的な考え方や充実を図るための方策についての答申に基づいて、学校保健法は 2008（平成 20）年 6 月に学校保健安全法と改正され、児童生徒の健康に関しては、健康相談を行い（法第 8 条）養護教諭その他の職員が相互に連携して、必要な保健指導を行うとともに保護者に対して必要な助言をするものと規定された（法第 9 条）。地域の医療機関等との連携を図るよう努めるものと規定され（法第 10 条）、児童生徒等の心身の健康の保持増進に関して、学校が一体となって取り組み、一層の推進を図ることが求められた。

出典：日本学校保健会『学校保健の課題とその対応』[1] より一部改変

3 健康診断項目の推移

表3 健康診断項目の推移

年　度	内　容
1988 (昭和 63) 年 9月1日施行	○「聴力の検査」検査結果表示の変更 ・新規格によるオージオメータを用い、聴力レベル値で記入すること
1992 (平成 4) 年 4月1日施行	○「心臓の疾病及び異常の有無」検査方法の簡略化 ・小1でのエックス線間接撮影を必須の検査方法から外した ○「尿」検査項目の追加 ・糖の検査を追加（幼椎園は省略可） ○「聴力の検査」検査法について ・オージオメーターによる方法のみとした ○脊柱及び胸郭の疾病及び異常の有無 ・注意すべき疾病及び異常から「扁平胸」「漏斗胸」「鳩胸」を削除 ○「視力の検査」簡略化 ・1.0、0.7、0.3 の指標により判定して差し支えないものとした
1993 (平成5) 年 4月1日施行	○「結核の有無」変更 ・小1におけるツ反陽性者を対象としたエックス線間接撮影を廃止 ・小4における検査を廃止 ・中2における検査でのエックス線間接撮影を廃止 ・中3における検査を廃止 ・小1、中1における検査で必要と認められる者に対して精密検査を行うこととした
1995 (平成7) 年 4月1日施行	○「胸囲の検査」項目の削除 ○「色覚の検査」実施学年を小4に限定 ○「聴力の検査」小2の検査必須化 ○「寄生虫卵の検査」小4以上での省略化 ○「視力の検査」裸眼検査の省略化 ○「心臓の疾病異常の有無」心電図検査の追加
2002 (平成 14) 年 4月1日施行	○「色覚の検査」項目の削除
2003 (平成 15) 年 4月1日施行	○「結核の検査」の実施学年及び実施方法の変更 ・「小・中学生の第1学年」→「小・中学校の全学年」 ・「ツベルクリン反応検査」→「問診」等
2005 (平成 17) 年 4月1日	○「結核の検査」の実施時期の変更 ・「高等学校以上の学校の第1学年の検査において結核によるものと考える治癒所見が発見されたものは第2・第3学年においても検査を行う」→「第1学年に限定」
2011 (平成 23) 年 4月1日	○「結核の検査」の実施方法の変更 ・「高等学校以上の学校の第1学年に対してはエックス線間接撮影を行うものとする」→「エックス線撮影法」に変更
2014 (平成 26) 年 4月30日	○「色覚検査」希望者には色覚検査を行うこととした
2016 (平成 28) 年 4月1日施行	○「座高の検査」を必須項目から削除 ○「寄生虫卵の検査」を必須項目から削除 ○「四肢の検査」を必須項目として加える ・四肢の状態を検査する際は、四肢の形態及び発育並びに運動器の機能の状態に注意する ○保健調査の時期の変更 ・小・中学校、高等学校においては全学年、幼稚園・大学においては必要と認めるとき

出典：日本学校保健会『学校保健の課題とその対応』[1] より一部追記

4　健康診断の項目と実施学年

2020（令和2）年現在における健康診断の項目と実施学年は、下に示すようになる。

表4　定期健康診断の検査項目及び実施学年

項目	検診・検査方法			幼稚園	小1	小2	小3	小4	小5	小6	中1	中2	中3	高1	高2	高3	大学
保健調査	アンケート			○	◎	◎	◎	◎	◎	◎	◎	◎	◎	◎	◎	◎	○
身長				◎	◎	◎	◎	◎	◎	◎	◎	◎	◎	◎	◎	◎	◎
体重				◎	◎	◎	◎	◎	◎	◎	◎	◎	◎	◎	◎	◎	◎
栄養状態				◎	◎	◎	◎	◎	◎	◎	◎	◎	◎	◎	◎	◎	◎
脊柱・胸郭 四肢 骨・関節				◎	◎	◎	◎	◎	◎	◎	◎	◎	◎	◎	◎	◎	△
視力	視力表	裸眼の者	裸眼視力	◎	◎	◎	◎	◎	◎	◎	◎	◎	◎	◎	◎	◎	△
		眼鏡等をしている者	矯正視力	◎	◎	◎	◎	◎	◎	◎	◎	◎	◎	◎	◎	◎	△
			裸眼視力	△	△	△	△	△	△	△	△	△	△	△	△	△	△
聴力	オージオメータ			◎	◎	◎	◎	△	◎	△	◎	△	◎	◎	△	◎	△
眼の疾病及び異常				◎	◎	◎	◎	◎	◎	◎	◎	◎	◎	◎	◎	◎	◎
耳鼻咽喉頭疾患				◎	◎	◎	◎	◎	◎	◎	◎	◎	◎	◎	◎	◎	
皮膚疾患				◎	◎	◎	◎	◎	◎	◎	◎	◎	◎	◎	◎	◎	
歯及び口腔の疾患及び異常				◎	◎	◎	◎	◎	◎	◎	◎	◎	◎	◎	◎	◎	△
結核	問診・学校医による診察				◎	◎	◎	◎	◎	◎	◎	◎	◎				
	エックス線撮影													◎			◎ 1学年（入学時）
	エックス線撮影 ツベルクリン反応検査 喀痰検査等				○	○	○	○	○	○	○	○	○				
	エックス線撮影 喀痰検査・聴診・打診													○			○
心臓の疾患及び異常	臨床医学的検査 その他の検査			◎	◎	◎	◎	◎	◎	◎	◎	◎	◎	◎	◎	◎	◎
	心電図検査			△	◎	△	△	△	△	△	◎	△	△	◎	△	△	△
尿	試験紙法	蛋白等		◎	◎	◎	◎	◎	◎	◎	◎	◎	◎	◎	◎	◎	△
		糖		△	◎	◎	◎	◎	◎	◎	◎	◎	◎	◎	◎	◎	△
その他の疾病及び異常	臨床医学的検査 その他の検査			◎	◎	◎	◎	◎	◎	◎	◎	◎	◎	◎	◎	◎	◎

（注）　◎ ほぼ全員に実施されるもの
　　　　○ 必要時または必要者に実施されるもの
　　　　△ 検査項目から除くことができるもの
　　出典：文部科学省スポーツ・青少年局学校健康教育課監修『児童生徒等の健康診断マニュアル　平成27年度改訂』[4]

健康診断の実際

　健康診断の実施に当たり、児童生徒の生命、児童生徒の人権、児童生徒の教育を踏まえて、次に示す項目を念頭に実施する。

1　健康診断のプロセス

　健康診断は、前年度の反省点や子どもの健康課題を踏まえて、計画し、全教職員、また、学校医や学校歯科医の協力を得て、円滑な実施ができるような準備をすることが重要である。健康診断は、養護教諭が中核となり実施する責任があり、遺漏のないよう計画・実施することが重要である。健康診断の具体的な流れは、計画立案・事前の準備、検診等の実施、結果の把握、事後措置、評価という一連のプロセスを確実に行うことである。

〈健康診断前〉
① 健康診断の計画を立てる。
② 健康調査（問診票）を実施する。
③ 健康診断器具を点検する。
④ 児童生徒への事前指導を行う。
〈健康診断の実施〉
① 各科（内科・眼科・耳鼻科・歯科）の検診を行う。
② 眼科・耳鼻科検診の以前に検査（視力・聴力）を実施しておく。
〈健康診断後〉
① 結果を把握し、保護者に通知するとともに学校全体の状態を把握する。
② 治療が必要であれば、治療勧告を出す。
③ 管理が必要な児童生徒は、学校生活管理指導表に沿って学校生活上配慮する。
④ 自己管理ができるように指導する。
⑤ 学校生活上要配慮児童生徒について教職員全体で共有し、保健管理の充実を図る。

2　実施の留意事項

（1）事前準備

　健康診断は限られた時間の中で行うため、より充実した健康診断にするに当たっては、事前の準備が重要である。校長の指導のもと、保健主事、担任、養護教諭が連携し、学校全体として健康診断に取り組むことが求められる。

（2）健康実態の把握

　学校医・学校歯科医がより効果的に健康診断を行うためには、担任や養護教諭等が事前に保健調査や学校生活管理指導表等で児童生徒の健康状態を把握し、学校医・学校歯科医に伝えることが非常に重要である。家庭や学校の日常の様子など、健康診断の前に情報がまとまっていれば、学校医・学校歯科医としてより的確な診察を行うことができる。また、健康に関する情報を保護者に提供してもらうことが、保護者の問題意識と学校の健康診断

とをつなぐ大事な架け橋になるとともに、学校においても、本当に必要な情報が何であるかについて、認識を深めることができる。その際には、すでに診断されている疾患についても、併せて情報を共有することが求められる。

(3) 環境整備

健康診断の実施においては、感染症予防や、プライバシーが保護される状況を確保するための、環境整備が求められる。その一方で、内科健康診断等について、脱衣など診療上必要な事項は、プライバシーの保護という観点に配慮しつつも、児童生徒や保護者の理解を求めていくことが必要である。安全で落ち着いた環境、そしてプライバシーが守られている中で、児童生徒が安心して健康診断を受けられるようにすることが大事である。このことは子どもの人権を保障することにつながる。

(4) 特別に配慮を要する児童生徒の健康診断

特に、計測（身長・体重等）、検査（尿検査、レントゲン検査、心電図検査、視力検査、聴力検査等）について、個々の障害の状況に即した方法を考える。

参考：飯野順子監修、北川末幾子・篠矢理恵編著『特別支援教育にかかわる養護教諭のための本』（2013）

(5) 連携・協働

健康診断に関する一連の流れにおいて、校長、保健主事、担任、養護教諭、学校医、学校歯科医、保護者等の関係者間の連携が重要である。特に、教育の専門家である教職員と、医療の専門家である学校医・学校歯科医との関係の構築が重要である。

(6) 事後指導

健康診断を教育の一環に位置づけ、健康診断の結果をもとに年齢に応じた自己の健康管理を理解させ、健康教育につなげる。

3 健康診断の事後措置

(1) 健康診断の事後措置

健康診断は子どもの健康状態を把握する方法であり、健康診断を意味あるものにしていくためには、その結果を踏まえた事後措置が非常に重要である。学校における健康診断においては、スクリーニングされても、その後、適切な事後措置がとられていないケースがある。

学校保健安全法では、事後措置の基準を示しており、その基準に沿った一人ひとりに合った管理と指導が行われなければならない。さらに保健指導において、保護者に対して必要な助言を遅滞なく行うことが求められていることからも、事後措置が適切に行われるような取組をすることが求められる。学校保健安全法施行規則では、次のように医療的事後措置、教育的事後措置を挙げている。

(2) 医療費の補助申請　（学校病の治療の補助）

　国は、教育の機会均等の精神に基づき、全ての児童生徒が義務教育を円滑に受けることができるようにするため、経済的理由により就学困難な児童生徒に対しては、就学援助を行うことになっている。また、地方公共団体は、経済的理由によって、就学困難と認められる公立義務教育諸学校の児童生徒に対し、感染性又は学習に支障を生じる恐れのある疾病治療のための医療費について必要な援助を実施することとなっている。養護教諭は、健康診断結果を受け、就業困難な子ども達に対して医療費の補助申請（学校病医療券）を確実に実施していくよう、担任や学校事務職員との連携を図り、子ども達の就学援助について手続きを遺漏なく行えるようにする（詳細は章末資料を参照のこと）。

4　健康診断結果の活用

①計測（身長・体重）においては成長曲線を活用し、低身長の早期発見、さらに背景に発育発達を阻害する疾病や心理的要因等の有無を確認し、子どもの保健管理、保健指導に役立てる。
②歯科保健は、歯の状態に応じた磨き方や食物摂取の在り方等に関する指導を通じて、児童生徒の自己管理能力を育てることができる等、重要な役割を果たしている。また、学校歯科検診は、むし歯（う歯）だけではなく、歯周病、歯肉炎、顎関節や歯列咬合などにも留意することになっており、診るべき疾病が多様化している。現代の児童生徒の口腔内の状態も歯周病、歯肉炎、顎関節症、反対咬合などの疾患が増え、今後は、健康相談や保健指導の充実を図ることも課題である。また、口腔の実態は、現在増加している児童虐待の早期発見の指標になることから、疾患にだけ目を向けるのではなく、家庭環境の把握の視点も見逃さないよう留意する必要がある。
③児童生徒の健康診断の結果を踏まえて、学校全体の健康課題の分析や課題の抽出、それに対する取組、またその到達具合を検証するに当たって、学校保健委員会や健康相談の機能は重要である。
④児童生徒の健康情報の活用については、保護者との情報共有も重要である。学校が個々の児童生徒の個人情報保護に留意しつつ、将来にわたって児童生徒の健康を守っていくためには、児童生徒や保護者の理解を得ることが必要である。これにより、保護者の健康観を育成することや、将来にわたって児童生徒と関係づくりをしながら健康の度合いを高めていくことなども期待される。

〈 第4節 〉　健康診断における養護教諭の役割

　健康診断の養護教諭としての役割は、養護活動の要となる「生命の保障」「教育の保障」「人権の保障」を念頭に置きながら、次に示す項目を確実に実践していくことが求められる。

---

①計画と実施
　　養護教諭として主導的立場で健康診断を計画し実施する。
②保健管理につなぐ
　　健康診断の結果を踏まえ、一人ひとりの児童生徒の状況に応じた事後指導を行い、子ども達が安全で安心した学校生活が送れるような保健管理につなげる。
③学校保健計画・保健室経営計画に生かす
　　健康診断の結果から、児童生徒の健康課題を把握し、その対策を学校保健計画や保健室経営計画に組み込む。
④連携と協働
　　校内教職員や学校医、学校歯科医と協働する。また、地域保健（保健所等）と連携する。
⑤学校保健活動に生かす
　　健康診断運営のプロセスを学校保健活動に生かす。
⑥健康診断票の記録と保管
　　健康診断の結果を健康診断票に記載する際は、子ども達の一番近くにいる学級担任に記載してもらうとよい。担任する子ども達の健康状態を把握する良い機会になり、そのことは学級経営にも反映することができるからである。
　　健康診断票の保管は、学校保健安全法施行規則第8条で、「5年間保存しなければならない」と記載されている。また、転学・進学した場合は転学・進学先の校長宛に送付することになっている。健康診断票は、子ども達の記録であり、公文書である。保管や取り扱いについて細心の注意をしなければならない。

〈 第5節 〉　健康診断の評価の視点

　健康診断を実施するに当たり、前回の健康診断を評価し、次回の健康診断に生かしていけるように次の視点で評価をする必要がある。

---

①　昨年度の評価結果を生かした計画が立てられたか。
②　計画に基づいた実施ができたか。
③　学校医・学校歯科医及び関係機関等との連携・調整は適切に行われたか。
④　実施日時、場所、役割分担などは適切であったか。
⑤　教職員への周知が図られ、理解と協力が得られたか。
⑥　検査器具・必要物品等は適切に準備されていたか。
⑦　保健調査の内容、実施方法は適切であったか。
⑧　児童生徒への事前指導の内容、方法は適切であったか。
⑨　保健調査の結果を健康診断に生かせたか。
⑩　検診時の児童生徒のプライバシーの保護は適切であったか。
⑪　自己の発育や健康状態を知り、健康への興味・関心が高まったか。
⑫　児童生徒の心身の健康問題を早期に発見できたか。
⑬　健康診断結果の報告（児童生徒・保護者・教職員・学校医等）は適切に行われたか 。
⑭　健康診断の結果を保健教育に生かせたか。
⑮　事後措置（受診の指示・保健指導・健康相談・健康診断結果のまとめと分析等）は適切に実施されたか。
⑯　健康診断票等の記録・整理及び管理は適切であったか。
⑰　学校医等の執務記録簿の記録・管理は適切であったか。等

引用・参考文献

1）日本学校保健会（2012）．学校保健の課題とその対応―養護教諭の職務に関する調査結果から―．
2）日本養護教諭教育学会（2012）．養護教諭の専門領域に関する用語の解説集＜第2版＞．
3）日本学校保健会（2018）．保健室利用状況に関する調査報告書 平成28年度調査結果．
4）文部科学省スポーツ・青少年局学校健康教育課監修（2015）．児童生徒等の健康診断マニュアル 平成27年度改訂．日本学校保健会．

参考資料

子ども達の就学援助について

(1) 就学援助

> **学校教育法**
> **第19条**　経済的理由によつて、就学困難と認められる学齢児童又は学齢生徒の保護者に対しては、市町村は、必要な援助を与えなければならない。

(2) 医療費の補助

> **学校保健安全法**
> （地方公共団体の援助）
> **第24条**　地方公共団体は、その設置する小学校、中学校、義務教育学校、中等教育学校の前期課程又は特別支援学校の小学部若しくは中学部の児童又は生徒が、感染性又は学習に支障を生ずるおそれのある疾病で政令で定めるものにかかり、学校において治療の指示を受けたときは、当該児童又は生徒の保護者で次の各号のいずれかに該当するものに対して、その疾病の治療のための医療に要する費用について必要な援助を行うものとする。
> 一　生活保護法（昭和25年法律第144号）第6条第2項 に規定する要保護者
> 二　生活保護法第6条第2項 に規定する要保護者に準ずる程度に困窮している者で政令で定めるもの
> （国の補助）
> **第25条**　国は、地方公共団体が前条の規定により同条第1号に掲げる者に対して援助を行う場合には、予算の範囲内において、その援助に要する経費の一部を補助することができる。
> 2　前項の規定により国が補助を行う場合の補助の基準については、政令で定める。

(参考1) 要保護者と準要保護者の違い

> **生活保護法**
> **第6条**　この法律において「被保護者」とは、現に保護を受けている者をいう。
> 2　この法律において「要保護者」とは、現に保護を受けているといないとにかかわらず、保護を必要とする状態にある者をいう。

「要保護者」…生活保護法第6条2項の規定による者

「準要保護者」…各教育委員会が生活保護法第6条第2項に規定する要保護者に準じる程度に困窮していると認める者

(参考2) 準要保護者（要保護者に準ずる程度に困窮している者）の認定

> **学校保健安全法施行令**
> **第9条**　法第24条第2号の政令で定める者は、当該義務教育諸学校（小学校、中学校、義務教育学校、中等教育学校の前期課程又は特別支援学校の小学部若しくは中学部をいう。）を設置する地方公共団体の教育委員会が、生活保護法（昭和25年法律第144号）第6条第2項に規定する要保護者（以下「要保護者」という。）に準ずる程度に困窮していると認める者とする。
> 2　教育委員会は、前項に規定する認定を行うため必要があるときは、社会福祉法（昭和26年法律第45号）に定める福祉に関する事務所の長及び民生委員法（昭和23年法律第198号）に定める民生委員に対して、助言を求めることができる。

　準要保護者の認定に当たっては、教育委員会は、当該義務教育諸学校の校長と密接な連絡を保ち、また必要に応じて福祉事務所の長又は民生委員の助言を求めて認定すること。この認定の公平性を期する方法として、例えば校長、担任教師、保健主事、養護教諭、社会福祉主事、民生委員、PTA代表などからなる「医療費援助準要保護者認定協議会」（仮称）を設けて、その意見を徴することも望ましい方法であること、としている。

(3) 就学援助の対象となる疾病（学校病）

就学援助の対象となる疾病は、感染性又は学習に支障を生じるおそれのある疾病として、政令で指定された以下の6疾病である。

学校保健安全法施行令
（感染性又は学習に支障を生ずるおそれのある疾病）
第8条 法第24条の政令で定める疾病は、次に掲げるものとする。
　　一　トラコーマ及び結膜炎
　　二　白癬、疥癬及び膿痂疹
　　三　中耳炎
　　四　慢性副鼻腔炎及びアデノイド
　　五　齲歯
　　六　寄生虫病（虫卵保有を含む。）

---

(4) 医療券の申請手続き

経済的理由により、就学援助を受けている子どもが年々増加している。2013（平成25）年7月の第3回「学校病」に関するワーキンググループで出された資料の中で、『就学援助の対象となる要保護児童生徒・準要保護児童生徒に対して健康診断の際に指摘された「学校病の有無」』を見ると、小学校81.8%、中学校81.8%、特別支援学校51.9%が指摘されたと回答している。特に小・中学校の多くは、学校病に対する医療費申請の手続きを行い、疾病の早期治療と子ども達の学習を保障することが必要といえる。

(参考1) 生活保護法の医療扶助との関係

学校保健安全法第24条の規定に基づく要保護児童生徒に対する医療費の援助は、生活保護法の規定による医療扶助に優先して行う。

(参考2) 援助の額

医療に要する費用は、児童生徒の保護者が健康保険に加入していない場合は全額、児童生徒の保護者が健康保険に加入している場合は、被扶養者として健康保険から給付を受けられる額（7割給付負担にあっては7割相当額）を控除した額について援助される。

(5) 教育と福祉の連携

現在、教育における国の施策として、「チーム学校」が推進されている。特に、子どもの様々な問題解決に向けて、資格を有する専門スタッフとして、スクールカウンセラー（SS）やスクールソーシャルワーカー（SSW）、看護師の配置拡充が謳われている。SSWについては、配置数の増、貧困対策のための重点加配をあげ、教育と福祉の両面に関して、専門的な知識・技術を生かして子どもの問題解決を図るとしている。

今後、学校においては、地域との連携はもとより、校長、担任、生活指導（生徒指導）、養護教諭等を中心に子ども達の状況の把握を早期に行い、特に貧困問題には、SSW等の専門職を活用し、貧困により病気の治療ができない子ども達を援助する体制を効果的に作ることが必要である。

144

第5章　救急処置・救急処置活動

救急処置は具体的な職務として、2008（平成20）年の中央教育審議会答申にも示されている。養護教諭に求められる資質能力の中でも重要なものの一つであり、救急処置は採用当初から、どのような場合にも対応できる知識と技術が求められている。

学校で救急処置が行われる根拠として、教育基本法第1条には「教育は、人格の完成を目指し、平和で民主的な国家及び社会の形成者として必要な資質を備えた心身ともに健康な国民の育成を期して行われなければならない。」さらに、学校保健安全法第7条で「学校には、健康診断、健康相談、保健指導、救急処置その他の保健に関する措置を行うため、保健室を設けるものとする。」とうたわれている。

本章は、第1節で養護教諭に求められている救急処置の範囲と意義、第2節で学校における保健室利用や学校管理下における事故の実態、第3節では救急処置の進め方と事後措置等、第4節では救急処置における養護教諭の役割について述べる。

〈 第1節 〉 救急処置と救急処置活動の意義

学校における救急処置とは、児童生徒等に傷病が発生した場合、医師につなぐまでの処置と一般の医療の対象とならない程度の軽微な傷病の処置を対象としており、傷病の悪化防止及び苦痛緩和を行うことであり、救急処置とともに看護能力が要求される。養護教諭の歴史の中で、その機能がもっぱら救急処置や看護に集中していたことは周知の通りであるが、現代の養護教諭においても、この救急処置・看護機能は不可欠な要素をなすものである。

また、救急処置活動とは、救急処置に加え児童生徒等、保護者、教職員に対して、傷病が発生しないような環境づくり・発生予防、発生時の対応のための教育体制づくりを行う養護教諭固有の活動である。

学校で行う救急処置の意義として、次の3点があげられる。

①医学的意義
生命の保持（保障）はもとより、傷病の悪化を防ぎ、障害が残らないよう、また後遺症を回避できない状況にあっても最低限の障害となるよう力を尽くし、その上で、教育を受ける権利を保障するために、可能な限り速やかに通常の教育活動に戻すこと。

②教育的意義

　保健教育の目標である「生涯を通して健康で安全な生活を送るために、一人ひとりが自らの健康課題を解決していく能力や資質を身に付ける」上で、救急処置の際、又は事後に行う保健指導は、児童生徒が自らの体験に根ざした理解を得られる機会である。自らの命を守り、他の人の命を守るために、子どもの発達段階に応じた指導が可能である。

③研究的意義

　専門職として、科学的根拠に基づいた判断と、その結果に基づく初期対応等の行為に対する説明責任が問われる時代になっている。養護教諭においても要求されることである。

　身体的問題に限らず、精神的問題についても、その理解や対応について多くの事例を集積する中で、「判断の指標になり得る症状や現象」「緊急度・重症度の判断の基準」「効果的であった対応や看護」等を明らかにすることが、養護教諭の職務推進に大きな示唆を与えてくれるであろう。さらに、予防的観点からも教育活動が必要とすることが見えてくる。判断や対応の根拠は、養護教諭自身（集団）が提示していくことが専門職としての責務といえる。

〈 第2節 〉　救急処置活動の実際

1　保健室の利用状況

　児童生徒が保健室を来室する状況は様々であり、養護教諭が対応する内容も様々である。そこで、保健室の利用状況を 2016（平成 28）年度日本学校保健会実施調査[3]より見ることとする。発達段階における救急処置内容の特徴を理解するとともに、救急処置に必要な養護教諭の専門的知識・技術の向上を図ることが大切である。

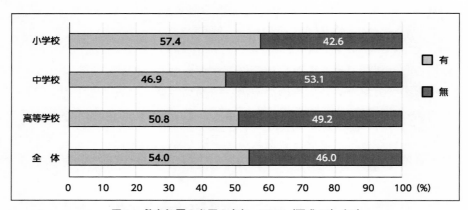

図1　救急処置の必要の有無　2016（平成 28）年度

　来室した児童生徒の中で、養護教諭が救急処置の必要「有」と判断した児童生徒の割合は、小学校 57.4％、中学校 46.9％、高等学校 50.8％、全体では 54.0％であった。

　救急処置の内容別保健室利用状況　（学校種別）を概観していく。

表1　救急処置の内容別保健室利用状況　2016（平成28）年度

（単位：%）

	小学校	中学校	高等学校
腹痛（胃・腸）	5.4	8.6	10.3
頭痛	8.9	16.1	15.3
かぜ様症状 （発熱・鼻水・喉の痛み・咳等）	3.5	10.2	14.6
気持ちが悪い（悪心）	4.6	6.3	6.4
すり傷	22.0	6.6	5.7
ねんざ	5.5	6.2	4.0
頭・眼部以外の打撲	14.5	7.5	3.7

　表1の通り、小学校では「すり傷」「頭・眼部以外の打撲」「頭痛」「ねんざ」、中学校では「頭痛」「かぜ様症状（発熱・鼻水・喉の痛み・咳等）」「腹痛（胃・腸）」「頭・眼部以外の打撲」、高等学校では「頭痛」「かぜ様症状（発熱・鼻水・喉の痛み・咳等）」「腹痛（胃・腸）」「気持ちが悪い（悪心）」の順で多い。

　これらの主訴を分類してみると、小学校では外科的な利用が多く、中学校・高等学校では内科的な利用が多いという特徴がうかがえる。救急処置は外傷などの処置だけでなく、痛みの緩和、症状の悪化を防ぐための看護技術についても十分に修得する必要がある。

表2　養護教諭が対応した内容　2016（平成28）年度

（学校種別）：（複数回答　単位：%）

	小学校	中学校	高等学校
けがの手当て	63.0	35.5	24.4
健康観察（見る・聞く）	41.8	53.7	58.8
バイタルサインの確認	25.3	43.8	49.2
休養（ベッド等）	13.4	25.3	36.2
教室復帰して経過観察	22.3	26.7	21.5

　表2の通り、小学校では、「けがの手当て」「健康観察（見る・聞く）」「バイタルサインの確認」「教室復帰して経過観察」、中学校では「健康観察（見る・聞く）」「バイタルサインの確認」「けがの手当て」「教室復帰して経過観察」、高等学校では「健康観察（見る・聞く）」「バイタルサインの確認」「休養（ベッド等）」「けがの手当て」の順に多い。

　日常の学校生活において、保健室に来室した子ども達に対して、様々な対応をしていることがわかる。

表3　個別の保健指導における主な指導内容　2016（平成 28）年度

（学校種別）　（単位：%）

	小学校	中学校	高等学校
内科的症状（腹痛・頭痛等）	7.3	12.6	16.8
応急手当の仕方	23.2	14.9	13.5
けがの予防	29.3	14.9	7.6
基本的生活習慣（食事・運動・休養・睡眠等）	21.8	34.6	30.6

　表3の通り、小学校では「けがの予防」「応急手当の仕方」「基本的生活習慣（食事・運動・休養・睡眠等）」「内科的症状（腹痛・頭痛等）」、中学校では「基本的生活習慣（食事・運動・休養・睡眠等）」「けがの予防」「応急手当の仕方」「内科的症状（腹痛・頭痛等）」、高等学校では「基本的生活習慣（食事・運動・休養・睡眠等）」「内科的症状（腹痛・頭痛等）」「応急手当の仕方」「けがの予防」の順に多い。救急処置を行いながら、けがの予防、応急手当の方法をはじめ、種々の教育・保健指導の機会としている。

2 学校の管理下の災害

　独立行政法人日本スポーツ振興センター発行の『学校の管理下の災害［平成 30 年版］』[6]より、2017（平成 29）年度に学校管理下で発生し、災害給付対象になった「死亡」「障害」「負傷と疾病」の発生状況を示す。

（1）死亡状況

表4　学校管理下の死亡状況　2017（平成 29）年度

場　合	小学校	中学校	高等学校・高等専門学校	特別支援学校	幼稚園・幼連・保育所など	総　計
各教科等（内体育・保健体育）		2	1			3
保育中					3	3
特別活動（除学校行事）	3	1				4
学校行事	2		3			5
課外指導		5	14			19
休憩時間		3	2	2		7
寄宿舎にあるとき			2			2
通学中又は通学に準じるとき	3	5	3	3		14

148

表5　学校管理下における死亡：5年間（2013-17（平成25-29）年度）の推移状況

	2013年度	2014年度	2015年度	2016年度	2017年度	5年間合計
小学校	10	7	9	12	10	48
中学校	27	25	23	13	16	104
高等学校	21	13	27	20	27	108
高等専門学校	1	2	1		1	5
幼稚園	1	1		1		3
幼保連携型認定こども園	－	－	1		1	2
保育所等	3	3	2	1	2	11
総　計	63	51	63	47	57	281

表6　死因別の発生件数　2017（平成29）年度

死因別＼学校別		小学校	中学校	高等学校・高等専門学校	特別支援学校 小	特別支援学校 中	特別支援学校 高	幼稚園・幼連・保育所等	総計
突然死	突心臓系	1	5	1	1		3	1	12
	突中枢神経系	2		2				1	5
	突大血管系		3	4				1	8
	小計	3	8	7	1	0	3	3	25
頭部外傷		2	4	3					9
溺死		1		1					2
窒息死（溺死以外）		2		10	1				13
熱中症			1	1					2
全身打撲			2	2					4
電撃死			1	1					2
総　計		8	16	25	2	0	3	3	57

　学校の管理下で起こった死亡は、2017（平成29）年度には57件であった。過去5年間のデータから平均化すると、年間56.2件の死亡事故が学校で起こっていることになる。学校保健が対象とする学童期は、性別5歳階級別に人口10万対の死亡率を見ると、人間のライフステージの中で最も死亡率の低い年齢層を示している。最も活動性の高い学齢期において、学校管理下で死亡するようなことがあってはならない。しかし、事故は毎年発生している。対応について十分な検証が求められる。

　死因としては、表6の通り、心臓疾患系等による突然死が43.9％で半数弱を占める。次に窒息死、頭部外傷による死亡が占めており、これらに対する救急処置の必要性が高い。

（2）障害別発生状況

表7　障害別発生状況　2017（平成29）年度

	小学校	中学校	高等学校・高等専門学校	特別支援学校			幼稚園・幼連・保育所等	総計
				小	中	高		
歯牙障害	14	16	42	2		2		76
視力・眼球運動障害	18	30	47				1	96
手指切断・機能障害	6	7	6			2	1	20
上肢切断・機能障害	3	3	4				1	13
下肢切断・機能障害	3	5	2			1		10
精神・神経障害	10	19	21			1	1	52
胸腹部臓器障害		6	16					23
外貌・露出部分の醜状障害	36	33	17	1			10	97
聴力障害		1	2					3
せき柱障害		4	4					8
総　計	90	124	161	3	0	6	14	398

　障害は2017（平成29）年度には398件発生し、中学校・高等学校での事故が71.6％を占める。

　障害の中では、外貌・露出部分の醜状障害、視力・眼球運動障害、歯牙障害が多く、外貌・露出部分の醜状障害は、体の発育のアンバランスな小学校に多く見られる。歯牙や視力の傷害は小学校で35.6％、中学校37.1％、高等学校・高等専門学校で55.3％　で、どの学校種でも多く発生する障害として認識し、的確な救急処置が行えることが重要である。

（3）負傷と疾病の状況

表8　負傷と疾病の発生状況　2017（平成29）年度

	負　傷	疾　病	合　計
小学校	332,115	20,310	352,425
中学校	313,038	29,881	342,919
高等学校等	237,097	28,474	265,571
高等専門学校	2,187	222	2,409
幼稚園	16,726	1,381	18,107
幼保連携型認定こども園	8,395	845	9,240
保育所等	36,504	3,707	40,211
総　計	946,062	84,820	1,030,882

表9　負傷・疾病種類別発生件数　2017（平成29）年度

	骨折	捻挫	脱臼	挫傷・打撲	挫創	負傷のその他	関節・筋腱骨疾患	熱中症	疾病のその他	合計
小学校	86,210	61,913	13,212	111,439	23,670	35,671	5,647	408	14,255	352,425
中学校	99,760	78,749	7,180	91,102	9,115	27,132	17,859	2,038	9,984	342,919
高等学校	65,872	61,053	9,035	65,469	7,335	28,333	16,738	2,476	9,269	265,571
高等専門学校	651	542	93	536	75	290	138	20	64	2,409
幼稚園	3,004	954	2,199	5,513	2,592	2,464	177	7	1,197	18,107
幼保連携型認定こども園	1,175	419	1,451	2,747	1,303	1,300	99	3	743	9,240
保育所等	4,200	1,696	7,055	11,344	5,945	6,264	322	13	3,372	40,211
総数	260,872	205,326	40,225	288,150	50,035	101,454	40,980	4,956	38,884	1,030,882

　負傷・疾病の発生状況を見ると、1年間で1,030,882件である。この数値から、時間当たりの発生頻度を計算してみる。子どもが保育や学校生活をし、家にたどり着くまでを9時間と仮定し、年間の授業日数を200日として計算してみると、1日当たり5154.4件、1時間当たり572.7件、1分当たり9.5件。1分間に約10件の災害共済給付を受けるけがや疾病が発生していることになる。これは、医療機関を受診した重症度が高い傷病で、医療機関に受診しない事故を含めるとこの数倍は発生しているといえる。事故は、いつでも、どこでも起こりうるという認識が必要である。それ故、「子どもの命を守る」ための救急処置活動は重要な養護活動といえる。

　負傷では骨折、捻挫、挫傷・打撲、関節・筋腱骨疾患、疾病では熱中症の順に多く発生している。

　以上の2つの調査結果から、子どもの発達段階により、救急処置の内容には特徴があることが理解できる。日常的に保健室を利用する事例への対応とともに、事故や災害による負傷や疾病への対応を行わなければならない。養護教諭は、配置された学校種の特徴を踏まえ、救急処置が的確に実施できるよう努めることが大切である。

〔 第3節 〕　救急処置の進め方

1　事故発生時の体制

　2017（平成29）年度に学校管理下で発生し、災害共済給付対象になった死亡、障害、負傷や疾病数は前述した通りである。給付対象にならないものを含めると学校では実に多くの事故が発生していることがわかる。児童生徒等の傷病はいつ、どこで発生するか予測

することが難しく、校内の連絡体制や緊急時の連携・役割分担が機能するかどうかで予後が左右される。そのため、救急処置時の行動過程は、あらかじめ決めておいた経路で連絡を密にし、速やかに適切な処置に当たる。

緊急事態発生時に適切に対応するためには、救急体制を整備し、学校としての体制の組織化を図ることが大切である。また、養護教諭不在時の救急体制についても、教職員が自分の役割を確認しておくことが必要である。さらに、事件・事故や災害の発生時等においても、速やかな対応が行えるよう、地域の医療機関等との連携体制を築いておくことが大切である。

学校においては、各学校の組織の実態に応じて、図2のような事故発生時対応マニュアルを作成し、教職員全体に周知しておく。

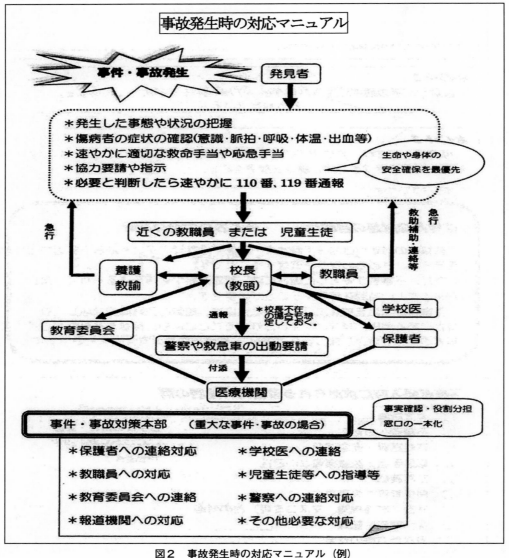

図2　事故発生時の対応マニュアル（例）

出典：大阪府学校保健会『危機管理マニュアル』（2006）

2　救急処置の実際

(1)　生命に危険と判断される重大事故の場合

　心臓発作・心停止、転落事故（頭部外傷）、内臓破裂、広範囲の火傷、持続するけいれん、ショック症状、大出血、骨の変形、その他で生命に危険があると思われるときは、校長の指示（臨機応変に判断）を得て、速やかに救急車を手配する。

> ①　救急車の要請【119（救助、救急）】で以下のことを伝える。
> 　・傷病者の状態…いつ、どこで、どのような状態（意識の有無など）
> 　・傷病者の居所（目印）…案内人を立てる
> 　・学校の電話番号及び連絡者氏名
> ②　保護者へ連絡し状況を伝え、早急に合流してもらえるよう依頼する。

(2)　生命に危険はないが医療を必要とする場合

> ①　保護者に連絡を取り、学校に来てもらうか、病院で引き継ぐか相談する。
> ②　保護者に連絡が取れない場合は、病院受診後家庭へ送り、事故の様子、処置の結果を保護者に伝える。

(3)　事故発生時における教科担任又は顧問の役割

> ①　授業担当者又は部活動顧問は、生徒が授業中もしくは部活動中に事故を起こし負傷した場合は、その状況を詳細に把握しておく。
> ②　授業中もしくは部活動等で事故が起き、医療機関で治療を受けた場合は、担当者は速やかに校長もしくは教頭、養護教諭に報告する。

(4)　緊急時の対応の留意点

> ①　児童生徒の生命に関わる出来事への対応には、迅速に適切な救急・救命処置を行い、生命の安全を最優先する。
> ②　保護者には、状況を丁寧に説明し、誠意をもって対応する。
> ③　事故発生時から記録をとり、事故の原因、発生後の措置についての問題点を明確にし、類似の事故の再発防止と安全管理、安全指導の徹底を図る。

(5)　警察や報道機関への対応

　危機管理の目的は、①児童生徒並びに教職員の生命を守る、②児童生徒と教職員の信頼関係を守る、③学校組織や正常な学校運営を維持する、④保護者・地域社会と学校との信頼関係を守ることである。学校において重大事故が発生した場合、これらの目的に大きな影響が出る。そして学校は、重大事故に対して児童生徒、保護者、地域社会に情報の開示と説明責任を負うことになる。そのため、事故の発表や学校での対応等については正確性が求められ、さらに誤報を回避するためにも、校長や教頭に窓口を一本化し、正確な情報を誠意をもって発信することが重要である。

1 総合的判断

症状の的確な見極めと医療機関等への受診等を含めて養護教諭が総合的に判断し、対応することが重要である。したがって、医療に関する確実な最新の知識・技術の能力を保持し日々研鑽を重ねることが大切である。事故等の救急処置について、養護教諭には以下の能力が求められる。

---

①**的確な判断**……急を要するか、医療機関等へ移送すべきか、校内の処置でよいか。
②**冷静な態度**……慌てることなく自信ある態度で処置を行う。
③**迅速な行動**……傷病者を見て、まずしなければならないことは何か。救急処置、連絡など、その場に応じた適切な処置を行う。

---

2 養護教諭の行う救急処置

養護教諭の行う救急処置は、教育の場で行われることから、当然教育活動の性格を持つものでなければならない。そして、健康障害の悪化防止あるいは健康問題の解決・改善のために行われる処置の一つであり、大きく分けて医療機関へ送るまでの緊急・応急的な処置と医療の対象とならない軽微な傷病に対する処置がある。どのような処置や対応が必要かを最終的に判断するのは、基本的に養護教諭に課せられた使命である。医学や看護学の知識・技術を有する唯一の教員としての力量を発揮することが、子ども・保護者、教職員の期待に応えることになる。

基本的な救急処置過程
①**アセスメント**：情報を収集し、分析する。様々な情報から事故の関連性を整理・統合する。
　観察（緊急度・重症度）、問診（主訴・痛みの程度）　検診（視診・触診・聴診）
②**養護診断**：問題を明確化する。
　緊急度・重症度の判断、身体的問題か・精神的問題か、問題の背景要因
③**処置**：処置及び対応を行う。
　処置及び対応の実施、実施の優先順位の決定
④**後処置**：処置及び対応の評価を行う。
　処置や対応の評価、保健指導、安全指導、災害共済給付手続き（章末資料参照）

養護教諭は救急処置を自ら担当し適切に行うとともに、他の教職員と連携して救急体制を整備し、児童生徒等や保護者に必要な知識や技術の指導・助言を行い、自己解決能力を育成する。また、救急処置の目的が達成されるよう直接的・間接的に働きかける役割を担っている。したがって、養護教諭が行う救急処置は、教育活動としての意義・目的・役割がある救急処置活動として理解することができる。

3　救急処置時の保健指導

　日常起こりやすい切り傷、すり傷、捻挫や打撲傷等の処置や頭痛、腹痛などの対応の機会を生かして、どのような目的で、どのようなことに留意して処置をするのか等の説明（指導）をしつつ救急処置をすることにより、保健教育へとつなげる。

4　校内研修の充実

　学校管理下においては、傷病、事件・事故、災害等が発生した場合には、速やかに適切な対応ができるようにしておかなければならない。そのためには、全ての教職員が基本的な応急手当に関する知識や技術を身に付け、確実で迅速な対応ができることが必要であることから、校内研修の実施が求められる。養護教諭は、校内研修の企画・実施に積極的に参画し、指導者としての役割を果たすことが大切である。

　また、日頃から救急体制に関して教職員・児童生徒・保護者等に周知を図り、理解と協力を得ておくことが大切である。

5　学校事故における養護教諭の責任

　事故が発生した場合の教職員の指導監督責任については、国家賠償法第1条が適用される。ここには、子どもが学校管理下にある間、担当教員は子どもの安全に配慮し、事故を防止する注意義務（法的義務）があること、また、教員が故意又は過失によって子どもに損害を加えたときは、国又は公共団体が損害を賠償しなければならないことが示されている。すなわち学校側が責任を負うことになる。

養護教諭に対して判例で問われた「注意義務」の内容
① 1985（昭和60）年9月26日神戸地方裁判所判決
　「中学校の養護教諭は、学校の全生徒の健康管理を行う責任を負い、負傷した生徒を診察した場合は、適切な応急処置をするとともに、医師の診察を必要とする場合には速やかに医師のもとに生徒を連れていき、医師の適切な治療を受けさせるべき義務を負う。」
② 1971（昭和46）年福島地方裁判所判決
　「一般に養護教諭は学校に専属し、児童生徒の養護をつかさどる教育職員であり、その執務内容の中には一般的な生徒の保健管理のほか、「生徒の救急看護に従事する」ことも当然含まれると解されている。」
③ 2004（平成16）年7月29日大分地方裁判所判決
　「養護教諭が障害児に動作訓練を施す場合には、その職務上、対象児童の健康状態に十分な配慮をし、身体に危険がないよう注視する義務を負っているものであり、場合によっては医師とも連絡をとる義務がある。」

資料：石原真弓弁護士による講演「学校事故と養護教諭の役割」（2015）

　以上3つの判決内容は、学校事故において養護教諭に問われた注意義務の内容である。このことからも、養護教諭はどのような義務を負って、日々の職務を進めているのか自覚しておきたい。

6 　学校における危機管理の徹底と研修

　救急処置活動は、学校保健安全法第 29 条「危機等発生時対処要領の作成等」と関連して学校の危機管理においても重要である。養護教諭のもつ医学的知識や看護学的能力を生かし、教育活動で起こりうる危機に対して、養護教諭は、全教職員が適切に対処できるように知識・技術の研修会等の企画・運営に参加し積極的に指導・助言することが大切である。また、地域の医療機関・専門機関と密接な連携を図り、外部講師として専門家を招聘するなどして、子どもの命を守るための取組を全教職員で共有するよう努める。

第5節 　救急処置の評価の視点

① 　救急体制について全教職員の共通理解を図ったか。
② 　救急箱、担架、AED 等の整備及び位置が明示されており、周知されているか。
③ 　事故発生時に教職員の役割分担のもとに速やかに行動できたか。
④ 　傷病者等に対して適確な判断と処置ができたか。
⑤ 　地域の医療機関等と連携ができたか。
⑥ 　保健指導など適切な事後措置が行えたか。
⑦ 　保護者及び関係者に対する連絡・報告等は適切であったか。
⑧ 　管理職への報告は適切に行われたか。
⑨ 　関係事項の記録をとり、適切に保管しているか。
⑩ 　応急手当てに関する校内研修が企画され実施されたか。　　等

引用・参考文献
1) 日本学校保健会（2012）. 学校保健の課題とその対応―養護教諭の職務に関する調査結果から―.
2) 日本養護教諭学会（2012）：養護教諭の専門領域に関する用語の解説集 第2版.
3) 日本学校保健会（2018）. 保健室利用状況に関する調査報告書 平成 28 年度調査結果.
4) 独立行政法人日本スポーツ振興センター法. https://elaws.e-gov.go.jp/search/elawsSearch/elaws_search/lsg0500/detail?lawId=414AC0000000162.（2019 年 5 月 28 日閲覧）
5) 北口和美（2015）. 独立行政法人日本スポーツ振興センターの災害給付制度について. デジタル版養護教諭通信 You 通, 5 月号. のまど書房.
6) 日本スポーツ振興センター（2018）. 学校管理下の災害［平成 30 年版］平成 29 年度データ.
7) 日本スポーツ振興センター. 給付金額. https://www.jpnsport.go.jp/anzen/saigai/seido/tabid/85/Default.aspx（2020 年 11 月 17 日閲覧）.

参考資料

災害共済給付制度について

(1) 法的根拠

　学校管理下における災害給付制度について、目的、業務の範囲、給付金申請の時効、医療給付が受けられる期間について、独立行政法人日本スポーツ振興センター法及び日本スポーツ振興センター法施行令で次のように定められている。法的根拠をしっかりと押さえて手続きをする。

(2) 独立行政法人日本スポーツ振興センター法

（センターの目的）
第3条　独立行政法人日本スポーツ振興センター（以下「センター」という。）は、スポーツの振興及び児童、生徒、学生又は幼児（以下「児童生徒等」という。）の健康の保持増進を図るため、その設置するスポーツ施設の適切かつ効率的な運営、スポーツの振興のために必要な援助、小学校、中学校、義務教育学校、高等学校、中等教育学校、高等専門学校、特別支援学校、幼稚園、幼保連携型認定こども園又は専修学校（高等課程に係るものに限る。）（第15条第1項第8号を除き、以下「学校」と総称する。）の管理下における児童生徒等の災害に関する必要な給付その他スポーツ及び児童生徒等の健康の保持増進に関する調査研究並びに資料の収集及び提供等を行い、もって国民の心身の健全な発達に寄与することを目的とする。

（業務の範囲）
第15条　センターは、第3条の目的を達成するため、次の業務を行う。
七　学校の管理下における児童生徒等の災害（負傷、疾病、障害又は死亡をいう。以下同じ。）につき、当該児童生徒等の保護者（中略）又は当該児童生徒等のうち生徒若しくは学生が成年に達している場合にあっては当該生徒若しくは学生その他政令で定める者に対し、災害共済給付（医療費、障害見舞金又は死亡見舞金の支給をいう。以下同じ。）を行うこと。

（時効）
第32条　災害共済給付を受ける権利は、その給付事由が生じた日から2年間行わないときは、時効によって消滅する。

医療費	同一の負傷又は疾病に係る医療費の月分ごとに、翌月の11日から起算して2年間
障害見舞金	負傷又は疾病が治った日の属する月の翌月の11日から起算して2年間
死亡見舞金	死亡した日の翌日から起算して2年間

　※時効にならないためには、上記のように2年の間に、センターに請求を行うことが必要である。

(3) 独立行政法人日本スポーツ振興センター法施行令

（給付期間）
第3条　法第15条第1項第7号に規定する災害共済給付（以下この章において単に「災害共済給付」という。）の給付金の額は、次の各号に掲げる給付の種類ごとに、当該各号に定める額とする。
2　災害共済給付（障害見舞金の支給を除く。）は、同一の負傷又は疾病に関しては、医療費の支給開始後10年を経過した時以後は、行わない。

（※下線は筆者による）

　初診から最長10年間継続して給付を受けることができるが、負傷又は疾病が治癒した時点で終了する。

（参考）給付の対象になる災害の種類

災害の種類	災害の範囲
負傷	学校の管理下の事由によるもので、療養に要する費用の額が 5,000 円以上のもの
疾病	学校の管理下の事由によるもので、療養に要する費用の額が 5,000 円以上のもののうち、文部科学省令で定めるもの ○ 学校給食による中毒　　○ ガス等による中毒 ○ 熱中症　　　　　　　　○ 溺水 ○ 異物の嚥下又は迷入による疾病　○ 漆等による皮膚炎 ○ 外部衝撃等による疾病　○ 負傷による疾病
障害	学校の管理下の負傷及び上欄の疾病が治った後に残った障害で、その程度により 1 級から 14 級に区分される
死亡	学校の管理下の事件に起因する死亡及び上欄の疾病に直接起因する死亡
突然死	学校の管理下において、運動などの行為に起因する突然死
	学校の管理下において、運動などの行為と関連のない突然死

出典：日本スポーツ振興センター学校安全 Web「給付金額」[7] をもとに作成

（4）給付申請に関しての留意事項

　書類の不備はスムーズな給付ができなくなる上に、再請求の手間も増えてしまうため、請求する際に下記のことを留意する。

---

①給付の対象となる「学校管理下」と「災害の範囲」かどうかを確認する
➤　給付の全部又は一部が行われない場合
　　○　第三者の加害行為による災害で、その加害者から損害賠償を受けたとき（対自動車交通事故など）
　　○　他の法令の規定による給付等を受けられるとき
　　○　非常災害（地震、津波、洪水など）で一度に大勢の児童生徒が災害に遭い、給付金の支払が困難になったとき
　　○　高等学校の生徒及び高等専門学校の学生の故意等による災害（自殺など）
　　○　また、重過失（単車通学におけるスピード違反など）による災害については、一部給付の減額が行われます。
➤　給付の対象外となるもの
　　○　保険診療でないもの
　　○　医療総額（保険込み）が、5,000 円未満の場合
　　○　損害賠償を受けた場合
　　○　医療費の支給開始後 10 年を経過した場合
　　○　災害発生日より 2 年間申請がない場合（時効）

②因果関係を確認する
　　災害の発生状況と、医療等の状況の傷病名と矛盾がないかどうか。

③ 5,000 円（500 点）未満でないか確認する
　　給付対象になるのは、初診から治癒までの医療費総額が 5,000 円以上の災害である。5,000 点未満の場合は、本災害の継続治療分や別の病院での治療費や調剤分等合計して 5,000 円以上になってから申請する。

④個人情報等に注意する
　　災害報告書と医療等の状況の氏名確認、児童生徒と保護者の名字が違う場合はその他参考となる事項に記載する。

⑤重複請求に注意する
　　まとめて請求する場合には特に注意する。

⑥時効になっていないか確認する
　　2 年以上請求しなかった場合は、時効により不支給になる。月々に係る請求の時効と支給期間 10 年を混同しないようにする。

⑦高額療養の状況の届が必要かどうか確認する
　　医療等の状況で 1 ヶ月の医療費が 7,000 点以上の場合、高額療養状況の届が必要である。点数により「保護者における記載欄」「所得に関する証明」が違うので、点数を確認して書類を整える。

⑧治療装具・調剤証明関係を確認する
　　それぞれどのように請求するか、確認しておく。装具は購入したものが対象である。松葉杖等のレンタルは対象外とする。

⑨交通事故の場合は取り扱いに注意する
　　交通事故は大小にかかわらず警察に届けること（交通事故証明書発行）。加害者がわかっている場合、加害者が不明の場合についての対応を熟知しておく。

⑩保護者の理解を得る
　　災害給付制度は、災害給付金というお金が絡む制度である。保護者に十分な説明と理解が得られるようにすることが大切である。

第6章　疾病の予防と管理

　　日本の疾病構造は、社会状況の変化に伴い、従来からの疾病に新たな疾病が加わるなど、その内容が大きく変化してきた。子ども達の疾病も同様に多種多様化している。学校における疾病の管理や予防は、安心で安全な学校生活を送ることができるようにすることであり、それは、子どもの生命を守り、教育への参加を保障するという大きな意味を持つ。特に個別の疾病管理においては、子ども達が心を痛めることがないように一人ひとりの人権が保障されなければならない。

　　本章は、第1節で具体的な疾病を挙げて、その管理と指導について述べる。さらに、疾病の管理においては多様な専門職との連携を必要としていることから、他職種との連携についても述べる。第2節では、学校における感染症の予防と管理について述べる。

　　近年、新型インフルエンザ・麻疹をはじめ、2020（令和2）年に世界的大流行となった新型コロナウイルス感染症等の感染症が、学校教育の推進に大きな影響を与えている。これらに限らず、集団生活を行う学校では、様々な感染症が発生する可能性は大きい。感染症対策は危機管理の上でも重要であり、養護教諭の専門性が大きく問われる養護活動である。

〔 第1節 〕疾病のある児童生徒の管理

1　疾病管理の目的

　慢性疾患（慢性的健康障害及び慢性的身体障害）とは、12ヶ月を超えて続く、通常の活動に何らかの制約が生じるだけの重大性を持つ疾患をいう。基準によるが、10〜30％の小児が慢性的健康障害を持つと推定されており、学校生活を送る上で配慮を必要とする疾病や障害のある児童生徒が少なからず在籍していることになる。心臓疾患、腎臓疾患、アレルギー疾患、糖尿病等のある児童生徒や、一人ひとりの疾病の状況に応じて個別に配慮が必要となる。また、心電図や検尿の健康診断を実施した結果判明する疾患もある。

　疾病管理の目的は、保健調査、健康診断、健康観察、健康相談等により、疾病に罹患している児童生徒の早期受診や早期の回復、治療への支援を行うとともに、運動や授業などへの参加の制限を最小限にとどめ、可能な限り教育活動に参加できるよう配慮することにより、安心して、学校生活を送ることができるよう支援することである。

　言い換えると、疾病のある児童生徒が、安全に安心して学校生活を送ることを目的とし、

人権への配慮をしつつも、過剰な運動制限や学校生活の制限にならないように、養護の本質である「生命の保障」「教育の保障」「人権の保障」を基盤に養護・教育を行うことである。

2 「学校生活管理指導表」の活用

　個別に学校生活を支援するため、心臓疾患・腎臓疾患等は「学校生活管理指導表」を、食物アレルギー・喘息・アトピー性皮膚炎等は「学校生活管理指導表（アレルギー疾患用）」を活用する。主治医が記入した学校生活管理指導表が運動制限や食事制限の根拠となる。保護者が学校に要望する管理と主治医が記入する学校生活管理指導表の内容が一致しないこともあるので、主治医に記入してもらう前に保護者から聞き取りをし、どのように主治医に記入してもらうかを保護者と協議しておいた方がよい。

　この「学校生活管理指導表」は、該当する児童生徒への日常及び緊急時の対応に役立てるものであり、全教職員での共通理解を図っておくことが必要である。そのために、養護教諭は、配慮事項や緊急時の対応等を明らかにして、学校の教職員全体にわかりやすく周知しなくてはならない。

　代表的な慢性疾患として、ここでは、「食物アレルギー」「糖尿病」「てんかん」「低身長症」を取り上げる。

図1　学校生活管理指導表
（小学生用）

［平成23年度改訂］

学 校 生 活 管 理 指 導 表 　（中学・高校生用）

令和　年　月　日

氏名　　　　　　　男・女　昭和　　　年　月　日生（　）才　　　中学校　　　　　高等学校　　　　年　　　組

①診断名（所見名）　　　　②指導区分　　　③運動部活動　　　④次回受診　　　医療機関

要管理：A・B・C・D・E　可（ただし、　　）部　（　）年（　）ヶ月後　　医師　　　　　　　　　印
管理不要　　　　可・禁　　　または異常があるとき

【指導区分：A…在宅医療・入院が必要　B…登校はできるが運動は不可　C…軽い運動は可　D…中等度の運動まで可　E…強い運動も可】

体育活動			運動強度	軽い運動（C・D・Eは“可”）	中等度の運動（D・Eは“可”）	強い運動（Eのみ“可”）
運動領域等	*体つくり運動		体ほぐしの運動 体力を高める運動	仲間と交流するための手軽な運動、律動的な運動 基本の運動（投げる、打つ、捕る、蹴る、跳ぶ）	体の柔らかさおよび巧みな動きを高める運動、力強い動きを高める運動、動きを持続する能力を高める運動	最大限の持久運動、最大限のスピードでの運動、最大筋力の運動
	器械運動		（マット、跳び箱、鉄棒、平均台）	準備運動、簡単なマット運動、バランス運動、簡単な跳躍	簡単な技の練習、助走からの支持、ジャンプ・基本的な技（回転系の技を含む）	演技、競技会、発展的な技
	陸上競技		（競走、跳躍、投てき）	基本動作、立ち幅跳び、負荷の少ない投てき、軽いジャンピング（走ることは不可）	ジョギング、短い助走での跳躍	長距離走、短距離走の競走、競技、タイムレース
	水泳		（クロール、平泳ぎ、背泳ぎ、バタフライ）	水慣れ、浮く、伏し浮き、け伸びなど	ゆっくり泳ぐ	競泳、遠泳（長く泳ぐ）、タイムレース、スタート・ターン
	球技	ゴール型	バスケットボール ハンドボール サッカー ラグビー	基本動作（パス、シュート、ドリブル、フェイント、リフティング、トラッピング、スローイング、キッキング、ハンドリングなど）	基本動作を生かした簡易ゲーム（ゲーム時間、コートの広さ、用具の工夫などを取り入れた連携プレー、攻撃・防御）	試合・競技
		ネット型	バレーボール 卓球 テニス バドミントン	基本動作（パス、サービス、レシーブ、トス、フェイント、ストローク、ショットなど）		
		ベースボール型	ソフトボール 野球	基本動作（投球、捕球、打撃など）		
		ゴルフ		基本動作（軽いスイングなど）	クラブで球を打つ練習	
	武道		柔道、剣道、相撲	礼儀作法、基本動作（受け身、素振り、さばきなど）	基本動作を生かした簡単な技・形の練習	応用練習、試合
	ダンス		創作ダンス、フォークダンス 現代的なリズムのダンス	基本動作（手ぶり、ステップ、表現など）	基本動作を生かした動きの激しさを伴わないダンスなど	各種のダンス発表会など
	野外活動		雪遊び、氷上遊び、スキー、スケート、キャンプ、登山、遠泳、水辺活動	水・雪・氷上遊び	スキー、スケートの歩行やゆっくりの滑走平地歩きのハイキング、水に浸かり遊ぶなど	登山、遠泳、潜水、カヌー、ボート、サーフィン、ウインドサーフィンなど
文化的活動				体力の必要な長時間の活動を除く文化活動	右の強い活動を除くほとんどの文化活動	体力を相当使って吹く楽器（トランペット、トロンボーン、オーボエ、バスーン、ホルンなど）、リズムのかなり速い曲の演奏や指揮、行進を伴うマーチングバンドなど
学校行事、その他の活動				▼運動会、体育祭、球技大会、スポーツテストなどは上記の運動強度に準ずる。 ▼指導区分、"E"以外の生徒の遠足、宿泊学習、修学旅行、林間学校、臨海学校などへの参加について不明な場合は学校医・主治医と相談する。		

その他注意すること

《軽い運動》同年齢の平均的生徒にとって、ほとんど息がはずまない程度の運動。
定義　《中等度の運動》同年齢の平均的生徒にとって、少し息がはずむが息苦しくない程度の運動。パートナーがいれば楽に会話ができる程度の運動。
　　　《強い運動》同年齢の平均的生徒にとって、息がはずみ息苦しさを感じるほどの運動。
＊体つくり運動：レジスタンス運動（等尺運動）を含む。

（中・高校生用）

ランニングのないゆっくりな運動（身体の強い接触を伴わないフットワーク）　タイムレース・応用練習・簡易ゲーム・ゲーム・競技

学校生活管理指導表について

　学校生活管理指導表では、教科体育に掲げられている全運動種目を取り上げ、その種目への取組み方によって強度を分類しています。
　この管理指導表は、小学校と中学校・高等学校では、運動種目の呼称等が大きく異なるため、小学生用と中・高校生用に分けて作成しています。

指導区分について

A：在宅医療・入院が必要
B：登校はできるが運動は不可
C：「同年齢の平均的児童生徒にとっての」軽い運動には参加可
D：「同年齢の平均的児童生徒にとっての」中等度の運動も参加可
E：「同年齢の平均的児童生徒にとっての」強い運動も参加可

運動部（クラブ）活動について

　運動部活動は、すべての運動部に制限なく参加できる場合には、運動種目や参加内容を規定せず、単に「可」と記載します。制限がある場合には、括弧内に、参加できる活動を記入します。

注）運動部活動欄の記入にあたって
　学校差、個人差が大きいことを考えると運動の種目のみによって参加の可否を決定できませんので、それぞれの児童生徒の学校の部活動の状態を確認をして記入して下さい。
　また、運動部活動は選手としての参加のほかに、記録係や強い身体活動要求されない担当部署への参加もあることを考え、CやD区分の児童生徒にも参加の機会を与えて下さい。ただし、その場合には、参加形態が条件付きであることは当然です。

その他の学校行事などについて

　一覧表に例示されていない体力テストや学校行事も、右欄の運動強度の定義を参考に、同年齢の平均的な児童生徒にとってその活動がどの運動強度に属する程度のものであるかを考慮して各指導区分の児童生徒の参加の可否を決定して下さい。

運動強度の定義

（1）軽い運動
　同年齢の平均的児童生徒にとって、ほとんど息がはずまない程度の運動。球技では、原則として、フットワークを伴わないもの。レジスタンス運動（等尺運動）は軽い運動には含まれない。
（2）中等度の運動
　同年齢の平均的児童生徒にとって、少し息がはずむが、息苦しくはない程度の運動。パートナーがいれば、楽に会話ができる程度の運動であり、原則として、身体の強い接触を伴わないもの。レジスタンス運動（等尺運動）は「強い運動」ほどの力を込めて行わないもの。
（3）強い運動
　同年齢の平均的児童生徒にとって、息がはずみ息苦しさを感じるほどの運動。等尺運動の場合は、動作時に歯を食いしばったり、大きな掛け声を伴ったり、動作中や動作後に顔面の紅潮、呼吸促迫を伴うほどの運動。

注）備考欄等の取り扱い
　この表の備考欄には、それぞれの疾患や地域の状況に応じて必要と考えられる欄を設けたりすることができます。

（裏面（小中高共通））

出典：日本学校保健会 WEBサイト[1]

（1）食物アレルギー

① 病態

　一般的には特定の食物を摂取することによって、皮膚・呼吸器・消化器あるいは全身性に生じるアレルギー反応のことをいう。原因食物は学童期では多岐にわたるが、学童～高校生までの新規発症では甲殻類、果物が多く、誤食による原因食物では鶏卵、牛乳、落花生、小麦、甲殻類の順に多くなっている[5]。木の実類（クルミ・カシューナッツ・アーモンドなど）も増えており、2019（令和元）年度学校生活管理指導表の加工食品アレルギー推奨表示の項目にアーモンドが新たに加わった。症状は、皮膚症状が最も多く、次いで呼吸器症状、粘膜症状、消化器症状[5]、中にはアナフィラキシーショックのような命に関わる重い症状まで様々ある。

② 管理のポイント

　食物アレルギーの管理の基本は「正しい診断に基づく必要最小限の除去」である。食物経口負荷試験により診断を正確に行い、必要最小限の除去を実施することが大切である。

　アナフィラキシーの原因として食物アレルギーが最多であることを知った上で、過去にアナフィラキシーを起こしたことのある児童生徒等については、その病型を知り、学校生活における原因を除去することが不可欠である。症状誘発の原因となるものは食物のみならず、「食物依存性運動誘発アナフィラキシー」のように運動が誘発原因となることもある。

　また、アナフィラキシー症状の既往がありエピペンを処方された児童生徒は、教職員全体で周知・管理する必要があるが、学校生活の中で初めてアナフィラキシーを起こすことも決してまれではないことを念頭に置き、全ての児童生徒に起こりうる症状として認識しておく必要がある。

> **食物依存性運動誘発アナフィラキシーとは……**
> 　特定の食物を食べた後に運動することによってアナフィラキシーが誘発される病型。原因食物としては小麦、甲殻類が多く、頻度はまれではあるが、発症した場合はじんましんから始まり、呼吸困難やショック症状のような重篤な症状に至ることがある。原因食物の摂取と運動の組み合わせで発症するため、食べただけ、運動しただけでは症状は起きない。何度も同じ症状を繰り返しながら原因の食物の診断が難しい例も見られる。

　原因の食物を知ることは、学校での取組を進める上で欠かせない。「学校内でのアレルギーの発症をなくすこと」が第一目標であるが、同時に児童生徒の健全な成長の観点から、不要な食事制限をなくすことも重要である。

　①明らかな症状の既往、②食物経口負荷試験陽性、③IgE抗体等検査陽性により食物アレルギーの診断が確定になる（2019（令和元）年度、④未摂取が新たに加わった）（図2）が、診断が確定していない場合でも保護者から給食制限の要望が出ることが少なくない。一般的に③だけを根拠に正しく診断することはできず、検査が陽性であっても、実際はその食品を食べられることが多い。また、幼少期のエピソードや親がアレルギーであるからという理由で、これまで全く又は長期にわたり摂取させていない場合（④未摂取）もある。

表　学校生活管理指導表（アレルギー疾患用）

名前＿＿＿＿＿＿＿＿＿（男・女）＿＿＿年＿＿月＿＿日生　＿＿年＿＿組　　　　提出日＿＿＿年＿＿月＿＿日

※この生活管理指導表は、学校の生活において特別な配慮や管理が必要となった場合に医師が作成するものです。

病型・治療	学校生活上の留意点	★保護者

アナフィラキシー／食物アレルギー（あり・なし）

A 食物アレルギー病型（食物アレルギーありの場合のみ記載）
1. 即時型
2. 口腔アレルギー症候群
3. 食物依存性運動誘発アナフィラキシー

B アナフィラキシー病型（アナフィラキシーの既往ありの場合のみ記載）
1. 食物（原因：　　　　　　　　）
2. 食物依存性運動誘発アナフィラキシー
3. 運動誘発アナフィラキシー
4. 昆虫
5. 医薬品
6. その他（　　　　　　　　）

C 原因食物・除去根拠　該当する食品の番号に○をし、かつ（　）内に除去根拠を記載
1. 鶏卵　　　（　）
2. 牛乳・乳製品（　）
3. 小麦　　　（　）
4. ソバ　　　（　）
5. ピーナッツ（　）
6. 甲殻類　　（　）（すべて・エビ・カニ　　　　　）
7. 木の実類　（　）（すべて・クルミ・カシュー・アーモンド　）
8. 果物類　　（　）（　　　　　　　　）
9. 魚類　　　（　）（　　　　　　　　）
10. 肉類　　　（　）（　　　　　　　　）
11. その他1　（　）（　　　　　　　　）
12. その他2　（　）（　　　　　　　　）

【除去根拠】該当するもの全てを（　）内に記載
① 明らかな症状の既往　③ 食物経口負荷試験陽性
② IgE抗体等検査結果陽性　④ 未摂取
※（　）に具体的な食品名を記載

D 緊急時に備えた処方薬
1. 内服薬（抗ヒスタミン薬、ステロイド薬）
2. アドレナリン自己注射薬「エピペン®」
3. その他（　　　　　　　　）

A 給食
1. 管理不要　　2. 管理必要

B 食物・食材を扱う授業・活動
1. 管理不要　　2. 管理必要

C 運動（体育・部活動等）
1. 管理不要　　2. 管理必要

D 宿泊を伴う校外活動
1. 管理不要　　2. 管理必要

E 原因食物を除去する場合により厳しい除去が必要なもの
※本欄に○がついた場合、該当する食品を使用した料理については、給食対応が困難となる場合があります。
鶏卵：卵殻カルシウム
牛乳：乳糖・乳清焼成カルシウム
小麦：醤油・酢・麦茶
大豆：大豆油・醤油・味噌
ゴマ：ゴマ油
魚類：かつおだし・いりこだし・魚醤
肉類：エキス

F その他の配慮・管理事項（自由記述）

★保護者
電話：
【緊急時連絡先】★連絡医療機関
医療機関名：
電話：
記載日　　　年　　月　　日
医師名　　　　　　　　　㊞
医療機関名

気管支ぜん息（あり・なし）

病型・治療	学校生活上の留意点	★保護者

A 症状のコントロール状態
1. 良好　　2. 比較的良好　　3. 不良

B-1 長期管理薬（吸入）　　薬剤名　　投与量/日
1. ステロイド吸入薬（　）（　）
2. ステロイド吸入薬/長時間作用性吸入ベータ刺激薬配合剤（　）（　）
3. その他（　）（　）

B-2 長期管理薬（内服）　　薬剤名
1. ロイコトリエン受容体拮抗薬（　）
2. その他（　）

B-3 長期管理薬（注射）　　薬剤名
1. 生物学的製剤（　）

C 発作時の対応　　薬剤名　　投与量/日
1. ベータ刺激薬吸入（　）（　）
2. ベータ刺激薬内服（　）

A 運動（体育・部活動等）
1. 管理不要　　2. 管理必要

B 動物との接触やホコリ等の舞う環境での活動
1. 管理不要　　2. 管理必要

C 宿泊を伴う校外活動
1. 管理不要　　2. 管理必要

D その他の配慮・管理事項（自由記述）

★保護者
電話：
【緊急時連絡先】★連絡医療機関
医療機関名：
電話：
記載日　　　年　　月　　日
医師名　　　　　　　　　㊞
医療機関名

（公財）日本学校保健会　作成

裏　学校生活管理指導表（アレルギー疾患用）

名前＿＿＿＿＿＿＿＿＿（男・女）＿＿＿年＿＿月＿＿日生　＿＿年＿＿組　　　　提出日＿＿＿年＿＿月＿＿日

アトピー性皮膚炎（あり・なし）

病型・治療	学校生活上の留意点

A 重症度のめやす（厚生労働科学研究班）
1. 軽症：面積に関わらず、軽度の皮疹のみ見られる。
2. 中等症：強い炎症を伴う皮疹が体表面積の10%未満に見られる。
3. 重症：強い炎症を伴う皮疹が体表面積の10%以上、30%未満に見られる。
4. 最重症：強い炎症を伴う皮疹が体表面積の30%以上に見られる。
※軽度の皮疹：軽度の紅斑、乾燥、落屑主体の病変
※強い炎症を伴う皮疹：紅斑、丘疹、びらん、浸潤、苔癬化などを伴う病変

B-1 常用する外用薬
1. ステロイド軟膏
2. タクロリムス軟膏（「プロトピック®」）
3. 保湿剤
4. その他（　）

B-2 常用する内服薬
1. 抗ヒスタミン薬
2. その他

B-3 常用する注射薬
1. 生物学的製剤

A プール指導及び長時間の紫外線下での活動
1. 管理不要　　2. 管理必要

B 動物との接触
1. 管理不要　　2. 管理必要

C 発汗後
1. 管理不要　　2. 管理必要

D その他の配慮・管理事項（自由記述）

記載日　　年　　月　　日
医師名　　　　　　　㊞
医療機関名

アレルギー性結膜炎（あり・なし）

病型・治療	学校生活上の留意点

A 病型
1. 通年性アレルギー性結膜炎
2. 季節性アレルギー性結膜炎（花粉症）
3. 春季カタル
4. アトピー性角結膜炎
5. その他（　）

B 治療
1. 抗アレルギー点眼薬
2. ステロイド点眼薬
3. 免疫抑制点眼薬
4. その他（　）

A プール指導
1. 管理不要　　2. 管理必要

B 屋外活動
1. 管理不要　　2. 管理必要

C その他の配慮・管理事項（自由記載）

記載日　　年　　月　　日
医師名　　　　　　　㊞
医療機関名

アレルギー性鼻炎（あり・なし）

病型・治療	学校生活上の留意点

A 病型
1. 通年性アレルギー性鼻炎
2. 季節性アレルギー性鼻炎（花粉症）
主な症状の時期：　春　、　夏　、　秋　、　冬

B 治療
1. 抗ヒスタミン薬・抗アレルギー薬（内服）
2. 鼻噴霧用ステロイド薬
3. 舌下免疫療法（ダニ・スギ）
4. その他（　）

A 屋外活動
1. 管理不要　　2. 管理必要

B その他の配慮・管理事項（自由記載）

記載日　　年　　月　　日
医師名　　　　　　　㊞
医療機関名

（公財）日本学校保健会　作成

学校における日常の取組及び緊急時の対応に活用するため、本票に記載された内容を学校の全教職員及び関係機関等で共有することに同意します。

保護者氏名＿＿＿＿＿＿＿＿＿＿

図2　学校安全管理指導表（アレルギー疾患用）

出典：日本学校保健会 WEB サイト[1]

163

これらを踏まえて養護教諭は本来の食物アレルギーとそうでないものの区別をし、保護者の要望には丁寧に対応し、医師の診断による「学校生活管理指導表（アレルギー疾患用）」の提出が必須であることを伝え、食物経口負荷試験の実施を検討してもらうよう提案し、不要な食事制限により健全な成長発達が妨げられることのならないよう、保護者を含めて本人に保健指導を行うことが重要である。

③　学校の役割・組織体制

　2014(平成26)年6月にアレルギー疾患対策基本法が公布され、これに基づき「アレルギー疾患対策の推進に関する基本的な指針」が告示された。この中で、学校管理者の責務として次のように示されている。

（学校等の設置者等の責務）
第9条　学校、児童福祉施設、老人福祉施設、障害者支援施設その他自ら十分に療養に関し必要な行為を行うことができない児童、高齢者又は障害者が居住し又は滞在する施設（以下「学校等」という。）の設置者又は管理者は、国及び地方公共団体が講ずるアレルギー疾患の重症化の予防及び症状の軽減に関する啓発及び知識の普及等の施策に協力するよう努めるとともに、その設置し又は管理する学校等において、アレルギー疾患を有する児童、高齢者又は障害者に対し、適切な医療的、福祉的又は教育的配慮をするよう努めなければならない。

　適切な医療的配慮（＝「生命の保障」）、教育的配慮（＝「教育の保障」）、福祉的配慮（＝「人権の保障」）を実践することが学校の役割となる。この目的を達するためには、校長を責任者として、関係者で組織する「食物アレルギー対応委員会」を設置し、学校全体で組織的に取り組む必要がある。対応委員会では次のような役割がある。

①　児童生徒等の食物アレルギーに関する正確な情報の把握
②　教職員全員の食物アレルギーに関する基礎知識の充実（研修の計画実施）
③　食物アレルギー発症時にとる対応の事前確認（マニュアルの作成・訓練の実施）
④　個別の取組プランの作成

　対応方法を検討・決定後も「対応委員会」は定期的に行い、対象児童生徒等の対応内容の把握や健康状態の共有、取組プランの見直しが必要である。年度末には再度対応の評価と見直しを行い、新年度の学校生活管理指導表を更新する。

(2) 糖尿病

①　病態

　1型糖尿病（インスリン依存型）と2型糖尿病がある。

　1型糖尿病は膵臓からインスリンがほとんど分泌されなくなる疾患であり、食事を摂取しても体内で分解されてできるブドウ糖をエネルギーとして細胞に取り込むことができない。そのため注射やポンプ装置でインスリンを体内に補う。生涯インスリン投与が必要となる。小児期に発症が多い。

　一方、2型糖尿病はインスリンの作用不足から起こる疾患で、生活習慣病の一つと見られており必ずしもインスリン注射を必要としない。中高年に多いが、学童期の小児にも増えている。食事療法と運動療法で改善が可能であり、内服薬とインスリン注射を併用する場合もある。

　小児の糖尿病は今後も増加し続けると指摘されており、学校における糖尿病の予防と管理は「生命の保障」を守る上で大きな課題となる。

②　管理のポイント

> 【1型糖尿病】
> ①　インスリン注射やインスリンポンプ治療は「医行為」に当たるため、保護者や本人が自ら行うことが法的に認められたものであり、原則的に学校の教員が取り扱うことはない。特別支援学校など看護師が学校に配置されていれば、看護師が実施する「医療的ケア」として管理を進めていく。
> ②　重篤な合併症を発症する例でない限り、基本的に運動制限の必要はなく管理不要になる。不要な制限をしない配慮が「教育の保障」につながる。
> ③　血糖値測定やインスリン注射を行う場所について本人が安心してできるところを決めておく。
> ④　インスリン注射のあとの注射針の処理については「ペットボトルなどに入れて持ち帰らせ保護者が通院時医療機関に渡す」などあらかじめ決めておき、「針刺し事故」の可能性も考えてマニュアル化しておく。
> ⑤　在学中に発病すれば、入院治療となるが、発病直後は血糖値が不安定であることが多いので、退院後しばらくは学校生活での血糖値コントロールを常に観察管理しておく必要がある。
> ⑥　自分で血糖測定やインスリン注射あるいはポンプ操作ができるように支援する。
> ⑦　重症高血糖時の症状や対応、重症低血糖時の症状や対応について事前に医師の指示を得て、教職員に周知しておく。

> 【2型糖尿病】
> ①　2型糖尿病の8割は肥満を有しており、肥満や急激な体重増加等をきっかけに発病することもあるので、成長曲線を活用するなどして体重の推移を見ておく。
> ②　尿糖陽性者のほとんどが無症状であり、ゆっくり発症し、学校検尿により発見されることもある。
> ③　無症状であるため、本人や保護者が困っていないことがあり、治療の必要性を説明し、治療に導くこと、治療を中断させないことが疾病管理の優先事項となることもある。
> ④　生活習慣改善が必要となる場合、本来の年齢相当の必要摂取カロリーに戻し3食規則正しくバランスのとれた食事を指導することが基本となる。
> ⑤　肥満解消指導の場合、成長期は現在の体重を維持することを目標にし、身長が伸びていくことで肥満の解消を図る。

　2002（平成14）年の「学校生活管理指導表」の改訂と同時に、「糖尿病患児の治療・緊急連絡法等の連絡表」が作成された（図3）。これは、「学校生活管理指導表」と併せて利用することにより低血糖を含めた急性合併症に対応できるようにしたものである。

糖尿病患児の治療・緊急連絡法等の連絡表について

　学校において、糖尿病に罹患する児童生徒に適切に対応していくために必要な主治医と学校をつなぐ連絡表です。

　これまでの糖尿病管理指導表については廃止しましたので、学校での生活等についての連絡には、この「糖尿病患児の治療・緊急連絡法等の連絡表」と先にまとめられた各疾患共通の「学校生活管理指導表」（小学生用と中学・高校生用の2種類あり）の2枚を用いてください。

　学校生活一般に関する注意事項については、この「糖尿病患児の治療・緊急連絡法等の連絡表」にご記入いただき、日常の体育活動や運動部（クラブ）活動、学校行事への参加等については、糖尿病患児の病状各疾患共通の「学校生活管理指導表」にご記入頂き、2枚を1セットにして、学校におわたし下さい。

糖尿病患児の治療・緊急連絡法等の連絡表

学校名　　　　　　　　　　　　年　　組	記載日　令和　　年　　月　　日
	医療機関
氏名　　　　　　　　　　　男・女	医師名　　　　　　　　　　　印
生年月日　平成・令和　　年　　月　　日	電話番号

要管理者の現在の治療内容・緊急連絡法

診断名　　①1型（インスリン依存型）糖尿病　　②2型（インスリン非依存型）糖尿病

現在の治療　1. インスリン注射：　1日　　回　　　　　昼食前の学校での注射（有・無）
　　　　　　　　　学校での自己血糖値測定　（有・無）
　　　　　　　2. 経口血糖降下薬：　薬品名（　　　　　　　　）　学校での服用　　　（有・無）
　　　　　　　3. 食事・運動療法のみ
　　　　　　　4. 受診回数　　　回／月

緊急連絡先　保護者　氏名　　　　　　　　　　　自宅TEL
　　　　　　　　　　　勤務先（会社名　　　　　　　　　　TEL　　　　　　　　）
　　　　　　　主治医　氏名　　　　　　　施設名　　　　　　　TEL

学校生活一般：基本的には健常児と同じ学校生活が可能である

1. **食事に関する注意**
　学校給食　　　　①制限なし　②お代わりなし　③その他（　　　　　　　　　）
　宿泊学習の食事　①制限なし　②お代わりなし　③その他（　　　　　　　　　）
　補食　　　　　　①定時に（　　　時　　食品名　　　　　　　　　　）
　　　　　　　　　②必要なときのみ　（どういう時　　　　　　　　　　）
　　　　　　　　　　　　　　　　　　（食品名　　　　　　　　　　　　）
　　　　　　　　　③必要なし

2. **日常の体育活動・運動部活動について**
　「日本学校保健会　学校生活管理指導表」を参照のこと

3. **学校行事（宿泊学習、修学旅行など）への参加及びその身体活動**
　「日本学校保健会　学校生活管理指導表」を参照のこと

4. **その他の注意事項** ＿＿＿＿＿＿＿＿＿＿＿＿＿＿＿＿＿＿＿＿＿＿＿＿＿＿＿

低血糖が起こったときの対応＊

程度	症状	対応
軽度	空腹感、いらいら、手がふるえる	グルコース錠2個 （40kcal=0.5単位分。入手できなければ、スティックシュガー10g）
中等度	黙り込む、冷汗・蒼白、異常行動	グルコース錠2個 （あるいは、スティックシュガー10g） さらに多糖類を40〜80kcal（0.5〜1単位分）食べる。 （ビスケットやクッキーなら2〜3枚、食パンなら1/2枚、小さいおにぎり1つなど） 上記補食を食べた後、保健室で休養させ経過観察する。
高度	意識障害、けいれんなど	保護者・主治医に緊急連絡し、救急車にて主治医または近くの病院に転送する。救急車を待つ間、砂糖などを口内の頬粘膜になすりつける

＊軽度であっても低血糖が起こったときには、保護者・主治医に連絡することが望ましい。

図3　糖尿病患児の治療・緊急連絡法等の連絡表

出典：日本学校保健会 WEB サイト[1]

166

（3）てんかん

① 病態

世界保健機関（WHO）ではてんかんを「さまざまな原因により起こる慢性の脳の病気であり、大脳の神経細胞の過剰な活動に由来する反復性の発作（てんかん発作）を主徴とし、それに様々な臨床症状及び検査所見が伴う」と定義している[8]。

乳幼児期の「熱性けいれん」は「てんかん」と区別され、通常1回〜数回の乳児期の発熱時のみである。また、反復するけいれんがあっても、心の病によって起こるもの（転換性障害など）では、定義にある「大脳の神経細胞の過剰な活動」はないので除外される。

てんかんの病態により、発作の種類は様々であるが、大きく分けると、初めから意識消失とけいれんを起こす「全般発作」と、体の一部にだけ症状が出る「部分発作」がある。

② 管理のポイント

① 発作の様子と発作時の対応は、個別に違うため、保護者や主治医からの聞き取りは欠かせない。子ども個々の普段の発作や発作時の対応をまとめて、担任をはじめ関わる教職員に周知しておく。特に担任が変わる年度替わりは確実に引き継ぎが行えるようにする。
② てんかんのある子どもの管理については、定期的な服薬が最重要である。定期的な服薬をしていても、発作が増えたり発作のタイプが変わったりすると、服薬の量や種類が合っていない可能性もあるので、保護者や主治医に発作の様子を伝える必要がある。そのため、発作が頻発する児童生徒については「発作記録表」を作成し記録することである。
③ てんかん発作が起こったときの、発作に備えた共通理解が必要である。例えば「明らかな硬直発作が5分以上続いたら、保健室へ連絡、保護者へ連絡、救急搬送」等の取り決めを、マニュアル化して周知しておく。
④ 難治性てんかん等日常的にてんかん発作がある児童生徒は、てんかんの誘発要因を知っておく必要がある。疲労、睡眠不足、薬の飲み忘れ、体重の増加、第二次性徴の到来、月経、興奮、光や音の刺激等がこれにあたる。

※てんかん発作時の坐薬挿入については文部科学省からの2016（平成28）年2月29日事務連絡により、「生命が危険な状態等である場合」「現場に居合わせた教職員が、坐薬を自ら挿入できない本人に代わって挿入する場合」に次の4つの条件を満たせば医師法違反とはならないとしている。

① 当該児童生徒及びその保護者が、事前に医師から、次の点に関して書面で指示を受けていること。
　・学校においてやむを得ず坐薬を使用する必要性が認められる児童生徒であること
　・坐薬の使用の際の留意事項
② 当該児童生徒及びその保護者が、学校に対して、やむを得ない場合には当該児童生徒に坐薬を使用することについて、具体的に依頼（医師から受けた坐薬の挿入の際の留意事項に関する書面を渡して説明しておくこと等を含む。）していること。
③ 当該児童生徒を担当する教職員が、次の点に留意して坐薬を使用すること。
　・当該児童生徒がやむを得ず坐薬を使用することが認められる児童生徒本人であることを改めて確認すること
　・坐薬の挿入の際の留意事項に関する書面の記載事項を遵守すること
　・衛生上の観点から、手袋を装着した上で坐薬を挿入すること
④ 当該児童生徒の保護者又は教職員は、坐薬を使用した後、当該児童生徒を必ず医療機関での受診をさせること。

出典：文部科学省「学校におけるてんかん発作時の坐薬挿入について（事務連絡）」[2]

(4) 低身長

① 病態

成長障害（低身長）の原因は、次に掲げるように様々な原因で起こりうる。

①	ホルモンの異常（成長ホルモンの不足、甲状腺ホルモンの不足など）
②	染色体の異常（ターナー症候群など）
③	骨や軟骨の異常（軟骨異栄養症など）
④	主要臓器の病気（心臓、腎臓、肝臓、消化器など）
⑤	心理社会的な要因
⑥	栄養状態が悪い
⑦	病気とは考えにくいもの（体質性、家族性、未熟児で生まれたなど）

このうち、脳下垂体から分泌される成長ホルモンが不足して起こるものを「成長ホルモン分泌不全性低身長症」、身長・体重が標準より少なく出生し、その後2歳までに身長の伸びが標準に追いつかず低身長であるものを「SGA性低身長症」という。いずれも、適切な時期に適切な成長ホルモン投与をすることで、成長が期待できる。

図4のように身長SDスコアが平均値の -2.5SD 未満であった場合に成長ホルモン治療の対象となる。

これらの診断には「成長曲線」が欠かせない判断材料になるため、定期健康診断の身長・体重の計測を分析できる立場の養護教諭の気づきは大切である。

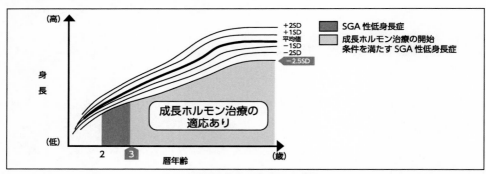

図4　成長ホルモン治療の対象範囲

② 管理のポイント

低身長症は、本人に身体的苦痛を伴うものではないが、身体が小さいことで学校生活に適応しづらく感じ、自己肯定感が十分に持てない子どもがいることは予想できる。これらの児童生徒を治療に導くことは養護の本質「人権の保障」に基づいた養護教諭の重要な役割といえる。

定期健康診断の身長・体重の結果により成長曲線図を作り、Ⓐ生後より低身長が続く、Ⓑ標準の範囲内だったがだんだん下の線を横切る、Ⓒ定型に発達していたが急に成長がとまって横ばいになる等の特徴が現れたら（図5参照）、保護者に受診を勧める想定で、担任とともに面談の設定を計画する。その際、成長ホルモン補充は身長を伸ばす効果のみでなく、成長期の脳や内臓等にも健全な発達を期待できる等の説明も加えるとよい。

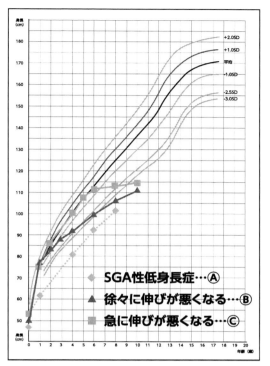

図5　低身長あるいは身長の伸びが悪い場合の成長曲線

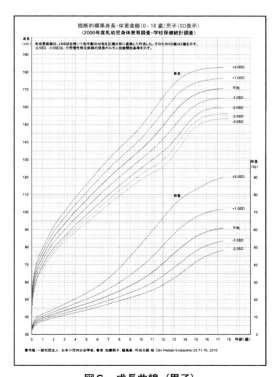

図6　成長曲線（男子）

出典：日本小児内分泌学会 WEB サイト[3]

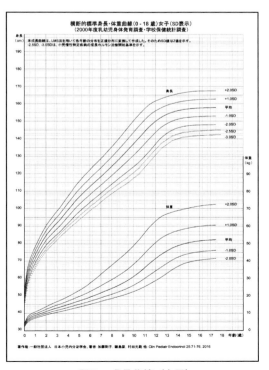

図7　成長曲線（女子）

出典：日本小児内分泌学会 WEB サイト[3]

③ 疾病管理に関わる養護教諭の役割

(1) 教職員への周知

　専門的な知識をもとに、それぞれの子どもの健康状態や「学校生活管理指導表」に示された内容等について正しく理解して教職員に伝え、学校生活において適切に健康管理できるようにする。そのため、該当児童生徒に関する資料を整え、職員会議等で報告して共通理解を図る。

(2) 想定される緊急時の対応

　緊急時の対応が必要な場合（例えば、アレルギー症状発症時のエピペン、てんかん発作時の坐薬挿肛、糖尿病児童生徒の低血糖症状時など）、個別の緊急時マニュアルを作成する。誰もが客観的に判断できて動きがシンプルな方が良い。実態に即した緊急時対応マニュアルの見直しを行い、適切な施設設備・物品の整備を進め、校内研修等を計画的に行えるよう企画運営に積極的に参画する。校内研修では、疾患及び配慮事項に関する正しい知識の啓発とともに、いざというときに誰が何を行うべきか、連絡体制はどうするかを考え、シミュレーション訓練を関係教職員で、あるいは学校全体で実施しておく。

(3) 保護者、医療機関との連携

　児童生徒本人や保護者と信頼関係を築き、いつでも相談に応じられるようにする。学校医にも報告し助言を受けられるようにしておく。また主治医とも定期診察時の主治医訪問を行う等つながりを作っておき、非常時の初期対応、連絡先、搬送先等についても確認しておく。常に最新の情報に基づいた生活管理ができるようにしておく。

(4) 保健指導と健康相談

　児童生徒本人に疾病固有の知識や生活管理の必要性の理解が必要なときは、養護教諭が専門的な立場から保護者や教職員との連携のもとで保健指導を行う。また、周りの児童生徒に疾病や障害についての正しい理解を促し、偏見や差別が生じることのないよう、説明が必要なこともある。その際、説明の必要性や方法について本人・保護者と十分な事前の話し合いが欠かせない。

(5) 児童生徒の疾病管理一覧の作成

　主治医や保護者から聞き取った実態により個別の実態についての資料を作成する。これとは別に疾病管理者の一覧を作成しておく。心臓疾患、腎臓疾患、食物アレルギー、てんかん発作、運動制限者、食事制限者、水泳活動制限者等、疾患・障害別や制限別の一覧があると良い。関係教職員にわかりやすく提示するためと、養護教諭においては当該児童生徒が体調不良やけがの対応が必要になったときに、即座に特性を確認し的確な救急処置ができるようにするためでもある。また、養護教諭が把握しきれないほど児童生徒在籍数が多い場合や、複数の疾患や配慮事項を持つ児童生徒がいる場合もあるので、データベース活用の工夫も養護教諭は習得しておく必要がある。

④　他職種との協働について

　疾病のある児童生徒が安全に学校生活を送ることができ、効果的かつ実践的な指導・教育を受けるためには、多種多様な職員が関わることが必要である。

　養護教諭だけでなく、様々な専門家が子ども達をサポートしており、校内では、看護師、栄養教諭、スクールカウンセラー等の専門職が考えられる。校外では、福祉機関（児童相談所、福祉事務所、児童自立支援施設、放課後等デイサービス）、保健・医療機関（保健所、保健センター、病院・診療所、行政区域の保健部局）などの専門機関があり、その中には多種多様な専門職員が配置されている。

　養護教諭は子どもを支える多種多様な社会資源があることを認識し、多くの専門職が関わっていることを理解しておき、このような人々の役割や職種の特性を十分理解し、その機能が発揮されるよう協働することが求められる。

　このように近接領域の専門家と関わり、連携や協働、住み分けについて述べるに当たって、まず養護教諭の専門性を明確にしておく必要がある。とはいえ、養護教諭の職務である「養護をつかさどる」という意味が、第Ⅰ部で記載したように、他職種になかなか理解されにくいということもあり、養護教諭の中にも専門家との境界線上で、自らの専門性に対しての曖昧性や不確かさを感じる者がいるのが現状であり、当然ともいえよう。疾病のある児童生徒に関わるとき、養護教諭の専門性とは何かがより問われることになる。

　養護教諭のみが有する専門性の特質を大まかに述べると次のようなことが考えられる。

①　養護教諭は、疾病や障害を有する児童生徒のみではなく、全校児童生徒を対象とした保健管理を展開することができる。
②　養護教諭は、保健安全部だけでなく、他の分掌や専門職員から必要な情報を収集し、それを分析・考察して、伝達・提供することができる。
③　養護教諭は、子ども達に個別に関わると同時に全体にも目配りができる。
④　養護教諭は、発達段階を追った縦の積み重ねと、教科やクラスの枠を超えた横のつながりを見通すことができる。
⑤　養護教諭は学校の全ての子どもと同じように疾病を有する子どもに関わり、健康な学校生活を送れるようサポートする立場にある。
⑥　養護教諭は、健康管理と健康教育を関連付けた働きかけができる。
⑦　養護教諭は、教育の専門家として疾病を有する児童生徒に関わり、自立心を育てるよう教育者として関わることができる。
⑧　養護教諭は、健康管理と健康教育を関連付けた働きかけができる。

　例えば、A特別支援学校では、医療的ケアに関わって、養護教諭と看護師の役割を次の図のように明確にしている。

養護教諭の職務		看護師の職務	
学校保健安全法に基づく保健管理・保健教育 対象：全校児童生徒		保健師助産師看護師法に基づく看護行為 対象：主に医療的ケアを要する児童生徒	
養護教諭の職務内容	協力して行う職務内容	看護師の職務内容	
○学校保健に関する計画と活動 ○保健室の経営と管理 ○学校保健情報の把握と活用 ○健康診断・身体測定 ○保健教育・保健指導 ○健康相談活動 ○学校環境衛生・安全管理と活動 ○感染症の予防と対策 ○救急処置	○健康管理 ○学校医・医師講師・主治医との連携 ○保護者との連携 ⬌ 連携・情報交換	○主治医の指示のある医療的ケアの実施及び教員への指導・助言 ○看護に必要な情報の収集と管理 ○ケア・マニュアル策定への協力 ○感染症の予防と対策 ○救急処置 ○教員への医療的ケアの研修と評価	

図8　A特別支援学校における養護教諭と看護師の職務内容

出典：早野眞美・乾綾香・須田正信「大阪府立肢体不自由支援学校における高度な医療的ケア実施の在り方」[16]

　このように、養護教諭と看護師の職務内容を明確にしておくことで、他の教職員が児童生徒に関わるときにスムーズにまた有効に連携ができるようになる。

　様々な職種が協働すべき場合、専門職同士が個別に連絡を取り合って連携をしていくのではなく、委員会等の組織をつくり、組織の中で役割を明確にしておき、それぞれの職種が他の職種の役割を認識した上で協働を構築する方が、概ねうまく協働できる。加えて養護教諭は、組織の中で、企画力、調整能力、実行力、プレゼンテーション能力を駆使して臨むことが求められる。具体的には、養護教諭自身がその課題に関して専門性を有する場面では、積極的に関わることである。看護師や栄養教諭など専門性が限定され明白である職種とは異なり、養護教諭の専門性は曖昧であるからこそ自由裁量が大きく積極的な関わりが求められる。他専門職種との協働は、学校や組織、個人により協働の在り方が様々な態様になるが、忘れてはならないのは、子どもの「生命」「教育」「人権」の保障といったところはどんな校種でもどんな職種とでも共通であり、養護の本質である子どものニーズに沿った支援を行う専門性に立ち返ることである。

　そして、他職種との連携について、養護教諭は日常的に振り返り自己評価を行うことが重要である。

5　評価

　年に1回（年度末）は学校生活管理指導表や緊急時マニュアルを見直す必要がある。学校生活管理指導表は原則1年ごとに保護者と主治医に確認、更新してもらう。また、その年の体調やエピソード等を踏まえ、関係会議（アレルギー対応委員会、特別配慮委員会等）の中で今の保健管理でよいかどうかを評価する。さらに、子どもの健康を保持増進していくために専門機関や専門職との連携・協働の視点でも評価を行う必要がある。

① 疾病を有している児童生徒に適切な対応（受診・治療・運動等生活管理・保健指導等）が行えたか。
② 保護者、主治医、学校医等の関係者との連携ができたか。
③ 教職員と養護教諭との連携は適切に行われたか。
④ 養護活動当初の見極めや仮説の点検、進行状況の把握と問題点の明確化、具体的な解決方法の策定を行えたか。
⑤ 児童生徒及び関係者との間に相互に信頼しあえる人間関係がむすばれていたか。
⑥ 連携において、組織の構成員として、広い視野に立って、専門職として機能しているか、あるいはその方向で努めたか。
⑦ 職務上の限界を知って、職務を進めることができたか。
⑧ 関係事項の記録と保管は適切であるか。

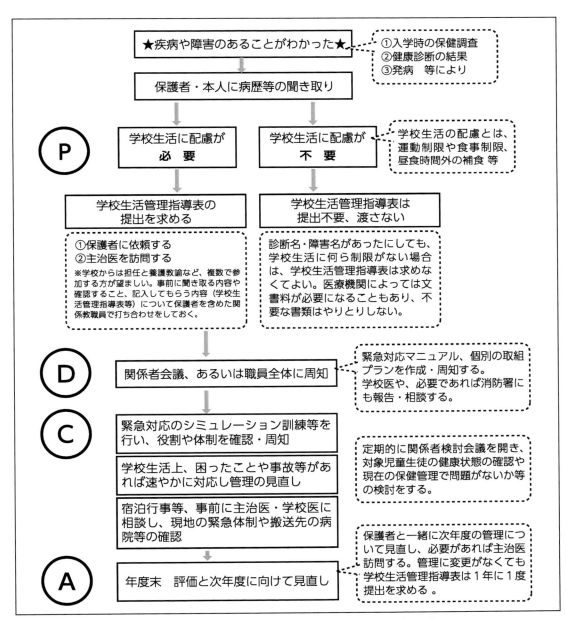

図9　疾病・障害のある児童生徒の管理 PDCA フローチャート

（第2節） 感染症の予防と発生時の対応

　医学の進歩と衛生状態の向上に伴い、ほとんどの感染症については予防接種等の普及による予防や治療が可能となった。しかし、近年になり、結核など一度は流行が収まったと考えられていた感染症が再度流行したり（再興感染症）、2020（令和2）年世界的に大流行となった新型コロナウイルス感染症等の新たな感染症が出現したりする（新興感染症）など、感染症が新たな脅威となっている。地球温暖化に伴う異常気象等も影響し、今後どのような感染症がいつ流行するかが予測不可能な現代において、感染症に対する危機意識を常に持っておかなければならない。

　学校は教育の場であるとともに集団生活の場であり、子ども達がお互いに共有する時間も多いことから、「生命を保障する」「教育を保障する」観点で、流行を予防し健康の確保に努めなくてはならない。また、感染症で発症した者が誹謗中傷やいじめの対象になりやすいことも、感染症が流行するたびに問題となる。発症した子どもの「人権を保障する」観点から、正しい知識を教育していくことが重要である。

1　感染症に関する基本的理解

　ウイルス、細菌、真菌などの微生物が、宿主の体内に侵入し、臓器や組織の中で増殖することを「感染」といい、その結果、生じる疾病が「感染症」である[7]。

　感染症が発生するには、その原因となる感染源（病原体）の存在、病原体が宿主に伝播する感染経路、そして病原体の伝播を受けた宿主に感受性があることが必要となる。感染の予防対策として、消毒や殺菌等により感染源をなくすこと、手洗いや食品の衛生管理など周囲の環境を衛生的に保つことにより感染経路を遮断すること、栄養バランスがとれた食事、規則正しい生活習慣、適度な運動、予防接種などにより身体の抵抗力を高める（感受性対策）ことが、感染症対策の重要な手段となる。

感染症成立のための3大要因	感染予防の3原則
① 感染源 ② 感染経路 ③ 感受性宿主	① 感染源の除去 ② 感染経路の遮断 ③ 抵抗力を高める（感受性対策）

　また、感染症予防の基本的な対応として、標準的予防策（スタンダードプリコーション）の基本を押さえておくことが大事である。

> **標準的予防策（スタンダードプリコーション）とは……**
> 　「誰もが何らかの感染症を持っている可能性がある」と考えて「感染の可能性のあるもの」への接触を最小限にすることで、児童生徒と教職員双方の感染の危険を少なくする方法。

174

　感染の可能性のあるものとして扱う必要のあるものには、血液、体液（精液、膣分泌液）汗を除く分泌液（痰、唾液、鼻水、目やに、母乳）、排泄物（尿、便、吐物）、傷や湿疹等がある皮膚、粘膜（口・鼻の中、肛門、陰部）等がある。これらを扱うときは、必要に応じて手洗い、使い捨て手袋、マスク、ガウンが必要になる。

② 関係法令

　学校は、児童生徒等が集団生活を営む場であるため、感染症が発生した場合は、感染が拡大しやすく、教育活動にも大きな影響を及ぼすこととなる。そのため、学校保健安全法では、感染症の予防のため、出席停止（第19条）等の措置を講じることとされており、学校保健安全法施行令では、校長が出席停止の指示を行うこと（第6条第1項）、出席停止の期間は省令で定める基準によること（第6条第2項）等が規定されている。これらを受け、学校保健安全法施行規則では、学校において予防すべき感染症の種類を第一種から第三種に分けて規定した上で（第18条）、出席停止の期間の基準（第19条）等を規定している。なお、2019（令和元）年度末に中華人民共和国湖北省武漢市で発生した「新型コロナウイルス感染症」は2020（令和2）年1月「指定感染症」への指定を受け、学校保健安全法に定める第一種感染症に加えられた。

> **学校保健安全法**
> （出席停止）
> **第19条**　校長は、感染症にかかつており、かかつている疑いがあり、又はかかるおそれのある児童生徒等があるときは、政令で定めるところにより、出席を停止させることができる。
> （臨時休業）
> **第20条**　学校の設置者は、感染症の予防上必要があるときは、臨時に、学校の全部又は一部の休業を行うことができる。

③ 学校において予防すべき感染症
（第一種、第二種、第三種感染症）の考え方

　各感染症の出席停止の期間は、感染様式と疾患の特性を考慮して、人から人への感染力を有する程度に病原体が排出されている期間を基準としている。

　感染症の拡大を防ぐためには、患者は、

> ①　他人に容易に感染させる状態の期間は集団の場を避けるようにすること
> ②　健康が回復するまで治療や休養の時間を確保すること

が必要である。

　なお、診断は、診察に当たった医師が身体症状及びその他の検査結果等を総合して、医学的知見に基づいて行うものであり、学校から特定の検査等の実施（例えば、インフルエ

表1　学校において予防すべき感染症及び出席停止の期間について

	対象疾病	出席停止の期間の基準
第一種	エボラ出血熱、クリミア・コンゴ出血熱、痘そう、南米出血熱、ペスト、マールブルグ病、ラッサ熱、急性灰白髄炎、ジフテリア、重症急性呼吸器症候群（病原体がSARSコロナウイルスであるものに限る。）、中東呼吸器症候群（病原体がMERSコロナウイルスであるものに限る。）、特定鳥インフルエンザ（H5N1）、新型コロナウイルス感染症	治癒するまで
第二種 ※ただし、病状により学校医その他の医師において感染のおそれがないと認めたときは、この限りではない	インフルエンザ（特定鳥インフルエンザ（H5N1）を除く）	発症した後5日を経過し、かつ解熱した後2日（幼児にあっては3日）を経過するまで
	百日咳	特有の咳が消失するまで、または5日間の適正な抗菌性物質製剤による治療が終了するまで
	麻疹（はしか）	解熱した後3日を経過するまで
	流行性耳下腺炎（おたふくかぜ）	耳下腺、顎下腺または舌下腺の腫脹が発現した後5日を経過し、かつ全身症状が良好になるまで
	風疹	発疹が消失するまで
	水痘（みずぼうそう）	全ての発疹が痂皮化するまで
	咽頭結膜熱（プール熱）	主要症状が消退した後2日を経過するまで
	結核、髄膜炎菌性髄膜炎	病状により学校医その他の医師において感染のおそれがないと認めるまで
第三種	コレラ、細菌性赤痢、腸管出血性大腸菌感染症、腸チフス、パラチフス、流行性角結膜炎、急性出血性結膜炎	病状により学校医その他の医師において感染のおそれがないと認めるまで
	その他の感染症 ［例］ 感染症胃腸炎（ノロウイルス感染症、ロタウイルス感染症、アデノウイルス感染症等）、サルモネラ感染症（腸チフス、パラチフスを除く）、カンピロバクター感染症、マイコプラズマ感染症、インフルエンザ菌感染症、肺炎球菌感染症、溶連菌感染症、伝染性紅斑（りんご病）、RSウイルス感染症、EBウイルス感染症、単純ヘルペスウイルス感染症、帯状疱疹、手足口病、ヘルパンギーナ、A型肝炎、B型肝炎、伝染性膿痂疹（とびひ）、伝染性軟属腫（水いぼ）、アタマジラミ症、疥癬、皮膚真菌症（カンジダ感染症、白癬特にトンズランス感染症）	学校で通常見られないような重大な流行が起こった場合に、その感染拡大を防ぐために、必要があるときに限り、校長が学校医の意見を聞き、第三種の感染症の「その他の感染症」として緊急的に措置をとることができる。 ※あらかじめ特定の疾患を定めてあるものではない。

出典：日本学校保健会『学校において予防すべき感染症の解説』[7] をもとに作成

ンザ迅速診断検査やノロウイルス検査）を全てに一律に求める必要はない。治癒の判断（治癒証明書等）も同様である。

　また、全員の皆勤をクラス目標に掲げている等の理由で、体調がすぐれず、本来であれば休養をとるべき児童生徒が出席するといったことがないよう、適切な指導が求められる。

　さらに、児童生徒等及び保護者への当該感染症に対する指導を行い、症状があるのにもかかわらず無理に登校させることなどがないように協力を得る。

4　養護教諭の役割

　学校における感染症予防対策は「平常時からの予防対策」と「発生時の感染の拡大防止対策」が基本である。養護教諭が感染症に対する的確な保健管理活動を展開していくためには、感染症の正確な知識を持ち、勤務している学校の特性、子ども達の健康実態を把握し、学校保健安全法等に規定されている内容をしっかりと理解しておくことが重要になる。

---

① 日常の丁寧な健康観察や保健室利用状況等から感染症の発生や流行の兆しなどの早期発見に努める。
② 疑わしい感染症の症状があるときは、速やかに学校医又は医師の診断を受けさせ、適切な措置を講ずる。
③ 児童生徒がかかりやすい感染症や新興感染症等について、保健だよりなどを活用し、児童生徒及び保護者への啓発を行う。
④ 専門的な知識や情報をもとに、その時期に応じた学校で気をつけるべき感染症について、正しく理解して教職員に伝え、共通理解を図り、必要に応じて校内関係職員の組織体制づくりを推進する。
⑤ 予防接種の推奨をする。保健調査等でワクチン既往を把握し、入学前に済ませておくべき麻しん・風しんワクチンが未接種の場合は、担任と連携して保護者に推奨する。入学後は任意接種となるため、必要があれば自治体と協議して予防接種が受けられる体制をつくっておく。
⑥ 感染症予防の観点から学校環境衛生管理を適切に行う。
⑦ 児童生徒の保健教育を充実させる。児童生徒に対しては、平常時からバランスのとれた食事、運動、規則正しい生活など、健康な生活習慣の実践に向けての指導を充実させる。

5　評価

　日常的に行う感染症予防の観点と、流行時や集団発生時に行う対応の観点から評価する。

---

① 感染症等の流行情報の収集・分析が適切になされたか。
② 感染症予防の保健教育が適切な時期に適切な方法で行われたか。
③ 学校環境衛生管理の日常点検が感染症予防の観点から行われたか。
④ 集団感染症発生時の初期対応は的確であったか。
⑤ 保護者、主治医、学校医等の関係者との連携ができたか。
⑥ 教職員と養護教諭との連携は適切に行われたか。
⑦ 関係事項の記録と保管は適切であるか。　　　等

引用・参考文献
1) 日本学校保健会 WEB サイト. http://www.hokenkai.or.jp/kanri/kanri_kanri.html（2020 年7月8日閲覧）
2) 文部科学省（2016）. 学校におけるてんかん発作時の坐薬挿入について（事務連絡）. 平成 28 年2月 29 日.
3) 日本小児内分泌学会 WEB サイト. http://jspe.umin.jp/medical/chart_dl.html（2020 年7月8日閲覧）
4) 日本学校保健会（2012）. 学校保健の課題とその対応―養護教諭の職務等に関する調査結果から―.
5) 日本学校保健会（2019）. 学校のアレルギー疾患に対する取り組みガイドライン 令和元年度改訂.
6) 文部科学省（2015）. 学校給食における食物アレルギー対応指針.
7) 日本学校保健会（2018）. 学校において予防すべき感染症の解説.
8) 北川末幾子・篠矢理恵編著（2013）. 特別支援教育にかかわる養護教諭のための本、ジアース教育新社.
9) 飯野順子・岡田加奈子・玉川進編著（2014）. 特別支援教育ハンドブック. 東山書房.
10) 日本小児内分泌学会（2016）. 1型糖尿病（インスリン治療を必要とする）幼児の幼稚園・保育施設への入園取り組みガイド―園児受け入れ担当者と保護者のために.
11) 日本学校保健会（2011）学校保健，第 290 号.
12) 田中敏章（2011）. SGA 性低身長症といわれたら. ノボノルディスクファーマ株式会社.
13) 東京都福祉保健局（2009）. 学校等における感染症予防チェックリスト 平成 21 年.
14) 飯野順子・岡田加奈子編著（2007）. 養護教諭のための特別支援教育ハンドブック. 大修館書店.
15) 三木とみ子編集代表（2009）. 四訂養護概説. ぎょうせい.
16) 早野眞美・乾綾香・須田正信（2020）. 大阪府立肢体不自由支援学校における高度な医療的ケア実施の在り方.
17) 清水史恵（2011）. 通常学校で医療的ケアを要する子どもをケアする看護師と養護教諭との協働―養護教諭からみた実態と認識―.

第7章　学校環境衛生

　学校環境衛生は、保健管理の中で唯一の対物管理活動である。人の健康に影響を与える要因として、環境が重要であることは周知の事実である。環境としては、社会的環境は勿論であるが、物理的、化学的、生物学的環境も同様である。子どもが一日の大半を過ごす学校の環境は、子どもの命を守り、発育発達を促し、健康の保持増進が図られるように衛生的に維持されていなければならない。これは教育を効果的に行う上で重要なことである。

　本章は、第1節、第2節で学校環境衛生の意義や法的根拠を示し、第3節、第4節で2018（平成30）年に改正された学校環境衛生基準や学校環境衛生活動の概略について述べる。第5節では、学校給食衛生管理基準について簡単に触れている。詳細は学校給食関連のマニュアルや法令を参考にされたい。第6節では、学校環境衛生活動における養護教諭の職務・役割について述べる。

〔 第1節 〕　学校環境衛生の意義と目的

　学校は、発達段階の児童生徒等が一日の多くの時間を集団で過ごす場であり、学校の環境衛生が児童生徒等の健康及び学習能率等に大きな影響を及ぼすことは周知の通りである。児童生徒等だけでなく教職員の健康の保持増進のためにも学校の環境を一定衛生的に維持管理しておくことは重要である。つまり、学校環境衛生（学校環境衛生の維持・管理）の目的は、「学校において健康的な学習環境を確保することによって、児童生徒等及び職員の心身の健康の保持増進を図る」ことであり、養護の本質である「生命の保障」と「教育の保障」のハード面の基盤をなすものが学校環境衛生といっても過言ではない。

　昨今の自然災害で学校の環境衛生が急激に変化することや、地球温暖化による環境の変化が長期にわたって徐々に続くことなどは、子ども達の健康や発達に少なからず負の影響を与えているといえる。また、SARS、鳥インフルエンザ、新型コロナウイルス感染症等の新興感染症流行の際には、教室の換気を頻繁に行う等、保健管理の中でも学校環境衛生管理は、実態の把握、保健指導等とともに集団感染を予防するための優先課題となりうる。学校環境衛生は、自然災害、温暖化、新興感染症を想定すると、現代的な学校の重要課題の一つといってもよい。

　法令には、法律（国会の議決を経て制定）、政令（内閣が制定）、省令（各省の大臣が発する命令）があり、法律→政令→省令の順により詳細な規定が示されている。学校保健に関する法令は、法律が「学校保健安全法」、政令が「学校保健安全法施行令」、省令が「学校保健安全法施行規則」になる。

　学校環境衛生検査は、学校保健安全法第5条及び学校保健安全法施行規則第2条に規定されており、ともに法令に基づいて行う活動である。学校環境衛生検査及び日常点検を行うに当たりどのような検査を行い、検査結果をどう判断するのかを示したものが「学校環境衛生基準」である。2008（平成20）年までは局長通知で示されていたが、翌年「学校保健法」が「学校保健安全法」に改正された際に、文部科学大臣が学校における環境衛生に係る事項について、児童生徒等及び職員の健康を保護する上で維持されることが望ましい基準（学校環境衛生基準）を定めることが規定され（法6条）、学校環境衛生基準が法律に基づくものとして位置づけられた。学校環境衛生基準は「告示」であり、学習指導要領と同じ位置づけになる。

表1　学校保健（学校環境衛生）に関する法令、告示、通知・通達

法令	法律	国会	学校保健安全法
	政令	内閣	学校保健安全法施行令
	省令	各省大臣	学校保健安全法施行規則
告示		各省大臣	学校環境衛生基準
通知・通達		各省局長・課長等	学校環境衛生基準の施行について

学校保健安全法
第5条（学校保健計画の策定など）
　　学校においては、児童生徒等及び職員の心身の健康の保持増進を図るため、児童生徒等及び職員の健康診断、環境衛生検査、児童生徒等に対する指導その他保健に関する事項について計画を策定し、これを実施しなければならない。
第6条（学校環境衛生基準、維持改善措置、設置者・学校長の責務）
　　文部科学大臣は、学校における換気・採光・照明・保温・清潔保持その他の環境衛生に係る事項（学校給食法［中略］）について、児童生徒等及び職員の健康を保護するうえで維持されることが望ましい基準（以下この条において「学校環境衛生基準」という。）を定めるものとする。
　2　学校の設置者は、学校環境衛生基準に照らしてその設置する学校の適切な環境の維持に努めなければならない。
　3　校長は、学校環境衛生基準に照らし、学校の環境衛生に関し適正を欠く事項があると認めた場合には、遅滞なく、その改善のために必要な措置を講じ、又は当該措置を講ずることができないときは、当該学校の設置者に対し、その旨を申し出るものとする。

〈第3節〉　学校環境衛生基準

　学校環境衛生基準とは学校保健安全法第6条第1項に基づき、文部科学大臣が公布した学校環境衛生基準をいう。2009（平成21）年に定められたものが2018（平成30）年に改正され、同年4月1日から施行されている。

　この基準に基づき、学校における環境衛生検査並びに適切な環境の維持、適正を欠く事項があると認めた場合の改善に必要な措置の実施について述べられている。

　学校環境衛生基準の概要は次の通りである（章末参考資料参照）。

> ①　教室等の環境に係る学校環境衛生基準
> ②　飲料水等の水質及び施設・設備に係る学校環境衛生基準
> ③　学校の清潔、ネズミ、衛生害虫等及び教室等の備品の管理に係る学校環境衛生基準
> ④　水泳プールに係る学校環境衛生基準
> ⑤　日常における環境衛生に係る学校環境衛生基準
> ⑥　雑則

　2018（平成30）年度の改正で一番大きく変わったのは教室等の温度であり、近年の猛暑への対策から、改正前は「10℃以上、30℃以下であることが望ましい」となっていたが、新基準では「17℃以上、28℃以下であることが望ましい」となり、検査方法もそれまではアスマン通風乾湿計又は同等以上の測定器となっていたものが、「0.5度目盛の温度計」となり、検査機器の選択の幅が広がった。

　また、今回の改正で検査項目の「基準」についての考え方を明確にする指針が出された。児童生徒等及び職員の健康を維持する上で望ましい基準については「～であることが望ましい。」、この数値を超えると健康への影響が大きいとされるものや他の法律で「であること。」とされているものについては同様に「～であること。」としており、検査結果に対する指導助言がより明確になった。

　その他の主な改正の要点は次の表の通りである。

表2　主な改正の要点

項目		改正の概要	改正に係る留意事項
教室等	温度の基準	（旧）10℃以上、30℃以下 （新）17℃以上、28℃以下	温熱環境は、温度、相対湿度、気流や個人の温冷感等により影響されやすいものであることから、教室等の環境の維持に当たっては、温度のみで判断せず、その他の環境条件及び児童生徒等の健康状態を観察した上で判断し、衣服による温度調節も含め適切な措置を講ずる
	温度、相対湿度及び気流の検査方法	最低限必要な測定器の精度を示す （旧）アスマン通風乾湿計又は同等以上の測定器 （新）0.5度目盛の温度計、0.5度目盛の乾湿球湿度計	

教室等		（旧）カタ温度計又は微風速計 （新）0.2 m／秒以上の気流を測定することができる風速計	
	浮遊粉じんの検査方法	検査の結果が著しく基準値を下回る場合には、以後教室等の環境に変化が認められない限り、次回からの検査を省略することができる	教室等の環境の変化とは、浮遊粉じんが生じ得るような教室内外の環境の変化をいい、変化が認められる場合は、検査を行う必要がある。
	照度の基準	普通教室にもコンピュータを利用する授業が行われていることを踏まえ、規定を見直し （旧）コンピュータ教室等 （新）コンピュータを使用する教室等	
飲料水等		有機物等の検査項目から「過マンガン酸カリウム消費量」を削除し、「有機物（全有機炭素（TOC）の量）」のみ （旧）全有機炭素（TOC）の量又は過マンガン酸カリウム消費量（有機物） （新）全有機炭素（TOC）の量 リットルの表記について大文字のLへ変更	
学校の清潔		検査項目から「机、いすの高さ」を削除	机、いすの高さについては、毎学年１回定期に適合状況を調べるより、児童生徒等の成長に合わせ、日常的に個別対応する方が適切であることから、本基準の検査項目から削除した。このことを踏まえ、学習能率の向上を図るため、日常的に、机、いすの適合状況に配慮し、疲労が少なく、生理的に自然な姿勢を保持できるような机、いすを配当する必要がある。
水泳プール		総トリハロメタンの検査について、プール水を１週間に１回以上全換水する場合は、検査を省略することができる リットルの表記について大文字のLへ変更	

出典：文部科学省「学校環境衛生基準の一部改正について（通知）」[1] より作成

図1 アスマン通風乾湿計
画像提供：
株式会社佐藤計量器製作所

図2 カタ温度計
画像提供：
株式会社安藤計器製工所

図3 微風速計
画像提供：
日本カノマックス株式会社

〈 第4節 〉　定期検査、日常点検及び臨時検査

　環境衛生検査は、毎学年定期に、学校環境衛生基準に基づき行わなければならないとされており、必要があるときは、臨時に、環境衛生検査を行うものとされている（学校保健安全法施行規則第1条）。また、学校においては、環境衛生検査のほか、日常的な点検を行い、環境維持又は改善を図らなければならないとされており（学校保健安全法施行規則第2条）、これらを「学校環境衛生活動」という。学校保健安全法施行規則第1条第1項及び第2項に定める「環境衛生検査」は、以下それぞれ「定期検査」及び「臨時検査」といい、学校保健安全法施行規則第2条に定める「日常的な点検」は、以下「日常点検」という。なお、学校保健安全法施行規則第1条に定める「他の法令」には、「学校給食法」、「建築物における衛生的環境の確保に関する法律」（以下「建築物衛生法」という。）、「水道法」、「浄化槽法」等がある。

学校保健安全法施行規則
（環境衛生検査の種類　定期検査・臨時検査・日常検査）
第1条　学校保健安全法第5条の環境衛生検査は、他の法令に基づくもののほか、毎学年定期に、法第6条に規定する学校環境衛生基準に基づき行わなければならない。
2　学校においては、必要があるときは、臨時に学校環境衛生検査を行うものとする。
第2条　学校においては、前条の環境衛生検査のほか、日常的な点検を行い、環境衛生の維持又は改善を図らなければならない。

　学校環境衛生基準に示される定期検査、臨時検査及び日常点検の概略は次の通りである。

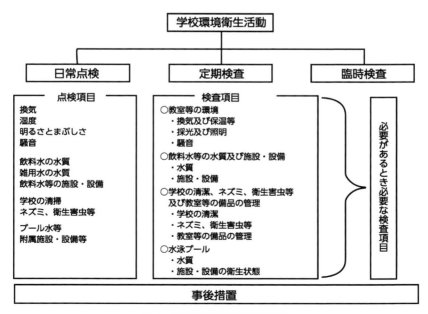

図4　学校環境衛生活動の概略

出典：文部科学省『学校環境衛生管理マニュアル［平成30年度改訂版］』[2]

これらの定期検査、臨時検査及び日常点検は学校薬剤師と相談し学校の教育計画のねらいに合わせて学校保健計画に盛り込み、学校保健委員会等で教職員全体に周知しておく必要がある。学校保健計画では、①月毎、学期毎、学校行事への配慮、②検査の日程や時程、③検査の場所や教室の条件、④教職員の協力内容や役割分担を計画する。定期検査等の実施を学校薬剤師に丸投げすることなく、協働して行うことが大切である。

特に、日常点検の11項目は、教職員の日常の環境衛生に対する責務であり、環境を維持する大事な教育活動となる。日常点検を教育活動や学級経営の中に意識づけ、計画・実施、検査の判定基準、点検方法と記入方法等を作成する必要がある。さらに重要なことは、「いつ、何を、誰が、何のために、どこで、どのように、なぜ実施するのか」が共通理解されることである。校務分掌や他の組織を活用して、教職員が教育活動の中で参加できるようにしなくてはならない。養護教諭は、日常点検結果を受けて、照度、騒音、水質検査等、検査器具を用いて早急に検査することが必要な場合がある。全て学校薬剤師に相談し実施を依頼するのではなく、これらの検査器具の点検と使用については熟知しておく必要がある（学校環境衛生検査項目の基準と方法とについては、章末の参考資料参照）。

〈 第5節 〉 学校給食衛生管理基準

学校給食の衛生基準については、以前は「学校環境衛生の衛生基準」に含まれていたが、病原性大腸菌〇-157等による集団感染を機に1997（平成9）年同基準の学校給食関係事項を整理し、併せて衛生管理の改善充実の観点から必要な点を加え、「学校給食衛生管理の基準」が策定された。2009（平成21）年に「学校環境衛生基準」が告示されると同時に同年施行された改正学校給食法に「学校給食衛生管理基準」[3] が位置づけられた。

その基準の「衛生管理体制」では次のように示されている。

（1）衛生管理体制
三　校長又は共同調理場の長（以下「校長等」という。）は、学校給食の衛生管理について注意を払い、学校給食関係者に対し、衛生管理の徹底を図るよう注意を促し、学校給食の安全な実施に配慮すること。
四　校長等は、学校保健委員会等を活用するなどにより、栄養教諭等、保健主事、養護教諭等の教職員、学校医、学校歯科医、学校薬剤師、保健所長等の専門家及び保護者が連携した学校給食の衛生管理を徹底するための体制を整備し、その適切な運用を図ること。

学校環境衛生管理と同様に、学校給食衛生管理に、学校薬剤師や養護教諭も関わっていくことが望まれていることを知っておかなくてはならない。

一方、2017（平成29）年6月「大量調理施設衛生管理マニュアル」が改定され、2018（平成30）年6月食品衛生法等の一部改正に伴い、原則全ての職員等事業者がHACCPに沿った衛生管理（遅くとも2021（令和3）年の6月までに導入）に取り組んでいくことが盛り

込まれたことも、養護教諭は頭の隅に入れておく必要がある。

> **HACCP とは……**
> 　食品等事業者自らが食中毒菌汚染や異物混入等の危害要因（ハザード）を把握した上で、原材料の入荷から製品の出荷に至る全工程の中で、それらの危害要因を除去又は低減させるために特に重要な工程を管理し、製品の安全性を確保しようとする衛生管理の手法です。この手法は国連の国連食糧農業機関（FAO）と世界保健機関（WHO）の合同機関である食品規格（コーデックス）委員会から発表され、各国にその採用を推奨している国際的に認められたものです。（出典：厚生労働省）

〔第6節〕　養護教諭の職務・役割

　学校環境衛生活動は保健管理活動の一つであり、養護教諭が責務を負う活動である。そのため、養護教諭には、学校環境衛生活動の意義及び法的基準に基づいて、実施計画を作成し、児童生徒の教育環境及び学校環境衛生の情報を把握する役割がある。

　学校環境衛生に係る養護教諭の役割は次のように考えられている。

> **養護教諭の職務内容**
> 　学校環境衛生に関すること
> ○　学校薬剤師が行う検査の準備、実施、事後措置に対する協力
> ○　教職員による日常の学校環境衛生活動への協力・助言　等
>
> 　　　　出典：文部科学省「教職員配置等の在り方に関する調査研究協力者会議配付資料」（2005）

　日本薬剤師会の2017（平成29）年度の調査[3]によると、「学校環境衛生の基準」に基づいた検査を約7割の学校が必ずしも完全に実施できていない状況にあることがわかった。学校環境衛生活動は養護教諭の行う保健管理の中でもとかく後回しになりがちなのではないだろうか。しかし、学校環境衛生活動は、児童生徒等及び職員の健康の保持増進のためには重要な要素であり、これを推進していくためには日常的に学校環境が良好に保たれているかといった養護教諭の視点が重要である。専門的な技術や知識も必要になることから、学校薬剤師や専門機関、養護教諭が役割を決めて取り組む必要がある。

　養護教諭には、保健主事や学校薬剤師と協働し、学校環境についての自校の課題を明らかにし、改善方法等を検討し、学校長に必要な物品や予算措置を求める役割がある。学校長、学校教職員の学校環境に対する意識は決して高くないと思われるので、養護教諭が専門的な立場から逐一問題提起することが大切である。

　また、近年の温暖化により熱中症予防の重要性が指摘されているが、改正による留意事項にあるように個人の温冷感はそれぞれ異なることを念頭におき、特別に配慮を要する児童生徒がどのように感じているかを養護教諭は想定し、他の子どもとの差異を考慮する必要がある。

例えば、特別支援学級や学校に在籍する重度心身障害児童生徒においては、暑さ寒さが苦手な子どもや服用する薬によって汗を出しにくい子どもがいることも念頭に置き、個別に環境を整備する提案をすることも養護教諭の重要な役割である。

　加えて、近年教室のエアコン設置が進んできているが、夏のエアコン稼働時にも冬と同様に教室の換気が必要であることを忘れがちである。休み時間の窓開けの重要性を子どもに指導することなども、養護教諭が指摘し推奨する役割を担う。年間を通じて「休み時間には窓を開ける」行動を子ども達に徹底させていれば、感染症流行の時期だけの特別な取組にとどまることなく、自然と習慣化していけるのではないだろうか。

　一方、近年、地震・津波・風水害などの自然災害が頻発しているが、このような災害時に水害に見舞われた学校や、避難所として開設された学校では、とかく学校再開や運営の方に業務時間をとられがちである。養護教諭の視点から、安全に学校を再開するための一つの方策として、学校薬剤師と協働して学校環境衛生検査の実施を視野に入れるということを忘れてはならない。これは、「第6 雑則」の「臨時に行う検査」に該当する。

〔 第7節 〕 事後措置と評価

　結果に基づいて、事後措置を講じることになるが、事後措置に予算や工事を伴うものは、管理職、事務職、用務職、保健主事等関係職員と共に検討を行う。その際、子ども達の健康実態と学校環境衛生との関連性の有無について検討する。そして、次のように学校環境衛生活動（計画・実施・評価・事後措置を含めて）の全体的評価を行う。

> ① 全教職員の共通理解（日常の点検に関する内容・方法等）が図られたか。
> ② 日常点検は、教職員の役割分担のもとに組織的に実施できたか。
> ③ 学校薬剤師との連携を図ったか。
> ④ 定期の環境衛生検査を計画・実施したか。
> ⑤ 定期検査の結果について報告・指導を受け、改善が行われたか。
> ⑥ 健康的な学習環境が確保できたか。
> ⑦ 必要な諸帳簿は適切に記録され保管されているか。　　等

引用・参考文献
1) 文部科学省（2018）. 学校環境衛生基準の一部改正について（通知）. 平成30年4月2日.
2) 文部科学省（2018）. 学校環境衛生管理マニュアル「学校環境衛生基準」の理論と実践　平成30年度改訂版.
3) 文部科学省（2009）. 学校給食衛生管理基準. 告示第64号. 平成21年3月31日.
4) 日本学校保健会（2019a）. 学校保健、第336号、令和元年5月.
5) 日本学校保健会（2019b）. 学校保健、第337号、令和元年7月.
6) 日本学校保健会（2019c）. 学校保健、第338号、令和元年9月.
7) 日本学校保健会（2012）. 学校保健の課題とその対応―養護教諭の職務等に関する調査結果から―.

参考資料

学校環境衛生基準

第1　教室等の環境に係る学校環境衛生基準

検査項目			基　準	方　法
換気及び保温等	(1)換気		換気の基準として、二酸化炭素は、1500ppm 以下であることが望ましい。	二酸化炭素は、検知管法により測定する。
	(2)温度		17℃以上、28℃以下であることが望ましい。	0.5 度目盛の温度計を用いて測定する。
	(3)相対湿度		30％以上、80％以下であることが望ましい。	0.5 度目盛の乾湿球湿度計を用いて測定する。
	(4)浮遊粉じん		0.10 mg/㎥以下であること。	相対沈降径10μm 以下の浮遊粉じんをろ紙に捕集し、その質量による方法 (Low － Volume Air Sampler 法) 又は質量濃度変換係数 (K) を求めて質量濃度を算出する相対濃度計を用いて測定する。
	(5)気流		0.5m/ 秒以下であることが望ましい。	0.2m/ 秒以上の気流を測定することができる風速計を用いて測定する。
	(6)一酸化炭素		10ppm 以下であること。	検知管法により測定する。
	(7)二酸化窒素		0.06ppm 以下であることが望ましい。	ザルツマン法により測定する。
	(8)揮発性有機化合物			揮発性有機化合物の採取は、教室等内の温度が高い時期に行い、吸引方式では30分間で2回以上、拡散方式では8時間以上行う。
		ア．ホルムアルデヒド	100μg/㎥以下であること。	ジニトロフェニルヒドラジン誘導体固相吸着 / 溶媒抽出法により採取し、高速液体クロマトグラフ法により測定する。
		イ．トルエン	260μg/㎥以下であること。	固相吸着 / 溶媒抽出法、固相吸着 / 加熱脱着法、容器採取法のいずれかの方法により採取し、ガスクロマトグラフ―質量分析法により測定する。
		ウ．キシレン	870μg/㎥以下であること。	
		エ．パラジクロロベンゼン	240μg/㎥以下であること。	
		オ．エチルベンゼン	3800μg/㎥以下であること。	
		カ．スチレン	220μg/㎥以下であること。	
	(9)ダニ又はダニアレルゲン		100 匹 /㎥以下又はこれと同等のアレルゲン量以下であること。	温度及び湿度が高い時期に、ダニの発生しやすい場所において1㎥を電気掃除機で1分間吸引し、ダニを捕集する。捕集したダニは、顕微鏡で計数するか、アレルゲンを抽出し、酵素免疫測定法によりアレルゲン量を測定する。

一　　検査項目(1)～(7)については、学校の授業中等に、各階1以上の教室等を選び、適当な場所1か所以上の机上の高さにおいて検査を行う。

検査項目(4)及び(5)については、空気の温度、湿度又は流量を調節する設備を使用している教室等以外の教室等においては、必要と認める場合に検査を行う。

検査項目(4)については、検査の結果が著しく基準値を下回る場合には、以後教室等の環境に変化が認められない限り、次回からの検査を省略することができる。

検査項目(6)及び(7)については、教室等において燃焼器具を使用していない場合に限り、検査を省略することができる。

二　　検査項目(8)については、普通教室、音楽室、図工室、コンピュータ教室、体育館等必要と認める教室において検査を行う。

検査項目(8)ウ～カについては、必要と認める場合に検査を行う。

検査項目(8)については、児童生徒等がいない教室等において、30分以上換気の後5時間以上密閉してから採取し、ホルムアルデヒドにあっては高速液体クロマトグラフ法により、トルエン、キシレン、パラジクロロベンゼン、エチルベンゼン、スチレンにあってはガスクロマトグラフ質量分析法により測定した場合に限り、その結果が著しく基準値を下回る場合には、以後教室等の環境に変化が認められない限り、次回からの検査を省略することができる。

三　　検査項目(9)については、保健室の寝具、カーペット敷の教室等において検査を行う。

採光及び照明	⑽照度	（ア）教室及びそれに準ずる場所の照度の下限値は、300 lx（ルクス）とする。また、教室及び黒板の照度は、500 lx 以上であることが望ましい。 （イ）教室及び黒板のそれぞれの最大照度と最小照度の比は、20：1 を超えないこと。また、10：1 を超えないことが望ましい。 （ウ）コンピュータを使用する教室等の机上の照度は、500 〜 1000 lx 程度が望ましい。 （エ）テレビやコンピュータ等の画面の垂直面照度は、100 〜 500 lx 程度が望ましい。 （オ）その他の場所における照度は、工業標準化法（昭和 24 年法律第 185 号）に基づく日本工業規格（以下「日本工業規格」という。）Z 9110 に規定する学校施設の人工照明の照度基準に適合すること。	日本工業規格 C 1609 に規定する照度計の規格に適合する照度計を用いて測定する。 　教室の照度は、図に示す 9 か所に最も近い児童生徒等の机上で測定し、それらの最大照度、最小照度で示す。 　黒板の照度は、図に示す 9 か所の垂直面照度を測定し、それらの最大照度、最小照度で示す。 　教室以外の照度は、床上 75 cm の水平面照度を測定する。なお、体育施設及び幼稚園等の照度は、それぞれの実態に即して測定する。
	⑾まぶしさ	（ア）児童生徒等から見て、黒板の外側 15 °以内の範囲に輝きの強い光源（昼光の場合は窓）がないこと。 （イ）見え方を妨害するような光沢が、黒板面及び机上面にないこと。 （ウ）見え方を妨害するような電灯や明るい窓等が、テレビ及びコンピュータ等の画面に映じていないこと。	見え方を妨害する光源、光沢の有無を調べる。

	検査項目	基　準	方　法

騒音

| | ⑿騒音レベル | 教室内の等価騒音レベルは、窓を閉じているときはLAeq 50 dB(デシベル）以下、窓を開けているときはLAeq 55 dB 以下であることが望ましい。 | 普通教室に対する工作室、音楽室、廊下、給食施設及び運動場等の校内騒音の影響並びに道路その他の外部騒音の影響があるかどうかを調べ騒音の影響の大きな教室を選び、児童生徒等がいない状態で、教室の窓側と廊下側で、窓を閉じたときと開けたときの等価騒音レベルを測定する。
　等価騒音レベルの測定は、日本工業規格 C 1509 に規定する積分・平均機能を備える普通騒音計を用い、A 特性で 5 分間、等価騒音レベルを測定する。
　なお、従来の普通騒音計を用いる場合は、普通騒音から等価騒音を換算するための計算式により等価騒音レベルを算出する。
　特殊な騒音源がある場合は、日本工業規格 Z 8731 に規定する騒音レベル測定法に準じて行う。 |

備考
一　検査項目⑿において、測定結果が著しく基準値を下回る場合には、以後教室等の内外の環境に変化が認められない限り、次回からの検査を省略することができる。

第2　飲料水等の水質及び施設・設備に係る学校環境衛生基準

	検査項目	基　準	方　法
水質	⑴水道水を水源とする飲料水(専用水道を除く。）の水質		
	ア．一般細菌	水質基準に関する省令（平成15年厚生労働省令第101号）の表の下欄に 掲げる基準による。	水質基準に関する省令の規定に基づき厚生労働大臣が定める方法（平成 15 年厚生労働省告示第 261 号）により測定する。
	イ．大腸菌		
	ウ．塩化物イオン		
	エ．有機物（全有機炭素（TOC）の量）		
	オ．pH値		
	カ．味		
	キ．臭気		
	ク．色度		
	ケ．濁度		
	コ．遊離残留塩素	水道法施行規則第 17 条第 1 項第 3 号に規定する遊離残留塩素の基準による。	水道法施行規則第 17 条第 2 項の規定に基づき厚生労働大臣が定める遊離残留塩素及び結合残留塩素の検査方法平成 15 年厚生労働省告示第 318 号）により測定する。

備考
一　検査項目⑴については、貯水槽がある場合には、その系統ごとに検査を行う。

189

水質	(2)専用水道に該当しない井戸水等を水源とする飲料水の水質			
		ア．専用水道（水道法（昭和32年法律第177号）第3条第6項に規定する「専用水道」をいう。以下同じ。）が実施すべき水質検査の項目	水質基準に関する省令の表の下欄に掲げる基準による。	水質基準に関する省令の規定に基づき厚生労働大臣が定める方法により測定する。
		イ．遊離残留塩素	水道法施行規則第17条第1項第3号に規定する遊離残留塩素の基準による	水道法施行規則第17条第2項の規定に基づき厚生労働大臣が定める遊離残留塩素及び結合残留塩素の検査方法により測定する。
	(3)専用水道（水道水を水源とする場合を除く。）及び専用水道に該当しない井戸水等を水源とする飲料水の原水の水質			
		ア．一般細菌	水質基準に関する省令の表の下欄に掲げる基準による。	水質基準に関する省令の規定に基づき厚生労働大臣が定める方法により測定する。
		イ．大腸菌		
		ウ．塩化物イオン		
		エ．有機物（全有機炭素（TOC）の量）		
		オ．pH値		
		カ．味		
		キ．臭気		
		ク．色度		
		ケ．濁度		
	(4)雑用水の水質			
		ア．pH値	5.8以上8.6以下であること。	水質基準に関する省令の規定に基づき厚生労働大臣が定める方法により測定する。
		イ．臭気	異常でないこと。	
		ウ．外観	ほとんど無色透明であること。	目視によって、色、濁り、泡立ち等の程度を調べる。
		エ．大腸菌	検出されないこと。	水質基準に関する省令の規定に基づき厚生労働大臣が定める方法により測定する。
		オ．遊離残留塩素	0.1 mg/L（結合残留塩素の場合は0.4 mg/L）以上であること。	水道法施行規則第17条第2項の規定に基づき厚生労働大臣が定める遊離残留塩素及び結合残留塩素の検査方法により測定する。
施設・設備	(5)飲料水に関する施設・設備			
		ア．給水源の種類	上水道、簡易水道、専用水道、簡易専用水道及び井戸その他の別を調べる	給水施設の外観や貯水槽内部を点検するほか、設備の図面、貯水槽清掃作業報告書等の書類について調べる。

施設・設備	イ．維持管理状況等	（ア）配管、給水栓、給水ポンプ、貯水槽及び浄化設備等の給水施設・設備は、外部からの汚染を受けないように管理されていること。また、機能は適切に維持されていること。 （イ）給水栓は吐水口空間が確保されていること。 （ウ）井戸その他を給水源とする場合は、汚水等が浸透、流入せず、雨水又は異物等が入らないように適切に管理されていること。 （エ）故障、破損、老朽又は漏水等の箇所がないこと。 （オ）塩素消毒設備又は浄化設備を設置している場合は、その機能が適切に維持されていること。	
	ウ．貯水槽の清潔状態	貯水槽の清掃は、定期的に行われていること。	
	(6)雑用水に関する施設・設備	（ア）水管には、雨水等雑用水であることを表示していること。 （イ）水栓を設ける場合は、誤飲防止の構造が維持され、飲用不可である旨表示していること。 （ウ）飲料水による補給を行う場合は、逆流防止の構造が維持されていること。 （エ）貯水槽は、破損等により外部からの汚染を受けず、その内部は清潔であること。 （オ）水管は、漏水等の異常が認められないこと。	施設の外観や貯水槽等の内部を点検するほか、設備の図面等の書類について調べる。

第3　学校の清潔、ネズミ、衛生害虫等及び教室等の備品に係る学校環境衛生基準

	検査項目	基　準	方　法
学校の清潔	(1)大掃除の実施	大掃除は、定期に行われていること。	清掃方法及び結果を記録等により調べる。
	(2)雨水の排水溝等	屋上等の雨水排水溝に、泥や砂等が堆積していないこと。また、雨水配水管の末端は、砂や泥等により管径が縮小していないこと。	雨水の排水溝等からの排水状況を調べる。
	(3)排水の施設・設備	汚水槽、雑排水槽等の施設・設備は、故障等がなく適切に機能していること。	汚水槽、雑排水槽等の施設・設備からの排水状況を調べる。
衛生害虫等ネズミ、	(4)ネズミ、衛生害虫等	校舎、校地内にネズミ、衛生害虫等の生息が認められないこと。	ネズミ、衛生害虫等の生態に応じて、その生息、活動の有無及びその程度等を調べる。
備品の管理教室等の	(5)黒板面の色彩	（ア）無彩色の黒板面の色彩は、明度が3を超えないこと。 （イ）有彩色の黒板面の色彩は、明度及び彩度が4を超えないこと。	明度、彩度の検査は、黒板検査用色票を用いて行う。

検査項目		基　準	方　法
水質	(1)遊離残留塩素	0.4 mg/L 以上であること。また、1.0mg/L 以下であることが望ましい。	水道法施行規則第 17 条第 2 項の規定に基づき厚生労働大臣が定める遊離残留塩素及び結合残留塩素の検査方法により測定する。
	(2) pH 値	5.8 以上 8.6 以下であること。	水質基準に関する省令の規定に基づき厚生労働大臣が定める方法により測定する。
	(3)大腸菌	検出されないこと。	
	(4)一般細菌	1mL 中 200 コロニー以下であること。	
	(5)有機物等（過マンガン酸カリウム消費量）	12mg/L 以下であること。	過マンガン酸カリウム消費量として、滴定法による。
	(6)濁度	2 度以下であること。	水質基準に関する省令の規定に基づき厚生労働大臣が定める方法により測定する。
	(7)総トリハロメタン	0.2mg/L 以下であることが望ましい。	
	(8)循環ろ過装置の処理水	循環ろ過装置の出口における濁度は、0.5 度以下であること。また、0.1 度以下であることが望ましい。	

備考
一　検査項目(7)については、プール水を 1 週間に 1 回以上全換水する場合は、検査を省略することができる。

	検査項目	基準	方法
施設・設備の衛生状態	(9)プール本体の衛生状況等	（ア）プール水は、定期的に全換水するとともに、清掃が行われていること。 （イ）水位調整槽又は還水槽を設ける場合は、点検及び清掃を定期的に行うこと。	プール本体の構造を点検するほか、水位調整槽又は還水槽の管理状況を調べる。
	(10)浄化設備及びその管理状況	（ア）循環浄化式の場合は、ろ材の種類、ろ過装置の容量及びその運転時間が、プール容積及び利用者数に比して十分であり、その管理が確実に行われていること。 （イ）オゾン処理設備又は紫外線処理設備を設ける場合は、その管理が確実に行われていること。	プールの循環ろ過器等の浄化設備及びその管理状況を調べる。
	(11)消毒設備及びその管理状況	（ア）塩素剤の種類は、次亜塩素酸ナトリウム液、次亜塩素酸カルシウム又は塩素化イソシアヌル酸のいずれかであること。 （イ）塩素剤の注入が連続注入式である場合は、その管理が確実に行われていること。	消毒設備及びその管理状況について調べる。

施設・設備の衛生状態	⑫屋内プール			
		ア．空気中の二酸化炭素	1500ppm 以下が望ましい。	検知管法により測定する。
		イ．空気中の塩素ガス	0.5ppm 以下が望ましい。	検知管法により測定する。
		ウ．水平面照度	200lx 以上が望ましい。	日本工業規格 C1609 に規定する照度計の規格に適合する照度計を用いて測定する。
	備考 一　検査項目⑼については、浄化設備がない場合には、汚染を防止するため、1 週間に 1 回以上換水し、換水時に清掃が行われていること。この場合、腰洗い槽を設置することが望ましい。また、プール水等を排水する際には、事前に残留塩素を低濃度にし、その確認を行う等、適切な処理が行われていること。			

第5　日常における環境衛生に係る学校環境衛生基準

	検査項目	基準
教室等の環境	⑴換気	（ア）外部から教室に入ったとき、不快な刺激や臭気がないこと。 （イ）換気が適切に行われていること。
	⑵温度	17℃以上、28℃以下であることが望ましい。
	⑶明るさとまぶしさ	（ア）黒板面や机上等の文字、図形等がよく見える明るさがあること。 （イ）黒板面、机上面及びその周辺に見え方を邪魔するまぶしさがないこと。 （ウ）黒板面に光るような箇所がないこと。
	⑷騒音	学習指導のための教師の声等が聞き取りにくいことがないこと。
飲料水等の水質及び施設・設備	⑸飲料水の水質	（ア）給水栓水については、遊離残留塩素が 0.1 mg/L 以上保持されていること。ただし、水源が病原生物によって著しく汚染されるおそれのある場合には、遊離残留塩素が 0.2 mg/L 以上保持されていること。 （イ）給水栓水については、外観、臭気、味等に異常がないこと。 （ウ）冷水器等飲料水を貯留する給水器具から供給されている水についても、給水栓水と同様に管理されていること。
	⑹雑用水の水質	（ア）給水栓水については、遊離残留塩素が 0.1 mg/L 以上保持されていること。ただし、水源が病原生物によって著しく汚染されるおそれのある場合には、遊離残留塩素が 0.2 mg/L 以上保持されていること。 （イ）給水栓水については、外観、臭気に異常がないこと。
	⑺飲料水等の施設・設備	（ア）水飲み、洗口、手洗い場及び足洗い場並びにその周辺は、排水の状況がよく、清潔であり、その設備は破損や故障がないこと。 （イ）配管、給水栓、給水ポンプ、貯水槽及び浄化設備等の給水施設・設備並びにその周辺は、清潔であること。
学校清潔及びネズミ、衛生害虫等	⑻学校の清潔	（ア）教室、廊下等の施設及び机、いす、黒板等教室の備品等は、清潔であり、破損がないこと。 （イ）運動場、砂場等は、清潔であり、ごみや動物の排泄物等がないこと。 （ウ）便所の施設・設備は、清潔であり、破損や故障がないこと。 （エ）排水溝及びその周辺は、泥や砂が堆積しておらず、悪臭がないこと。 （オ）飼育動物の施設・設備は、清潔であり、破損がないこと。 （カ）ごみ集積場及びごみ容器等並びにその周辺は、清潔であること。

学校清潔及び ネズミ、衛生害虫等	(10)プール水等	(ア) 水中に危険物や異常なものがないこと。 (イ) 遊離残留塩素は、プールの使用前及び使用中1時間ごとに1回以上測定し、その濃度は、どの部分でも 0.4mg/L 以上保持されていること。また、遊離残 留塩素は 1.0mg/L 以下が望ましい。 (ウ) pH 値は、プールの使用前に1回測定し、pH 値が基準値程度に保たれてい ることを確認すること。 (エ) 透明度に常に留意し、プール水は、水中で3m離れた位置からプールの壁面が明確に見える程度に保たれていること。
水泳プールの管理		(ア) 水中に危険物や異常なものがないこと。 (イ) 遊離残留塩素は、プールの使用前及び使用中1時間ごとに1回以上測定し、その濃度は、どの部分でも 0.4mg/L 以上保持されていること。また、遊離残 留塩素は 1.0mg/L 以下が望ましい。 (ウ) pH 値は、プールの使用前に1回測定し、pH 値が基準値程度に保たれてい ることを確認すること。 (エ) 透明度に常に留意し、プール水は、水中で3m離れた位置からプールの壁面が明確に見える程度に保たれていること。
	(11)附属施設・設備等	プールの附属施設・設備、浄化設備及び消毒設備等は、清潔であり、破損や故障がないこと。

第6 雑則

1 学校においては、次のような場合、必要があるときは、臨時に必要な検査を行うものとする。
 (1) 感染症又は食中毒の発生のおそれがあり、また、発生したとき。
 (2) 風水害等により環境が不潔になり又は汚染され、感染症の発生のおそれがあるとき。
 (3) 新築、改築、改修等及び机、いす、コンピュータ等新たな学校用備品の搬入等により揮発性有機化合物の発生のおそれがあるとき。
 (4) その他必要なとき。

2 臨時に行う検査は、定期に行う検査に準じた方法で行うものとする。

3 定期及び臨時に行う検査の結果に関する記録は、検査の日から5年間保存するものとする。また、毎授業日に行う点検の結果は記録するよう努めるとともに、その記録を点検日から3年間保存するよう努めるものとする。

4 検査に必要な施設・設備等の図面等の書類は、必要に応じて閲覧できるように保存するものとする。

第8章　保健教育

　保健教育は、学校の教育活動全体を通じて、健康に関する一般的で基本的な概念を習得させる教科保健を中核として、関連教科などにおいて健康に関連することについて適切な意思決定・行動選択ができる力を育てる。そのことによって、子ども自らの生活習慣や環境を改善して、健康で安全な生活が実践できるようにすることを目指して行われる。学習指導要領や学校保健計画に基づいて、充実した保健教育が行われるよう努めることが重要である。

　本章は、2017（平成29）年から順次、小・中学校及び高等学校の学習指導要領が改訂され、教育が行われていることを踏まえ、第1節で保健教育の概略、第2節で新学習指導要領で示された教科保健の内容、養護教諭が保健学習に参加・協力する中で、養護教諭が関わることの意義等、第3節で特別活動において、新学習指導要領で改訂された点などを含め、概要及び養護教諭の関わることの意義について述べる。第4節では、総合的な学習の時間について述べる。総合的な学習の時間は、全教職員が教育・指導に当たるとされており、養護教諭においても専門性や特質を生かした参加が望まれる。第5節では、養護教諭が最も専門とする個別指導（保健指導）の目標、対象者、プロセスについて述べる。特に個別指導（保健指導）は、学校保健安全法第9条に基づいて、有効に遅滞なく行うことが求められている。

〈 第1節 〉　保健教育とは

　学校における保健教育は、各教科（体育・保健体育科や保健に関連する各教科等）、特別活動、総合的な学習・探究の時間、個別指導（保健指導）がある。

表1　学校における保健教育

保健教育	各教科	教科保健	（小）体育科の保健領域
			（中）保健体育科の保健分野
			（高）保健体育科の科目保健
		その他関連する教科等	社会科、理科、生活科、家庭（技術家庭）科、道徳科
	特別活動		学級（ホームルーム）活動、児童生徒会活動、学校行事等における保健の指導
	総合的な学習・探究の時間※		保健に関する横断的・総合的な学習・探究（福祉・健康）
	個別指導（保健指導）		学級等での個別指導（保健指導）
			保健室での個別指導（保健指導）
			健康観察・健康相談・健康診断等の結果行う個別指導（保健指導）

※　高等学校の「総合的な学習の時間」は、2022（令和4）年より「総合的な探究の時間」に変更される。

各教科とは、体育科の保健領域（小学校）、保健体育科の保健分野（中学校）、保健体育科の科目保健（高等学校）、その他関連する教科等（社会科、理科、生活科、家庭（技術家庭）科、道徳科）である。そして、体育科の保健領域（小学校）、保健体育科の保健分野（中学校）は教科保健ともいわれている。

　特別活動における保健教育とは、学級（ホームルーム）活動、児童生徒会活動、学校行事等における保健の指導のことである。

　総合的な学習・探究の時間における保健教育とは、保健に関する横断的・総合的な学習・探究（福祉・健康）である。

　個別指導（保健指導）等における保健教育とは、日常生活における指導及び子どもの実態に応じた保健の指導であり、学級等での個別指導（保健指導）、保健室での個別指導（保健指導）、健康観察・健康相談・健康診断等、学校保健安全法に基づく個別指導（保健指導）のことである。

　2016（平成28）年12月21日の中央教育審議会答申「幼稚園、小学校、中学校、高等学校及び特別支援学校の学習指導要領等の改善及び必要な方策等について」では、「健康・安全・食に関する資質・能力」において言及する中で、「保健学習」と「保健指導」という用語について、以下のように見直しが行われた。

　「従来、教科等を中心とした「安全学習」「保健学習」と特別活動等による「安全指導」「保健指導」に分類されている構造については、資質・能力の育成と、教育課程全体における教科等の役割を踏まえた再整理が求められる。」

　これを踏まえて、学習指導要領等では教科等を分類する用語に「保健学習」「保健指導」は使用せず、教職員や国民が理解できる教科等の名称で説明することとなった。その結果、保健教育の分類は、前述のようになった。

　具体的には、従来、特別活動における（学級（ホームルーム）活動における）「保健指導」と表記されていたものは、「保健の指導」あるいは「特別活動における保健教育」と表記されるようになった。また、養護教諭が参画する主な保健教育は、「教科保健」「特別活動」「総合的な学習・探究の時間」「個別指導（保健指導）」の4つに大別される。次節以降でその概要を述べる。

　なお、学習指導要領等では使用されなくなった「保健指導」の用語であるが、学校保健安全法第9条では引き続きこの語が規定されており、学校現場でも頻用される。このため、以下、本章では、「保健指導」の用語を使用するものとする。

〈 第2節 〉 教科保健

2017（平成29）年改訂の学習指導要領について、改訂された点なども含め、概要及び、養護教諭が関わることの意義、留意点等について述べる。

1 小学校体育科、中学校保健体育科の目標

2017（平成29）年改訂の学習指導要領では、全ての教科において目標が整理され、規定し直された。まず、柱書に教科等の特質に応じた見方、考え方、学習活動等が明記され、知識及び技能（従前：技能）、思考力、判断力、表現力等（従前：思考・判断）、学びに向かう力、人間性等（従前：態度）の3つの柱に沿って整理され、育成を目指す資質・能力が明確化された。小学校体育科、中学校保健体育科の目標は表2のように整理された。

表2　体育科と保健体育科の目標

体育科 （小学校）	体育や保健の見方・考え方を働かせ、課題を見付け、その解決に向けた学習過程を通して、心と体を一体として捉え、生涯にわたって心身の健康を保持増進し豊かなスポーツライフを実現するための資質・能力を次のとおり育成することを目指す。
	①その特性に応じた各種の運動の行い方及び身近な生活における健康・安全について理解するとともに、基本的な動きや技能を身に付けるようにする。（知識及び技能） ②運動や健康についての自己の課題を見付け、その解決に向けて思考し判断するとともに、他者に伝える力を養う。（思考力・判断力・表現力等） ③運動に親しむとともに健康の保持増進と体力の向上を目指し、楽しく明るい生活を営む態度を養う。（学びに向かう力、人間性等）
保健体育科 （中学校）	体育や保健の見方・考え方を働かせ、課題を発見し、合理的な解決に向けた学習過程を通して、心と体を一体として捉え、生涯にわたって心身の健康を保持増進し豊かなスポーツライフを実現するための資質・能力を次のとおり育成することを目指す。
	①各種の運動の特性に応じた技能等及び個人生活における健康・安全について理解するとともに、基本的な技能を身に付けるようにする。（知識及び技能） ②運動や健康についての自他の課題を発見し、合理的な解決に向けて思考し判断するとともに、他者に伝える力を養う。（思考力・判断力・表現力等） ③生涯にわたって運動に親しむとともに健康の保持増進と体力の向上を目指し、明るく豊かな生活を営む態度を養う。（学びに向かう力、人間性等）

2 小学校保健領域・中学校保健分野

（1）見方・考え方（共通）

「個人及び社会生活における課題や情報を、健康や安全に関する原則や概念に着目して捉え、疾病等のリスクの軽減や生活の質の向上、健康を支える環境づくりと関連付けること。」と示された。

（2）小学校保健領域

小学校では体育科保健領域の目標が、第1学年及び第2学年、第3学年及び第4学年、第5学年及び第6学年の3段階で示されている（表3）。

「学びに向かう力、人間性等」の内容が示されていないものの、指導方法として、「保健の指導に当たっては、健康に関心をもてるようにし、健康に関する課題を解決する学習活動を取り入れるなどの指導方法の工夫を行うこと」が新しく示された。また、各領域の関連についての内容の取り扱いは以下の通りである。

---

① 第1学年及び第2学年は、各領域の各内容については、運動と健康が関わっていることについての具体的な考えがもてるよう指導することを明示。
② 第3学年及び第4学年は、各領域の各内容については、運動と健康が密接に関連していることについての具体的な考えがもてるよう指導することを明示。
③ 第5学年及び第6学年は、各領域の各内容については、運動領域と保健領域との関連を図る指導に留意することを明示。

表3 小学校における体育科の目標・保健領域の内容のポイント

第3・4学年	目標	(1) 各種の運動の楽しさや喜びに触れ、その行い方及び健康で安全な生活や体の発育・発達について理解するとともに、基本的な動きや技能を身に付けるようにする。(知識及び技能) (2) 自己の運動や身近な生活における健康の課題を見付け、その解決のための方法や活動を工夫するとともに、考えたことを他者に伝える力を養う。(思考力、判断力、表現力等) (3) 各種の運動に進んで取り組み、きまりを守り誰とでも仲よく運動をしたり、友達の考えを認めたり、場や用具の安全に留意したりし、最後まで努力して運動をする態度を養う。また、健康の大切さに気付き、自己の健康の保持増進に進んで取り組む態度を養う。(学びに向かう力、人間性等)
	内容のポイント	(1) 健康な生活 (第3学年) (イ) 毎日を健康に過ごすには、運動、食事、休養及び睡眠の調和のとれた生活を続けること、また、体の清潔を保つことなどが必要であること。 ＊下線部の「運動、食事」は、旧学習指導要領では「食事、運動」という順番であったが「運動」が先に表記されている。つまり、健康と運動の関連について重点的に改訂された。 イ 健康な生活について課題を見付け、その解決に向けて考え、それを表現すること。 ＊思考力・判断力・表現力等の内容として新しく示された。 (2) 体の発育・発達 (第4学年) イ 体がよりよく発育・発達するために、課題を見付け、その解決に向けて考え、それを表現すること。 ＊思考力・判断力・表現力等の内容として新しく示された。
第5・6学年	目標	(1) 各種の運動の楽しさや喜びを味わい、その行い方及び心の健康やけがの防止、病気の予防について理解するとともに、各種の運動の特性に応じた基本的な技能及び健康で安全な生活を営むための技能を身に付けるようにする。(知識及び技能) (2) 自己やグループの運動の課題や身近な健康に関わる課題を見付け、その解決のための方法や活動を工夫するとともに、自己や仲間の考えたことを他者に伝える力を養う。(思考力、判断力、表現力等) (3) 各種の運動に積極的に取り組み、約束を守り助け合って運動をしたり、仲間の考えや取組を認めたり、場や用具の安全に留意したりし、自己の最善を尽くして運動をする態度を養う。また、健康・安全の大切さに気付き、自己の健康の保持増進や回復に進んで取り組む態度を養う。(学びに向かう力、人間性等)
	内容のポイント	(3) 心の健康 (第5学年) ア 心の発達及び不安や悩みへの対処について理解するとともに、簡単な対処をすること。 ＊「簡単な対処をすること」が、新しく技能の内容として示された。 イ 心の健康について、課題を見付け、その解決に向けて思考し判断するとともに、それらを表現すること。 ＊思考力・判断力・表現力等の内容として新しく示された。 (4) けがの防止 (第5学年)

		ア　けがの防止について理解するとともに、けがなどの簡単な手当をすること。 　　＊「けがなどの簡単な手当をすること」が、新しく技能の内容として示された。 イ　けがを防止するために、危険の予測や回避の方法を考え、それを表現すること。 　　＊思考力・判断力・表現力等の内容として新しく示された。 （5）病気の予防（第6学年） （ウ）　生活習慣病など生活行動が主な要因となって起こる病気の予防には、適切な運動、栄養の偏りのない食事をとること、口腔の衛生を保つことなど、望ましい生活習慣を身に付ける必要があること。 　　＊「適切な運動」が新たに示され、食事を中心とした内容から、運動と健康を重視した内容になっている。 イ　病気を予防するために、課題を見付け、その解決に向けて思考し判断するとともに、それらを表現すること。 　　＊思考力・判断力・表現力等の内容として新しく示された。

出典：文部科学省『小学校学習指導要領（平成29年告示）解説　体育編』[6]より作成、下線部は筆者による追記

（3）中学校保健分野

　従前から示されていた中学校における基礎的な知識、ストレス対処や心肺蘇生法等の技能に関する内容、健康に関わる事象や、健康情報から自他の健康に関する課題を発見し、よりよい解決に向けて取り組む思考力、判断力、表現力等の内容が示された。その際、従前の内容を踏まえるとともに、個人生活における健康に関する課題を解決することを重視する観点から配列が見直され、「健康な生活と疾病の予防」、「心身の機能の発達と心の健康」、「傷害の防止」、「健康と環境」の4つの内容で再構成された。また、「知識（及び技能）」「思考力、判断力、表現力等」に再整理され、「思考力、判断力、表現力等」については、具体的に「例示」された。

表4　中学校における保健体育科の保健分野の目標・内容のポイント

保健分野	目標	(1)　個人生活における健康・安全について理解するとともに、基本的な技能を身に付けるようにする。（知識及び技能） (2)　健康についての自他の課題を発見し、よりよい解決に向けて思考し判断するとともに、他者に伝える力を養う。（思考力、判断力、表現力等） (3)生涯を通じて心身の健康の保持増進を目指し、明るく豊かな生活を営む態度を養う。（学びに向かう力、人間性等）
	内容のポイント	(1)　健康な生活と疾病の予防 　個人生活における健康に関する課題を解決することを重視する観点から、内容を学年ごとに配当すること、生活習慣病の多くは、適切な運動、食事、休養及び睡眠を実践することによって予防できること、生活習慣病などの予防でがんを取り扱うことが示された。 　学年ごとの具体的な内容は以下のように示された。 ア　健康の成り立ちと疾病の発生要因・・・(1年) イ　生活習慣と健康・・・・・・・・・・・(1年) ウ　生活習慣病などの予防・・・・・・・・(2年) エ　喫煙、飲酒、薬物乱用と健康・・・・・(2年) オ　感染症の予防・・・・・・・・・・・・(3年) カ　個人の健康を守る社会の取組・・・・・(3年) (2)　心身の機能の発達と心の健康（第1学年） ア　心身の機能の発達と心の健康について理解を深めるとともに、ストレスへの対処をすること。 　　＊　新たに、ストレスへの対処についての技能の内容が示された。

イ　心身の機能の発達と心の健康について、課題を発見し、その解決に向けて思考し判断するとともに、それらを表現すること。
　＊　思考力・判断力・表現力等の内容として新しく示された。
(3) 傷害の防止 (第2学年)
ア　(エ) 応急手当を適切に行うことによって、傷害の悪化を防止することができること。また、心肺蘇生法などを行うこと。
　＊　心肺蘇生法などの応急手当の技能の内容が明確に示された。
イ　傷害の防止について、危険の予測やその回避の方法を考え、それらを表現すること。
　＊　思考力・判断力・表現力等の内容として新しく示された。
(4) 健康と環境 (第3学年)
イ　健康と環境に関する情報から課題を発見し、その解決に向けて思考し判断するとともに、それらを表現すること。
　＊　思考力・判断力・表現力等の内容として新しく示された。

出典：『中学校学習指導要領 (平成29年告示) 解説　保健体育編』[7] を一部改変して作成、下線部は筆者による追記

③　養護教諭と教科保健

（1）養護教諭が関わることの意義

　教育職員免許法の一部改正（1998（平成10）年7月1日施行）により、養護教諭の免許状を有し3年以上の勤務経験がある者で、現に養護教諭として勤務しているものは、保健の教科の領域に係る事項の教授を担当する教諭又は講師となることができるようになった。ただし、養護教諭が教育課程に基づき、組織的・継続的に、教科保健の単元のまとまりを教授する場合には、当該養護教諭を教諭又は講師として兼ねさせる発令（兼職発令）が必要となる。

　養護教諭が教科保健を担当することになった背景には、社会環境や生活様式の急激な変化が子ども達の心身に大きな影響を与え、心身の健康課題が深刻さを増している現状がある。すなわち、養護教諭は、問題が起きたときの保健室での対応だけでなく、問題が起こる前の保健教育への積極的な参画を期待されているわけである。

　しかし、3年以上の経験がある全ての養護教諭が兼職発令を受け、教科保健を担当するわけではない。養護教諭が教諭又は講師を兼ねるか否かについては、任命権者又は雇用者において、各学校の教員配置や生徒指導の実態に応じ、教育上の観点から個別に判断されるべきである。

　子ども達の健康課題はますます深刻化している。いじめ、不登校等のメンタルヘルスに関する問題、喫煙、飲酒、薬物乱用、基本的な生活習慣の乱れ、性に関する問題、アレルギー疾患の増加、新たな感染症等への対応が求められる現代において、養護教諭の持つ専門的な知識や技能を教科保健に生かすことはますます期待されるであろう。

（2）指導上の留意点等

　養護教諭が教科保健を担当する場合、以下のような留意点が考えられる。

①校内の協力体制は確立しているか。
　　兼職発令を受け、学校長、担任、全教職員の理解と協力が必要である。
　　特に、体育科・保健体育科を担当する教員とは、綿密な連携のもと、授業計画を作成する必要がある。また、養護教諭が教科保健を担当することについては、保護者や地域関係者の理解も必要である。
②保健室の機能は維持できるか。
　　養護教諭が保健室を不在にする間のバックアップ体制を確立しておく必要がある。特に健康相談や救急処置で子ども達が来室した場合の対応で、子ども達に不利益があってはいけない。養護教諭が複数配置であっても十分検討すべきである。
③体育領域・体育分野等（学習指導要領）について理解しているか。
　　運動と健康との関連を図る指導が求められているため、保健領域・保健分野だけでなく、体育領域・体育分野等の内容も十分理解しておく必要がある。そして、勤務する校種の教育内容だけでなく、その系統性を理解するため、他の校種の内容も理解しておく必要がある。
　　また、学習評価についても、教育目標や内容の再整理を踏まえて、「健康・安全への関心・意欲・態度」「健康・安全についての思考・判断」「健康・安全についての知識・理解」の3観点から「健康・安全についての知識・技能」「健康・安全についての思考・判断・表現」「健康・安全について主体的に学習に取り組む態度」の3観点に整理された。
④授業づくりについて理解できているか。
　　指導案の作成、授業の進め方（教育技術）、授業評価等、子ども達にとって魅力ある、有意義な授業にするための授業づくりについて理解し、教育技術（ICT教育を含む）を身に付けておく必要がある。
⑤養護教諭ならではの、養護教諭だからこそできる授業づくりができるか。

　養護教諭の専門性や職務の特質を生かすためには、次のような点が挙げられる。

① 　健康観察・健康相談・健康診断等の結果を活用する。
② 　保健室における保健指導で把握した課題や情報を活用する。
③ 　子ども達の保健室での体験を活用する。
④ 　保健の専門知識や最新情報を、子ども達が興味をもち、わかりやすく理解できるように工夫する。

第3節　特別活動

　特別活動は、豊かな人間性や社会性を育てるために、学級（ホームルーム）・学校の一員としての活動を通して、自主的、実践的な態度を身に付ける活動である。学級（ホームルーム）活動、児童生徒会活動、クラブ活動（小）、学校行事がある。
　2017（平成29）年・2018（平成30）年改訂の学習指導要領について、改訂された点なども含め、概要及び、養護教諭が関わることの意義、留意点等について述べる。

1 　特別活動の目標（小・中・高）

　今回の改訂では、これまで特別活動が大切にしてきた人間関係形成、社会参画、自己実現の3つの視点を基盤にして、各活動や学校行事を通して育成を目指す資質能力が明確化された。
　また、資質能力を育成するための学習過程も明確化され、学習指導要領解説の中で各活動、学校行事の学習過程が例示された。さらに、人間としての生き方についての考えを深め、自己実現を図ろうとする態度を養う、いわゆるキャリア教育は、特別活動を要にして行う

ことも明示された（総則）。2017（平成 29）年・2018（平成 30）年改訂の学習指導要領
では、特別活動の目標は以下のように整理された。

> 　集団や社会の形成者としての見方・考え方を働かせ、様々な集団活動に自主的、実践的に取り組み、互いのよさや可能性を発揮しながら集団や自己の生活上の課題を解決することを通して、次のとおり資質・能力を育成することを目指す。
>
> ① 　多様な他者と協働する様々な集団活動の意義や活動を行う上で必要となることについて理解し、行動の仕方を身に付けるようにする。（知識及び技能）
> ② 　集団や自己の生活、人間関係の課題を見いだし、解決するために話し合い、合意形成を図ったり、意思決定したりすることができるようにする。（思考力・判断力・表現力等）
> ③ 　自主的、実践的な集団活動を通して身に付けたことを生かして、集団や社会における（高：主体的に集団や社会に参画し、）生活及び人間関係をよりよく形成するとともに、自己（中・高：人間として）の生き方（高:在り方・生き方）についての考え（高:自覚）を深め、自己実現を図ろうとする態度を養う。（学びに向かう力、人間性等）

２ 特別活動における保健教育

　養護教諭にとって特に関連がある、学級活動、学校行事について述べる。

（1）学級（ホームルーム）活動（小・中・高）

　学級（ホームルーム）や学校での生活をよりよくするための課題を見出し、解決するために話し合い、合意形成し、役割を分担して協力して実践したり、学級（ホームルーム）での話し合いを生かして、自己の課題の解決及び将来の生き方を描くために、意思決定して実践したりすることに、自主的、実践的に取り組むことを通して、前掲した特別活動の第 1 の目標（特別活動の目標）に掲げる資質・能力を育成することを目指す。

　いずれの学年においても取り扱う内容として、以下が示された。今回の改訂においては、特別活動を要として、学校の教育活動全体を通してキャリア教育を適切に行うことが示され、キャリア教育の視点からの小・中・高のつながりが明確になるよう、小学校に「一人一人のキャリア形成と自己実現」が新設された。

> (1) 学級（ホームルーム）や学校における生活づくりへの参画
> (2) 日常の生活や学習への適応と自己の成長及び健康安全
> (3) 一人一人のキャリア形成と自己実現

　ここでは、保健教育と密接に関連する「(2)日常の生活や学習への適応と自己の成長及び健康安全」についてその内容を示す。

表5　学級（ホームルーム）活動(2)に関する内容

学校種	内　容
小学校	ア　基本的な生活習慣の形成 イ　よりよい人間関係の形成 ウ　心身ともに健康で安全な生活態度の形成 エ　食育の観点を踏まえた学校給食と望ましい食習慣の形成

中学校	ア　自他の個性の理解と尊重、よりよい人間関係の形成 イ　男女相互の理解と協力 ウ　思春期の不安や悩みの解決、性的な発達への対応 エ　心身ともに健康で安全な生活態度や習慣の形成 オ　食育の観点を踏まえた学校給食と望ましい食習慣の形成
高等学校	ア　自他の個性の理解と尊重、よりよい人間関係の形成 イ　男女相互の理解と協力 ウ　国際理解と国際交流の推進 エ　青年期の悩みや課題とその解決 オ　生命の尊重と心身ともに健康で安全な生活態度や規律ある習慣の確立

（2）健康安全・体育的行事について（小・中・高）

健康安全・体育的行事のねらい及び内容は次の通りである。

小学校	ねらい	心身の健全な発達や健康の保持増進、事件や事故、災害等から身を守る安全な行動や規律ある集団行動の体得、運動に親しむ態度の育成、責任感や連帯感の涵養、体力の向上などに資するようにすること。
	内　容	健康診断や給食に関する意識を高めるなどの健康に関する行事、避難訓練や交通安全、防犯等の安全に関する行事、運動会や球技大会等の体育的な行事などが考えられる。

中学校	ねらい	心身の健全な発達や健康の保持増進、事件や事故、災害等から身を守る安全な行動や規律ある集団行動の体得、運動に親しむ態度の育成、責任感や連帯感の涵養、体力の向上などに資するようにすること。
	内　容	健康診断、薬物乱用防止指導、防犯指導、交通安全指導、避難訓練や防災訓練、健康・安全や学校給食に関する意識や実践意欲を高める行事、運動会（体育祭）、競技会、球技会などが考えられる。

　指導の留意点については、学習指導要領解説に詳しく記載されている。留意点を踏まえながら、養護教諭としてどのように特別活動に関わっていくべきか次に述べる。

③　養護教諭と特別活動

（1）養護教諭が関わることの意義

　養護教諭は、特別活動における保健教育では、主に学級（ホームルーム）活動、児童生徒会活動、学校行事に参画することが多い。

　特に、学級（ホームルーム）活動(2)の指導に当たっては、各校における子ども達の心身の健康課題等が題材に取り上げられることが多く、学習指導要領解説にも「学級担任の教師による指導が原則であるが、[中略] 養護教諭、栄養教諭、学校栄養職員、司書教諭などの協力を得て指導に当たるようにすることは望ましい配慮である。（小）」「養護教諭、栄養教諭、学校栄養職員などの専門性を生かした指導が行えるよう配慮する（中）」と、養護教諭の参画への期待が示されている。

　これは、養護教諭が把握している健康情報、養護教諭の専門的な知識や技能等を生かした効果的な保健の指導が期待されているためと思われる。今後も養護教諭の参画が望まれる。

（2）指導上の留意点等

　養護教諭が特別活動における保健教育を行う場合も、教科保健を行う場合と同様に、次の留意点が考えられる。

---

① 校内の協力体制は確立しているか。
② 保健室の機能は維持できるか。
③ 特別活動（学習指導要領）について理解しているか。
④ 活動づくり等について理解できているか。
⑤ 養護教諭ならではの、養護教諭だからこそできる活動づくり等ができるか。

　学級（ホームルーム）活動においては、特に以下のことに留意する。

---

①なぜ、その題材を扱うのか明確になっているか。
　　社会や学校・地域の実態を踏まえ、扱う題材を設定し、他の保健教育との関連性を図り設定した題材のどこを指導したいのか明確にする。
　　例：がん教育、性に関する教育等
②一過性の（単発の）指導になっていないか。
　　特別活動における保健教育の年間計画では、年1回の指導という題材もある。その場合でも、事後指導や発展的な指導を重視し、他の保健教育と関連させることが大切である。また、課題解決は総合的に捉え、児童生徒会活動、学校行事、保健指導等で図っていくことにより、年1回の題材でも指導の効果を上げることができる。
③子ども達に自己決定させる内容になっているか。
　　特別活動は、自主的、実践的な態度を身に付ける活動である。したがって、学んだことを生かして、自分の課題を解決するため、何をどのように取り組むのか、努力していくのかを自己決定させることが望ましい。
④最新の、エビデンスに基づいた情報収集を行っているか。
　　養護教諭の専門的知識や技能のエビデンスは常に確認しておく必要がある。そして、専門知識や技能のエビデンスは、科学の進歩により更新されていくため、最新の情報収集に努めることが大切である。また、最新の情報を、学習指導要領の範囲でどのように活用していくかは、教職員の共通理解を図りながら検討していく。

〔第4節〕　総合的な学習・探究の時間

　総合的な学習の時間は、変化の激しい社会に対応して、自ら課題を見付け、自ら学び、自ら考え、主体的に判断し、よりよく問題を解決する資質や能力を育てることなどをねらいとすることから、思考力・判断力・表現力等が求められる「知識基盤社会」の時代においてますます重要な役割を果たすものである。

　高等学校の「総合的な学習の時間」は、2022（令和4）年度から「総合的な探究の時間」に変更される。「総合的な探究の時間」では、生徒が主体的に課題を設定し、情報の収集や整理・分析をしてまとめるといった能力の育成を目的としている。

　総合的な学習の時間における学習活動の具体例として、国際理解、情報、環境、福祉・健康が挙げられる。その他児童生徒の興味・関心に基づく課題、地域や学校の実態、特色に応じた課題について、学校の実態に合った学習活動を行うものとしている。

1　総合的な学習の時間の目標

　小学校・中学校学習指導要領では、総合的な学習の時間の第1の目標を次のように掲げている[13]。

第1　目標
　探究的な見方・考え方を働かせ、横断的・総合的な学習を行うことを通して、よりよく課題を解決し、自己の生き方を考えていくための資質・能力を次のとおり育成することを目指す。
(1)探究的な学習の過程において、課題の解決に必要な知識及び技能を身に付け、課題に関わる概念を形成し、探究的な学習のよさを理解するようにする。
(2)実社会や実生活の中から問いを見いだし、自分で課題を立て、情報を集め、整理・分析して、まとめ・表現することができるようにする。
(3)探究的な学習に主体的・協働的に取り組むとともに、互いのよさを生かしながら、積極的に社会に参画しようとする態度を養う。

　第1の目標は、大きく分けて二つの要素で構成されている。一つは、総合的な学習の時間に固有な見方・考え方を働かせて、横断的・総合的な学習を行うことを通して、よりよく課題を解決し、自己の生き方を考えていくための資質・能力を育成するという、総合的な学習の時間の特質を踏まえた学習課程の在り方である。もう一つは、(1)、(2)、(3)として示されている、総合的な学習の時間を通して育成することを目指す資質・能力である。育成することを目指す資質・能力は、他教科等と同様に、(1)では総合的な学習の時間において育成を目指す「知識及び技能」を、(2)では「思考力、判断力、表現力等」を、(3)では「学びに向かう力、人間性等」を示している。これらは、総合的な学習の時間を通して育てていきたい子どもの姿でもある。

　また、総合的な学習の時間の第2の目標及び内容は、第1の目標を踏まえ、各学校において定めることとされている。各学校は、第2の目標や内容を適切に定め、創意工夫を生かした特色ある教育活動を展開する必要がある。ここに総合的な学習の時間の大きな特質がある。

2　総合的な学習の時間における養護教諭の関わりと「健康」の視点

　各教科で身に付けた知識や技能を活用して、福祉・健康など横断的・総合的な課題を解決する探究的学習を行うことにより、よりよく問題を解決する資質や能力の育成と自己の生き方を考えることができるようにする。

養護教諭としての関わり方
○　年間計画の立案にあたり、健康教育を進める立場から発言する
○　調べ学習において、保健室の資料や情報、教材を提供できる
○　専門性を生かして、実際の指導にあたる
○　地域の関係機関や専門家との連携にあたる

出典：植田誠治他監修『新版・養護教諭の執務の手引き』[14]

```
総合的な学習の時間と「健康」との関連（課題の設定における視点）
①保健の内容を発展させた課題……歯・口の健康、性・エイズ、飲酒・喫煙・薬物乱用防止、心の健康、
　がん教育等
②保健の内容の枠を超えて、他教科等や学校外での学習と関連づけた課題……交通安全、防災、食生活、
　栄養と健康等
③広い視野から健康問題を考察する課題……健康と社会、生活習慣病、健康に関わるボランティア活動、
　地域の健康と医療機関、人口の動向や保健医療制度、健康に対する社会の仕組み等
④その他の課題……自然体験を通した仲間との交流や心のふれあい活動、自然の中での遊び、郷土に残る
　自然を生かした活動等
```

3 教職員の協力体制と家庭・地域との連携を生かす

　総合的な学習の時間における学習活動の指導支援に当たっては、教職員全体での取組が重要である。児童生徒が複数の場所に分かれて活動したり、学級や学年の枠を外して活動する場合には、複数の教員が協力して指導に当たるだけでなく、学習環境の整備や校外学習の連絡調整についても協力しあうことで学習活動を効果的に支援することができる。学習指導の基本的な考え方として次の4点が挙げられている[13]。

```
①　校内の教職員が一体となり協力できる体制をつくるなど校内組織の整備
②　確実かつ柔軟な実施のための授業時数の確保と弾力的な運用
③　多様な学習活動に対応するための空間、時間、人などの学習環境の整備
④　学校が家庭や地域と連携・協働しながら取り組む外部連携の構築
```

　総合的な学習の時間では、児童生徒の様々な興味・関心や多様な学習活動に応えるために、グループ学習や異年齢集団による学習をはじめ多様な学習形態の工夫を積極的に図ること、また、それぞれの教職員の特性や専門性を生かすことが、総合的な学習の時間の特色を生み出し、一層の充実にもつながるとしている。総合的な学習の時間は特定の教員のみが関わるのではなく、全教員が一体となって指導に当たることが求められている。

　養護教諭は、総合的な学習の時間において、指導計画の策定や単元計画の構想は勿論、授業にも参画し、豊かな教育活動が展開されることが期待されている。

　さらに、教職員と学校外の人々が力を発揮しあう「チームとしての学校」の取組も期待されている。地域の特色を生かしたり、一人ひとりの児童生徒の興味・関心に応じたりして学習活動を展開していくには、学校が保護者をはじめ地域の人々、専門家などの教育力を活用することが欠かせない。地域や社会に存在する多様で幅広い教育力の活用が、総合的な学習の時間の充実を実現する。養護教諭においても、関係機関や専門家との連携において、専門性を生かした活動を支援することができる。学校の実態、指導内容に基づいて、チーム学校の一員として積極的に参加したい。

〈 第5節 〉 保健指導

　2008（平成 20）年中央教育審議会答申を踏まえ、学校保健法の一部改正が公布され、2009（平成 21）年 4 月 1 日に学校保健安全法が施行された。同法第 9 条で、「養護教諭その他の職員は、相互に連携して、健康相談又は児童生徒等の健康状態の日常的な観察により、児童生徒等の心身の状況を把握し、健康上の問題があると認めるときは、遅滞なく、当該児童生徒等に対して必要な指導を行うとともに、必要に応じ、その保護者に対して必要な助言を行うものとする。」と規定された。

　また、従来、学校医・学校歯科医が健康診断の事後措置として行っていた保健指導は、学校保健法施行規則の改正により、学校医・学校歯科医・学校薬剤師の職務執行の準則（学校保健安全法施行規則第 22 条、第 23 条、第 24 条）に「法第 9 条の保健指導に従事すること」と改正された。つまり、教職員、学校医、学校歯科医、学校薬剤師がそれぞれの職務の中で連携しながら組織的に保健指導を行うことが明確にされた。

　以上のような経緯から、保健指導は、学校保健安全法第 9 条に基づいて行われることを基盤に、実施主体者別に、養護教諭が行う場合、養護教諭以外の教職員が行う場合、学校医・学校歯科医・学校薬剤師が行う場合に分けられる。

　本節では、養護教諭が行う保健指導について述べる。

① 保健指導の目標

　保健指導の目的は、個々の児童生徒の心身の健康問題の解決に向けて、自分の健康問題に気づき、理解と関心を深め、自ら積極的に解決していこうとする自主的、実践的な態度の育成を図るために行われるものである。

② 保健指導の対象者

　養護教諭が行う保健指導は、健康相談、日常的な健康観察、健康診断の結果、保健室来室時（救急処置時）の他に、担任や保護者からの依頼があった場合にも行う。

　保健指導の主な対象者は、次の場合が考えられる。

---

①　健康診断の結果、保健指導を必要とする者
②　健康相談の結果、保健指導を必要とする者
③　日常の健康観察の結果、保健指導を必要とする者
④　急性・慢性疾患等、心身の健康に問題を抱えている者
⑤　望ましい生活習慣の実践に関して問題を抱えている者
⑥　健康行動に関して問題を抱えている者
⑦　傷害の防止に関して問題を抱えている者
⑧　本人が指導を受けることを希望した場合

---

⑨　担任や保護者から保健指導の依頼があった場合
⑩　その他

③　保健指導のプロセス・留意点

　保健指導の基本的なプロセスは以下が考えられる。

（1）対象者の把握（保健指導の必要性の判断）

　健康診断、健康観察、健康相談、保健室来室時、保健情報（アンケート、学校生活管理指導表等）、担任・保護者からの情報（電話・面談等）から、保健指導の必要性を判断する。その際、疾病や障害の予防とともに早期発見の視点が大切である。

（2）心身の健康問題の把握

　保健情報から個々の対象者について、何が、どう問題なのか把握する。その際、さらに追加の情報を集める必要があるかもしれない。また、情報は横断的・縦断的（健康観察記録、成長曲線等）に収集し、検討する必要がある。

（3）目標の設定

　健康問題解決のために目標を設定する。その際、対象者の理解度、発達段階、家庭環境等に配慮し、対象者が理解しやすい、取り組みやすい目標設定をすることが大切である。そのために、担任や保護者との連携が必要になる場合もある。また、目標は、対象者の取組状況を見ながら高くしたり、易しくしたりすることもある。

（4）指導方針・指導計画の作成

　救急処置時等の保健指導以外は、計画的に行う。健康診断の結果、健康相談の結果、日常の健康観察の結果、急性・慢性疾患等がある者、心身の健康に問題を抱えている者等について、目標を設定し、指導方針・指導計画を作成する。その際、教職員と連携して役割分担をすることも大切である。また、作成した指導方針・指導計画は教職員と共通理解を図る必要がある。

（5）実施

　保健指導を実施するに当たっては、対象者自身が自己の問題を把握し、解決するための目標を理解し、解決するために意欲的、実践的に取り組めるような指導を行う必要がある。その際、集団の保健教育（教科保健、特別活動等）や保健管理と関連させながら行うことも効果的であると思われる。また、対象者が取り組みやすい環境を整えるために、担任・保護者と連携することも必要である。

（6）評価

　保健指導の評価は、目標に沿って行う。養護教諭の評価、対象者の自己評価を行い、担任・保護者の評価等も参考にする。また、救急処置時等に行った保健指導であっても、次回の来室時や通りすがりに、養護教諭から対象者の目標への取組状況を尋ねることで、保健指

導の評価ができる。

（7）記録等

　保健指導の記録は、正確かつ丁寧に行い、個人情報であるため保管には十分留意し、他の子ども達の目に決して触れないようにする。

4　今後に向けて

　以上、養護教諭が参画する主な保健教育について述べてきた。それぞれの領域で養護教諭の専門性を発揮して実践していくことが必要である。しかし、教科保健の参画は、学校の実情や子ども達の実態により、兼職発令される養護教諭の数はまだまだ少ないのが現状である。

　今後、養護教諭が保健教育により積極的に関わることで、学校教育目標や学校保健目標達成に寄与できる可能性は高いと思われる。さらなる養護教諭の保健教育への参画を期待したい。

引用・参考文献

1) 教職員支援機構. オンライン講座新学習指導要領編（校内研修シリーズ）. https://www.nits.go.jp/materials/youryou/（2020年5月2日閲覧）.
2) 文部科学省（2011）. 教職員のための子どもの健康相談及び保健指導の手引き.
3) 采女智津江編集代表（2019）. 新養護概説＜第11版＞. 少年写真新聞社.
4) 日本学校保健会（2018）. 保健室利用状況に関する調査報告書 平成28年度調査結果.
5) 日本学校保健会（2012）. 学校保健の課題とその対応―養護教諭の職務等に関する調査結果から―.
6) 文部科学省（2017）. 小学校学習指導要領（平成29年告示）解説 体育編.
7) 文部科学省（2017）. 中学校学習指導要領（平成29年告示）解説 保健体育編.
8) 文部科学省（2018）. 高等学校学習指導要領（平成30年告示）解説 保健体育編 体育編.
9) 文部科学省（2017）. 小学校学習指導要領（平成29年告示）解説 特別活動編.
10) 文部科学省（2017）. 中学校学習指導要領（平成29年告示）解説 特別活動編.
11) 文部科学省（2018）. 高等学校学習指導要領（平成30年告示）解説 特別活動編.
12) 大津一義・山田浩平（2018）. 小学校教授用資料 新学習指導要領における小学校保健授業の改善・展開. 大日本図書.
13) 文部科学省（2017）. 小学校学習指導要領（平成29年告示）解説 総合的な学習の時間編.
14) 植田誠治他監修（2014）. 新版・養護教諭の執務の手引き. 東山書房, p295.

第9章

健康相談・健康相談活動

　1997（平成9）年の保健体育審議会答申において、「養護教諭のヘルスカウンセリング（健康相談活動）が一層重要な役割を持ってきている」と指摘され、健康相談に果たす養護教諭の役割の専門性が述べられた。従来、健康相談は、「学校医又は学校歯科医が行う」ものとされてきたが、2009（平成21）年4月に従来の「学校保健法」が「学校保健安全法」に改められた際、「特定の教職員に限らず、養護教諭、学校医・学校歯科医・学校薬剤師、担任教諭など関係教職員」が連携、協働して実施するものとなった。

　また、2017（平成29）年には「現代的健康課題を抱える子供たちへの支援～養護教諭の役割を中心として～」が発行され、関係教職員や家庭、地域の関係機関と連携しつつ、児童生徒等の健康課題への支援にチーム学校で取り組む上で養護教諭が果たす役割が示された。

　学校における健康相談の位置づけは、近年の法制化に伴って変化してきた。しかし、養護教諭にとっての健康相談は、ずっと変わらず、子どもの健康実態を把握することを出発点として、子ども達の「生命の保障」「教育の保障」「人権の保障」を目的とした養護活動の方法の一つであり続けている。

　本章は、学校における健康相談について、健康相談全体を概観しつつ、養護教諭の果たす役割に注目して述べる。

第1節　学校における健康相談

　学校における健康相談は、「児童生徒の心身の健康に関する問題について、児童生徒や保護者等に対して、関係者が連携し相談等を通して問題の解決を図り、学校生活によりよく適応していけるように支援していくこと」を目的としている（『教職員のための子どもの健康相談及び保健指導の手引』[1]）。

　2009（平成21）年に「学校保健法」から「学校保健安全法」に改正された際、健康相談は、「学校医又は学校歯科医に限らず、学校薬剤師を含め関係教職員が積極的に参画するものと再整理された」（「学校保健法等の一部を改正する法律の施行に伴う関係政令の整備に関する政令等の施行について（通知）」[2]）。健康相談の概念は、学校医・学校歯科医が医学的見地から行うとされていたものから、養護教諭や学級担任等の関係教職員も関わる教育的視点や学校生活への適応といった視点を含めたより幅広いものとなった。児童生徒の心身

の健康問題の多様化に対応するため、「特定の教職員に限らず、養護教諭、学校医・学校歯科医・学校薬剤師、担任教諭など関係教職員各々が有する専門的知見の積極的な活用に努め」ること、つまり、多職種が組織的に、多角的にそれらの問題の解決の支援に当たることが求められている。

　教育機関である学校で行われる健康相談は、保健指導と相互に関連して展開されるものである。また、健康相談における配慮は、学校教育活動の一環として、学校教育活動のあらゆる機会を捉えて生かされるようにすることが求められている。

　このような健康相談において、養護教諭には、その医学的・看護学的素養を併せ持つ唯一の常駐教育職員であるという専門性を生かして役割を果たすことが求められている。

1　健康相談の法的位置づけ

（1）学校における健康相談

　健康相談については、学校保健安全法第8条に、「学校においては、児童生徒等の心身の健康に関し、健康相談を行うものとする」と規定されている。

　また、健康相談に関連して、学校保健安全法第9条には以下のように規定されている。

学校保健安全法
（保健指導）
第9条　養護教諭その他の職員は、相互に連携して、健康相談又は児童生徒等の健康状態の日常的な観察により、児童生徒等の心身の状況を把握し、健康上の問題があると認めるときは、遅滞なく、当該児童生徒等に対して必要な指導を行うとともに、必要に応じ、その保護者（学校教育法第16条に規定する保護者をいう。[中略]）に対して必要な助言を行うものとする。

　この条項から、健康相談は、健康観察とともに児童生徒等の心身の状況を把握し、必要な保健指導等を実施することにより、児童生徒等が持つ健康問題の解決につながる活動であることがわかる。条項の冒頭に「養護教諭」と特筆されたのは、養護教諭がこれらの活動において特に重要な立場にあることを表したものといえるだろう。

　このことについて、その通知である「学校保健法等の一部を改正する法律の公布について」[3]の「留意事項」には、「第9条においては、健康相談や担任教諭等の行う日常的な健康観察による児童生徒等の健康状態の把握、健康上の問題があると認められる児童生徒に対する指導や保護者に対する助言を保健指導として位置付け」、健康相談は「このような保健指導の前提として行われる」とある。健康相談は、保健指導の前提として位置づけられていることがわかる。

　また、健康相談を実施するに当たっては、児童生徒等の心身の多様な健康課題に適切に対応するため、学校関係職員が有する専門的知見を積極的に活用することが求められた。さらに、学校保健安全法第10条に「学校においては、救急処置、健康相談又は保健指導を行うに当たつては、必要に応じ、当該学校の所在する地域の医療機関その他の関係機関と

の連携を図るように努めるものとする」と規定される等、健康相談の充実を図ることが求められている。

（2）養護教諭が行う健康相談・健康相談活動

　養護教諭は、児童生徒等の健康に関する専門的な観点から、また、学校保健活動推進の中核的役割を果たす立場から、健康相談の活動全体に関わる。養護教諭が行う健康相談、特に健康相談活動については、1997（平成9）年の保健体育審議会答申[4]に以下のように述べられ、その特徴と重要性が広く周知された。

　なお、養護教諭の行う健康相談は、従来、学校医及び学校歯科医が行う健康相談と区別するために「健康相談活動」という名称が使われてきたが、2008（平成20）年6月18日に公布された「学校保健法等の一部を改正する法律」の施行通知に基づき、「健康相談」と表記が整理された。

（養護教諭の新たな役割）
　近年の心の健康問題等の深刻化に伴い、学校におけるカウンセリング等の機能の充実が求められるようになってきている。この中で、養護教諭は、児童生徒の身体的不調の背景に、いじめなどの心の健康問題がかかわっていること等のサインにいち早く気付くことのできる立場にあり、養護教諭のヘルスカウンセリング（健康相談活動）が一層重要な役割を持ってきている。養護教諭の行うヘルスカウンセリングは、養護教諭の職務の特質や保健室の機能を十分に生かし、児童生徒の様々な訴えに対して、常に心的な要因や背景を念頭に置いて、心身の観察、問題の背景の分析、解決のための支援、関係者との連携など、心や体の両面への対応を行う健康相談活動である。

　カウンセリング能力の獲得は全ての教職員に求められた。中でも、養護教諭が健康相談に果たす役割は、従来（1960年代～）から重要であったが、児童生徒の心身の健康問題の変化に伴い、ますます大きくなり、2008（平成20）年の中央教育審議会答申[5]においても「養護教諭の行う健康相談活動がますます重要となっている」と指摘された。この背景には、養護教諭が医学的・看護学的素養を備えた教職員であることと併せて、保健室という全ての児童生徒等と教職員、保護者等が必要に応じていつでも利用できる場で、特質ある職務を担っていることがある。養護教諭の職務の特質には以下のようなことが挙げられる[1]が、養護教諭には、特に健康相談においては、これらの特質を生かした養護活動を展開することが求められる。

養護教諭の職務の特質として挙げられる主な事項
① 全校の子どもを対象としており、入学時から経年的に児童生徒の成長・発達を見ることができる。
② 活動の中心となる保健室は、誰でもいつでも利用でき安心して話ができるところである。
③ 子どもは、心の問題を言葉に表すことが難しく、身体症状として現れやすいので、問題を早期に発見しやすい。
④ 保健室頻回来室者、不登校傾向者、非行や性に関する問題など様々な問題を抱えている児童生徒と保健室でかかわる機会が多い。
⑤ 職務の多くは学級担任をはじめとする教職員、学校医等、保護者等との連携の下に遂行される。など

　これらを受け、日本養護教諭教育学会は、「健康相談活動とは、養護教諭の職務の特質や保健室の機能を十分に生かし、児童生徒等の様々な訴えに対して常に心的な要因を念頭

に置いて、心身の健康観察、問題の背景の分析、解決のための支援、関係者との連携など、心と身体の両面への対応を行うと提言され、教育職員免許法施行規則「養護に関する科目」に規定されている養護教諭固有の活動である。」(「養護教諭の専門領域に関する用語の解説集＜第三版＞」[6])と定義している。

第2節　健康相談の重要性

「近年、心理的ストレスや悩み、いじめ、不登校、精神疾患などメンタルヘルスに関する課題やアレルギー疾患の増加など、児童生徒の心身の健康問題が多様化していることや医療の支援を必要とする事例も増えていることから、養護教諭、学級担任等、学校医、学校歯科医、学校薬剤師等の校内関係者のみならず、地域の関係機関とも連携して組織的に健康相談を行うことが必要となっている」(『教職員のための子どもの健康相談及び保健指導の手引』[1])。

　一般に、支援を行うに当たっては、対象と対象が抱える課題を的確に理解し、適切な支援の方針を立て、支援の内容や方法の計画を策定するプロセスが必要となる。健康相談は、健康観察等と併せて対象とその健康課題を明確に把握し、対象と共に問題解決の道筋を見出し、改善する学校保健活動である。児童生徒等が抱える健康課題に適切に対応するために不可欠な活動である。

　また、健康相談は、「児童生徒の発達に即して一緒に心身の健康問題を解決していく過程で、自己理解を深め自分自身で解決しようとする人間的な成長につながることから、健康の保持増進だけでなく教育的な意義が大き」い。そのため、学校教育において重要な役割を担う。

　健康相談から保健指導等により問題解決に至る一連の過程を通して、児童生徒等が獲得することが期待される力については、以下のように示されている[7]。

養護教諭が、教職員や家庭・地域と連携しつつ、日常的に育成する取り組みを実施する、児童生徒が生涯にわたって健康な生活を送るために必要な力
○　「心身の健康に関する知識・技能」
○　「自己有用感・自己肯定感（自尊感情）」
○　「自ら意思決定・行動選択する力」
○　「他者と関わる力」

---

1 健康相談の対象者

健康相談の主な対象者は、次の通りである。

①　健康診断の結果、継続的な観察指導を必要とする者
②　保健室等での児童生徒の対応を通して健康相談の必要性があると判断された者
③　日常の健康観察の結果、継続的な観察指導を必要とする者（欠席・遅刻・早退の多い者、体調不良が続く者、心身の健康観察から健康相談が必要と判断された者等）
④　健康相談を希望する者
⑤　保護者等の依頼による者
⑥　修学旅行、遠足、運動会、対外運動競技会等の学校行事に参加させる場合に必要と認めた者
⑦　その他

2 健康相談のプロセス

学校における健康相談の基本的な進め方は、図１の通りである。大きく４つのステップで進められる。

3 健康相談実施上の留意点

健康相談活動を効果的に実施するためには、次のような点に留意する必要がある。

①　学校保健計画に健康相談を位置づけ、計画的に実施する。また、状況に応じて計画的に行われるものと随時に行われるものとがある。
②　学校医・学校歯科医・学校薬剤師等の医療的見地から行う健康相談・保健指導の場合は、事前の打ち合わせを十分に行い、相談の結果について養護教諭、学級担任等と共通理解を図り、連携して支援を進めていくことが必要である。
③　健康相談の実施について周知を図るとともに、児童生徒、保護者等が相談しやすい環境を整える。
④　支援場所は、相談者のプライバシーが守られるように十分配慮する。
⑤　継続支援が必要な者については、校内組織及び必要に応じて関係者と連携して実施する。

健康相談を実施するに当たり、最も留意しなければならない点は、カウンセリングで解決できるものと医療的な対応が必要なものとがあることである。例えば、統合失調症のある者にカウンセリングをしても悪化させてしまうので、医療との連携が必要となるように、問題の本質を見極める必要がある。問題の把握に当たっては、健康観察をはじめ情報の収集に当たり、養護教諭や学校医等と連携して的確な問題把握に努めることが大切である。

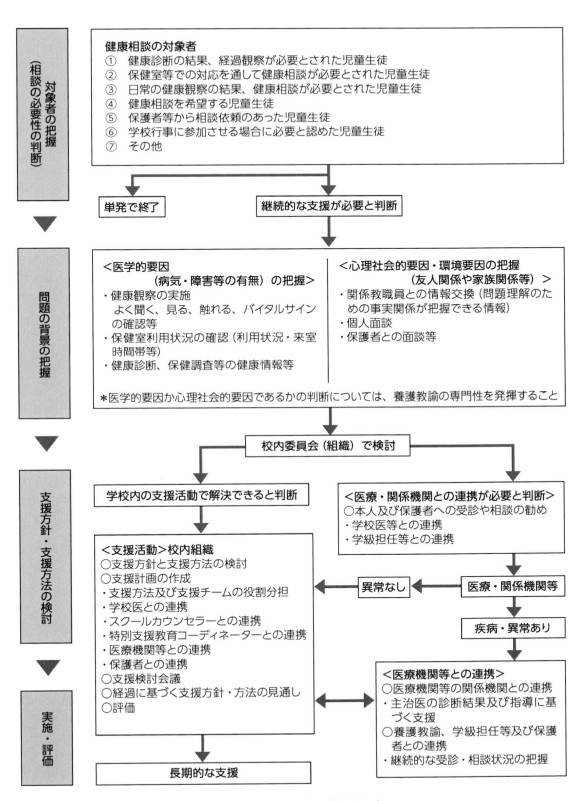

図1　学校における健康相談の基本的なプロセス

出典：文部科学省『教職員のための子どもの健康相談及び保健指導の手引』[1]

〔 第3節 〕 健康相談における役割

　健康相談は、養護教諭、学校医・学校歯科医・学校薬剤師、学級担任等の関係者が連携しながら、それぞれの専門性に応じて行う。それぞれの専門性に応じ、以下のような役割が期待される。

1 養護教諭の役割

　養護教諭は、児童生徒等の健康に関して専門的な観点から健康相談に関わる。健康相談や保健指導等に関しては、学校保健安全法に「養護教諭その他の職員は、相互に連携して」と、養護教諭を中心として学級担任等が相互に連携して行うと明確に規定された。「養護教諭」と「その他の職員」が連携する意義は、養護教諭だけが、その専門性として、子どもの身体の健康状態について詳細な健康観察、即ちフィジカルアセスメントを実施し、身体症状から心の健康問題を推測できる資質能力を備えているところにある。

　2008（平成20）年の中央教育審議会答申[5]において、養護教諭の職務については「保健管理」「保健教育」「健康相談活動」「保健室経営」「保健組織活動」の大きく5項目に整理された。健康相談活動は基本的に「保健管理」に位置づくものであるがここに特筆された。それは、健康相談活動が子どもの心身の健康問題への対応としてニーズが高まっていることに加えて、単に個々の児童生徒の健康管理にとどまらず、自己解決能力を育むなど児童生徒の健全な発育発達に大きく寄与しており、養護教諭の職務の中でも大きな位置を占めているとともに、期待されている役割でもあるからである。養護教諭には、その職務の特質から児童生徒の心身の健康問題を発見しやすい立場にあることから、いじめや児童虐待などの早期発見、早期対応に果たす役割や、健康相談や保健指導の必要性の判断、受診の必要性の判断、医療機関等の地域の関係機関等との連携におけるコーディネーターの役割などが求められている。また、学級担任等と連携して児童生徒等への支援に当たるほか、教職員が行う健康観察や保健指導等への協力も求められている。

2 学級担任等の役割

　メンタルヘルスに関する課題やアレルギー疾患など、児童生徒の現代的な健康課題が顕在化している中、特定の教職員に限らずこれらの問題に組織的に対応していく必要があることから、学級担任等においても、教諭の立場から健康相談を適切に行うことが求められている。

　健康相談を実施するに当たっては、問題を早期に発見することが重要であり、そのためには、朝の健康観察をはじめ、授業中や放課後など学校生活全般における児童生徒等の健

216

康観察をしっかり行う必要がある。健康観察は、身体的不調のみならず、不登校、虐待、人間関係の問題などの早期発見につながる重要な活動である。さらに、多様な児童生徒がいることを前提に、児童生徒との人間的な触れ合い、小さな変化を見逃さないきめ細かい観察、面接、保護者との対話を深める、関係者との情報の共有化などを通して、一人ひとりの児童生徒を客観的かつ総合的に理解し、問題の背景を的確に捉えた上で支援できるように努めることが大切である。

　学級担任等が行う健康相談の実施に当たってのポイントは、一人で抱え込まず養護教諭をはじめ、関係者と連携し、児童生徒の心身の健康問題について情報の共有化を図り、組織的に対応することである。また、必要に応じて医療機関等と連携していくことが大切である。

③　学校医・学校歯科医・学校薬剤師等の役割

　学校保健法の改正により、従来、学校医又は学校歯科医が行うとされてきた健康相談は、養護教諭、学校医・学校歯科医・学校薬剤師、学級担任などの関係職員による積極的な参画が求められるものとなった。これは、近年の多様化、深刻化している児童生徒等の心身の健康問題に「学校が組織的に対応する観点から、特定の教職員に限らず、養護教諭、学校医・学校歯科医・学校薬剤師、担任教諭など関係教職員各々が有する専門的知見の積極的な活用に努められたいという趣旨である」（「学校保健法等の一部を改正する法律の施行に伴う関係政令の整備に関する政令等の施行について（通知）」[2]）。

　従来、学校医・学校歯科医が行う健康相談は、健康診断の事後措置としての意味合いが大きかったが、学校保健安全法により、健康診断の事後措置のみならず学校生活全般における健康問題が対象となった。学校医等が行う健康相談は、受診の必要性の有無の判断、疾病予防、治療等の相談及び学校と地域の医療機関等とのつなぎ役など、主に医療的な観点から行われ、専門的な立場から学校及び児童生徒を支援していくことが求められている。

　学校保健安全法施行規則の改正により、学校医及び学校歯科医に加え、学校薬剤師の職務執行の準則にも健康相談が加わった。また、学校歯科医の職務執行の準則においては、「健康相談のうち歯に関する健康相談に従事すること」とされていた健康相談の範囲の限定が削除され、「法第8条の健康相談に従事すること」と改正された。

1　校内組織体制づくり

　健康相談を実施するに当たっては、組織的な対応が必要であり、そのためには、健康相談に対応できる組織体制づくりが大切である。新たに組織をつくることが困難な場合には、教育相談部や生徒指導部などの既存の組織を活用して対応できるようにする必要がある。

　学級担任等や養護教諭が一人で問題を抱え込むことなく、どのように対応していくべきか等、学校内で情報を共有し、早い段階から組織的に支援していくことが大切である。養護教諭は、組織的な支援による効果的な取組ができるように、積極的に働きかけることが大切である（『学校保健の課題とその対応』[8]）。

　校内組織体制づくりに当たっては、以下に例を示す。

（1）校内組織の定例化

　校内委員会（組織）会議の定例化（例：週1回等）を図り、機能する組織とする。メンバーが出席しやすいように、中・高等学校では校時表に位置づける（例：月曜の5時間目等）、小学校では曜日を決めて実施するなどの工夫をして、定例化を図ることが望まれる。

（2）組織構成例

　組織の構成員例としては、校長（管理職）、教務主任、生徒指導主事、進路指導主事、保健主事（兼務養護教諭を含む）、養護教諭、教育相談主任、学年主任学級担任、特別支援教育コーディネーター、スクールカウンセラー等が考えられる。

（3）管理職のリーダーシップ

　校内組織を設置し機能させていくには、管理職の健康相談に対する理解とリーダーシップが重要である。校長が会議に出席することにより、決定されたことが速やかに実行に移しやすくなる、全校の児童生徒の様子を詳細に把握できるなど、有効性が高いことから、管理職の出席が望まれる。

2　地域の関係機関等との連携体制づくり

（1）医療機関等との連携

　健康相談を実施するに当たっては、児童生徒の心身の健康問題が多様化し、医療の支援を必要とする事例も増えていることから、全て学校のみで解決することは困難な状況にある。そのため、医療機関をはじめとする地域の関係機関等との連携が必要となっており、学校保健安全法に、第10条「学校においては、救急処置、健康相談又は保健指導を行うに当たつては、必要に応じ、当該学校の所在する地域の医療機関その他の関係機関との連携

心の健康問題の組織的な対応の進め方

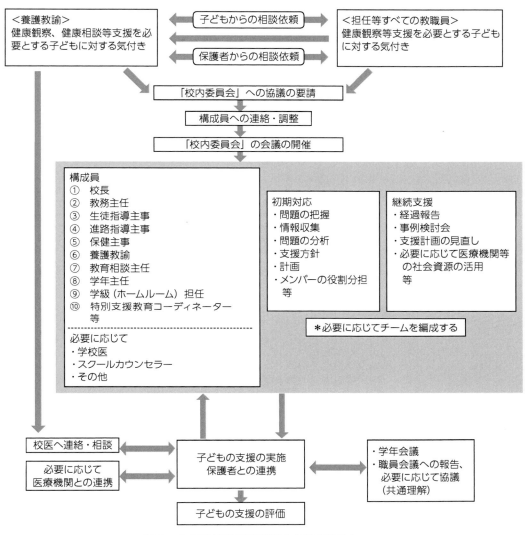

図2　心の健康問題の組織的な対応の進め方

出典：日本学校保健会『教職員のための子どもの健康観察の方法と問題への対応』[9]より一部改変

を図るよう努めるものとする」との条項が盛り込まれた。

　各学校においては、地域資源を活用するとともに、相談しやすい医療機関を確保することが大切である。また、地域の小・中・高等学校間の情報交換等ができる体制整備や医療機関や福祉関係機関等を含めた地域レベルの相談体制を確立するために、教育委員会が中心となって組織体制づくりをすることが求められている。

（2）関係機関等との連携上の留意点

① 各機関の役割や専門性などの正しい知識を教職員が理解するとともに、連携に当たっての方法や担当窓口などについて、日頃から正しく把握しておく。
② 学校は健康相談を必要とする児童生徒の課題解決に当たって、学校なりのはっきりとした考え方をもって専門機関と連携していく必要がある。そのため、お互いの立場を理解し合い意見交換をしながら支援する姿勢が必要となる。
③ 児童生徒が抱えている問題が複雑で支援が多岐にわたり、複数の機関が関わるような事例は、それぞれの機関が指導方法や指導に関する役割分担・責任を確認しながら実施する。

（3）地域の主な関係機関とその役割

地域の主な関係機関には、次のようなものがある[1]。

表1　地域の主な関係機関

地域社会の主な関係機関	主な役割	主な専門職と役割
教育センター 教育委員会所管の機関	子どもの学校や家庭での様子等を聞き取り、必要に応じて各種心理検査等を実施し、総合的に判断した上で、学校・家庭での対応や配慮等の具体的支援について相談員がアドバイスする。医療機関等との連携も行っている。	○心理職 臨床心理士（心理カウンセリング、教職員・保護者への指導・助言等） ○臨床発達心理士 発達心理を専門とした心理職
子ども家庭相談センター （児童相談所）	子どもの虐待をはじめ専門的な技術援助及び指導を必要とする相談に応え、問題の原因がどこにあるか、どのようにしたら子どもが健やかに成長するかを判定し、その子どもに最も適した指導を行っている。	○児童福祉司 児童の保護・相談 ○児童心理司 心理判定
精神保健福祉センター	心の問題や病気、アルコール・薬物依存の問題、思春期・青年期における精神医学的問題について、専門の職員が相談に応じている。また、精神保健福祉に関する専門的機関の職員を対象とする研修を行ったり、連携や技術協力・援助を通して地域保健福祉の向上のための活動をしている。	○精神科医 精神福祉相談 ○精神保健福祉士 精神福祉領域のソーシャルワーカー ○保健師 健康教育・保健指導 ○心理職 臨床心理士（心理カウンセリング、本人・保護者への指導・助言等）
発達障害者支援センター	自閉症等発達障害に対する専門的な相談支援、療育支援を行う中核的な拠点センターとして活動を行っている。自閉症、アスペルガー症候群、学習障害（LD）、注意欠陥多動性障害（ADHD）などの発達障害のある子どもや家族に関わる全ての関係者のための支援センターである。	○精神科医 ○心理職 臨床心理士（心理査定、心理カウンセリング、本人・保護者への指導・助言） ○保健師 健康教育・保健指導
保健所（健康福祉事務所） 保健センター	子どもの虐待及びドメスティックバイオレンス（DV）をはじめ、難病の相談や講演会・交流会等、子どもと家庭の福祉に関する相談指導を行っている。	○医師 ○社会福祉士 ソーシャルワーカー ○保健師 健康教育・保健指導

警察 少年サポートセンター	万引き、薬物乱用等の非行、喫煙や深夜徘徊等の不良行為、また、いじめ、児童虐待、犯罪被害等で悩んでいる子どもや保護者等からの相談に応じ、問題の早期解決に向け、支援する。	○心理職 臨床心理士（心理カウンセリング、本人・保護者への指導・助言） ○警察関係者 少年相談、本人・保護者への指導・助言

出典：文部科学省『教職員のための子どもの健康相談及び保健指導の手引』

第5節　健康相談・健康相談活動を行うに当たって

健康相談において養護教諭に期待される主な役割は、以下のようにまとめられるだろう。

① 子ども、保護者、他の教職員からの健康や傷病、発育発達に関する疑問や不安、悩み等に対し、医学的、科学的見地からの情報を提供する。
② 他の教職員に、子どもの健康観察の方法や観察のポイント等を示す。
③ 子どもの身体的不調の訴えを、身体または心、もしくはその両方の健康問題のサインと捉えて、詳細な健康観察（特にフィジカルアセスメント）を行い、その結果から心身相関の知識に基づく背景要因や必要な支援を判断する。
④ 上記判断に基づいて適切な職種、関係方面との連携をコーディネートし、協働を推進する。
⑤ 医師等の専門家からの説明や指導等の内容について、子ども、保護者、教職員の共通理解を支援するとともに、子どもの学校生活上の課題と擦り合わせ、実践可能なものとなるよう調整の橋渡しをする。
⑥ 健康問題に関する専門知識に基づく保健指導を実施する。
⑦ 対象の把握から支援計画、支援の実施、効果等、経過と評価の記録を残す。

中でも、しっかりと「身体」を診ることができる能力、フィジカルアセスメントを通して、身体的不調の背景にある心の健康問題までを見抜ける専門性を備えておくことは、全ての養護教諭に特に求められる能力である。

1997（平成9）年の保健体育審議会答申[4]では、養護教諭が行う健康相談に必要となる専門性について、「専門性と保健室の機能を最大限に生かして、心の健康問題にも対応した健康の保持増進を実践できる資質の向上を図る必要がある」と指摘された。その内容として挙げられたのが、①保健室を訪れた児童生徒に接した時に必要な「心の健康問題と身体症状」に関する知識理解、これらの観察の仕方や受け止め方等についての確かな判断力と対応力（カウンセリング能力）、②健康に関する現代的課題の解決のために個人又は集団の児童生徒の情報を収集し、健康課題を捉える力量や解決のための指導力、の2点である。そして、これらの資質・能力を獲得することを目的として、養護教諭免許状取得に当たって「健康相談活動の理論・健康相談活動の方法」（2単位以上）の履修が、教育職員免許法施行規則に盛り込まれた。これらの養護教諭の資質については、いじめなどの心の健康問題等への対応の観点から、かなりの専門的な知識・技能が等しく求められていることに留意すべきであるとされている。

221

残念ながら、心の健康問題は、社会状況の変化に応じて多様化、複雑化、深刻化の度合いを増しているように見える。健康相談の重要性は、これからもしばらくは高まっていく方向にあると思われる。児童生徒等の生命と健康を守り、適切な教育を受け発育発達していくことを保障していくために、養護教諭自身も専門性と人間性を磨き、成長していくことが求められている。

引用・参考文献

1) 文部科学省（2011）．教職員のための子どもの健康相談及び保健指導の手引．
2) 文部科学省スポーツ・青少年局長（2009）．学校保健法等の一部を改正する法律の施行に伴う関係政令の整備に関する政令等の施行について（通知）．平成21年4月1日．
3) 文部科学省スポーツ・青少年局長（2008）．学校保健法等の一部を改正する法律の公布について（通知）．平成20年7月9日．
4) 保健体育審議会（1997）．生涯にわたる心身の健康の保持増進のための今後の健康に関する教育及びスポーツの振興の在り方について（答申）．
5) 中央教育審議会（2008）．子どもの心身の健康を守り、安全・安心を確保するために学校全体としての取組を進めるための方策について（答申）．
6) 日本養護教諭教育学会（2019）．養護教諭の専門領域に関する用語の解説集〈第三版〉．
7) 文部科学省（2017）．現代的健康課題を抱える子供たちへの支援〜養護教諭の役割を中心として．
8) 日本学校保健会（2012）．学校保健の課題とその対応．日本学校保健会．
9) 文部科学省（2009）．教職員のための子どもの健康観察の方法と問題への対応．少年写真新聞社．
10) 学校保健・安全実務研究会編著（2009）．新訂版 学校保健実務必携 第2次改訂版．第一法規．
11) 日本学校保健会（2007）．子どものメンタルヘルスの理解とその対応．日本学校保健会．
12) 采女智津江編集代表（2019）．新養護概説 第11版．少年写真新聞社．

第10章　保健室経営

　2008（平成20）年の中央教育審議会答申では、養護教諭の具体的役割として5項目を例示し、その一つとして保健室経営が示された。養護教諭の活動の拠点となっている保健室は、学校教育法、学校保健安全法、小学校設置基準等によって設置が義務付けられ、保健室は学校教育の目標を達成するために設置された場所である。学校経営の一翼を担っている保健室経営について、計画・実施・評価を確実に行い、養護教諭の職務内容や実践を具現化し、効果的な保健室経営を行うことが重要といえる。

　本章は、第1節で保健室経営における法的根拠、学校保健計画と保健室経営との関連、第2節は保健室経営の可能性、第3節では、保健室経営の方法について、第4節では、これからの保健室経営の未来像を述べる。

〔 第1節 〕　保健室経営とは

　養護教諭はよく「保健室の先生」と呼ばれる。むしろ養護教諭と名乗った後に「保健室の先生」と伝えると、相手が納得し、表情が明るくなることが多い。養護教諭や教育関係者は誰しもそんな経験をしているのではないだろうか。養護教諭としてはさみしい思いも少なからずあるが、養護教諭と保健室はそれほどに強く深く、密接に関係して認識されているといえる。本節では、養護教諭と保健室の関係を整理しながら、保健室経営の定義や法的根拠、学校保健計画と保健室経営計画の違いに触れていきたい。

1　保健室経営の法的根拠

　初めに保健室と養護教諭についての法的根拠について述べる。保健室は学校保健安全法において規定されており、学校教育法施行規則によって学校教育の目的を実現するために不可欠なものとして位置づけられている。一方、養護教諭は、学校教育法において規定されており、2008（平成20）年の中央教育審議会答申によって養護教諭の職務は学校教育における児童生徒の健康を保持増進する活動と説明されている。法的根拠を概観しても、双方の機能や役割には重複する点が多く、保健室の充実は教育目標の達成につながっている。

表1　保健室についての法的根拠

学校教育法施行規則第1条	学校には、その学校の目的を実現するために必要な校地、校舎、校具、運動場、図書館又は図書室、保健室その他の設備を設けなければならない。
学校保健安全法第7条	学校には、健康診断、健康相談、保健指導、救急処置その他の保健に関する措置を行うため、保健室を設けるものとする。

表2　養護教諭についての法的根拠

学校教育法第37条第12項	養護教諭は、児童の養護をつかさどる。
中央教育審議会答申 (平成20年1月) 2．学校保健に関する学校内の体制の充実 (1) 養護教諭	①養護教諭の職務は、学校教育法で児童生徒の養護をつかさどると定めており、昭和47年及び平成9年の保健体育審議会答申において主要な役割が示されている。それらを踏まえて、現在、救急処置、健康診断、疾病予防、などの保健管理、保健教育、健康相談活動、保健室経営、保健組織活動などを行っている。

　児童の養護をつかさどることを職務とする養護教諭は、学校看護婦と称された時代から養護訓導を経て今日に至る。養護教諭となって70年以上が経過する中で、社会の変遷とともに子どもの健康問題は多様さ複雑さを増し、養護教諭の職務内容にも一層の専門性が求められている。

　保健室の歴史を見ると、1934（昭和9）年に学校に衛生室 (現在の保健室) を設けると初めて示された。次第に衛生室が設置されだしたが、設備基準が定められていないために十分な機能が発揮されていない状況であった。しかし、当時の学校看護婦は、衛生室に測定用具などの備品を置き、子ども達の希望により随時利用できるように環境を整えて、子ども自身が発育状況を知り、自分で健康状態を留意するといった健康教育につなげている。養護教諭の先人たちの活躍は、保健室の充実のために必要不可欠であったに違いない[5]。

　次に、保健室経営に関する法的な根拠を確認する。保健室経営は、表3の通り、児童生徒の健康の保持増進のために学校全体で関わることであり、教職員の連携が必要であると、中央教育審議会答申で説明されている。また、養護教諭は保健室経営の計画を作成・実施し、学校保健活動のセンター的役割を担い、施設設備を充実させることが求められている。現在の学校における養護教諭の活動は保健室経営をもとに実践されており、「保健室経営」は決して目新しいものではない。しかしながら、保健室のセンター的な役割を担うに当たり、今後学校における保健室経営の水準を高める必要があるといえる。そのためにも、保健室経営が計画的かつ組織的に運営できているかを保健室経営計画で評価することは必要不可欠である。仮に、保健室経営計画を作成していない状況があるとすれば、保健室経営が計画的かつ組織的に実行されていないと評価されても仕方がない[1] [2] [3]。

表3　保健室経営についての法的根拠

中央教育審議会答申（平成20年1月） 2. 学校保健に関する学校内の体制の充実 (1) 養護教諭	⑧子どもの健康づくりを効果的に推進するためには、学校保健活動のセンター的役割を果たしている保健室の経営の充実を図ることが求められる。そのためには、養護教諭は、保健室経営計画を立て、教職員に周知を図り連携していくことが望まれる。また、養護教諭が充実した健康相談活動や救急処置などを行うための保健室の施設設備の充実が求められている。

② 学校保健計画と保健室経営計画

　学校保健計画は、学校保健活動の年間を見通した総合的な基本計画である。一方、保健室経営計画は、教育目標や学校保健目標の具現化を図るために保健室の経営において達成されるべき目標を立て、計画的・組織的に運営するための計画であり、養護教諭が中心となって取り組む計画である。養護教諭の役割や保健室の機能の特異性や自立性を考えると、養護教諭の想いや願いを込められるのは保健室経営計画である。

表4　学校保健計画と保健室経営計画

学校保健計画	保健室経営計画
全職員、作成者は保健主事 （役割分担して組織的に活動を推進）	養護教諭が中心
・学校保健活動の年間を見通して、「保健教育」「保健管理」「組織活動」の3領域について立てる総合的な基本計画 ・単年度計画 ・学校経営の評価に位置づけ、評価を実施	・教育目標等を踏まえた上で、保健室経営の目標に対して、計画的・組織的に運営するための計画 ・養護教諭の職務（役割）と保健室の機能を踏まえた計画 ・単年度計画 ・保健室経営目標に対する評価を実施

〔 第2節 〕 保健室経営の可能性

　前述したように、養護教諭は子どもの養護をつかさどることが職務である。ただ、1972（昭和47）年の保健体育審議会答申で養護教諭の役割が明確になったとしても、養護という言葉の具体的なイメージは依然としてつかみづらい。また、子どもの健康課題は時代の流れとともに変化し、養護教諭の仕事も変容していくため、養護教諭の職務は多岐にわたり、専門性がみえにくくなる面もある。養護教諭の複数配置が進む現在でも、原則的には未だ、養護教諭は各学校に1人である。行き当たりばったりの養護実践ではどんなにフレキシブルに働いたとしても限界があろう。養護教諭が自分の役割と保健室の充実を目指し、保健室経営について計画を立てることは必要不可欠である。ここでは、保健室経営の可能性について述べていきたい。

1 養護教諭の職務と保健室の機能の見える化

　保健室経営計画作成の手引きの中で、その必要性が表5の通り示されている。保健室経営計画作成の必要性をまとめると、学校保健目標の実現のために学校内外含めて組織的に、共有、周知、啓発、連携する必要があるということである。もともと、保健室経営は養護教諭の職務の暗黙的な計画と実施になりやすく、保健室の孤立化などの問題が起こりやすい。しかし、子どもの健康状態を管理するためには、養護教諭だけでは不可能であり、全教職員の連携が不可欠である。つまり、学校全体に養護教諭の職務と保健室の機能を「見える化」する必要がある。

　その「見える化」の方法の1つとして、保健室経営計画が効果的だと考えられる。学校運営、組織の中で、養護教諭の専門性や保健室の機能を踏まえて意思表明をする機会は多い。保健室経営計画の作成をする上で、養護教諭が教育実践への考えをまとめ、文章などにより表現することで、実践者としての想いや子どもの健康課題、保健室の方針がより明確になる。さらに長期的及び短期的といった時間軸を加えることでより鮮明さが増し、自己評価にもつながりやすい。校長や教頭などの管理職はもちろん、同僚教員にも自己の考えが表明でき、組織的に保健室経営が実践できる。養護教諭が自らの仕事を「見える化」するためにも、保健室経営計画は効果を生み出すことが期待できる。一方で、保健室経営計画により「見える化」をしたとしても、作成時にポイントがズレてしまえば、その効果は減少して負担感のみになってしまうことは心にとどめておきたい[1][2][3]。

表5　保健室経営計画の必要性

① 学校教育目標や学校保健目標の具現化を図るための保健室経営を、計画的、組織的に進めることができる。
② 児童生徒の健康課題の解決に向けた保健室経営計画（課題解決型）を立てることによって、児童生徒の健康課題を全教職員で共有することができる。
③ 保健室経営計画を教職員や保護者等に周知することによって、理解と協力が得られやすくなり、効果的な連携ができる。
④ 保健室経営計画を立てることによって、養護教諭の職務や役割を教職員等に啓発していく機会となる。
⑤ 保健室経営計画の自己評価及び他者評価（教職員等）を行うことにより、総合的な評価ができるとともに課題がより明確になり、次年度の保健室経営に生かすことができる。
⑥ 養護教諭が複数配置の場合には、お互いの活動内容の理解を深めることができ、効果的な連携ができる（計画は一つ）。
⑦ 異動による引き継ぎが、円滑に行われる。等

2　子どもの育ちと保健室経営

　次いで、子どもを中心に据えて保健室の在り方について述べていきたい。藤田[6]は、子どもにとっての保健室の意味が、昔と比べて次の2点で変化したと主張している。1つ目は、保健室が「用のない者は入ってはいけないところ」から「誰もが気軽に入れるところ」へと変化したこと、2つ目は、保健室に来室した子どもが「緊張する空間」から「ホッと安心する空間」へと変化したことである。保健室が開放的、受容的な性質をもったことで、養護教諭は子どもの些細な段階での健康問題に気が付くことが可能になり、予防的な保健指導ができるようになった。つまり、管理的な機能のみではなく、教育的な機能を持ち合わせた保健室が求められているといえる。学校保健安全法7条及び9条では、保健指導が養護教諭の役割として明記されている。養護教諭の実践の柱である保健指導の充実のためにも、開放性、受容性をもった保健室運営が必要不可欠である。

　一方で、学校は「教える場」から「学ぶ場」へ、「教育の場」から「生活の場」へと大きく変化している。特に、ここ数年の学習指導要領の改訂も考え合わせると、子どもが学習の主体になるように変化しているといえる。森[4]は、学校環境の「インテリジェンス化」が進み、学校生活における快適性の観点からの検討が進んでいると述べている。先に示したように、保健室は開放的、受容的な性質が強く意識され、子どもにとっては心の居場所、心のオアシスといえるような先進的な取組を行っている。学校の中で保健室だけが「心の居場所・オアシス」となるのではなく、学校全体が子どもにとって快適な生活の場になる（＝養護）必要があるのであれば、そのための様々な創意工夫を保健室から発信していくことが期待される。

　今日のような開放性、受容性をもった保健室経営ができるようになった背景には、養護教諭の行ってきた実践的な活動の積み重ねがある。この経緯は簡単なものではなく、「保健室は子どものたまり場になっている」「保健室は子どもをすぐ甘やかす」と非難されることもあった。いまだに保健室を閉鎖している学校があるという話も少なからず耳にする。このような保健室経営への批判に対して養護教諭が自信をもって反論するためには、教職員や保護者に保健室経営の基本的な方針並びに計画を教育目標等に沿って明示するとともに、子どもの学びや発育発達に結びつくような実践的な裏づけを探究し続ける必要があるのではないだろうか。

3　保健室における情報マネジメント

　保健室は、学校保健活動のセンター的役割を担うことが求められている。計画的、組織的に取り組まれるべきであると同時に、もう一つ重要な視点がある。それは保健室における情報マネジメントである。保健室経営計画を作成する際、児童生徒の健康課題についての様々な情報を整理し、優先順位を決めて、目標や具体的な活動を決定していかなければ

ならない。また、他の教職員との連携を図る上で、情報の共有は必要不可欠となる。保健室では、学校保健活動に関わる情報を収集し（インプット）、学校保健活動の実現のために発信すること（アウトプット）が求められる。

　しかし、情報のインプットやアウトプットは単純なものではなく、保健室における情報マネジメントについても注意が必要である。留意すべきは、①鮮度（新しい情報かどうか）、②信頼性、③情報伝達コスト、④セキュリティの４点である。

　情報の価値は、鮮度と信頼性によって決まる。これは保健室で取り扱われる情報についても同様である。保健室で得られる情報を時系列に沿って整理するとともに、養護教諭の専門的な知識をもとに正確な情報であるかどうかを判断して取捨選択していく必要がある。また、保健室で得られる情報は、必ずしも意味をもつ情報ばかりではない。例えば、数値などのデータの場合は解析・集計・統計を行い、第三者が読み取れる情報に変換する必要も生じる。

　情報伝達コストとは、情報を伝達するのにかかる時間や労力のことである。口頭伝達であれば即時性は高いが、一度に伝達できる情報量に限界があり、かつ記憶に残りにくい。一方、保健だより等の文書による伝達では時間と労力がかかるが、一定量の情報を正確に伝えることが可能である。保健室で扱う情報はインプット、アウトプットともに伝達方法を考慮する必要がある。

　最後のセキュリティについては、保健室では多くの児童生徒の保健情報を取り扱うため、個人情報保護法やセキュリティポリシー、学校での情報管理マニュアルを確認しながら、個人情報を保護するとともにプライバシーの保全を図るよう努めなければならない。保健室においても IT・ICT 化が進んでおり、コンピュータセキュリティも重要である。養護教諭は、保健室の管理者として時代に適応していけるように、情報技術に関する研鑽も積む必要がある。

　学校保健活動のセンター的な機能として、保健情報のマネジメントの必要性を述べてきた。重要なことは、養護教諭の専門性を発揮しながら保健室に集まる情報を整理し、なおかつ情報の整理がアウトプットを想定して行われることである。情報伝達コストで述べたように、アウトプットには時間と労力がかかる。養護教諭が保健室で取り扱う情報は種類も量も多いため、やみくもに情報を整理するのではなく、誰に、何を、どのようにアウトプットするのかを、計画的、組織的な視点で見据えながら情報を整理するべきである。

第3節 保健室経営の方法

　ここでは保健室経営の方法について述べる。保健室経営計画の作成に当たっての課題としては、作成に時間がかかる、先行きが不透明で計画のしようがない、できないかもしれ

ない目標を掲げることに意味を見出せない、日々の作業で手いっぱいで考えていられない、評価の仕方がわからないなどといったものが想定される。保健室経営のガイドラインとして日本学校保健会が発行した2004（平成16）年の『養護教諭の専門性と保健室の機能を生かした保健室経営の進め方』[1] と、その新版である2014（平成26）年の『保健室経営計画作成の手引 平成26年度改訂』[2] を用いて、保健室経営と保健室経営計画の捉え方や保健室経営計画の作成のポイントを比較しながら、求められる保健室経営の方法について述べていきたい。

1　保健室経営と保健室経営計画

「保健室経営」という用語は従来の学校教育で使用されてきたが、その定義、意味すること自体は法的には示されていない。初めに「保健室経営」の定義としてその考え方が示されたのが、2004（平成16）年に発行された『養護教諭の専門性と保健室の機能を生かした保健室経営の進め方』である。この本の記述によれば、子どものヘルスプロモーションの達成を目的に、養護教諭という人的環境と保健室という物的環境を活用し、教育活動として計画的かつ組織的に運営することが保健室経営であると解釈できる。

> **保健室経営とは……**
>
> 　保健室経営とは、各種法令、当該学校の教育目標等を踏まえ、児童生徒等の健康の保持増進を図ることを目的に、養護教諭の専門性と保健室の機能を最大限生かしつつ、教育活動の一環として計画的・組織的に運営することである。

次に、「保健室経営計画」についての定義を確認したい。『養護教諭の専門性と保健室の機能を生かした保健室経営の進め方』では、「保健室経営計画とは」といった明確な定義がなされていない。一方、『保健室経営計画作成の手引 平成26年度改訂』では、中央教育審議会答申に「保健室経営計画」の定義が示されたため、これを引用して明確に示している[2]。

表6　保健室経営計画の定義

『養護教諭の専門性と保健室の機能を生かした保健室経営の進め方』	『保健室経営計画作成の手引 平成26年度改訂』
保健室は、各学校における年間指導計画、学校保健安全計画等に基づき、計画的に運営される必要がある。保健室の運営計画である旨を明確にするためには、各学校の実態により「保健室経営計画」（保健室経営案という場合もある。）などの名称で単独の計画として作成することが望ましい。その計画は、養護教諭が立案し、職員会議等に提案の上、校長の判断で決定することとなるが、実施に当たっては校内外の関係者との協力体制を十分に確保する必要がある。計画は年度末の評価を経て翌年の計画に生かしていくことが求められる。	中央教育審議会答申（2008（平成20）年1月）を引用し、「保健室経営計画とは、当該学校の教育目標及び学校保健目標などを受け、その具体化を図るために、保健室の経営において達成されるべき目標を立て、計画的・組織的に運営するために作成される計画である」と示している。

以上のように、保健室経営は、子どものヘルスプロモーションを目的とした教育活動そのものであるのに対して、保健室経営計画はその目的を達成するための具体的な目標を示した組織的な行動計画である。

2　保健室経営計画の作成

表 7　保健室経営計画作成のポイント

	『養護教諭の専門性と保健室の機能を生かした保健室経営の進め方』	『保健室経営計画作成の手引平成 26 年度改訂』
①学校の基本目標	・学校教育目標 ・学校保健目標	・学校教育目標 ・学校経営方針(健康・安全に関わるもの) ・学校保健目標 ・今年度の重点課題
②子どもの健康課題	・児童生徒の健康状態および健康課題	・児童生徒の心身の健康課題
③計画の目標	・保健室経営の方針(基本的な方針と重点目標)	・保健室経営目標
④具体的な活動	・保健室経営の重点活動	・目標を達成するための具体的な方策
⑤評価	・活動の評価	・評価計画(自己評価、他者評価、総合評価)

　『養護教諭の専門性と保健室の機能を生かした保健室経営の進め方』と『保健室経営計画作成の手引 平成 26 年度改訂』がそれぞれ示している保健室経営計画の作成方法と例には多くの変更点がある。2 つの発行物の作成方法を比較しながら、共通点と変更点を整理し、作成のポイントを明確にしたい。保健室経営計画のベースとなる①学校の基本目標や、②子供の健康課題、そして③計画の目標、④具体的な活動、⑤評価の 5 項目ごとに確認する。

　①学校の基本目標では、2 つのポイントがある。第 1 のポイントは、『保健室経営計画作成の手引 平成 26 年度改訂』で学校経営方針の追加がされていることである。これは、チーム学校における校長のリーダーシップのもと学校組織マネジメントが強化されていることが影響している。学校教育目標に健康に関わる文言が掲げられていないということも想定されるので、その場合、学校経営方針を踏まえることで学校教育目標と保健室経営との関係が保証されるメリットもある。第 2 のポイントは、学校保健目標に重点目標を加えていることである。学校保健目標は、包括的かつ抽象的な表現となり長期的な目標となる。よって重点目標は、子供の健康課題を踏まえた、ある程度特定された具体的で短期的な目標として設定される。なお重点課題はその年度に優先的に取り組むものを 1 つから 2 つにしぼることが求められている。

　②子供の健康課題は、両者の内容は共通したものであり、子どもの実態を捉え、データを取り入れながら具体的に記載しており、推測されることや指導観のようなものは取り扱っていないことに注意する必要がある。その理由については、次項の保健室経営計画のマネ

ジメントで詳細を述べるが、簡潔にいえば評価ができる行動目標を据える必要があるからである。

　保健室経営の③計画の目標、④具体的な活動、⑤評価に関してはそれぞれが連動しているのでまとめて比較していきたい。

　『養護教諭の専門性と保健室の機能を生かした保健室経営の進め方』では、③計画の目標で子どもの健康課題に取り組むための保健室の役割を明確にすること、保健室の環境づくりや雰囲気づくり等の理念や方針を示すこと、評価の指標にもなるように具体的な内容を示すことが求められている。④具体的な活動では、次年度につながる継続的な活動計画かつ学期・月ごとの取組がわかる計画であること、保健室の機能に沿った枠組みで整理されていること、主たる内容を提示していることが求められている。なおかつ、月別保健目標などの詳細な内容を別途作成することも求めており、非常に網羅的に計画と具体的な活動を示さなければならない。⑤評価については、網羅的な活動を評価することになる。評価基準は４段階を採用し、項目ごとに平均値を算出し、レーダーチャートを作成するように指示している。評価者については、養護教諭自身の自己評価が基本であるが、管理職や保健主事、学校三師などの他者評価も取り入れて検討することが大切であると示している。

　一方、『保健室経営計画作成の手引　平成26年度改訂』では、③計画の目標で重点目標（１〜２つ）と関連した達成目標を記載すること、健康課題の緊急度やニーズの高い課題を優先すること、「○○をして〜の充実を図る」といった手立てが明確になるように表記することが求められている。④具体的な活動では、目標の達成のための具体的な記載であること、自己評価と他者評価の指標となる評価の観点が記載されていること、保健室の機能を十分に考慮すること、養護教諭としての取組事項を記載すること、単年度で実施できること、教職員や関係機関との連携における評価の観点を明確にしておくことが求められている。月別保健目標などの詳細な内容を別途作成することは求められていない。⑤評価では、目標と活動について、誰が、いつ、どのような観点や指標で評価するかを記載することと、経過評価を実施し、修正を加えながら結果・成果評価を実施すること、客観的なデータによる評価も取り入れながら、自己評価と他者評価を行うことが求められている。４段階の評価基準であることは同じであった。

　『養護教諭の専門性と保健室の機能を生かした保健室経営の進め方』と『保健室経営計画作成の手引　平成26年度改訂』の間で、保健室経営計画の目標、具体的な活動、評価の項目において変更されている箇所は、次の４つにまとめられる。保健室経営を計画的かつ組織的に行うには「わかりやすさ」が重要になる。前節での「見える化」でも触れたが、養護教諭の役割や保健室の機能は多岐にわたり、周囲にはわかりにくい。保健室経営計画を作成する場合は、簡潔性、連続性、具体性、客観性を念頭に置いて作成することが求められている。

①**簡潔性**…保健室経営計画の目標は、子供の健康課題と学校保健目標の重点課題から優先される項目を
　１〜２つ選択するように変更されており、簡潔に示すことができる。
②**連続性**…保健室経営計画の目標および具体的な活動は、単年度で達成し評価できるものに限定し、毎年
　度、PDCAサイクルを繰り返して連続性をもたせる。保健室利用方法、救急体制などの単年度での変更
　を伴わない方針は記載せず、別立てで教職員に共通理解を図る。
③**具体性**…保健室経営計画の具体的な活動および評価は、活動と評価が連動しており、具体的な評価の観
　点と指標を明確にしている。
④**客観性**…保健室経営計画の評価は、自己評価と他者評価の両方から捉えて、客観性をもたせる。

③　保健室経営の課題

　子どもの健康課題の解決に向けた効果的な方法として、保健室経営計画を作成し、PDCAサイクルを実践しながら保健室経営を進めていくことが期待されている。PDCAサイクルとは、Plan・Do・Check・Actionのそれぞれの頭文字をとったもので、４つの段階を順番に繰り返すことで、継続的に改善・効率化しながら業務を行う考え方のことである。しかし、PDCAサイクルの実践は容易なことではない。日本学校保健会の報告によれば、対象養護教諭のうち27％は保健室経営計画自体が未実施、33％は保健室経営計画の評価部分が未実施、56％は他者評価が未実施、24％は全職員への周知が未実施であるという[7]。

　この報告では、７割は保健室経営計画を実施していたとされているが、他者評価の実施率は４割程度にとどまっている。保健室経営計画の目的が、「教職員との連携を前提にした子どもの健康づくりの効果的な推進」であることを踏まえると、教職員による他者評価を実施していない保健室経営計画は、実施に値しないのではないだろうか[7]。

　先に述べたように、保健室経営計画は養護教諭を軸にした計画でなければならないが、養護教諭のみで完結してしまう計画であってはならない。つまり、PDCAサイクルのPlan・Do・Check・Actionは独立したものとして捉えず、保健室経営計画の具体的な活動ごとに「誰が、いつ、何を、どのように」を明確にし、PlanからActionのどの段階においても共通して実践されなければならない。例えば、中学校第３学年の生徒に対して継続的な歯科指導を行うのであれば、少なくとも第３学年担任教諭と学年主任には、Plan段階からAction段階まで一貫した連携がなければならない。

　保健室経営計画が組織的な計画である以上、教職員を積極的に巻き込み、教職員が健康教育の実施主体になるような提案をすることが養護教諭に期待されることではないだろうか。新しい提案・企画でなくとも、日頃から教職員と連携して進めている学校保健活動や教育活動を保健室経営計画のPDCAサイクルで整理し直すだけでも、教職員にとって負担なく子どもの健康課題を再発見することのできるよい機会になると思われる。養護教諭と他の教職員の関係性が健全でなければ、保健室経営計画の実現は不可能であることも踏まえておく必要がある。

(第4節) 保健室経営の未来

　子どもの健康づくりの推進や学校保健活動のセンター的な役割を担うために、養護教諭が保健室経営の充実を図らなくてはならない。そのために重要なポイントをこの章では述べてきた。養護教諭には大きな期待がかかっているといえるが、限界もある。養護教諭が複数配置の学校が増えてきているとはいえ、いまだ大半の学校が単数制である。子どもの現代的な健康課題が多様化・複雑化しているのならば、養護教諭の複数制をより推進することで保健室経営は充実するのではないだろうか。

　一方、複数配置先の養護教諭同士が良好な関係性を構築できていないという声を聴くことも少なくない。養護教諭の複数制をより推進するためにも、養護教諭自身が複数配置における保健室経営の実践的な効果を発信する必要があろう。また全校複数配置は不可能であるため、単数制の養護教諭は学校間の養護教諭の職務連携を活性化し、保健室経営上の情報共有も促進すべきであろう。養護教諭は保健室に関することを一人で抱え込まずにオープンにすべきである。保健室経営を通して、養護教諭の職務や役割、その重要性が、学校組織、チーム学校で正しく認識されることを願っている。

引用・参考文献
1) 日本学校保健会 (2004). 養護教諭の専門性と保健室の機能を生かした保健室経営の進め方.
2) 日本学校保健会 (2015). 保健室経営計画作成の手引.
3) 三木とみ子 (2012). 改訂保健室経営マニュアル. ぎょうせい.
4) 森昭三 (2002). 変革期の養護教諭－企画力・調整力・実行力をつちかうために－. 大修館書店.
5) 藤田和也他 (1988). シリーズ養護教諭実践の創造 1 子どもをつかむ. 青木書店.
6) 藤田和也 (2008). 養護教諭が担う「教育」とは何か 実践の考え方と進め方. 農文協.
7) 日本学校保健会 (2012). 学校保健の課題とその対応－養護教諭の職務等に関する調査－.
8) 林典子他 (2016). スキルアップ養護教諭の実践力 養護教諭・保健室の5S+S 整理・整頓・清潔・躾・作法・セキュリティー. 東山書房.

第11章　保健組織活動

　この章では、保健組織活動について述べる。保健組織活動の基盤にある考え方は、子どもの心身の健康の保持増進は養護教諭一人でできるものではなく、子どもを取り巻く全ての人々との連携・協働を必要とする、ということである。そのため、連携・協働をしていくためには、組織の形成が必要であることは言うまでもない。現在、養護教諭が保健主事を担当し、学校保健活動の企画・調整と円滑な推進に当たっている学校も多くなり、さらに養護教諭としても学校保健活動の推進に中核的な役割を果たすことが求められている。保健組織活動をどのように形成し、どのような役割を担うべきかについて述べていく。

（第1節）保健組織活動の実際

　1984（昭和59）年に設置された臨時教育審議会は、1987（昭和62）年までに4回の答申を出しており、第3次、第4次答申において、「開かれた学校論」が国民の間に浸透するように答申している。また、1996（平成8）年の「21世紀を展望した我が国の教育の在り方」に関する中央教育審議会答申によって、さらにこのことが強調された。「これからの学校教育の在り方—これからの学校」の総論の中で「家庭や地域社会との連携をすすめ、家庭や地域社会とともに子どもたちを育成する開かれた学校となる」ことを提言している。1999（平成11）年に告示された学習指導要領では、「開かれた学校」を学校づくりの根幹としている。さらに、2017（平成29）年3月に告示された学習指導要領の実施に先がけて、文部科学省は2014（平成26）年7月に「これからの学校教育を担う教職員やチームとしての学校の在り方について」を中央教育審議会に諮問している。「これからの学校が教育課程の改善等を実現し、多様化・複雑化した課題を解決していくためには、学校の組織としての在り方や、学校の組織文化に基づく業務の在り方などを見直し、「チームとしての学校」を作り上げていくことが大切である」としている。その体制には①新しい時代に求められる資質・能力を育む教育課程を実現するための体制、②多様化・複雑化した課題を解決するための体制を挙げている。

　2015（平成27）年12月に中央教育審議会は「チームとしての学校の在り方と今後の改善方策について」を答申している。この中の「「チームとしての学校」と家庭、地域、関係機関」では、学校と家庭、地域との連携・協働によって、共に子供の成長を支えていく体制を作ることで、学校や教員が教育活動に重点を置いて取り組むことができるようするこ

とが重要であり、学校と警察や児童相談所等との連携・協働により、生徒指導や子供の健康・安全等に組織的に取り組んでいく必要があると提言している。

　学校教育において多くの人材や多様な職種が関わる時代となった今、人材や組織を選び、組み合わせ、構成すること、学校・家庭・地域社会とのコラボレーション、健康問題の解決に向けてのネットワークづくりが必要とされ、「開かれた学校づくり」や「チームとしての学校」が持つ可能性に焦点化して、多くの人々の参画を得た新しい学校経営が求められる時代になっている。学校保健においても特に学校保健委員会の開催について従来以上にその重要性が指摘されている。その背景には「開かれた学校」づくりや「チームとしての学校」の推進、さらに「生涯を通じる健康の基礎を培う」ことがある。

　保健組織として、学級保健委員会、児童生徒保健委員会、教職員保健委員会、PTA保健委員会、学校保健委員会、地域学校保健委員会等がある。それぞれの保健委員会について、その概要を述べる。

1　児童生徒保健委員会

（1）位置づけとその意義

　児童生徒保健委員会は、教育課程においては特別活動の一分野である児童生徒会活動の各種委員会の中で、保健委員会に位置づけられている。この委員会の目標は、自発的な活動として児童生徒が組織の運営に直接参加し、自主的に学校保健に関する諸問題を討議し、問題の解決を図ろうとする活動の育成と、これらの活動を通して自らの生活態度を養い、社会性の育成を図り、将来の家庭や地域社会での健康問題を改善、解決できる能力や態度の育成にある。

（2）組織構成と運営

　学校の実態、特に児童生徒会組織全体の在り方によって構成に違いがあるが、効果的で効率的な運営を行うため学級（ホームルーム）代表1～2名、生徒会代表、学年代表等幅広い委員で構成することが望ましい。

　児童生徒の自主性の育成は大切であるが、そのためにも指導・助言の立場で、保健主事、養護教諭、児童生徒会指導担当教諭が顧問教師として参加する必要がある。活動内容の役割分担を行い、委員としての活動が形式的にならないよう指導・助言し活発化を図っていくことは、学校保健活動を推進する上での重要な課題である。

　児童生徒保健委員会は、毎月の委員会において、自分たちの活動計画や活動結果の評価を行う。日常の活動としては、広報、調査統計、救護等の班を編成し、それぞれ分担して活動する。すなわち児童生徒保健委員会とは、自分たちの健康課題を「知る、話し合う、実践する」組織である。

② 教職員保健委員会

（1）位置づけと意義

　教職員による組織活動は、全教職員が学校保健に関する共通理解をもち、保健主事、養護教諭を中心にそれぞれの責任を明確にし、互いに綿密な連携を保ちながら、協力して活動していくことが大切であり、その中核としての保健主事の役割は大きい。学校運営組織（校務分掌）としては、保健部、保健安全部、健康教育部といった「部」として位置づけられることが多く、他の校内組織（生徒指導部、特別活動部、教育相談部、いじめ、不登校対策委員会等）との綿密な連携を図り、それぞれの役割を明確化することにより活動を進めていく。この教職員による委員会は、学校保健活動を充実・発展させていく原動力であり、学校保健委員会を活発化するためにも極めて重要な組織である。

（2）組織構成と運営

　保健部は、保健主事や養護教諭が中心となり、学年の保健担当教諭や保健体育担当教諭、学校栄養職員（栄養教諭）が加わることが多い。部会は各月に開催することが多いが、高等学校では週1回時間割に部会を位置づけている学校もある。

　実際の活動は、月別の学校保健計画の実施・運営・評価が中心になる。学級で行う保健指導、保健情報提供、健康観察、健康診断の実施や事後措置、清掃活動、心身の問題を抱える児童生徒の共通理解と指導・相談、環境衛生の日常点検と事後措置等である。

③ 学校保健委員会

(1) 位置づけと意義

　学校保健委員会の設置が促進されるようになったのは、1949（昭和24）年に文部省より「中等学校保健計画実施要領（試案）」が出されてからで、その後、1958（昭和33）年に学校保健法が公布されたのを機に「学校保健法および同法施行令等の施行に伴う実施基準について」（1958（昭和33）年6月16日）が出された。法の運営をより効果的に行うための諸活動、例えば学校保健委員会の開催及びその活動の計画についても学校保健計画に盛り込まれ、年間を通じて計画的に実施すべきことが示されている。

　さらに、1972（昭和47）年、保健体育審議会の答申において「学校における健康の問題を研究協議し、それを推進するための学校保健委員会の設置を促進し、その運営の強化を図ることが必要である」と指摘されている。また、1997（平成9）年の保健体育審議会答申[1] でも次のようにその運営の強化が提言されている。

（学校保健委員会・地域学校保健委員会の活性化）
　学校における健康の問題を研究協議・推進する組織である学校保健委員会について、学校における健康教育の推進の観点から、運営の強化を図ることが必要である。その際、校内の協力体制の整備はもとより、外部の専門家の協力を得るとともに、家庭・地域社会の教育力を充実する観点から、学校と家庭・地域社会を結ぶ組織として学校保健委員会を機能させる必要がある。

> さらに、地域にある幼稚園や小・中・高等学校の学校保健委員会が連携して、地域の子どもたちの健康問題の協議等を行うため、地域学校保健委員会の設置の促進に努めることが必要である。

　学校保健活動の領域は、保健教育、保健管理、学校環境衛生、学校給食等多方面にわたり、これらの諸活動に関わる職種は、学校長、保健主事、養護教諭、担任教諭、学校医、学校歯科医、学校薬剤師、学校栄養職員（栄養教諭）、スクールカウンセラー、看護師等多種多様である。そして、児童生徒が生活を送り、健康に様々な影響を受ける場は、学校をはじめ、家庭、地域社会に広がりを持っている。学校保健の諸領域でそれぞれの職種が個々に職務を遂行するだけで学校保健の目的が達成されるものではない。そこで、児童生徒を含めた学校関係者、家庭・地域社会の諸機関・団体による組織活動が必要となる。学校保健委員会は、多様化する児童生徒の健康問題や学校保健の課題に対処するために、学校保健計画の内容や実施上の問題を研究協議するなど、総合的な学校保健活動の推進的役割をもつ委員会として重要視されている。

（2）組織構成と運営

　組織の一例を図1に示すが、組織は固定的、画一的に捉えるのではなく、学校が直面している問題を解決するのにふさわしい、より機能的な組織を考え、弾力的に改善することが望ましい。

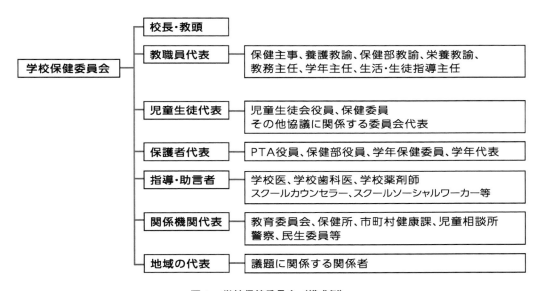

図1　学校保健委員会（構成例）

出典：松岡弘・渡辺正樹編著『新版　学校保健概論』[2]

　学校保健委員会で協議される内容としては、学校保健計画に関する事項（目標・重点事項の計画・実施・評価）、定期健康診断の実施および結果の事後措置に関する事項（重点に関連する項目の分析、考察や対策）、保護者の啓発と養育態度の変容を促す事項（健康と食生活・体力づくり・生活習慣・心の健康・自然環境保全・けがの発生・通学路の安全・性教育・

エイズ教育等）がある。学校保健委員会の開催の目的（何のために）、問題・課題（何を）、対策（どうするのか）などを明確にして、具体性のあるものにすることが協議を活発にする。なお、運営上の観点として次の4点が挙げられる。

---

① 学校と家庭との役割を明確にする。
② 実践の手だてがイメージできる議題にする。
③ 問題解決に効果的に働く組織と運営に配慮する。
④ 委員会で協議された事項は実践するようにする。

---

4 PTA保健委員会

子ども達の健康を保持増進していくためには、学校だけの保健活動にとどまらず、子どもを取り巻く家庭や地域への働きかけが必要である。学校保健委員会もその一つであるが、PTA保健委員会は、家庭や地域の実情に基づき、具体的な実践活動を推進する組織としての機能と役割を持っている。このPTA保健委員会はPTA組織の一つとして位置付けられている。最近は、子どもの安全を守る活動も視野に入れた委員会として組織されていることが多く、名称は学校によって異なっている。PTA活動の趣旨である「子どもの幸せを守り、増進する民主的な任意団体として、教育問題の学習、父母と教師の親睦、環境浄化の奉仕活動、教育世論の形成などを推進していくこと」[3]に沿って、組織の専門部の一つとして保健や安全に係る活動が行われている。

主な活動や開催状況は、学校や家庭・地域の実情によって異なるが、次のような取組が挙げられる。

---

① 子どもの地域生活の援助や教育環境の改善などの促進活動（美化活動）
② 子どもの生命を脅かすような環境を無くすための活動（登校見守り活動、地域巡回活動等）
③ 教育環境を充実させるための活動（学校保健委員会の参加）
④ 人権の尊重を子どもとともに実践して、障害児の援護や他人の心の痛みを感じることのできる情操を養うための活動（人権講座、子育て講座、健康講座等の研修会の開催）
⑤ 地域社会への参加などの活動（地域清掃ボランティア活動等）

学校教育には、自ずから限界がある。親と教員がお互いに補い合い、子ども達の健全な成長を図る学校保健活動がよりよく推進されるように学校に協力し、子どもの健康な生活習慣の形成を図る等、PTA活動と同時に一方では学校保健の実践機関としての役割も担っている。

5 地域学校保健委員会

子ども達の現代的健康課題に対応していくためには、学校や家庭を中心に関係機関を含めた地域レベルでの組織体制づくりが必要となってくる。地域学校保健委員会は、一定地域内の幼稚園・小学校・中学校・高等学校あるいは特別支援学校の各学校保健委員会、地

域の保健所、医師会、歯科医師会、学校薬剤師会、市町村健康課など地域にある関係機関・団体に働きかけ参加を要請して開催される。

　地域学校保健委員会では、その地域の学校保健に関する情報や課題を分析し、共通する健康課題の解決や健康づくりを推進するための協議や研修を行う。自校だけでなく地域の学校との交流を通して、地域レベルでの効果的な取組ができる。

　学校間の連携とともに、地域の子ども達の健康課題の解決や健康づくりの推進に関して協議することの役割は大きい。例えば、健康相談や学校環境衛生検査の実施・事後措置は、学校の健康教育の円滑化はもとより、推進・充実になくてはならない「地域の教育資源」である。

　2020（令和2）年に世界的に大流行となった新型コロナウイルス感染症は指定感染症であり、国・地域レベルの予防・対応が優先されるが、学校における対策は、地域の専門機関との協力・連携があってこそ適切に進められる。日頃から関係機関や専門機関との交流・連携を密にしておき、適切な協力を得られるようにしておくことが重要である。

　さらに、生涯保健における学校保健の果たす役割を問われる時代である。心身ともに健康な国民の育成という教育の目標を達成するために、学校教育において何をなすべきか、学校保健はどのような役割を担うのかという、グローバルな視点をもって推進することも必要であろう。

（第2節） 学校・家庭・地域社会の連携・協働

　2008（平成20）年の中央教育審議会答申[4]では、養護教諭の職務や役割について次のように提言されている。

> 　子どもの現代的な健康課題の対応に当たり、学級担任等、学校医、学校歯科医、学校薬剤師、スクールカウンセラーなど学校内における連携、また医療関係者や福祉関係者など地域の関係機関との連携を推進することが必要となっている中、養護教諭はコーディネーターの役割を担う必要がある。
> 　このような養護教諭に求められる役割を十分に果たせるよう、学校教育法における養護教諭に関する規定を踏まえつつ、養護教諭を中核として、担任教諭等及び医療機関など学校内外の関係者と連携・協力しつつ、学校保健も重視した学校経営がなされることを担保するような法制度の整備について検討する必要がある。

　このように、学校・家庭・地域社会の連携・推進に当たって、養護教諭は学校で生起する日常的、非日常的な健康問題と、その地域社会や生活の関連を分析し、その地域に最も適した方法を考え、推進していく必要があり、その力量が問われることになる。

　他職種の参加を促し、組織を形成し推進していくコーディネーターとしての役割を担うためには、養護教諭自身に、生起した問題に対する的確な状況判断力、誰に、どのように参加してもらうかという組織形成力、専門職に協働を依頼するために必要な高度な専門的知識、全員で協働すること、活動プロセスを支えるコミュニケーション力が必要であることは言うまでもない。

また、これからの保健組織活動は、学校保健委員会のように単に学校長の諮問機関として存在するのではなく、「開かれた学校」「チームとしての学校」を促進する組織として、児童生徒の心身の健康の保持増進を目指して研究協議する委員会として機能したい。そして、養護教諭が中核となり、学校が抱える問題だけでなく、家庭・地域社会の問題も視野に入れながら解決の方策を協議する中で、時には子どもの夢や未来像を語る場でもありたい。夢と希望を生み出す学校は、児童生徒が自らの未来を切り拓くための力を育てていくことだろう。

参考文献
1) 保健体育審議会（1997）．生涯にわたる心身の健康の保持増進のための今後の健康に関する教育及びスポーツの振興の在り方について（答申）．平成 9 年 9 月 22 日．
2) 松岡弘・渡辺正樹編著（2010）．新版 学校保健概論．光生館，北口和美分担執筆部分，p181-194．
3) 小沢慎一．PTA の歴史と意義．http://pcpulab.dip.jp/pta/rekisi.htm．（2019 年 8 月 21 日閲覧）．
4) 中央教育審議会（2008）．子どもの心身の健康を守り、安全・安心を確保するために学校全体としての取組を進めるための方策について（答申）．平成 20 年 1 月 17 日．
5) 三木とみ子編集代表（2005）．四訂養護概説．ぎょうせい．
6) 日本学校保健会（2004）．保健主事の手引き 三訂版，p75．
7) 学校保健・安全実務研究会編著（2017）．新訂版 学校保健実務必携 第 4 次改訂版．第一法規．
8) 日本学校保健会（2003）．学校保健活動推進マニュアル．
9) 保健体育審議会（1972）．児童生徒等の健康の保持増進に関する施策について（答申）．昭和 47 年 12 月 20 日．

巻末資料

教育基本法

平成十八年十二月二十二日法律第百二十号

前文

　我々日本国民は、たゆまぬ努力によって築いてきた民主的で文化的な国家を更に発展させるとともに、世界の平和と人類の福祉の向上に貢献することを願うものである。

　我々は、この理想を実現するため、個人の尊厳を重んじ、真理と正義を希求し、公共の精神を尊び、豊かな人間性と創造性を備えた人間の育成を期するとともに、伝統を継承し、新しい文化の創造を目指す教育を推進する。

　ここに、我々は、日本国憲法の精神にのっとり、我が国の未来を切り拓く教育の基本を確立し、その振興を図るため、この法律を制定する。

第一章　教育の目的及び理念

（教育の目的）

第一条　教育は、人格の完成を目指し、平和で民主的な国家及び社会の形成者として必要な資質を備えた心身ともに健康な国民の育成を期して行われなければならない。

（教育の目標）

第二条　教育は、その目的を実現するため、学問の自由を尊重しつつ、次に掲げる目標を達成するよう行われるものとする。

一　幅広い知識と教養を身に付け、真理を求める態度を養い、豊かな情操と道徳心を培うとともに、健やかな身体を養うこと。

二　個人の価値を尊重して、その能力を伸ばし、創造性を培い、自主及び自律の精神を養うとともに、職業及び生活との関連を重視し、勤労を重んずる態度を養うこと。

三　正義と責任、男女の平等、自他の敬愛と協力を重んずるとともに、公共の精神に基づき、主体的に社会の形成に参画し、その発展に寄与する態度を養うこと。

四　生命を尊び、自然を大切にし、環境の保全に寄与する態度を養うこと。

五　伝統と文化を尊重し、それらをはぐくんできた我が国と郷土を愛するとともに、他国を尊重し、国際社会の平和と発展に寄与する態度を養うこと。

（生涯学習の理念）

第三条　国民一人一人が、自己の人格を磨き、豊かな人生を送ることができるよう、その生涯にわたって、あらゆる機会に、あらゆる場所において学習することができ、その成果を適切に生かすことのできる社会の実現が図られなければならない。

（教育の機会均等）

第四条　すべて国民は、ひとしく、その能力に応じた教育を受ける機会を与えられなければならず、人種、信条、性別、社会的身分、経済的地位又は門地によって、教育上差別されない。

2　国及び地方公共団体は、障害のある者が、その障害の状態に応じ、十分な教育を受けられるよう、教育上必要な支援を講じなければならない。

3　国及び地方公共団体は、能力があるにもかかわらず、経済的理由によって修学が困難な者に対して、奨学の措置を講じなければならない。

第二章　教育の実施に関する基本

（義務教育）

第五条　国民は、その保護する子に、別に法律で定めるところにより、普通教育を受けさせる義務を負う。

2　義務教育として行われる普通教育は、各個人の有する能力を伸ばしつつ社会において自立的に生きる基礎を培い、また、国家及び社会の形成者として必要とされる基本的な資質を養うことを目的として行われるものとする。

3　国及び地方公共団体は、義務教育の機会を保障し、その水準を確保するため、適切な役割分担及び相互の協力の下、その実施に責任を負う。

4　国又は地方公共団体の設置する学校における義務教育については、授業料を徴収しない。

（学校教育）

第六条　法律に定める学校は、公の性質を有するものであって、国、地方公共団体及び法律に定める法人のみが、これを設置することができる。

2　前項の学校においては、教育の目標が達成されるよう、教育を受ける者の心身の発達に応じて、体系的な教育が組織的に行われなければならない。この場合において、教育を受ける者が、学校生活を営む上で必要な規律を重んずるとともに、自ら進んで学習に取り組む意欲を高めることを重視して行われなければならない。

（大学）

第七条　大学は、学術の中心として、高い教養と専門的能力を培うとともに、深く真理を探究して新たな知見を創造し、これらの成果を広く社会に提供することにより、社会の発展に寄与するものとする。

2　大学については、自主性、自律性その他の大学における教育及び研究の特性が尊重されなければならない。

（私立学校）

第八条　私立学校の有する公の性質及び学校教育において果たす重要な役割にかんがみ、国及び地方公共団体は、その自主性を尊重しつつ、助成その他の適当な方法によって私立学校教育の振興に努めなければならない。

（教員）

第九条　法律に定める学校の教員は、自己の崇高な使命を深く自覚し、絶えず研究と修養に励み、その職責の遂行に努めなければならない。

2　前項の教員については、その使命と職責の重要性にかんがみ、その身分は尊重され、待遇の適正が期せられるとともに、養成と研修の充実が図られなければならない。

（家庭教育）

第十条　父母その他の保護者は、子の教育について第一義的責任を有するものであって、生活のために必要な習慣を身に付けさせるとともに、自立心を育成し、心身の調和のとれた発達を図るよう努めるものとする。

2　国及び地方公共団体は、家庭教育の自主性を尊重しつつ、保護者に対する学習の機会及び情報の提供その他の家庭教育を支援するために必要な施策を講ずるよう努めなければならない。

（幼児期の教育）

第十一条　幼児期の教育は、生涯にわたる人格形成の基礎を培う重要なものであることにかんがみ、国及び地方公共団体は、幼児の健やかな成長に資する良好な環境の整備その他適当な方法によって、その振興に努めなければならない。

（社会教育）

第十二条　個人の要望や社会の要請にこたえ、社会において行われる教育は、国及び地方公共団体によって奨励されなければならない。

2　国及び地方公共団体は、図書館、博物館、公民館その他の社会教育施設の設置、学校の施設の利用、学習の機会及び情報の提供その他の適当な方法によって社会教育の振興に努めなければならない。

（学校、家庭及び地域住民等の相互の連携協力）

第十三条　学校、家庭及び地域住民その他の関係者は、教育におけるそれぞれの役割と責任を自覚するとともに、相互の連携及び協力に努めるものとする。

（政治教育）

第十四条　良識ある公民として必要な政治的教養は、教育上尊重されなければならない

2　法律に定める学校は、特定の政党を支持し、又はこれに反対するための政治教育その他政治的活動をしてはならない。

（宗教教育）

第十五条　宗教に関する寛容の態度、宗教に関する一般的な教養及び宗教の社会生活における地位は、教育上尊重されなければならない。

2　国及び地方公共団体が設置する学校は、特定の宗教のための宗教教育その他宗教的活動をしてはならない。

第三章　教育行政

（教育行政）

第十六条　教育は、不当な支配に服することなく、この法律及び他の法律の定めるところにより行われるべきものであり、教育行政は、国と地方公共団体との適切な役割分担及び相互の協力の下、公正かつ適正に行われなければならない。

2　国は、全国的な教育の機会均等と教育水準の維持向上を図るため、教育に関する施策を総合的に策定し、実施しなければならない。

3 地方公共団体は、その地域における教育の振興を図るため、その実情に応じた教育に関する施策を策定し、実施しなければならない。

4 国及び地方公共団体は、教育が円滑かつ継続的に実施されるよう、必要な財政上の措置を講じなければならない。

(教育振興基本計画)

第十七条 政府は、教育の振興に関する施策の総合的かつ計画的な推進を図るため、教育の振興に関する施策についての基本的な方針及び講ずべき施策その他必要な事項について、基本的な計画を定め、これを国会に報告するとともに、公表しなければならない。

2 地方公共団体は、前項の計画を参酌し、その地域の実情に応じ、当該地方公共団体における教育の振興のための施策に関する基本的な計画を定めるよう努めなければならない。

第四章 法令の制定

第十八条 この法律に規定する諸条項を実施するため、必要な法令が制定されなければならない。

附 則〔抄〕

(施行期日)

1 この法律は、公布の日から施行する。

巻末資料2

学校教育法 (抜粋)

昭和二十二年法律第二十六号

施行日：平成三十一年四月一日　平成三十年六月一日公布（平成三十年法律第三十九号）改正

<養護教諭・保健主事・保健室・健康診断関連の条文>

第一章 総則

第十二条 学校においては、別に法律で定めるところにより、幼児、児童、生徒及び学生並びに職員の健康の保持増進を図るため、健康診断を行い、その他保健に必要な措置を講じなければならない。

第三章 幼稚園

第二十七条 幼稚園には、園長、教頭及び教諭を置かなければならない。

2 幼稚園には、前項に規定するもののほか、副園長、主幹教諭、指導教諭、養護教諭、栄養教諭、事務職員、養護助教諭その他必要な職員を置くことができる。

3 第一項の規定にかかわらず、副園長を置くときその他特別の事情のあるときは、教頭を置かないことができる。

4 園長は、園務をつかさどり、所属職員を監督する。

5 副園長は、園長を助け、命を受けて園務をつかさどる。

6 教頭は、園長（副園長を置く幼稚園にあつては、園長及び副園長）を助け園務を整理し、及び必要に応じ幼児の保育をつかさどる。

7 主幹教諭は、園長（副園長を置く幼稚園にあつては、園長及び副園長）及び教頭を助け、命を受けて園務の一部を整理し、並びに幼児の保育をつかさどる。

8 指導教諭は、幼児の保育をつかさどり、並びに教諭その他の職員に対して、保育の改善及び充実のために必要な指導及び助言を行う。

9 教諭は、幼児の保育をつかさどる。

10 特別の事情のあるときは、第一項の規定にかかわらず、教諭に代えて助教諭又は講師を置くことができる。

11 学校の実情に照らし必要があると認めるときは、第七項の規定にかかわらず、園長（副園長を置く幼稚園にあつては、園長及び副園長）及び教頭を助け、命を受けて園務の一部を整理し、並びに幼児の養護又は栄養の指導及び管理をつかさどる主幹教諭を置くことができる。

第四章　小学校

第三十七条　小学校には、校長、教頭、教諭、養護教諭及び事務職員を置かなければならない。

2　小学校には、前項に規定するもののほか、副校長、主幹教諭、指導教諭、栄養教諭その他必要な職員を置くことができる。

3　第一項の規定にかかわらず、副校長を置くときその他特別の事情のあるときは教頭を、養護をつかさどる主幹教諭を置くときは養護教諭を、特別の事情のあるときは事務職員を、それぞれ置かないことができる。

4　校長は、校務をつかさどり、所属職員を監督する。

5　副校長は、校長を助け、命を受けて校務をつかさどる。

6　副校長は、校長に事故があるときはその職務を代理し、校長が欠けたときはその職務を行う。この場合において、副校長が二人以上あるときは、あらかじめ校長が定めた順序で、その職務を代理し、又は行う。

7　教頭は、校長（副校長を置く小学校にあつては、校長及び副校長）を助け、校務を整理し、及び必要に応じ児童の教育をつかさどる。

8　教頭は、校長（副校長を置く小学校にあつては、校長及び副校長）に事故があるときは校長の職務を代理し、校長（副校長を置く小学校にあつては、校長及び副校長）が欠けたときは校長の職務を行う。この場合において、教頭が二人以上あるときは、あらかじめ校長が定めた順序で、校長の職務を代理し、又は行う。

9　主幹教諭は、校長（副校長を置く小学校にあつては、校長及び副校長）及び教頭を助け、命を受けて校務の一部を整理し、並びに児童の教育をつかさどる。

10　指導教諭は、児童の教育をつかさどり、並びに教諭その他の職員に対して、教育指導の改善及び充実のために必要な指導及び助言を行う。

11　教諭は、児童の教育をつかさどる。

12　養護教諭は、児童の養護をつかさどる。

13　栄養教諭は、児童の栄養の指導及び管理をつかさどる。

14　事務職員は、事務をつかさどる。

15　助教諭は、教諭の職務を助ける。

16　講師は、教諭又は助教諭に準ずる職務に従事する。

17　養護助教諭は、養護教諭の職務を助ける。

18　特別の事情のあるときは、第一項の規定にかかわらず、教諭に代えて助教諭又は講師を、養護教諭に代えて養護助教諭を置くことができる。

19　学校の実情に照らし必要があると認めるときは、第九項の規定にかかわらず、校長（副校長を置く小学校にあつては、校長及び副校長）及び教頭を助け、命を受けて校務の一部を整理し、並びに児童の養護又は栄養の指導及び管理をつかさどる主幹教諭を置くことができる。

第五章　中学校

第四十九条　第三十条第二項、第三十一条、第三十四条、第三十五条及び第三十七条から第四十四条までの規定は、中学校に準用する。この場合において、第三十条第二項中「前項」とあるのは「第四十六条」と、第三十一条中「前条第一項」とあるのは「第四十六条」と読み替えるものとする。

第五章の二　義務教育学校

第四十九条の八　第三十条第二項、第三十一条、第三十四条から第三十七条まで及び第四十二条から第四十四条までの規定は、義務教育学校に準用する。この場合において、第三十条第二項中「前項」とあるのは「第四十九条の三」と、第三十一条中「前条第一項」とあるのは「第四十九条の三」と読み替えるものとする。

第六章　高等学校

第六十条　高等学校には、校長、教頭、教諭及び事務職員を置かなければならない。

2　高等学校には、前項に規定するもののほか、副校長、主幹教諭、指導教諭、養護教諭、栄養教諭、養護助教諭、実習助手、技術職員その他必要な職員を置くことができる。

3　第一項の規定にかかわらず、副校長を置くときは、教頭を置かないことができる。

4　実習助手は、実験又は実習について、教諭の職務を助ける。

5　特別の事情のあるときは、第一項の規定にかかわらず、教諭に代えて助教諭又は講師を置くことができる。

6 技術職員は、技術に従事する。

第七章　中等教育学校
第六十九条　中等教育学校には、校長、教頭、教諭、養護教諭及び事務職員を置かなければならない。
2　中等教育学校には、前項に規定するもののほか、副校長、主幹教諭、指導教諭、栄養教諭、実習助手、技術職員
　その他必要な職員を置くことができる。
3　第一項の規定にかかわらず、副校長を置くときは教頭を、養護をつかさどる主幹教諭を置くときは養護教諭を、それぞ
　れ置かないことができる。
4　特別の事情のあるときは、第一項の規定にかかわらず、教諭に代えて助教諭又は講師を、養護教諭に代えて養護助
　教諭を置くことができる。

第八章　特別支援学校
第八十二条　[略]第三十六条、第三十七条（第二十八条、第四十九条及び第六十二条において準用する場合を含む。

学校教育法施行規則（抜粋）

昭和二十二年文部省令第十一号

施行日：平成三十年三月二十七日公布（平成三十年文部科学省令第六号）改正

第一章　総則
第一節　設置廃止等
第一条　学校には、その学校の目的を実現するために必要な校地、校舎、校具、運動場、図書館又は図書室、保健室
　その他の設備を設けなければならない。

第四章　設置編制
第四十五条　小学校においては、保健主事を置くものとする。
2　前項の規定にかかわらず、第四項に規定する保健主事の担当する校務を整理する主幹教諭を置くときその他特別の事
　情のあるときは、保健主事を置かないことができる。
3　保健主事は、指導教諭、教諭又は養護教諭をもつて、これに充てる。
4　保健主事は、校長の監督を受け、小学校における保健に関する事項の管理に当たる。

巻末資料3

学校保健安全法（抜粋）

（昭和三十三年法律第五十六号）

施行日：平成二十八年四月一日　平成二十七年六月二十四日公布（平成二十七年法律第四十六号）改正

第一章　総則
（目的）
第一条　この法律は、学校における児童生徒等及び職員の健康の保持増進を図るため、学校における保健管理に関し必
　要な事項を定めるとともに、学校における教育活動が安全な環境において実施され、児童生徒等の安全の確保が図られ
　るよう、学校における安全管理に関し必要な事項を定め、もつて学校教育の円滑な実施とその成果の確保に資すること
　を目的とする。

（定義）

第二条　この法律において「学校」とは、学校教育法（昭和二十二年法律第二十六号）第一条に規定する学校をいう。

2　この法律において「児童生徒等」とは、学校に在学する幼児、児童、生徒又は学生をいう。

（国及び地方公共団体の責務）

第三条　国及び地方公共団体は、相互に連携を図り、各学校において保健及び安全に係る取組が確実かつ効果的に実施されるようにするため、学校における保健及び安全に関する最新の知見及び事例を踏まえつつ、財政上の措置その他の必要な施策を講ずるものとする。

2　国は、各学校における安全に係る取組を総合的かつ効果的に推進するため、学校安全の推進に関する計画の策定その他所要の措置を講ずるものとする。

3　地方公共団体は、国が講ずる前項の措置に準じた措置を講ずるように努めなければならない。

第二章　学校保健

第一節　学校の管理運営等

（学校保健に関する学校の設置者の責務）

第四条　学校の設置者は、その設置する学校の児童生徒等及び職員の心身の健康の保持増進を図るため、当該学校の施設及び設備並びに管理運営体制の整備充実その他の必要な措置を講ずるよう努めるものとする。

（学校保健計画の策定等）

第五条　学校においては、児童生徒等及び職員の心身の健康の保持増進を図るため、児童生徒等及び職員の健康診断、環境衛生検査、児童生徒等に対する指導その他保健に関する事項について計画を策定し、これを実施しなければならない。

（学校環境衛生基準）

第六条　文部科学大臣は、学校における換気、採光、照明、保温、清潔保持その他環境衛生に係る事項（学校給食法（昭和二十九年法律第百六十号）第九条第一項（夜間課程を置く高等学校における学校給食に関する法律（昭和三十一年法律第百五十七号）第七条及び特別支援学校の幼稚部及び高等部における学校給食に関する法律（昭和三十二年法律第百十八号）第六条において準用する場合を含む。）に規定する事項を除く。）について、児童生徒等及び職員の健康を保護する上で維持されることが望ましい基準（以下この条において「学校環境衛生基準」という。）を定めるものとする。

2　学校の設置者は、学校環境衛生基準に照らしてその設置する学校の適切な環境の維持に努めなければならない。

3　校長は、学校環境衛生基準に照らし、学校の環境衛生に関し適正を欠く事項があると認めた場合には、遅滞なく、その改善のために必要な措置を講じ、又は当該措置を講ずることができないときは、当該学校の設置者に対し、その旨を申し出るものとする。

（保健室）

第七条　学校には、健康診断、健康相談、保健指導、救急処置その他の保健に関する措置を行うため、保健室を設けるものとする。

第二節　健康相談等

（健康相談）

第八条　学校においては、児童生徒等の心身の健康に関し、健康相談を行うものとする。

（保健指導）

第九条　養護教諭その他の職員は、相互に連携して、健康相談又は児童生徒等の健康状態の日常的な観察により、児童生徒等の心身の状況を把握し、健康上の問題があると認めるときは、遅滞なく、当該児童生徒等に対して必要な指導を行うとともに、必要に応じ、その保護者（学校教育法第十六条に規定する保護者をいう。第二十四条及び第三十条において同じ。）に対して必要な助言を行うものとする。

（地域の医療機関等との連携）

第十条　学校においては、救急処置、健康相談又は保健指導を行うに当たつては、必要に応じ、当該学校の所在する地域の医療機関その他の関係機関との連携を図るよう努めるものとする。

第三節　健康診断

（就学時の健康診断）

第十一条　市（特別区を含む。以下同じ。）町村の教育委員会は、学校教育法第十七条第一項の規定により翌学年の

初めから同項に規定する学校に就学させるべき者で、当該市町村の区域内に住所を有するものの就学に当たつて、その健康診断を行わなければならない。

第十二条　市町村の教育委員会は、前条の健康診断の結果に基づき、治療を勧告し、保健上必要な助言を行い、及び学校教育法第十七条第一項に規定する義務の猶予若しくは免除又は特別支援学校への就学に関し指導を行う等適切な措置をとらなければならない。

（児童生徒等の健康診断）

第十三条　学校においては、毎学年定期に、児童生徒等（通信による教育を受ける学生を除く。）の健康診断を行わなければならない。

2　学校においては、必要があるときは、臨時に、児童生徒等の健康診断を行うものとする。

第十四条　学校においては、前条の健康診断の結果に基づき、疾病の予防処置を行い、又は治療を指示し、並びに運動及び作業を軽減する等適切な措置をとらなければならない。

（職員の健康診断）

第十五条　学校の設置者は、毎学年定期に、学校の職員の健康診断を行わなければならない。

2　学校の設置者は、必要があるときは、臨時に、学校の職員の健康診断を行うものとする。

第十六条　学校の設置者は、前条の健康診断の結果に基づき、治療を指示し、及び勤務を軽減する等適切な措置をとらなければならない。

（健康診断の方法及び技術的基準等）

第十七条　健康診断の方法及び技術的基準については、文部科学省令で定める。

2　第十一条から前条までに定めるもののほか、健康診断の時期及び検査の項目その他健康診断に関し必要な事項は、前項に規定するものを除き、第十一条の健康診断に関するものについては政令で、第十三条及び第十五条の健康診断に関するものについては文部科学省令で定める。

3　前二項の文部科学省令は、健康増進法（平成十四年法律第百三号）第九条第一項に規定する健康診査等指針と調和が保たれたものでなければならない。

（保健所との連絡）

第十八条　学校の設置者は、この法律の規定による健康診断を行おうとする場合その他政令で定める場合においては、保健所と連絡するものとする。

第四節　感染症の予防

（出席停止）

第十九条　校長は、感染症にかかつており、かかつている疑いがあり、又はかかるおそれのある児童生徒等があるときは、政令で定めるところにより、出席を停止させることができる。

（臨時休業）

第二十条　学校の設置者は、感染症の予防上必要があるときは、臨時に、学校の全部又は一部の休業を行うことができる。

（文部科学省令への委任）

第二十一条　前二条（第十九条の規定に基づく政令を含む。）及び感染症の予防及び感染症の患者に対する医療に関する法律（平成十年法律第百十四号）その他感染症の予防に関して規定する法律（これらの法律に基づく命令を含む。）に定めるもののほか、学校における感染症の予防に関し必要な事項は、文部科学省令で定める。

第五節　学校保健技師並びに学校医、学校歯科医及び学校薬剤師

（学校保健技師）

第二十二条　都道府県の教育委員会の事務局に、学校保健技師を置くことができる。

2　学校保健技師は、学校における保健管理に関する専門的事項について学識経験がある者でなければならない。

3　学校保健技師は、上司の命を受け、学校における保健管理に関し、専門的技術的指導及び技術に従事する。

（学校医、学校歯科医及び学校薬剤師）

第二十三条　学校には、学校医を置くものとする。

2　大学以外の学校には、学校歯科医及び学校薬剤師を置くものとする。

3　学校医、学校歯科医及び学校薬剤師は、それぞれ医師、歯科医師又は薬剤師のうちから、任命し、又は委嘱する。

4　学校医、学校歯科医及び学校薬剤師は、学校における保健管理に関する専門的事項に関し、技術及び指導に従事する。

5　学校医、学校歯科医及び学校薬剤師の職務執行の準則は、文部科学省令で定める。

第六節　地方公共団体の援助及び国の補助

（地方公共団体の援助）

第二十四条　地方公共団体は、その設置する小学校、中学校、義務教育学校、中等教育学校の前期課程又は特別支援学校の小学部若しくは中学部の児童又は生徒が、感染性又は学習に支障を生ずるおそれのある疾病で政令で定めるものにかかり、学校において治療の指示を受けたときは、当該児童又は生徒の保護者で次の各号のいずれかに該当するものに対して、その疾病の治療のための医療に要する費用について必要な援助を行うものとする。

一　生活保護法（昭和二十五年法律第百四十四号）第六条第二項に規定する要保護者

二　生活保護法第六条第二項に規定する要保護者に準ずる程度に困窮している者で政令で定めるもの

（国の補助）

第二十五条　国は、地方公共団体が前条の規定により同条第一号に掲げる者に対して援助を行う場合には、予算の範囲内において、その援助に要する経費の一部を補助することができる。

2　前項の規定により国が補助を行う場合の補助の基準については、政令で定める。

第三章　学校安全

（学校安全に関する学校の設置者の責務）

第二十六条　学校の設置者は、児童生徒等の安全の確保を図るため、その設置する学校において、事故、加害行為、災害等（以下この条及び第二十九条第三項において「事故等」という。）により児童生徒等に生ずる危険を防止し、及び事故等により児童生徒等に危険又は危害が現に生じた場合（同条第一項及び第二項において「危険等発生時」という。）において適切に対処することができるよう、当該学校の施設及び設備並びに管理運営体制の整備充実その他の必要な措置を講ずるよう努めるものとする。

（学校安全計画の策定等）

第二十七条　学校においては、児童生徒等の安全の確保を図るため、当該学校の施設及び設備の安全点検、児童生徒等に対する通学を含めた学校生活その他の日常生活における安全に関する指導、職員の研修その他学校における安全に関する事項について計画を策定し、これを実施しなければならない。

（学校環境の安全の確保）

第二十八条　校長は、当該学校の施設又は設備について、児童生徒等の安全の確保を図る上で支障となる事項があると認めた場合には、遅滞なく、その改善を図るために必要な措置を講じ、又は当該措置を講ずることができないときは、当該学校の設置者に対し、その旨を申し出るものとする。

（危険等発生時対処要領の作成等）

第二十九条　学校においては、児童生徒等の安全の確保を図るため、当該学校の実情に応じて、危険等発生時において当該学校の職員がとるべき措置の具体的内容及び手順を定めた対処要領（次項において「危険等発生時対処要領」という。）を作成するものとする。

2　校長は、危険等発生時対処要領の職員に対する周知、訓練の実施その他の危険等発生時において職員が適切に対処するために必要な措置を講ずるものとする。

3　学校においては、事故等により児童生徒等に危害が生じた場合において、当該児童生徒等及び当該事故等により心理的外傷その他の心身の健康に対する影響を受けた児童生徒等その他の関係者の心身の健康を回復させるため、これらの者に対して必要な支援を行うものとする。この場合においては、第十条の規定を準用する。

（地域の関係機関等との連携）

第三十条　学校においては、児童生徒等の安全の確保を図るため、児童生徒等の保護者との連携を図るとともに、当該学校が所在する地域の実情に応じて、当該地域を管轄する警察署その他の関係機関、地域の安全を確保するための活動を行う団体その他の関係団体、当該地域の住民その他の関係者との連携を図るよう努めるものとする。

第四章　雑則

（学校の設置者の事務の委任）

第三十一条　学校の設置者は、他の法律に特別の定めがある場合のほか、この法律に基づき処理すべき事務を校長に委任することができる。

（専修学校の保健管理等）

第三十二条　専修学校には、保健管理に関する専門的事項に関し、技術及び指導を行う医師を置くように努めなければならない。

2　専修学校には、健康診断、健康相談、保健指導、救急処置等を行うため、保健室を設けるように努めなければならない。

3　第三条から第六条まで、第八条から第十条まで、第十三条から第二十一条まで及び第二十六条から前条までの規定は、専修学校に準用する。

附　則　抄

（施行期日）

第一条　この法律は、平成二十一年四月一日から施行する。

（検討）

第二条　政府は、この法律の施行後五年を経過した場合において、この法律による改正後の規定の施行の状況について検討を加え、必要があると認めるときは、その結果に基づいて所要の措置を講ずるものとする。

附　則　（平成二七年六月二四日法律第四六号）　抄

（施行期日）

第一条　この法律は、平成二十八年四月一日から施行する。

巻末資料４

学校保健安全法施行令（抜粋）

（昭和三十三年政令第百七十四号）

施行日：　平成二十八年四月一日　平成二十七年十二月十六日公布（平成二十七年政令第四百二十一号）改正

　内閣は、学校保健法（昭和三十三年法律第五十六号）第十条第二項、第十二条、第十七条、第十八条第三項及び第二十条の規定に基き、この政令を制定する。

（就学時の健康診断の時期）

第一条　学校保健安全法（昭和三十三年法律第五十六号。以下「法」という。）第十一条の健康診断（以下「就学時の健康診断」という。）は、学校教育法施行令（昭和二十八年政令第三百四十号）第二条の規定により学齢簿が作成された後翌学年の初めから四月前（同令第五条、第七条、第十一条、第十四条、第十五条及び第十八条の二に規定する就学に関する手続の実施に支障がない場合にあつては、三月前）までの間に行うものとする。

2　前項の規定にかかわらず、市町村の教育委員会は、同項の規定により定めた就学時の健康診断の実施日の翌日以後に当該市町村の教育委員会が作成した学齢簿に新たに就学予定者（学校教育法施行令第五条第一項に規定する就学予定者をいう。以下この項において同じ。）が記載された場合において、当該就学予定者が他の市町村の教育委員会が行う就学時の健康診断を受けていないときは、当該就学予定者について、速やかに就学時の健康診断を行うものとする。

（検査の項目）

第二条　就学時の健康診断における検査の項目は、次のとおりとする。

一　栄養状態

二　脊柱及び胸郭の疾病及び異常の有無

三　視力及び聴力

四　眼の疾病及び異常の有無

五　耳鼻咽頭疾患及び皮膚疾患の有無

六　歯及び口腔の疾病及び異常の有無

七　その他の疾病及び異常の有無

（保護者への通知）

第三条　市（特別区を含む。以下同じ。）町村の教育委員会は、就学時の健康診断を行うに当たつて、あらかじめ、その日時、場所及び実施の要領等を法第十一条に規定する者の学校教育法（昭和二十二年法律第二十六号）第十六条に規定する保護者（以下「保護者」という。）に通知しなければならない

（就学時健康診断票）

第四条　市町村の教育委員会は、就学時の健康診断を行つたときは、文部科学省令で定める様式により、就学時健康

診断票を作成しなければならない。

2　市町村の教育委員会は、翌学年の初めから十五日前までに、就学時健康診断票を就学時の健康診断を受けた者の入学する学校の校長に送付しなければならない。

（保健所と連絡すべき場合）

第五条　法第十八条の政令で定める場合は、次に掲げる場合とする。

一　法第十九条の規定による出席停止が行われた場合

二　法第二十条の規定による学校の休業を行つた場合

（出席停止の指示）

第六条　校長は、法第十九条の規定により出席を停止させようとするときは、その理由及び期間を明らかにして、幼児、児童又は生徒（高等学校（中等教育学校の後期課程及び特別支援学校の高等部を含む。以下同じ。）の生徒を除く。）にあつてはその保護者に、高等学校の生徒又は学生にあつては当該生徒又は学生にこれを指示しなければならない。

2　出席停止の期間は、感染症の種類等に応じて、文部科学省令で定める基準による。

（出席停止の報告）

第七条　校長は、前条第一項の規定による指示をしたときは、文部科学省令で定めるところにより、その旨を学校の設置者に報告しなければならない。

（感染性又は学習に支障を生ずるおそれのある疾病）

第八条　法第二十四条の政令で定める疾病は、次に掲げるものとする。

一　トラコーマ及び結膜炎

二　白癬、疥癬及び膿痂疹

三　中耳炎

四　慢性副鼻腔炎及びアデノイド

五　齲歯

六　寄生虫病（虫卵保有を含む。）

（要保護者に準ずる程度に困窮している者）

第九条　法第二十四条第二号の政令で定める者は、当該義務教育諸学校（小学校、中学校、義務教育学校、中等教育学校の前期課程又は特別支援学校の小学部若しくは中学部をいう。）を設置する地方公共団体の教育委員会が、生活保護法（昭和二十五年法律第百四十四号）第六条第二項に規定する要保護者（以下「要保護者」という。）に準ずる程度に困窮していると認める者とする。

2　教育委員会は、前項に規定する認定を行うため必要があるときは、社会福祉法（昭和二十六年法律第四十五号）に定める福祉に関する事務所の長及び民生委員法（昭和二十三年法律第百九十八号）に定める民生委員に対して、助言を求めることができる。

（補助の基準）

第十条　法第二十五条第一項の規定による国の補助は、法第二十四条の規定による同条第一号に掲げる者に対する援助に要する経費の額の二分の一について行うものとする。ただし、小学校、中学校及び義務教育学校並びに中等教育学校の前期課程又は特別支援学校の小学部及び中学部の別により、文部科学大臣が毎年度定める児童及び生徒一人一疾病当たりの医療費の平均額に、都道府県に係る場合にあつては次項の規定により文部科学大臣が当該都道府県に配分した児童及び生徒の被患者の延数をそれぞれ乗じて得た額、市町村に係る場合にあつては第三項の規定により都道府県の教育委員会が当該市町村に配分した児童及び生徒の被患者の延数をそれぞれ乗じて得た額の二分の一を限度とする。

2　文部科学大臣は、毎年度、別表イに掲げる算式により算定した小学校、中学校及び義務教育学校並びに中等教育学校の前期課程又は特別支援学校の小学部及び中学部の児童及び生徒の被患者の延数を各都道府県に配分し、その配分した数を各都道府県の教育委員会に通知しなければならない。

3　都道府県の教育委員会は、文部科学省令で定めるところにより、毎年度、文部科学大臣が、別表ロに掲げる算式により算定した小学校、中学校及び義務教育学校並びに中等教育学校の前期課程又は特別支援学校の小学部及び中学部の児童及び生徒の被患者の延数を基準として各都道府県ごとに定めた児童及び生徒の被患者の延数を、各市町村立の小学校、中学校及び義務教育学校並びに中等教育学校の前期課程又は特別支援学校の小学部及び中学部の児童及び生徒のうち教育扶助を受けている者の数を勘案して、各市町村に配分し、その配分した数を文部科学大臣及び各市町村の教育委員会に通知しなければならない

4　前項の規定により都道府県が処理することとされている事務は、地方自治法（昭和二十二年法律第六十七号）第二条第九項第一号に規定する第一号法定受託事務とする。

（専修学校への準用）

第十一条　第五条から第七条までの規定は、法第三十二条第三項において法第十八条及び第十九条の規定を専修学校に準用する場合について準用する。この場合において、第五条第二号中「法第二十条」とあるのは「法第三十二条第三項において準用する法第二十条」と、第六条第一項中「幼児、児童又は生徒（高等学校（中等教育学校の後期課程及び特別支援学校の高等部を含む。以下同じ。）の生徒を除く。）にあつてはその保護者に、高等学校の生徒又は学生にあつては当該生徒又は学生」とあるのは「生徒」と読み替えるものとする。

附　則　抄

（施行期日）

1　この政令中第七条、第八条及び第九条第一項から第三項までの規定は昭和三十三年十月一日から、その他の規定は公布の日から施行する。

（学校医及幼稚園医令等の廃止）

3　次に掲げる勅令は、廃止する。

一　学校医及幼稚園医令（昭和四年勅令第九号）

二　学校歯科医及幼稚園歯科医令（昭和六年勅令第百四十四号）

（施行期日）

1　この政令は、平成二十一年四月一日から施行する。

附　則　（平成二七年一二月一六日政令第四二一号）

　この政令は、平成二十八年四月一日から施行する。

巻末資料5

学校保健安全法施行規則

昭和三十三年文部省令第十八号

　学校保健法（昭和三十三年法律第五十六号）第十条、第十四条及び第十六条第五項並びに学校保健法施行令（昭和三十三年政令第百七十四号）第四条第一項、第五条第二項、第六条及び第九条第三項の規定に基き、及び同法の規定を実施するため、学校保健法施行規則を次のように定める。

第一章　環境衛生検査等

（環境衛生検査）

第一条　学校保健安全法（昭和三十三年法律第五十六号。以下「法」という。）第五条の環境衛生検査は、他の法令に基づくもののほか、毎学年定期に、法第六条に規定する学校環境衛生基準に基づき行わなければならない。

2　学校においては、必要があるときは、臨時に、環境衛生検査を行うものとする。

（日常における環境衛生）

第二条　学校においては、前条の環境衛生検査のほか、日常的な点検を行い、環境衛生の維持又は改善を図らなければならない。

第二章　健康診断

第一節　就学時の健康診断

（方法及び技術的基準）

第三条　法第十一条の健康診断の方法及び技術的基準は、次の各号に掲げる検査の項目につき、当該各号に定めるとおりとする。

一　栄養状態は、皮膚の色沢、皮下脂肪の充実、筋骨の発達、貧血の有無等について検査し、栄養不良又は肥満傾向で特に注意を要する者の発見につとめる。

二　脊柱の疾病及び異常の有無は、形態等について検査し、側わん症等に注意する。

三　胸郭の異常の有無は、形態及び発育について検査する。

四　視力は、国際標準に準拠した視力表を用いて左右各別に裸眼視力を検査し、眼鏡を使用している者については、当該眼鏡を使用している場合の矯正視力についても検査する。

五　聴力は、オージオメータを用いて検査し、左右各別に聴力障害の有無を明らかにする。

六　眼の疾病及び異常の有無は、感染性眼疾患その他の外眼部疾患及び眼位の異常等に注意する。

七　耳鼻咽頭疾患の有無は、耳疾患、鼻・副鼻腔疾患、口腔咽喉頭疾患及び音声言語異常等に注意する。

八　皮膚疾患の有無は、感染性皮膚疾患、アレルギー疾患等による皮膚の状態に注意する。

九　歯及び口腔の疾病及び異常の有無は、齲歯、歯周疾患、不正咬合その他の疾病及び異常について検査する。

十　その他の疾病及び異常の有無は、知能及び呼吸器、循環器、消化器、神経系等について検査するものとし、知能については適切な検査によつて知的障害の発見につとめ、呼吸器、循環器、消化器、神経系等については臨床医学的検査その他の検査によつて結核疾患、心臓疾患、腎臓疾患、ヘルニア、言語障害、精神神経症その他の精神障害、骨、関節の異常及び四肢運動障害等の発見につとめる。

（就学時健康診断票）

第四条　学校保健安全法施行令（昭和三十三年政令第百七十四号。以下「令」という。）第四条第一項に規定する就学時健康診断票の様式は、第一号様式とする。

第二節　児童生徒等の健康診断

（時期）

第五条　法第十三条第一項の健康診断は、毎学年、六月三十日までに行うものとする。ただし、疾病その他やむを得ない事由によつて当該期日に健康診断を受けることのできなかつた者に対しては、その事由のなくなつた後すみやかに健康診断を行うものとする。

2　第一項の健康診断における結核の有無の検査において結核発病のおそれがあると診断された者（第六条第三項第四号に該当する者に限る。）については、おおむね六か月の後に再度結核の有無の検査を行うものとする。

（検査の項目）

第六条　法第十三条第一項の健康診断における検査の項目は、次のとおりとする。

一　身長及び体重

二　栄養状態

三　脊柱及び胸郭の疾病及び異常の有無並びに四肢の状態

四　視力及び聴力

五　眼の疾病及び異常の有無

六　耳鼻咽頭疾患及び皮膚疾患の有無

七　歯及び口腔の疾病及び異常の有無

八　結核の有無

九　心臓の疾病及び異常の有無

十　尿

十一　その他の疾病及び異常の有無

2　前項各号に掲げるもののほか、胸囲及び肺活量、背筋力、握力等の機能を、検査の項目に加えることができる。

3　第一項第八号に掲げるものの検査は、次の各号に掲げる学年において行うものとする。

一　小学校（義務教育学校の前期課程及び特別支援学校の小学部を含む。以下この条、第七条第六項及び第十一条において同じ。）の全学年

二　中学校（義務教育学校の後期課程、中等教育学校の前期課程及び特別支援学校の中学部を含む。以下この条、第七条第六項及び第十一条において同じ。）の全学年

三　高等学校（中等教育学校の後期課程及び特別支援学校の高等部を含む。以下この条、第七条第六項及び第十一条において同じ。）及び高等専門学校の第一学年

四　大学の第一学年

4　第一項各号に掲げる検査の項目のうち、小学校の第四学年及び第六学年、中学校及び高等学校の第二学年並びに

高等専門学校の第二学年及び第四学年においては第四号に掲げるもののうち聴力を、大学においては第三号、第四号、第七号及び第十号に掲げるものを、それぞれ検査の項目から除くことができる。

（方法及び技術的基準）

第七条　法第十三条第一項の健康診断の方法及び技術的基準については、次項から第九項までに定めるもののほか、第三条の規定（同条第十号中知能に関する部分を除く。）を準用する。この場合において、同条第四号中「検査する。」とあるのは「検査する。ただし、眼鏡を使用している者の裸眼視力の検査はこれを除くことができる。」と読み替えるものとする。

2　前条第一項第一号の身長は、靴下等を脱ぎ、両かかとを密接し、背、臀部及びかかとを身長計の尺柱に接して直立し、両上肢を体側に垂れ、頭部を正位に保たせて測定する。

3　前条第一項第一号の体重は、衣服を脱ぎ、体重計のはかり台の中央に静止させて測定する。ただし、衣服を着たまま測定したときは、その衣服の重量を控除する。

4　前条第一項第三号の四肢の状態は、四肢の形態及び発育並びに運動器の機能の状態に注意する。

5　前条第一項第八号の結核の有無は、問診、胸部エツクス線検査、喀痰検査、聴診、打診その他必要な検査によつて検査するものとし、その技術的基準は、次の各号に定めるとおりとする。

一　前条第三項第一号又は第二号に該当する者に対しては、問診を行うものとする。

二　前条第三項第三号又は第四号に該当する者（結核患者及び結核発病のおそれがあると診断されている者を除く。）に対しては、胸部エツクス線検査を行うものとする。

三　第一号の問診を踏まえて学校医その他の担当の医師において必要と認める者であつて、当該者の在学する学校の設置者において必要と認めるものに対しては、胸部エツクス線検査、喀痰検査その他の必要な検査を行うものとする。

四　第二号の胸部エツクス線検査によつて病変の発見された者及びその疑いのある者、結核患者並びに結核発病のおそれがあると診断されている者に対しては、胸部エツクス線検査及び喀痰検査を行い、更に必要に応じ聴診、打診その他必要な検査を行う。

6　前条第一項第九号の心臓の疾病及び異常の有無は、心電図検査その他の臨床医学的検査によつて検査するものとする。ただし、幼稚園（特別支援学校の幼稚部を含む。以下この条及び第十一条において同じ。）の全幼児、小学校の第二学年以上の児童、中学校及び高等学校の第二学年以上の生徒、高等専門学校の第二学年以上の学生並びに大学の全学生については、心電図検査を除くことができる。

7　前条第一項第十号の尿は、尿中の蛋白、糖等について試験紙法により検査する。ただし、幼稚園においては、糖の検査を除くことができる。

8　身体計測、視力及び聴力の検査、問診、胸部エツクス線検査、尿の検査その他の予診的事項に属する検査は、学校医又は学校歯科医による診断の前に実施するものとし、学校医又は学校歯科医は、それらの検査の結果及び第十一条の保健調査を活用して診断に当たるものとする。

（健康診断票）

第八条　学校においては、法第十三条第一項の健康診断を行つたときは、児童生徒等の健康診断票を作成しなければならない。

2　校長は、児童又は生徒が進学した場合においては、その作成に係る当該児童又は生徒の健康診断票を進学先の校長に送付しなければならない。

3　校長は、児童生徒等が転学した場合においては、その作成に係る当該児童生徒等の健康診断票を転学先の校長、保育所の長又は認定こども園の長に送付しなければならない。

4　児童生徒等の健康診断票は、五年間保存しなければならない。ただし、第二項の規定により送付を受けた児童又は生徒の健康診断票は、当該健康診断票に係る児童又は生徒が進学前の学校を卒業した日から五年間とする。

（事後措置）

第九条　学校においては、法第十三条第一項の健康診断を行つたときは、二十一日以内にその結果を幼児、児童又は生徒にあつては当該幼児、児童又は生徒及びその保護者（学校教育法（昭和二十二年法律第二十六号）第十六条に規定する保護者をいう。）に、学生にあつては当該学生に通知するとともに、次の各号に定める基準により、法第十四条の措置をとらなければならない。

一　疾病の予防処置を行うこと。

二　必要な医療を受けるよう指示すること。

三　必要な検査、予防接種等を受けるよう指示すること。

四　療養のため必要な期間学校において学習しないよう指導すること

五　特別支援学級への編入について指導及び助言を行うこと。

六　学習又は運動・作業の軽減、停止、変更等を行うこと。

七　修学旅行、対外運動競技等への参加を制限すること。

八　机又は腰掛の調整、座席の変更及び学級の編制の適正を図ること。

九　その他発育、健康状態等に応じて適当な保健指導を行うこと。

2　前項の場合において、結核の有無の検査の結果に基づく措置については、当該健康診断に当たつた学校医その他の医師が別表第一に定める生活規正の面及び医療の面の区分を組み合わせて決定する指導区分に基づいて、とるものとする。

（臨時の健康診断）

第十条　法第十三条第二項の健康診断は、次に掲げるような場合で必要があるときに、必要な検査の項目について行うものとする。

一　感染症又は食中毒の発生したとき。

二　風水害等により感染症の発生のおそれのあるとき。

三　夏季における休業日の直前又は直後

四　結核、寄生虫病その他の疾病の有無について検査を行う必要のあるとき。

五　卒業のとき。

（保健調査）

第十一条　法第十三条の健康診断を的確かつ円滑に実施するため、当該健康診断を行うに当たつては、小学校、中学校、高等学校及び高等専門学校においては全学年において、幼稚園及び大学においては必要と認めるときに、あらかじめ児童生徒等の発育、健康状態等に関する調査を行うものとする。

第三節　職員の健康診断

（時期）

第十二条　法第十五条第一項の健康診断の時期については、第五条の規定を準用する。この場合において、同条第一項中「六月三十日までに」とあるのは、「学校の設置者が定める適切な時期に」と読み替えるものとする。

（検査の項目）

第十三条　法第十五条第一項の健康診断における検査の項目は、次のとおりとする。

一　身長、体重及び腹囲

二　視力及び聴力

三　結核の有無

四　血圧

五　尿

六　胃の疾病及び異常の有無

七　貧血検査

八　肝機能検査

九　血中脂質検査

十　血糖検査

十一　心電図検査

十二　その他の疾病及び異常の有無

2　妊娠中の女性職員においては、前項第六号に掲げる検査の項目を除くものとする。

3　第一項各号に掲げる検査の項目のうち、二十歳以上の職員においては第一号の身長を、三十五歳未満の職員及び三十六歳以上四十歳未満の職員、妊娠中の女性職員その他の職員であつて腹囲が内臓脂肪の蓄積を反映していないと診断されたもの、BMI（次の算式により算出した値をいう。以下同じ。）が二十未満である職員並びに自ら腹囲を測定し、その値を申告した職員（BMIが二十二未満である職員に限る。）においては第一号の腹囲を、二十歳未満の職員、二十一歳以上二十五歳未満の職員、二十六歳以上三十歳未満の職員、三十一歳以上三十五歳未満の職員又は三十六歳以上四十歳未満の職員であつて感染症の予防及び感染症の患者に対する医療に関する法律施行令（平成十年政令第四百二十号）第十二条第一項第一号又はじん肺法（昭和三十五年法律第三十号）第八条第一項第一号若しくは第三号に掲げる者に該当しないものにおいては第三号に掲げるものを、四十歳未満の職員においては第六号に掲

げるものを、三十五歳未満の職員及び三十六歳以上四十歳未満の職員においては第七号から第十一号に掲げるものを、それぞれ検査の項目から除くことができる。

$$BMI=体重（kg）／身長（m）^2$$

（方法及び技術的基準）

第十四条　法第十五条第一項の健康診断の方法及び技術的基準については、次項から第九項までに定めるもののほか、第三条（同条第十号中知能に関する部分を除く。）の規定を準用する。

2　前条第一項第二号の聴力は、千ヘルツ及び四千ヘルツの音に係る検査を行う。ただし、四十五歳未満の職員（三十五歳及び四十歳の職員を除く。）においては、医師が適当と認める方法によって行うことができる。

3　前条第一項第三号の結核の有無は、胸部エツクス線検査により検査するものとし、胸部エツクス線検査によつて病変の発見された者及びその疑いのある者、結核患者並びに結核発病のおそれがあると診断されている者に対しては、胸部エツクス線検査及び喀痰検査を行い、更に必要に応じ聴診、打診その他必要な検査を行う。

4　前条第一項第四号の血圧は、血圧計を用いて測定するものとする。

5　前条第一項第五号の尿は、尿中の蛋白及び糖について試験紙法により検査する。

6　前条第一項第六号の胃の疾病及び異常の有無は、胃部エツクス線検査その他の医師が適当と認める方法により検査するものとし、癌その他の疾病及び異常の発見に努める。

7　前条第一項第七号の貧血検査は、血色素量及び赤血球数の検査を行う。

8　前条第一項第八号の肝機能検査は、血清グルタミックオキサロアセチックトランスアミナーゼ（GOT）、血清グルタミックピルビックトランスアミナーゼ（GPT）及びガンマーグルタミルトランスペプチダーゼ（γ—GTP）の検査を行う。

9　前条第一項第九号の血中脂質検査は、低比重リポ蛋白コレステロール（LDLコレステロール）、高比重リポ蛋白コレステロール（HDLコレステロール）及び血清トリグリセライドの量の検査を行う。

（健康診断票）

第十五条　学校の設置者は、法第十五条第一項の健康診断を行つたときは、第二号様式によつて、職員健康診断票を作成しなければならない。

2　学校の設置者は、当該学校の職員がその管理する学校から他の学校又は幼保連携型認定こども園へ移つた場合においては、その作成に係る当該職員の健康診断票を異動後の学校又は幼保連携型認定こども園の設置者へ送付しなければならない

3　職員健康診断票は、五年間保存しなければならない。

（事後措置）

第十六条　法第十五条第一項の健康診断に当たつた医師は、健康に異常があると認めた職員については、検査の結果を総合し、かつ、その職員の職務内容及び勤務の強度を考慮して、別表第二に定める生活規正の面及び医療の面の区分を組み合わせて指導区分を決定するものとする。

2　学校の設置者は、前項の規定により医師が行つた指導区分に基づき、次の基準により、法第十六条の措置をとらなければならない。

「A」　休暇又は休職等の方法で療養のため必要な期間勤務させないこと。

「B」　勤務場所又は職務の変更、休暇による勤務時間の短縮等の方法で勤務を軽減し、かつ、深夜勤務、超過勤務、休日勤務及び宿日直勤務をさせないこと。

「C」　超過勤務、休日勤務及び宿日直勤務をさせないか又はこれらの勤務を制限すること。

「D」　勤務に制限を加えないこと。

「1」　必要な医療を受けるよう指示すること。

「2」　必要な検査、予防接種等を受けるよう指示すること。

「3」　医療又は検査等の措置を必要としないこと。

（臨時の健康診断）

第十七条　法第十五条第二項の健康診断については、第十条の規定を準用する。

第三章　感染症の予防

（感染症の種類）

第十八条　学校において予防すべき感染症の種類は、次のとおりとする。

一　第一種　エボラ出血熱、クリミア・コンゴ出血熱、痘そう、南米出血熱、ペスト、マールブルグ病、ラッサ熱、急性

灰白髄炎、ジフテリア、重症急性呼吸器症候群（病原体がベータコロナウイルス属SARSコロナウイルスであるものに限る。）、中東呼吸器症候群（病原体がベータコロナウイルス属MERSコロナウイルスであるものに限る。）及び特定鳥インフルエンザ（感染症の予防及び感染症の患者に対する医療に関する法律（平成十年法律第百十四号）第六条第三項第六号に規定する特定鳥インフルエンザをいう。次号及び第十九条第二号イにおいて同じ。）

二　第二種　インフルエンザ（特定鳥インフルエンザを除く。）、百日咳、麻しん、流行性耳下腺炎、風しん、水痘、咽頭結膜熱、結核及び髄膜炎菌性髄膜炎

三　第三種　コレラ、細菌性赤痢、腸管出血性大腸菌感染症、腸チフス、パラチフス、流行性角結膜炎、急性出血性結膜炎その他の感染症

2　感染症の予防及び感染症の患者に対する医療に関する法律第六条第七項から第九項までに規定する新型インフルエンザ等感染症、指定感染症及び新感染症は、前項の規定にかかわらず、第一種の感染症とみなす。

（出席停止の期間の基準）

第十九条　令第六条第二項の出席停止の期間の基準は、前条の感染症の種類に従い、次のとおりとする。

一　第一種の感染症にかかつた者については、治癒するまで。

二　第二種の感染症（結核及び髄膜炎菌性髄膜炎を除く。）にかかつた者については、次の期間。ただし、病状により学校医その他の医師において感染のおそれがないと認めたときは、この限りでない。

　イ　インフルエンザ（特定鳥インフルエンザ及び新型インフルエンザ等感染症を除く。）にあつては、発症した後五日を経過し、かつ、解熱した後二日（幼児にあつては、三日）を経過するまで。

　ロ　百日咳にあつては、特有の咳が消失するまで又は五日間の適正な抗菌性物質製剤による治療が終了するまで。

　ハ　麻しんにあつては、解熱した後三日を経過するまで。

　ニ　流行性耳下腺炎にあつては、耳下腺、顎下腺又は舌下腺の腫脹が発現した後五日を経過し、かつ、全身状態が良好になるまで。

　ホ　風しんにあつては、発しんが消失するまで。

　ヘ　水痘にあつては、すべての発しんが痂皮化するまで。

　ト　咽頭結膜熱にあつては、主要症状が消退した後二日を経過するまで。

三　結核、髄膜炎菌性髄膜炎及び第三種の感染症にかかつた者については、病状により学校医その他の医師において感染のおそれがないと認めるまで。

四　第一種若しくは第二種の感染症患者のある家に居住する者又はこれらの感染症にかかつている疑いがある者については、予防処置の施行の状況その他の事情により学校医その他の医師において感染のおそれがないと認めるまで。

五　第一種又は第二種の感染症が発生した地域から通学する者については、その発生状況により必要と認めたとき、学校医の意見を聞いて適当と認める期間。

六　第一種又は第二種の感染症の流行地を旅行した者については、その状況により必要と認めたとき、学校医の意見を聞いて適当と認める期間。

（出席停止の報告事項）

第二十条　令第七条の規定による報告は、次の事項を記載した書面をもつてするものとする。

一　学校の名称

二　出席を停止させた理由及び期間

三　出席停止を指示した年月日

四　出席を停止させた児童生徒等の学年別人員数

五　その他参考となる事項

（感染症の予防に関する細目）

第二十一条　校長は、学校内において、感染症にかかつており、又はかかつている疑いがある児童生徒等を発見した場合において、必要と認めるときは、学校医に診断させ、法第十九条の規定による出席停止の指示をするほか、消毒その他適当な処置をするものとする。

2　校長は、学校内に、感染症の病毒に汚染し、又は汚染した疑いがある物件があるときは、消毒その他適当な処置をするものとする。

3　学校においては、その附近において、第一種又は第二種の感染症が発生したときは、その状況により適当な清潔方法を行うものとする。

第四章　学校医、学校歯科医及び学校薬剤師の職務執行の準則

（学校医の職務執行の準則）

第二十二条　学校医の職務執行の準則は、次の各号に掲げるとおりとする。

一　学校保健計画及び学校安全計画の立案に参与すること。

二　学校の環境衛生の維持及び改善に関し、学校薬剤師と協力して、必要な指導及び助言を行うこと。

三　法第八条の健康相談に従事すること。

四　法第九条の保健指導に従事すること。

五　法第十三条の健康診断に従事すること。

六　法第十四条の疾病の予防処置に従事すること。

七　法第二章第四節の感染症の予防に関し必要な指導及び助言を行い、並びに学校における感染症及び食中毒の予防処置に従事すること。

八　校長の求めにより、救急処置に従事すること。

九　市町村の教育委員会又は学校の設置者の求めにより、法第十一条の健康診断又は法第十五条第一項の健康診断に従事すること。

十　前各号に掲げるもののほか、必要に応じ、学校における保健管理に関する専門的事項に関する指導に従事すること。

2　学校医は、前項の職務に従事したときは、その状況の概要を学校医執務記録簿に記入して校長に提出するものとする。

（学校歯科医の職務執行の準則）

第二十三条　学校歯科医の職務執行の準則は、次の各号に掲げるとおりとする。

一　学校保健計画及び学校安全計画の立案に参与すること。

二　法第八条の健康相談に従事すること。

三　法第九条の保健指導に従事すること。

四　法第十三条の健康診断のうち歯の検査に従事すること。

五　法第十四条の疾病の予防処置のうち歯その他の歯疾の予防処置に従事すること。

六　市町村の教育委員会の求めにより、法第十一条の健康診断のうち歯の検査に従事すること。

七　前各号に掲げるもののほか、必要に応じ、学校における保健管理に関する専門的事項に関する指導に従事すること。

2　学校歯科医は、前項の職務に従事したときは、その状況の概要を学校歯科医執務記録簿に記入して校長に提出するものとする。

（学校薬剤師の職務執行の準則）

第二十四条　学校薬剤師の職務執行の準則は、次の各号に掲げるとおりとする。

一　学校保健計画及び学校安全計画の立案に参与すること。

二　第一条の環境衛生検査に従事すること。

三　学校の環境衛生の維持及び改善に関し、必要な指導及び助言を行うこと。

四　法第八条の健康相談に従事すること。

五　法第九条の保健指導に従事すること。

六　学校において使用する医薬品、毒物、劇物並びに保健管理に必要な用具及び材料の管理に関し必要な指導及び助言を行い、及びこれらのものについて必要に応じ試験、検査又は鑑定を行うこと。

七　前各号に掲げるもののほか、必要に応じ、学校における保健管理に関する専門的事項に関する技術及び指導に従事すること。

2　学校薬剤師は、前項の職務に従事したときは、その状況の概要を学校薬剤師執務記録簿に記入して校長に提出するものとする。

第五章　国の補助

（児童生徒数の配分の基礎となる資料の提出）

第二十五条　都道府県の教育委員会は、毎年度、七月一日現在において当該都道府県立の小学校、中学校及び義務教育学校並びに中等教育学校の前期課程又は特別支援学校の小学部及び中学部の児童及び生徒のうち教育扶助（生活保護法（昭和二十五年法律第百四十四号）に規定する教育扶助をいう。以下同じ。）を受けている者の総数を、第三号様式により一月十日までに文部科学大臣に報告しなければならない。

2　市町村の教育委員会は、毎年度、七月一日現在において当該市町村立の小学校、中学校及び義務教育学校並びに

中等教育学校の前期課程又は特別支援学校の小学部及び中学部の児童及び生徒のうち教育扶助を受けている者の総数を、第四号様式により十二月二十日までに都道府県の教育委員会に報告しなければならない。

3　都道府県の教育委員会は、前項の規定により市町村の教育委員会から報告を受けたときは、これを第五号様式により一月十日までに文部科学大臣に報告しなければならない。

（児童生徒数の配分方法）

第二十六条　令第十条第三項の規定により都道府県の教育委員会が行う配分は、付録の算式により算定した数を基準として行うものとする。

（配分した児童生徒数の通知）

第二十七条　都道府県の教育委員会は、令第十条第三項及び前条の規定により各市町村ごとの小学校、中学校及び義務教育学校並びに中等教育学校の前期課程又は特別支援学校の小学部及び中学部の児童及び生徒の被患者の延数の配分を行つたときは、文部科学大臣に対しては第六号様式により、各市町村の教育委員会に対しては第七号様式によりすみやかにこれを通知しなければならない。

第六章　安全点検等

（安全点検）

第二十八条　法第二十七条の安全点検は、他の法令に基づくもののほか、毎学期一回以上、児童生徒等が通常使用する施設及び設備の異常の有無について系統的に行わなければならない。

2　学校においては、必要があるときは、臨時に、安全点検を行うものとする。

（日常における環境の安全）

第二十九条　学校においては、前条の安全点検のほか、設備等について日常的な点検を行い、環境の安全の確保を図らなければならない。

第七章　雑則

（専修学校）

第三十条　第一条、第二条、第五条、第六条（同条第三項及び第四項については、大学に関する部分に限る。）、第七条（同条第六項については、大学に関する部分に限る。）、第八条、第九条（同条第一項については、学生に関する部分に限る。）、第十条、第十一条（大学に関する部分に限る。）、第十二条から第二十一条まで、第二十八条及び前条の規定は、専修学校に準用する。この場合において、第五条第一項中「六月三十日までに」とあるのは「当該学年の始期から起算して三月以内に」と、第七条第八項中「学校医又は学校歯科医」とあるのは「医師」と、第九条第二項中「学校医その他の医師」とあるのは「医師」と、第十二条中「第五条」とあるのは「第三十条において準用する第五条」と、第十九条第二号、第三号及び第四号中「学校医その他の医師」とあるのは「医師」と、第十九条第五号及び第六号並びに第二十一条第一項中「学校医」とあるのは「医師」とそれぞれ読み替えるものとする。

2　第二十二条の規定は、専修学校の医師の職務執行の準則について準用する。

附　則　（平成二八年三月二二日文部科学省令第四号）

この省令は、平成二十八年四月一日から施行する。

附　則　（令和元年七月一日文部科学省令第九号）

（施行期日）

1　この省令は、公布の日から施行する。

（経過措置）

2　この省令の施行の際、現に存する改正前の様式による用紙は、当分の間、これを取り繕って使用することができる。

（施行期日）

1　この省令は、公布の日から施行する。

（経過措置）

2　この省令の施行の際、現に存する改正前の様式による用紙は、当分の間、これを取り繕って使用することができる。

別表1

区　分		内　容
生活規正の面	A（要休業）	授業を休む必要のあるもの
	B（要軽業）	授業に制限を加える必要のあるもの
	C（要注意）	授業をほぼ平常に行つてよいもの
	D（健康）	全く平常の生活でよいもの
医療の面	1（要医療）	医師による直接の医療行為を必要とするもの
	2（要観察）	医師による直接の医療行為を必要としないが、定期的に医師の観察指導を必要とするもの
	3（健康）	医師による直接、間接の医療行為を全く必要としないもの

別表2

区　分		内　容
生活規正の面	A（要休業）	勤務を休む必要のあるもの
	B（要軽業）	勤務に制限を加える必要のあるもの
	C（要注意）	勤務をほぼ平常に行つてよいもの
	D（健康）	全く平常の生活でよいもの
医療の面	1（要医療）	医師による直接の医療行為を必要とするもの
	2（要観察）	医師による直接の医療行為を必要としないが、定期的に医師の観察指導を必要とするもの
	3（健康）	医師による直接、間接の医療行為を全く必要としないもの

巻末資料6

子どもの心身の健康を守り、安全・安心を確保するために学校全体としての取組を進めるための方策について（答申）（抜粋）

中央教育審議会答申　平成20年1月17日

Ⅱ 学校保健の充実を図るための方策について

1．子どもの健康を取り巻く状況とその対応

（子どもの健康を取り巻く状況）

① 我が国における学校保健は、明治初期に学校衛生として始まり、現在の制度は、昭和33年に制定された学校保健法により形作られた。昭和33年当時は、寄生虫・トラコーマ・結核などの伝染病やう歯などが子どもの重要な健康課題と認識されていたが、これらの課題について学校保健は大きな成果を上げてきたといえる。

　　我が国の学校保健の特徴としては、健康診断や健康相談などの保健管理活動と、体育科・保健体育科をはじめ関連する教科などを通じ、子どもが自分自身や他者の健康課題を理解し、自ら進んで自己管理を行うことが生涯にわたってできるようにすることを目指す保健教育の両者が行われ、また、保健教育の成果を活用して保健管理が行われてきた点があげられる。

② 近年、都市化、少子高齢化、情報化、国際化などによる社会環境や生活環境の急激な変化は、子どもの心身の健康

にも大きな影響を与えており、学校生活においても生活習慣の乱れ、いじめ、不登校、児童虐待などのメンタルヘルスに関する課題、アレルギー疾患、性の問題行動や薬物乱用、感染症など、新たな課題が顕在化している。同時に、小児医療の進歩と小児の疾病構造の変化に伴い、長期にわたり継続的な医療を受けながら学校生活を送る子どもの数も増えている。また、過度な運動・スポーツによる運動器疾患・障害を抱える子どもも見られる状況にある。

（子どもの健康をめぐる現代的な課題への対応）
① 子どもの健康課題は、昭和 33 年当時と比較して、多様化し、より専門的な視点での取組が求められるようになっているが、このような現代的な健康課題の解決を図るためには、健康に関する課題を単に個人的な課題とするのではなく、学校、家庭、地域社会が連携して、社会全体で子どもの健康づくりに取り組んでいくことが必要である。そのため、学校においては、地域の実情に即しつつ、子どもの教育に第一義的な責任を持つ家庭と、疾病の治療・予防にあたる医療機関をはじめとする地域の関係機関などと適切な役割分担の下に、相互に連携を深めながら子どもの心身の健康の保持増進を目指す学校保健を推進することが必要である。
② また、これらの学校保健に関する取組については、学校、教育委員会、地方公共団体などの実施主体ごとに事前に計画を立て、その進捗状況を定期的に評価するとともに、その結果を相互に連絡し合い、今後の対策に生かしていくことが求められている。

2. 学校保健に関する学校内の体制の充実
○ 多様化・深刻化している子どもの現代的な健康課題を解決するためには、学校内の組織体制が充実していることが基本となることから、すべての教職員が共通の認識（基本的な知識と理解）を持ち、校長のリーダーシップの下、学校保健計画に基づき、教職員の保健部（係）などの学校内の関係組織が十分に機能し、すべての教職員で学校保健を推進することができるように組織体制の整備を図り、保健教育と保健管理に取り組むことが必要である。

○学校保健法
第2条　学校においては、幼児、児童、生徒又は学生及び職員の健康診断、環境衛生検査、安全点検その他の保健又は安全に関する事項について計画を立て、これを実施しなければならない。

（1）養護教諭
① 養護教諭は、学校保健活動の推進に当たって中核的な役割を果たしており、現代的な健康課題の解決に向けて重要な責務を担っている。平成 18 年度の調査によると、子どもの保健室の利用者は、1日当たり小学校 41 人、中学校 38 人、高等学校 36 人であり、養護教諭の行う健康相談活動がますます重要となっている。また、メンタルヘルスやアレルギー疾患などの子どもの現代的な健康課題の多様化により、医療機関などとの連携や特別な配慮を必要とする子どもが多くなっているとともに、特別支援教育において期待される役割も増してきている。そのため、養護教諭がその役割を十分果たせるようにするための環境整備が必要である。
② 養護教諭の職務は、学校教育法で「児童生徒の養護をつかさどる」と定められており、昭和 47 年及び平成 9 年の保健体育審議会答申において主要な役割が示されている。それらを踏まえて、現在、救急処置、健康診断、疾病予防などの保健管理、保健教育、健康相談活動、保健室経営、保健組織活動などを行っている。また、子どもの現代的な健康課題の対応に当たり、学級担任等、学校医、学校歯科医、学校薬剤師、スクールカウンセラーなど学校内における連携、また医療関係者や福祉関係者など地域の関係機関との連携を推進することが必要となっている中、養護教諭はコーディネーターの役割を担う必要がある。

　このような養護教諭に求められる役割を十分に果たせるよう、学校教育法における養護教諭に関する規定を踏まえつつ、養護教諭を中核として、担任教諭等及び医療機関など学校内外の関係者と連携・協力しつつ、学校保健も重視した学校経営がなされることを担保するような法制度の整備について検討する必要がある。
③ 養護教諭が子どもの現代的な健康課題に適切に対応していくためには、常に新たな知識や技能などを習得していく必要がある。現在、国レベルの研修会としては、全国養護教諭研究大会や各地域で実施する研修などにおいて、指導者を養成する研修などを実施している。各都道府県においては、地方交付税措置により養護教諭新規採用研修会や養護教諭 10 年経験者研修会が行われているが、子どもの心身の健康課題の多様化や養護教諭の役割の拡大に対応した、より体系的な研修を進めるに当たり、研修日数が少なく不十分な状況にあるといえる。そのため、国が研修内容のプログラム開発を行い、実践的な研修内容のモデルを示すなど、地方公共団体における研修体制の充実を推進する方策につい

て検討をする必要がある。また、教育公務員特例法上の初任者研修を養護教諭も対象とすることについては、学校内において直ちに指導にあたる人材を確保することが困難であるなど課題があるが、④で記述している退職養護教諭や一部の地方公共団体で導入されている指導的な養護教諭による指導などの活用状況を踏まえつつ、新たに採用された養護教諭に対する研修の充実について、引き続き検討していくことが求められる。

④ 養護教諭については一人配置が多いことから、初任者に対する研修を含め学校内外における研修に困難が生じたり、保健室来室者の増加や特別な配慮を必要とする子どもも多く、対応に苦慮している状況が見られる。現職養護教諭の育成や支援体制の充実を図るため、経験豊かな退職養護教諭などの知見を活用することについて検討を行うことが必要である。

⑤ 深刻化する子どもの現代的な健康課題の解決に向けて、学級担任や教科担任等と連携し、養護教諭の有する知識や技能などの専門性を保健教育に活用することがより求められていることから、学級活動などにおける保健指導はもとより専門性を生かし、ティーム・ティーチングや兼職発令を受け保健の領域にかかわる授業を行うなど保健学習への参画が増えており、養護教諭の保健教育に果たす役割が増している。そのため、保健教育の充実や子どもの現代的な健康課題に対応した看護学の履修内容の検討を行うなど、教員養成段階における教育を充実する必要がある。

> ○平成９年の保健体育審議会答申において、養護教諭の役割の拡大に伴う資質を担保するため、養護教諭の資質向上方策が検討され、養成課程及び現職研修を含めた一貫した資質の向上方策を検討していく必要があるとの提言が行われた。この答申を踏まえて、教育職員免許法の改正（平成 10 年）が行われ、養護教諭の役割の拡大に伴う資質を担保するために、科目「養護概説」、「健康相談活動の理論及び方法」が新設された。

⑥ 保健室へ来室する子どもの心身の健康課題が多様化しており、また、来室者が多い上に、一人当たりの対応時間も増加しているため、一人の養護教諭では、より良い対応を図ることが困難な状況にある。また、特別な配慮を必要とする子どもが多い状況にあり、学校、家庭、地域の関係機関との連携の推進が必要であることから、養護教諭の複数配置の促進などを図ることが必要である。なお、養護教諭の未配置校において、適切に学校保健活動を実施することが可能な体制を構築することが望まれる。

⑦ 近年、社会的な問題となっているいじめや児童虐待などへの対応に当たっては、すべての教職員がそれぞれの立場から連携して組織的に対応するための校内組織体制の充実を図るとともに、家庭や、地域の関係機関等との連携を推進していくことが求められている。養護教諭はその職務の特質からいじめや児童虐待などの早期発見・早期対応を図ることが期待されており、国においても、これらの課題を抱える子どもに対する対応や留意点などについて、養護教諭に最新の知見を提供するなど、学校の取組を支援することが求められる。

⑧ 子どもの健康づくりを効果的に推進するためには、学校保健活動のセンター的役割を果たしている保健室の経営の充実を図ることが求められる。そのためには、養護教諭は保健室経営計画を立て、教職員に周知を図り連携していくことが望まれる。また、養護教諭が充実した健康相談活動や救急処置などを行うための保健室の施設設備の充実が求められる。

（２）保健主事

① 保健主事は、学校保健と学校全体の活動に関する調整や学校保健計画の作成、学校保健に関する組織活動の推進（学校保健委員会の運営）など学校保健に関する事項の管理に当たる職員であり、その果たすべき役割はますます大きくなっている。このことから、保健主事は充て職であるが、学校における保健に関する活動の調整にあたる教員として、すべての教職員が学校保健活動に関心を持ち、それぞれの役割を円滑に遂行できるように指導・助言することが期待できる教員の配置を行うことやその職務に必要な資質の向上が求められている。

② 保健主事の職務に必要な能力や資質向上のためには、国が学校保健のマネジメントに関し具体的な事例の紹介や演習などによる実践的な研修プログラムを開発し、保健主事研修会、とりわけ新任の保健主事研修会で実施できるようにするなど研修の充実を図ることが求められる。また、研修会においては、「保健主事のための手引」や事例集などの教材を活用するなど、資質向上に向けた取組の充実を図る必要がある。

巻末資料 7

健発0128第5号
令和2年1月28日

各 ┌ 都道府県知事
　　│ 保健所設置市市長 ┐殿
　　└ 特別区区長

厚生労働省健康局長
（公印省略）

新型コロナウイルス感染症を指定感染症として定める等の政令等の施行について（施行通知）

　新型コロナウイルス感染症（病原体がベータコロナウイルス属のコロナウイルス（令和2年1月に、中華人民共和国から世界保健機関に対して、人に伝染する能力を有することが新たに報告されたものに限る。）であるものに限る。以下単に「新型コロナウイルス感染症」という。）については、海外における新型コロナウイルス感染症の発生の状況等に鑑み、本日、新型コロナウイルス感染症を指定感染症として定める等の政令（令和2年政令第11号）、検疫法施行令の一部を改正する政令（令和2年政令第12号）、新型コロナウイルス感染症を指定感染症として定める等の政令第3条の規定により感染症の予防及び感染症の患者に対する医療に関する法律施行規則の規定を準用する場合の読替えに関する省令（令和2年厚生労働省令第9号）及び検疫法施行規則の一部を改正する省令（令和2年厚生労働省令第10号）が公布されたところである（別添参照）。

　これらの命令は、海外における新型コロナウイルス感染症の発生の状況等に鑑み、国内で患者が発生した場合に備え、当該患者に対して適切な医療を公費により提供する体制や検疫体制を整備すること等のため、所要の措置を講じるものである。

　これらの命令の概要等は下記のとおりであるので、貴職におかれては、内容を十分御了知いただくとともに、貴管内市町村及び関係機関等へ周知を図り、その施行に遺漏なきを期されたい。

記

第一　概要

1　新型コロナウイルス感染症を指定感染症として定める等の政令の制定

（1）新型コロナウイルス感染症を感染症の予防及び感染症の患者に対する医療に関する法律（平成10年法律第114号。以下「感染症法」という。）第6条第8項の指定感染症として定めること。（第1条関係）

（2）感染症法第7条第1項の政令で定める期間は、新型コロナウイルス感染症については、新型コロナウイルス感染症を指定感染症として定める等の政令の施行の日以後同日から起算して一年を経過する日（令和3年2月6日）までの期間とすること。（第2条関係）

（3）新型コロナウイルス感染症については、感染症法第8条第1項、第12条（第4項及び第5項を除く。）、第15条（第3項については、第1号、第4号、第7号及び第10号に係る部分に限る。）、第16条から第25条まで、第26条の3から第30条まで、第34条、第35条、第36条（第4項を除く。）、第37条、第38条第3項から第6項まで及び第9項、第39条第1項、第40条から第44条まで、第57条（第4号から第6号までを除く。）、第58条（第8号、第9号、第11号、第13号及び第14号を除く。）、第59条、第61条第2項及び第3項、第63条、第63条の2、第64条第1項、第65条、第65条の3並びに第66条の規定（これらの規定に基づく命令の規定を含む。）を準用するとともに、所要の読替えをすること。（第3条関係）

　なお、新型コロナウイルス感染症については、別紙に掲げる感染症法上の措置を主として講じることができるものであること。

（4）（3）において準用する感染症法の規定により都道府県等が処理する事務のうち、第一号法定受託事務を規定すること。（第4条関係）

（5）その他必要な経過措置を定めるとともに、関係政令について所要の改正を行うこと。

2　検疫法施行令の一部改正
(1)　検疫法（昭和 26 年法律第 201 号）第2条第3号の政令で定める感染症として新型コロナウイルス感染症を定めること。（第1条関係）
(2)　新型コロナウイルス感染症の病原体の有無に関する検査の手数料を4,200円と定めること。（別表第2関係）

3　新型コロナウイルス感染症を指定感染症として定める等の政令第3条の規定により感染症の予防及び感染症の患者に対する医療に関する法律施行規則の規定を準用する場合の読替えに関する省令の制定
　　新型コロナウイルス感染症を指定感染症として定める等の政令第3条の規定により感染症の予防及び感染症の患者に対する医療に関する法律施行規則（平成 10 年厚生省令第 99 号）の規定を準用する場合における所要の読替えをすること。（本則関係）

4　検疫法施行規則の一部改正
　　新型コロナウイルス感染症の病原体に感染したおそれのある者については、仮検疫済証に付する期間は 336 時間を超えてはならないものとすること。（第6条第3項関係）

第二　施行期日等
1　第一の命令は、公布の日から起算して 10 日を経過した日（令和2年2月7日）から施行すること。
2　第一の1の新型コロナウイルス感染症を指定感染症として定める等の政令及び同3の新型コロナウイルス感染症を指定感染症として定める等の政令第3条の規定により感染症の予防及び感染症の患者に対する医療に関する法律施行規則の規定を準用する場合の読替えに関する省令は、同1の（2）の期間の末日限り、その効力を失うこと。

第三　その他
1　この改正は、令和2年2月7日から適用すること。
2　感染症発生動向調査事業実施要綱（平成 11 年3月 19 日付け健医発第 458 号）の一部改正については、別途通知する予定であること。

別紙　新型コロナウイルス感染症について講じることのできる主な感染症法上の措置

・疑似症患者に対する適用（第8条第1項）
・医師の届出（第 12 条）
・感染症の発生の状況、動向及び原因の調査（第 15 条）
・健康診断（第 17 条）
・就業制限（第 18 条）
・入院（第 19 条及び第 20 条）
・移送（第 21 条）
・退院（第 22 条）
・検体の収去等（第 26 条の3）
・検体の採取等（第 26 条の4）
・感染症の病原体に汚染された場所の消毒（第 27 条）
・ねずみ族、昆虫等の駆除（第 28 条）
・物件に係る措置（第 29 条）
・死体の移動制限等（第 30 条）
・質問及び調査（第 35 条）
・入院患者の医療（第 37 条）

※　上記措置に附随する関係規定は省略している
※　括弧内は、感染症法の条文番号

事務連絡
令和2年1月28日

各都道府県・指定都市教育委員会学校保健主管課
各都道府県教育委員会専修学校各種学校主管課
各都道府県私立学校主管部課
各国公立大学法人担当課
大学又は高等専門学校を設置する各地方公共団体担当課
各文部科学大臣所轄学校法人担当課
大学を設置する各学校設置会社担当課　　　　　　　　御中
構造改革特別区域法第12条第1項の認定を
受けた各地方公共団体の学校設置会社担当課
独立行政法人国立高等専門学校機構本部事務局担当課
各都道府県・指定都市・中核市認定こども園主管課
厚生労働省医政局医療経営支援課
厚生労働省社会・援護局障害保健福祉部企画課

文部科学省総合教育政策局生涯学習推進課
文部科学省初等中等教育局健康教育・食育課
文部科学省高等教育局高等教育企画課

新型コロナウイルス感染症の「指定感染症」への指定を受けた 学校保健安全法上の対応について

　中華人民共和国湖北省武漢市で発生した新型コロナウイルスに関連した感染症に関しては，本日，新型コロナウイルス感染症を指定感染症として定める等の政令が決定したところです（2月上旬施行予定）。

　当該政令により指定感染症に指定されると，新型コロナウイルス感染症は，学校保健安全法（昭和33年法律第56号）に定める第一種感染症とみなされます（学校保健安全法施行規則（昭和33年文部省令第18号）第18条第2項）。このため，各学校（専修学校を含み，各種学校を含まない。）の校長は，当該感染症にかかった児童生徒等があるときは，治癒するまで出席を停止させることができます。

　つきましては，都道府県・指定都市教育委員会におかれては所管の学校（専修学校及び各種学校を含む。以下同じ。）及び域内の市区町村教育委員会に対して，都道府県私立学校主管部課におかれては所轄の学校法人等を通じてその設置する学校に対して，国公立大学法人，大学又は高等専門学校を設置する地方公共団体，文部科学大臣所轄学校法人，大学を設置する学校設置会社におかれてはその設置する学校に対して，構造改革特別区域法（平成14年法律第189号）第12条第1項の認定を受けた地方公共団体の学校設置会社担当課におかれては所轄の学校設置会社及び学校に対して，独立行政法人国立高等専門学校機構本部事務局におかれては所管の学校に対して，都道府県・指定都市・中核市認定こども園主管課におかれては所管の認定こども園及び域内の市区町村認定こども園主管課に対して，厚生労働省におかれては所管の専修学校に周知されるようお願いします。

　なお，厚生労働省ホームページに掲載されている「中華人民共和国湖北省武漢市で発生した新型コロナウイルスに関連した感染症に関するQ&A（令和2年1月27日版）」をお知らせしますので，必要に応じて御活用ください。

記

○関連情報ホームページ
(新型コロナウイルスに関連した感染症対策に関する対応について（内閣官房ホームページ）)
http://www.cas.go.jp/jp/influenza/novel_coronavirus.html

(中華人民共和国湖北省武漢市で発生した新型コロナウイルスに関連した感染症に関するQ&A（令和2年1月27日版）)
https://www.mhlw.go.jp/stf/seisakunitsuite/bunya/kenkou_iryou/dengue_fever_qa_00001.html

```
巻末資料9
```

事務連絡
令和2年2月25日

```
【重要】
　児童生徒等に新型コロナウイルス感染症が発生した場合の当面の間の出席停止及び学校の臨時休業の措置
に関する方針等を示しますので，関係各位におかれては御一読をお願いいたします。
```

各都道府県・指定都市教育委員会総務課・学校保健担当課
各都道府県教育委員会専修学校各種学校主管課
各都道府県私立学校主管部課
各国公立大学法人担当課
大学又は高等専門学校を設置する各地方公共団体担当課
各文部科学大臣所轄学校法人担当課
大学を設置する各学校設置会社担当課　　　　　　　　御中
構造改革特別区域法第12条第1項の認定を
受けた各地方公共団体の学校設置会社担当課
独立行政法人国立高等専門学校機構本部事務局担当課
各都道府県・指定都市・中核市認定こども園主管課
厚生労働省医政局医療経営支援課
厚生労働省社会・援護局障害保健福祉部企画課

文部科学省総合教育政策局生涯学習推進課
文部科学省初等中等教育局健康教育・食育課
文部科学省高等教育局高等教育企画課

児童生徒等に新型コロナウイルス感染症が発生した場合の
対応について（第二報）

　児童生徒等に新型コロナウイルス感染症が発生した場合の，当面の間の出席停止及び学校の臨時休業の措置に関する方針等について，厚生労働省と協議の上，別紙のとおり取りまとめましたので，お知らせします。

　また，学校や学校の設置者が，都道府県，保健所設置市，特別区などの衛生部局から，新型コロナウイルス感染症に感染した児童生徒等又は感染者の濃厚接触者となった児童生徒等についての情報を得た場合には，速やかに，学校の設置者（ただし，私立学校の場合には，私立学校主管課，構造改革特別区域法第 12 条第 1 項の認定を受けた地方公共団体の学校設置会社担当課又は都道府県・指定都市・中核市認定こども園主管課とする。）から本件連絡先までご連絡いただくようお願いします。

　また，新型コロナウイルス感染症については，日々状況が変化しているところであり，当省より事務連絡等を発出した際には，文部科学省のホームページに掲載しますので，こまめに御確認いただき，最新の情報を入手いただくようお願いいたします。

　都道府県・指定都市教育委員会におかれては所管の学校（専修学校及び各種学校を含む。以下同じ。）及び域内の市区町村教育委員会に対して，都道府県私立学校主管部課におかれては所轄の学校法人等を通じてその設置する学校に対して，国公立大学法人，大学又は高等専門学校を設置する地方公共団体，文部科学大臣所轄学校法人，大学を設置する学校設置会社におかれてはその設置する学校（附属学校を含む。）に対して，構造改革特別区域法（平成 14 年法律第 189 号）第 12 条第1項の認定を受けた地方公共団体の学校設置会社担当課におかれては所轄の学校設置会社及び学校に対して，独立行政法人国立高等専門学校機構本部事務局におかれては所管の学校に対して，都道府県・指定都市・中核市認定こども園主管課におかれては所管の認定こども園及び域内の市区町村認定こども園主管課に対して，厚生労働省におかれては所管の専修学校に周知されるようお願いします。

（参考）
・新型コロナウイルスに関連した感染症対策に関する対応について（文部科学省ホームページ）
　https://www.mext.go.jp/a_menu/coronavirus/index.html
・新型コロナウイルス感染症の対応について（内閣官房ホームページ）
　http://www.cas.go.jp/jp/influenza/novel_coronavirus.html
・新型コロナウイルス感染症について（厚生労働省ホームページ）
　https://www.mhlw.go.jp/stf/seisakunitsuite/bunya/0000164708_00001.html

＜本件連絡先＞
文部科学省：03－5253－4111（代表）
○公立学校（高等学校段階まで）
　初等中等教育局 健康教育・食育課（内2918）
　メール：kenshoku@mext.go.jp
　FAX：03－6734－3794
○私立学校
　高等教育局 私学部 私学行政課（内2533）
　メール：sigakugy@mext.go.jp
　FAX：03－6734－3395
○国立大学附属学校
　総合教育政策局 教育人材政策課（内3498）
　メール：kyoin-y@mext.go.jp
　FAX：03－6734－3742
○国立大学
　高等教育局 国立大学法人支援課（内3760）
　メール：hojinka@mext.go.jp
　FAX：03－6734－3388
○公立大学
　高等教育局 大学振興課（内3370）
　メール：daigakuc@mext.go.jp
　FAX：03－6734－3387

○高等専門学校
　高等教育局 専門教育課（内3347）
　メール：senmon@mext.go.jp
　FAX：03－6734－3389
○専修学校・各種学校
　総合教育政策局 生涯学習推進課 専修学校教育振興室（内2939）
　メール：syosensy@mext.go.jp
　FAX：03－6734－3715
○認定こども園
　内閣府子ども・子育て本部参事官（認定こども園担当）付
　TEL：03－6257－3095
　メール：kodomokosodate1kai@cao.go.jp
　FAX：03－3581－2521

別紙　児童生徒等に新型コロナウイルス感染症が発生した場合の対応について（第二報）

（令和 2 年 2 月 25 日時点）

（児童生徒等本人が感染した場合について）

1. 　感染した児童生徒等が、発熱や咳などの症状が出ている状態で登校していた場合には、学校の設置者は、学校保健安全法第 20 条に基づく学校の一部又は全部の臨時休業を速やかに行うこと。臨時休業の規模及び期間については、都道府県等と十分相談すること。

2. 　感染した児童生徒等が、発熱や咳などの症状が出ていない状態で登校していた場合には、現時点の知見の下では、一律に臨時休業が必要とまではいえない可能性もある。このため、学校の設置者は、臨時休業に伴う学習面への影響なども考慮し、その必要性については、個別の事案ごとに都道府県等と十分相談の上、判断すること。

（児童生徒等が感染者の濃厚接触者に特定された場合について）

3. 　児童生徒等が感染者の濃厚接触者に特定された場合には、各学校において、当該児童生徒等に対し、学校保健安全法第 19 条に基づく出席停止の措置を取ること。なお、この場合において、出席停止の措置をとる場合の出席停止の期間の基準は、感染者と最後に濃厚接触をした日から起算して2週間とする。

（感染者がいない学校も含む積極的な臨時休業について）

4. 　1. 及び2. とは別に、地域全体での感染防止を抑えることを目的に、新型コロナウイルスの地域における流行早期の段階において、都道府県等の衛生部局ほか首長部局とも十分に相談し、公衆衛生対策として、学年末における休業日の弾力的な設定などの措置により、感染者がいない学校も含む積極的な臨時休業を行うことも考えられる。この場合には、対外的な交流イベントなど地域の児童生徒等が集まる行事なども含めて幅広く対策を検討する必要がある。

（発熱等の症状がある者を休ませる指導の徹底について）

5. 　感染拡大の防止の観点から、家庭との連携により、できる限り健康状態の確認（検温等）を行うよう指導することとし、特に、感染者が確認された地域に所在する学校においては、このことを徹底すること。また、発熱や咳などの風邪の症状が見られるときは自宅で休養させるよう徹底すること。その場合には、「学校保健安全法第 19 条による出席停止」又は「非常変災等児童生徒又は保護者の責任に帰すことのできない事由で欠席した場合などで、校長が出席しなくてもよいと認めた日」として扱うことができ、指導要録上も「欠席日数」とはせずに、「出席停止・忌引等の日数」として記録を行うことができること。

（教職員における感染対策について）

6. 　上記1. から5. については、教職員についても、直接児童生徒等に接する立場にあることから一層厳格かつ迅速に対

応する必要があり、この場合、休暇の取得や職務専念義務の免除等によって適切に対応すること。教職員を休ませる措置を講じた場合にあっては、当該教職員に代わって授業等を行う者の確保などに努めることが求められるが、困難な場合は、当面自習の扱いとしても差し支えないこと。なお、文部科学省としては、公立学校における教員の加配や学習指導員の配置など児童生徒の学びや生活を支える支援といった必要な支援を行うこととしているので、下記担当に相談願いたいこと。

（教員の加配について）
【担当】初等中等教育局財務課定数企画係
03-5253-4111（内線2038）teisu@mext.go.jp
（補習等のための指導員等派遣事業について）
【担当】初等中等教育局財務課校務調整係
03-5253-4111（内線3704）ko-mu@mext.go.jp

（臨時休業や出席停止の指示等を行う場合の配慮事項について）
7. 臨時休業や出席停止の指示等を行う場合においては、児童生徒が授業を十分受けることができないことによって、学習に著しい遅れが生じることのないよう、可能な限り、補充のための授業や家庭学習を適切に課す等の必要な措置を講じるなど配慮すること。また、児童生徒の各学年の課程の修了又は卒業の認定等に当たっては、弾力的に対処し、その進級、進学等に不利益が生じないよう配慮すること。なお、流行性疾患による学級閉鎖等の不測の事態により学校教育法施行規則等に定める標準授業時数を踏まえて編成した教育課程の授業時数を下回った場合、下回ったことのみをもって学校教育法施行規則に反するものとはされないこと。

　　大学等において、臨時休業や出席停止の指示等を行う場合については、単位認定、卒業及び課程の修了の認定又は学位の授与等に関し、補講・追試の実施やレポートの活用による学修評価等を通じて弾力的に対処することで学生の進学・就職等に不利益が生じないように配慮すること。

8. 臨時休業や出席停止の指示等の判断を行うに当たっては、臨時休業・出席停止等の期間中の児童生徒等の監督者の確保や、給食のキャンセルに係る対応等の保護者の追加的な負担等に留意し、都道府県等の衛生部局ほか首長部局とも十分に相談の上、臨時休業や出席停止等の規模や期間等も含め、保護者の負担を極力軽減できるような方法を検討すること。

（医療的ケアを必要とする幼児児童生徒への対応等について）
9. 医療的ケアを必要とする幼児児童生徒の中には、呼吸の障害を持ち、気管切開や人工呼吸器を使用している者も多く、肺炎等の呼吸器感染症にかかりやすい特徴があることから、主治医や学校医・医療的ケア指導医に現在の学校を取り巻く状況を丁寧に説明し、対応方法を相談の上、その指示に従うこと。また、登校時においては、特に、健康観察を徹底し、日々の体調の変化に留意すること。なお、医療的ケアを必要としないが、基礎疾患のある幼児児童生徒についても同様の対応とすること。

元文科初第 698 号
令和元年 10 月 25 日

各都道府県教育委員会教育長　殿
各指定都市教育委員会教育長　殿
各都道府県知事　殿
附属学校を置く各国立大学法人学長　殿
小中高等学校を設置する学校設置会社を所轄する構造改革特別区域法第 12 条第 1 項の認定を受けた
各地方公共団体の長　殿

文部科学省初等中等教育局長

丸山　洋司

不登校児童生徒への支援の在り方について（通知）

　不登校児童生徒への支援につきましては，関係者において様々な努力がなされ，児童生徒の社会的自立に向けた支援が行われてきたところですが，不登校児童生徒数は依然として高水準で推移しており，生徒指導上の喫緊の課題となっております。

　こうした中，「義務教育の段階における普通教育に相当する教育の機会の確保等に関する法律」（以下「法」という。）が平成 28 年 12 月 14 日に公布され，平成 29 年 2 月 14 日に施行されました（ただし，法第 4 章は公布の日から施行。）。

　これを受け，文部科学省におきましては，法第 7 条に基づき，平成 29 年 3 月 31 日，教育機会の確保等に関する施策を総合的に推進するための基本的な指針（以下「基本指針」という。）を策定したところです。

　さらに，法の附則に基づき，平成 30 年 12 月から「不登校に関する調査研究協力者会議」及び「フリースクール等に関する検討会議」において法の施行状況について検討を行い，令和元年 6 月 21 日に議論をとりまとめました。

　本通知は，今回の議論のとりまとめの過程等において，過去の不登校施策に関する通知における不登校児童生徒の指導要録上の出席扱いに係る記述について，法や基本指針の趣旨との関係性について誤解を生じるおそれがあるとの指摘があったことから，当該記述を含め，これまでの不登校施策に関する通知について改めて整理し，まとめたものです。文部科学省としては，今回の議論のとりまとめを踏まえ，今後更に施策の充実に取り組むこととしておりますが，貴職におかれましても，教職員研修等を通じ，全ての教職員が法や基本指針の理解を深め，個々の不登校児童生徒の状況に応じた支援等を行うことができるよう努めるとともに，下記により不登校児童生徒に対する教育機会の確保等に関する施策の推進を図っていただくようお願いします。

　また，都道府県・指定都市教育委員会にあっては所管の学校及び域内の市区町村教育委員会に対して，都道府県知事にあっては所轄の学校法人及び私立学校に対して，附属学校を置く国公立大学法人の長にあっては附属学校に対して，構造改革特別区域法第 12 条第 1 項の認定を受けた地方公共団体の長にあっては認可した学校に対して，この趣旨について周知を図るとともに，適切な対応がなされるよう御指導をお願いします。

　なお，「登校拒否問題への対応について」（平成 4 年 9 月 24 日付け文部省初等中等教育局長通知），「不登校への対応の在り方について」（平成 15 年 5 月 16 日付け文部科学省初等中等教育局長通知），「不登校児童生徒が自宅においてIT等を活用した学習活動を行った場合の指導要録上の出欠の取扱い等について」（平成 17 年 7 月 6 日付け文部科学省初等中等教育局長通知）及び「不登校児童生徒への支援の在り方について」（平成 28 年 9 月 14 日付け文部科学省初等中等教育局長通知）については本通知をもって廃止します。

記

1　不登校児童生徒への支援に対する基本的な考え方
（1）支援の視点

　不登校児童生徒への支援は，「学校に登校する」という結果のみを目標にするのではなく，児童生徒が自らの進路を

主体的に捉えて，社会的に自立することを目指す必要があること。また，児童生徒によっては，不登校の時期が休養や自分を見つめ直す等の積極的な意味を持つことがある一方で，学業の遅れや進路選択上の不利益や社会的自立へのリスクが存在することに留意すること。

（2）学校教育の意義・役割

特に義務教育段階の学校は，各個人の有する能力を伸ばしつつ，社会において自立的に生きる基礎を養うとともに，国家・社会の形成者として必要とされる基本的な資質を培うことを目的としており，その役割は極めて大きいことから，学校教育の一層の充実を図るための取組が重要であること。また，不登校児童生徒への支援については児童生徒が不登校となった要因を的確に把握し，学校関係者や家庭，必要に応じて関係機関が情報共有し，組織的・計画的な，個々の児童生徒に応じたきめ細やかな支援策を策定することや，社会的自立へ向けて進路の選択肢を広げる支援をすることが重要であること。さらに，既存の学校教育になじめない児童生徒については，学校としてどのように受け入れていくかを検討し，なじめない要因の解消に努める必要があること。

また，児童生徒の才能や能力に応じて，それぞれの可能性を伸ばせるよう，本人の希望を尊重した上で，場合によっては，教育支援センターや不登校特例校，ICTを活用した学習支援，フリースクール，中学校夜間学級（以下，「夜間中学」という。）での受入れなど，様々な関係機関等を活用し社会的自立への支援を行うこと。

その際，フリースクールなどの民間施設やNPO等と積極的に連携し，相互に協力・補完することの意義は大きいこと。

（3）不登校の理由に応じた働き掛けや関わりの重要性

不登校児童生徒が，主体的に社会的自立や学校復帰に向かうよう，児童生徒自身を見守りつつ，不登校のきっかけや継続理由に応じて，その環境づくりのために適切な支援や働き掛けを行う必要があること。

（4）家庭への支援

家庭教育は全ての教育の出発点であり，不登校児童生徒の保護者の個々の状況に応じた働き掛けを行うことが重要であること。また，不登校の要因・背景によっては，福祉や医療機関等と連携し，家庭の状況を正確に把握した上で適切な支援や働き掛けを行う必要があるため，家庭と学校，関係機関の連携を図ることが不可欠であること。その際，保護者と課題意識を共有して一緒に取り組むという信頼関係をつくることや，訪問型支援による保護者への支援等，保護者が気軽に相談できる体制を整えることが重要であること。

2 学校等の取組の充実

（1）「児童生徒理解・支援シート」を活用した組織的・計画的支援

不登校児童生徒への効果的な支援については，学校及び教育支援センターなどの関係機関を中心として組織的・計画的に実施することが重要であり，また，個々の児童生徒ごとに不登校になったきっかけや継続理由を的確に把握し，その児童生徒に合った支援策を策定することが重要であること。その際，学級担任，養護教諭，スクールカウンセラー，スクールソーシャルワーカー等の学校関係者が中心となり，児童生徒や保護者と話し合うなどして，「児童生徒理解・支援シート（参考様式）」（別添1）（以下「シート」という。）を作成することが望ましいこと。これらの情報は関係者間で共有されて初めて支援の効果が期待できるものであり，必要に応じて，教育支援センター，医療機関，児童相談所等，関係者間での情報共有，小・中・高等学校間，転校先等との引継ぎが有効であるとともに，支援の進捗状況に応じて，定期的にシートの内容を見直すことが必要であること。また，校務効率化の観点からシートの作成に係る業務を効率化するとともに，引継ぎに当たって個人情報の取扱いに十分留意することが重要であること。

なお，シートの作成及び活用に当たっては，「児童生徒理解・支援シートの作成と活用について」（別添2）を参照すること。

（2）不登校が生じないような学校づくり

1.魅力あるよりよい学校づくり

児童生徒が不登校になってからの事後的な取組に先立ち，児童生徒が不登校にならない，魅力ある学校づくりを目指すことが重要であること。

2.いじめ，暴力行為等問題行動を許さない学校づくり

いじめや暴力行為を許さない学校づくり，問題行動へのき然とした対応が大切であること。また教職員による体罰や暴言等，不適切な言動や指導は許されず，教職員の不適切な言動や指導が不登校の原因となっている場合は，懲戒処分も含めた厳正な対応が必要であること。

3.児童生徒の学習状況等に応じた指導・配慮の実施

学業のつまずきから学校へ通うことが苦痛になる等，学業の不振が不登校のきっかけの一つとなっていることから，児童生徒が学習内容を確実に身に付けることができるよう，指導方法や指導体制を工夫改善し，個に応じた指導の充実を

図ることが望まれること。

4. 保護者・地域住民等の連携・協働体制の構築

社会総掛かりで児童生徒を育んでいくため，学校，家庭及び地域等との連携・協働体制を構築することが重要であること。

5. 将来の社会的自立に向けた生活習慣づくり

児童生徒が将来の社会的自立に向けて，主体的に生活をコントロールする力を身に付けることができるよう，学校や地域における取組を推進することが重要であること。

(3) 不登校児童生徒に対する効果的な支援の充実

1. 不登校に対する学校の基本姿勢

校長のリーダーシップの下，教員だけでなく，様々な専門スタッフと連携協力し，組織的な支援体制を整えることが必要であること。また，不登校児童生徒に対する適切な対応のために，各学校において中心的かつコーディネーター的な役割を果たす教員を明確に位置付けることが必要であること。

2. 早期支援の重要性

不登校児童生徒の支援においては，予兆への対応を含めた初期段階からの組織的・計画的な支援が必要であること。

3. 効果的な支援に不可欠なアセスメント

不登校の要因や背景を的確に把握するため，学級担任の視点のみならず，スクールカウンセラー及びスクールソーシャルワーカー等によるアセスメント（見立て）が有効であること。また，アセスメントにより策定された支援計画を実施するに当たっては，学校，保護者及び関係機関等で支援計画を共有し，組織的・計画的な支援を行うことが重要であること。

4. スクールカウンセラーやスクールソーシャルワーカーとの連携協力

学校においては，相談支援体制の両輪である，スクールカウンセラー及びスクールソーシャルワーカーを効果的に活用し，学校全体の教育力の向上を図ることが重要であること。

5. 家庭訪問を通じた児童生徒への積極的支援や家庭への適切な働き掛け

学校は，プライバシーに配慮しつつ，定期的に家庭訪問を実施して，児童生徒の理解に努める必要があること。また，家庭訪問を行う際は，常にその意図・目的，方法及び成果を検証し適切な家庭訪問を行う必要があること。

なお，家庭訪問や電話連絡を繰り返しても児童生徒の安否が確認できない等の場合は，直ちに市町村又は児童相談所への通告を行うほか，警察等に情報提供を行うなど，適切な対処が必要であること。

6. 不登校児童生徒の学習状況の把握と学習の評価の工夫

不登校児童生徒が教育支援センターや民間施設等の学校外の施設において指導を受けている場合には，当該児童生徒が在籍する学校がその学習の状況等について把握することは，学習支援や進路指導を行う上で重要であること。学校が把握した当該学習の計画や内容がその学校の教育課程に照らし適切と判断される場合には，当該学習の評価を適切に行い指導要録に記入したり，また，評価の結果を通知表その他の方法により，児童生徒や保護者，当該施設に積極的に伝えたりすることは，児童生徒の学習意欲に応え，自立を支援する上で意義が大きいこと。

7. 不登校児童生徒の登校に当たっての受入体制

不登校児童生徒が登校してきた場合は，温かい雰囲気で迎え入れられるよう配慮するとともに，保健室，相談室及び学校図書館等を活用しつつ，徐々に学校生活への適応を図っていけるような指導上の工夫が重要であること。

8. 児童生徒の立場に立った柔軟な学級替えや転校等の対応

いじめが原因で不登校となっている場合等には，いじめを絶対に許さない毅然とした対応をとることがまずもって大切であること。また，いじめられている児童生徒の緊急避難としての欠席が弾力的に認められてもよく，そのような場合には，その後の学習に支障がないよう配慮が求められること。そのほか，いじめられた児童生徒又はその保護者が希望する場合には，柔軟に学級替えや転校の措置を活用することが考えられること。

また，教員による体罰や暴言等，不適切な言動や指導が不登校の原因となっている場合は，不適切な言動や指導をめぐる問題の解決に真剣に取り組むとともに，保護者等の意向を踏まえ，十分な教育的配慮の上で学級替えを柔軟に認めるとともに，転校の相談に応じることが望まれること。

保護者等から学習の遅れに対する不安により，進級時の補充指導や進級や卒業の留保に関する要望がある場合には，補充指導等の実施に関して柔軟に対応するとともに，校長の責任において進級や卒業を留保するなどの措置をとるなど，適切に対応する必要があること。また，欠席日数が長期にわたる不登校児童生徒の進級や卒業に当たっては，あらかじめ保護者等の意向を確認するなどの配慮が重要であること。

(4) 不登校児童生徒に対する多様な教育機会の確保

　　不登校児童生徒の一人一人の状況に応じて，教育支援センター，不登校特例校，フリースクールなどの民間施設，ICTを活用した学習支援など，多様な教育機会を確保する必要があること。また，夜間中学において，本人の希望を尊重した上での受入れも可能であること。

　　義務教育段階の不登校児童生徒が学校外の公的機関や民間施設において，指導・助言等を受けている場合の指導要録上の出席扱いについては，別記1によるものとし，高等学校における不登校生徒が学校外の公的機関や民間施設において，指導・助言等を受けている場合の指導要録上の出席扱いについては，「高等学校における不登校生徒が学校外の公的機関や民間施設において相談・指導を受けている場合の対応について」（平成21年3月12日付け文部科学省初等中等教育局長通知）によるものとすること。また，義務教育段階の不登校児童生徒が自宅においてICT等を活用した学習活動を行った場合の指導要録上の出席扱いについては，別記2によるものとすること。その際，不登校児童生徒の懸命の努力を学校として適切に判断すること。

　　なお，不登校児童生徒が民間施設において相談・指導を受ける際には，「民間施設についてのガイドライン（試案）」（別添3）を参考として，判断を行う際の何らかの目安を設けておくことが望ましいこと。

　　また，体験活動においては，児童生徒の積極的態度の醸成や自己肯定感の向上等が期待されることから，青少年教育施設等の体験活動プログラムを積極的に活用することが有効であること。

（5）中学校等卒業後の支援

　1. 高等学校入学者選抜等の改善

　　　高等学校入学者選抜について多様化が進む中，高等学校で学ぶ意欲や能力を有する不登校生徒について，これを適切に評価することが望まれること。

　　　また，国の実施する中学校卒業程度認定試験の活用について，やむを得ない事情により不登校となっている生徒が在学中に受験できるよう，不登校生徒や保護者に対して適切な情報提供を行うことが重要であること。

　2. 高等学校等における長期欠席・中途退学への取組の充実

　　　就労支援や教育的ニーズを踏まえた特色ある高等学校づくり等も含め，様々な取組や工夫が行われることが重要であること。

　3. 中学校等卒業後の就学・就労や「ひきこもり」への支援

　　　中学校時に不登校であり，中学校卒業後に進学も就労もしていない者，高等学校へ進学したものの学校に通えない者，中途退学した者等に対しては，多様な進学や職業訓練等の機会等について相談できる窓口や社会的自立を支援するための受皿が必要であること。また，関係行政機関等が連携したり，情報提供を行うなど，社会とのつながりを絶やさないための適切な対応が必要であること。

　4. 改めて中学校等で学び直すことを希望する者への支援

　　　不登校等によって実質的に義務教育を十分に受けられないまま中学校等を卒業した者のうち，改めて中学校等で学び直すことを希望する者については，「義務教育修了者が中学校夜間学級への再入学を希望した場合の対応に関する考え方について」（平成27年7月30日付け文部科学省初等中等教育局初等中等教育企画課長通知）に基づき，一定の要件の下，夜間中学での受入れを可能とすることが適当であることから，夜間中学が設置されている地域においては，卒業時に夜間中学の意義や入学要件等について生徒及び保護者に説明しておくことが考えられること。

3　教育委員会の取組の充実

（1）不登校や長期欠席の早期把握と取組

　　教育委員会においては，学校等の不登校への取組に関する意識を更に高めるとともに，学校が家庭や関係機関等と効果的に連携を図り，不登校児童生徒に対する早期の支援を図るための体制の確立を支援することが重要であること。

（2）学校等の取組を支援するための教育条件等の整備等

　1. 教員の資質向上

　　　教育委員会における教員の採用・研修を通じた資質向上のための取組は不登校への適切な対応に資する重要な取組であり，初任者研修を始めとする教職経験に応じた研修，生徒指導・教育相談といった専門的な研修，管理職や生徒指導主事を対象とする研修などの体系化とプログラムの一層の充実を図り，不登校に関する知識や理解，児童生徒に対する理解，関連する分野の基礎的な知識などを身に付けさせていくことが必要であること。また，指導的な教員を対象にカウンセリングなどの専門的な能力の育成を図るとともに，スクールカウンセラー及びスクールソーシャルワーカー等の専門性と連動した学校教育への更なる理解を図るといった観点からの研修も重要であること。

　2. きめ細やかな指導のための適切な人的措置

273

不登校が生じないための魅力ある学校づくり，「心の居場所」としての学校づくりを進めるためには，児童生徒一人一人に対してきめ細やかな指導が可能となるよう，適切な教員配置を行うことが必要であること。また，異校種間の人事交流や兼務などを進めていくことも重要であること。

不登校児童生徒が多く在籍する学校については，教員の加配等，効果的かつ計画的な人的配置に努める必要があること。そのためにも日頃より各学校の実情を把握し，また加配等の措置をした後も，この措置が効果的に活用されているか等の検証を十分に行うこと。

3. 保健室，相談室や学校図書館等の整備

養護教諭の果たす役割の大きさに鑑み，養護教諭の複数配置や研修機会の充実，保健室，相談室及び学校図書館等の環境整備，情報通信機器の整備等が重要であること。

4. 転校のための柔軟な措置

いじめや教員による不適切な言動や指導等が不登校の原因となっている場合には，市区町村教育委員会においては，児童生徒又は保護者等が希望する場合，学校と連携した適切な教育的配慮の下に，就学すべき学校の指定変更や区域外就学を認めるなどといった対応も重要であること。また，他の児童生徒を不登校に至らせるような深刻ないじめや暴力行為があった場合は，必要に応じて出席停止措置を講じるなど，き然とした対応の必要があること。

5. 義務教育学校設置等による学校段階間の接続の改善

義務教育学校等において9年間を見通した生徒指導の充実等により不登校を生じさせない取組を推進することが重要であること。また，小中一貫教育を通じて蓄積される優れた不登校への取組事例を広く普及させることが必要であること。

6. アセスメント実施のための体制づくり

不登校の要因・背景が多様・複雑化していることから，初期の段階での適切なアセスメントを行うことが極めて重要であること。そのためには，児童生徒の状態によって，専門家の協力を得る必要があり，スクールカウンセラー及びスクールソーシャルワーカーの配置・派遣など学校をサポートしていく体制の検討が必要であること。

(3) 教育支援センターの整備充実及び活用

1. 教育支援センターを中核とした体制整備

今後，教育支援センターは通所希望者に対する支援だけでなく，これまでに蓄積された知見や技能を生かし，通所を希望しない者への訪問型支援，シートのコンサルテーションの担当など，不登校児童生徒への支援の中核となることが期待されること。

また，不登校児童生徒の無償の学習機会を確保し，不登校児童生徒への支援の中核的な役割を果たしていくため，未設置地域への教育支援センターの設置又はこれに代わる体制整備が望まれること。そのため，都道府県教育委員会は，域内の市区町村教育委員会と緊密な連携を図りつつ，未整備地域を解消して不登校児童生徒や保護者が利用しやすい環境づくりを進め，「教育支援センター整備指針（試案）」（別添4）を参考に，地域の実情に応じた指針を作成し必要な施策を講じていくことが求められること。

市区町村教育委員会においては，主体的に教育支援センターの整備充実を進めていくことが必要であり，教育支援センターの設置促進に当たっては，例えば，自治体が施設を設置し，民間の協力の下に運営する公民協営型の設置等も考えられること。もとより，市区町村教育委員会においても，「教育支援センター整備指針」を策定することも考えられること。その際には，教育支援センターの運営が不登校児童生徒及びその保護者等のニーズに沿ったものとなるよう留意すること。

なお，不登校児童生徒への支援の重要性に鑑み，私立学校等の児童生徒の場合でも，在籍校と連携の上，教育支援センターの利用を認めるなど柔軟な運用がなされることが望ましいこと。

2. 教育支援センターを中核とした支援ネットワークの整備

教育委員会は，積極的に，福祉・保健・医療・労働部局等とのコーディネーターとしての役割を果たす必要があり，各学校が関係機関と連携しやすい体制を構築する必要があること。また，教育支援センター等が関係機関や民間施設等と連携し，不登校児童生徒やその保護者を支援するネットワークを整備することが必要であること。

(4) 訪問型支援など保護者への支援の充実

教育委員会においては，保護者に対し，不登校のみならず子育てや家庭教育についての相談窓口を周知し，不登校への理解や不登校となった児童生徒への支援に関しての情報提供や相談対応を行うなど，保護者に寄り添った支援の充実が求められること。また，プライバシーに配慮しつつも，困難を抱えた家庭に対する訪問型支援を積極的に推進することが重要であること。

(5) 民間施設との連携協力のための情報収集・提供等

　　不登校児童生徒への支援については，民間施設やNPO等においても様々な取組がなされており，学校，教育支援センター等の公的機関は，民間施設等の取組の自主性や成果を踏まえつつ，より積極的な連携を図っていくことが望ましいこと。そのために，教育委員会においては，日頃から積極的に情報交換や連携に努めること。

≪関係報告等≫

・「不登校児童生徒への支援に関する最終報告〜一人一人の多様な課題に対応した切れ目のない組織的な支援の推進〜」（平成 28 年 7 月　不登校に関する調査研究協力者会議）

　　https://www.mext.go.jp/b_menu/shingi/chousa/shotou/108/houkoku/1374848.htm

・「児童生徒の教育相談の充実について〜学校の教育力を高める組織的な教育相談体制づくり〜（報告）」（平成 29 年 1 月　教育相談等に関する調査研究協力者会議）

　　https://www.mext.go.jp/b_menu/shingi/chousa/shotou/066/gaiyou/1381049.htm

・「不登校児童生徒による学校以外の場での学習等に対する支援の充実〜個々の児童生徒の状況に応じた環境づくり〜（報告）」（平成 29 年 2 月　フリースクール等に関する検討会議）

　　https://www.mext.go.jp/b_menu/shingi/chousa/shotou/107/houkoku/1382197.htm

・「義務教育の段階における普通教育に相当する教育の機会の確保等に関する法律 の施行状況に関する議論のとりまとめ」（令和元年 6 月　不登校に関する調査研究協力者会議，フリースクール等に関する検討会議，夜間中学設置推進・充実協議会）

　　https://www.mext.go.jp/a_menu/shotou/seitoshidou/1418510.htm

・（別記1）義務教育段階の不登校児童生徒が学校外の公的機関や民間施設において相談・指導を受けている場合の指導要録上の出欠の取扱いについて、（別記2）不登校児童生徒が自宅においてICT等を活用した学習活動を行った場合の指導要録上の出欠の取扱いについて

　　https://www.mext.go.jp/content/1422155_001.pdf

・（別添1）児童生徒理解支援シート（参考様式）

　　https://www.mext.go.jp/content/1422155_002.xlsx

・（別添2）児童生徒理解・支援シートの作成と活用について

　　https://www.mext.go.jp/content/1422155_003.pdf

・（別添3）民間施設ガイドライン

　　https://www.mext.go.jp/content/1422155_004_2.pdf

・（別添4）教育支援センターガイドライン

　　https://www.mext.go.jp/content/1422155_005.pdf

巻末資料 11

義務教育の段階における普通教育に相当する教育の機会の確保等に関する法律

施行日：　平成二十九年二月十四日

最終更新：　平成二十八年十二月十四日公布（平成二十八年法律第百五号）改正

目次

第一章 総則

（目的）

第一条　この法律は、教育基本法（平成十八年法律第百二十号）及び児童の権利に関する条約等の教育に関する条約の趣旨にのっとり、教育機会の確保等に関する施策に関し、基本理念を定め、並びに国及び地方公共団体の責務を明らかにするとともに、基本指針の策定その他の必要な事項を定めることにより、教育機会の確保等に関する施策を総合的に推進することを目的とする。

（定義）

第二条　この法律において、次の各号に掲げる用語の意義は、それぞれ当該各号に定めるところによる。

一　学校　学校教育法（昭和二十二年法律第二十六号）第一条に規定する小学校、中学校、義務教育学校、中等教育学校の前期課程又は特別支援学校の小学部若しくは中学部をいう。

二　児童生徒　学校教育法第十八条に規定する学齢児童又は学齢生徒をいう。

三　不登校児童生徒　相当の期間学校を欠席する児童生徒であって、学校における集団の生活に関する心理的な負担その他の事由のために就学が困難である状況として文部科学大臣が定める状況にあると認められるものをいう。

四　教育機会の確保等　不登校児童生徒に対する教育の機会の確保、夜間その他特別な時間において授業を行う学校における就学の機会の提供その他の義務教育の段階における普通教育に相当する教育の機会の確保及び当該教育を十分に受けていない者に対する支援をいう。

（基本理念）

第三条　教育機会の確保等に関する施策は、次に掲げる事項を基本理念として行われなければならない。

一　全ての児童生徒が豊かな学校生活を送り、安心して教育を受けられるよう、学校における環境の確保が図られるようにすること。

二　不登校児童生徒が行う多様な学習活動の実情を踏まえ、個々の不登校児童生徒の状況に応じた必要な支援が行われるようにすること。

三　不登校児童生徒が安心して教育を十分に受けられるよう、学校における環境の整備が図られるようにすること。

四　義務教育の段階における普通教育に相当する教育を十分に受けていない者の意思を十分に尊重しつつ、その年齢又は国籍その他の置かれている事情にかかわりなく、その能力に応じた教育を受ける機会が確保されるようにするとともに、その者が、その教育を通じて、社会において自立的に生きる基礎を培い、豊かな人生を送ることができるよう、その教育水準の維持向上が図られるようにすること。

五　国、地方公共団体、教育機会の確保等に関する活動を行う民間の団体その他の関係者の相互の密接な連携の下に行われるようにすること。

（国の責務）

第四条　国は、前条の基本理念にのっとり、教育機会の確保等に関する施策を総合的に策定し、及び実施する責務を有する。

（地方公共団体の責務）

第五条　地方公共団体は、第三条の基本理念にのっとり、教育機会の確保等に関する施策について、国と協力しつつ、当該地域の状況に応じた施策を策定し、及び実施する責務を有する。

（財政上の措置等）

第六条　国及び地方公共団体は、教育機会の確保等に関する施策を実施するため必要な財政上の措置その他の措置を講ずるよう努めるものとする。

第二章 基本指針

第七条　文部科学大臣は、教育機会の確保等に関する施策を総合的に推進するための基本的な指針（以下この条において「基本指針」という。）を定めるものとする。

2　基本指針においては、次に掲げる事項を定めるものとする。

一　教育機会の確保等に関する基本的事項

二　不登校児童生徒等に対する教育機会の確保等に関する事項

三　夜間その他特別な時間において授業を行う学校における就学の機会の提供等に関する事項

四　その他教育機会の確保等に関する施策を総合的に推進するために必要な事項

3　文部科学大臣は、基本指針を作成し、又はこれを変更しようとするときは、あらかじめ、地方公共団体及び教育機会

の確保等に関する活動を行う民間の団体その他の関係者の意見を反映させるために必要な措置を講ずるものとする。

4　文部科学大臣は、基本指針を定め、又はこれを変更したときは、遅滞なく、これを公表しなければならない。

第三章　不登校児童生徒等に対する教育機会の確保等

（学校における取組への支援）

第八条　国及び地方公共団体は、全ての児童生徒が豊かな学校生活を送り、安心して教育を受けられるよう、児童生徒と学校の教職員との信頼関係及び児童生徒相互の良好な関係の構築を図るための取組、児童生徒の置かれている環境その他の事情及びその意思を把握するための取組、学校生活上の困難を有する個々の児童生徒の状況に応じた支援その他の学校における取組を支援するために必要な措置を講ずるよう努めるものとする。

（支援の状況等に係る情報の共有の促進等）

第九条　国及び地方公共団体は、不登校児童生徒に対する適切な支援が組織的かつ継続的に行われることとなるよう、不登校児童生徒の状況及び不登校児童生徒に対する支援の状況に係る情報を学校の教職員、心理、福祉等に関する専門的知識を有する者その他の関係者間で共有することを促進するために必要な措置その他の措置を講ずるものとする。

（特別の教育課程に基づく教育を行う学校の整備等）

第十条　国及び地方公共団体は、不登校児童生徒に対しその実態に配慮して特別に編成された教育課程に基づく教育を行う学校の整備及び当該教育を行う学校における教育の充実のために必要な措置を講ずるよう努めるものとする。

（学習支援を行う教育施設の整備等）

第十一条　国及び地方公共団体は、不登校児童生徒の学習活動に対する支援を行う公立の教育施設の整備及び当該支援を行う公立の教育施設における教育の充実のために必要な措置を講ずるよう努めるものとする。

（学校以外の場における学習活動の状況等の継続的な把握）

第十二条　国及び地方公共団体は、不登校児童生徒が学校以外の場において行う学習活動の状況、不登校児童生徒の心身の状況その他の不登校児童生徒の状況を継続的に把握するために必要な措置を講ずるものとする。

（学校以外の場における学習活動等を行う不登校児童生徒に対する支援）

第十三条　国及び地方公共団体は、不登校児童生徒が学校以外の場において行う多様で適切な学習活動の重要性に鑑み、個々の不登校児童生徒の休養の必要性を踏まえ、当該不登校児童生徒の状況に応じた学習活動が行われることとなるよう、当該不登校児童生徒及びその保護者（学校教育法第十六条に規定する保護者をいう。）に対する必要な情報の提供、助言その他の支援を行うために必要な措置を講ずるものとする。

第四章　夜間その他特別な時間において授業を行う学校における就学の機会の提供等

（就学の機会の提供等）

第十四条　地方公共団体は、学齢期を経過した者（その者の満六歳に達した日の翌日以後における最初の学年の初めから満十五歳に達した日の属する学年の終わりまでの期間を経過した者をいう。次条第二項第三号において同じ。）であって学校における就学の機会が提供されなかったもののうちにその機会の提供を希望する者が多く存在することを踏まえ、夜間その他特別な時間において授業を行う学校における就学の機会の提供その他の必要な措置を講ずるものとする。

（協議会）

第十五条　都道府県及び当該都道府県の区域内の市町村は、前条に規定する就学の機会の提供その他の必要な措置に係る事務についての当該都道府県及び当該市町村の役割分担に関する事項の協議並びに当該事務の実施に係る連絡調整を行うための協議会（以下この条において「協議会」という。）を組織することができる。

2　協議会は、次に掲げる者をもって構成する。

一　都道府県の知事及び教育委員会

二　当該都道府県の区域内の市町村の長及び教育委員会

三　学齢期を経過した者であって学校における就学の機会が提供されなかったもののうちその機会の提供を希望する者に対する支援活動を行う民間の団体その他の当該都道府県及び当該市町村が必要と認める者

3　協議会において協議が調った事項については、協議会の構成員は、その協議の結果を尊重しなければならない。

4　前三項に定めるもののほか、協議会の運営に関し必要な事項は、協議会が定める。

第五章　教育機会の確保等に関するその他の施策

（調査研究等）

第十六条　国は、義務教育の段階における普通教育に相当する教育を十分に受けていない者の実態の把握に努めるとともに、その者の学習活動に対する支援の方法に関する調査研究並びにこれに関する情報の収集、整理、分析及び提供を行うものとする。

（国民の理解の増進）

第十七条　国及び地方公共団体は、広報活動等を通じて、教育機会の確保等に関する国民の理解を深めるよう必要な措置を講ずるよう努めるものとする。

（人材の確保等）

第十八条　国及び地方公共団体は、教育機会の確保等が専門的知識に基づき適切に行われるよう、学校の教職員その他の教育機会の確保等に携わる者の養成及び研修の充実を通じたこれらの者の資質の向上、教育機会の確保等に係る体制等の充実のための学校の教職員の配置、心理、福祉等に関する専門的知識を有する者であって教育相談に応じるものの確保その他の必要な措置を講ずるよう努めるものとする。

（教材の提供その他の学習の支援）

第十九条　国及び地方公共団体は、義務教育の段階における普通教育に相当する教育を十分に受けていない者のうち中学校を卒業した者と同等以上の学力を修得することを希望する者に対して、教材の提供（通信の方法によるものを含む。）その他の学習の支援のために必要な措置を講ずるよう努めるものとする。

（相談体制の整備）

第二十条　国及び地方公共団体は、義務教育の段階における普通教育に相当する教育を十分に受けていない者及びこれらの者以外の者であって学校生活上の困難を有する児童生徒であるもの並びにこれらの者の家族からの教育及び福祉に関する相談をはじめとする各種の相談に総合的に応ずることができるようにするため、関係省庁相互間その他関係機関、学校及び民間の団体の間の連携の強化その他必要な体制の整備に努めるものとする。

附　則

（施行期日）

1　この法律は、公布の日から起算して二月を経過した日から施行する。ただし、第四章の規定は、公布の日から施行する。

（検討）

2　政府は、速やかに、教育機会の確保等のために必要な経済的支援の在り方について検討を加え、その結果に基づいて必要な措置を講ずるものとする。

3　政府は、義務教育の段階における普通教育に相当する教育を十分に受けていない者が行う多様な学習活動の実情を踏まえ、この法律の施行後三年以内にこの法律の施行の状況について検討を加え、その結果に基づき、教育機会の確保等の在り方の見直しを含め、必要な措置を講ずるものとする。

編著者紹介

北口　和美（きたぐち　かずみ）

1970（昭和 45）年 3 月、神戸大学教育学部養護教諭養成課程修了。2005（平成 17）年 3 月 大阪教育大学大学院
養護教育専攻修了。
1970（昭和 45）年 4 月より西宮市立中学校養護教諭として 17 年、1987（昭和 62）年 4 月より西宮市教育委員会
指導主事として 6 年、学校保健、養護教諭の指導を担当。1993（平成 5）年 4 月より西宮市立高等学校養護教諭
として 10 年勤務、2003（平成 15）年 4 月より西宮市教育委員会学校保健課係長として再び学校保健行政に携わる。
2005（平成 17）年 4 月より園田学園女子大学助教授、2006（平成 18）年 4 月より大阪教育大学教育学部教授と
して養護教諭養成教育に 8 年携わる。2013（平成 25）年 3 月大阪教育大学退職、同年 4 月より近大姫路大学（現
姫路大学）教育学部特任教授、特別特任教授として 5 年間学生の教育指導に携り、2018（平成 30）年 3 月任期終了。

［主な著書］

「学校保健概論」共著　　光生館　　2006（平成 18）年
「健康相談活動の理論と実際 」共著　　ぎょうせい　　2007（平成 19）年
「大阪教育大学教育実習（養護実習編）ガイドブック」編著　大阪教育大学　2012（平成 24）年
「精神保健」共著　　近畿大学豊岡短期大学通信教育部 2013（平成 25）年
「発達障害児の心理」共著　　近畿大学豊岡短期大学通信教育部　2013（平成 25）年
「子ども・母性の看護」共著　　近畿大学豊岡短期大学通信教育部　2013（平成 25）年
「養護学研究のあゆみ」編著及分担執筆　兵庫養護学研究会　2018（平成 30）年

出井　梨枝（いでい　りえ）

1963（昭和 38）年 3 月、神戸大学教育学部養護教諭養成課程修了。1969（昭和 44）年 3 月、神戸市外国語大学
外国語学部二部卒業。2005（平成 17）年 3 月、神戸大学大学院総合人間科学研究科人間発達科学専攻博士課程
前期課程修了。
1963（昭和 38）年 4 月より、神戸市立小学校に 5 年、神戸市教育委員会指導部体育保健課に 1 年、神戸市立高等
学校に 27 年、養護教諭として勤務。1996（平成 8）年 4 月より、神戸市教育委員会事務局総合教育センター指
導主事として、教員研修、研究を 5 年間担当。神戸市を定年退職後、同総合教育センター主任指導員 1 年を経て、
2002（平成 14）年 4 月より園田学園女子大学人間健康学部助教授、2006（平成 18）年 4 月より同教授として養
護教諭養成教育に 8 年間携わり、2010（平成 22）年 3 月任期終了。

［主な著書］

「精神保健」共著　　近畿大学豊岡短期大学通信教育部　2013（平成 25）年
「発達障害児の心理」共著　　近畿大学豊岡短期大学通信教育部　2013（平成 25）年
「子ども・母性の看護」共著　　近畿大学豊岡短期大学通信教育部　2013（平成 25）年
「養護学研究のあゆみ」編著及分担執筆　兵庫養護学研究会　2018（平成 30）年

執筆者一覧 (50 音順)

[第 I 部]

出井　梨枝　　元園田学園女子大学　教授　（第 1 章第 1 節）

江嵜　和子　　園田学園女子大学　教授　（第 1 章第 3 節）

大平　曜子　　兵庫大学　教授　（第 2 章第 1 節）

加藤　和代　　兵庫大学　准教授　（第 3 章第 1 節）

北口　和美　　元大阪教育大学　教授　（第 1 章第 4 節）

米野　吉則　　兵庫大学　講師　（第 2 章第 3 節）

柴田　順子　　元兵庫大学　講師　（第 3 章第 2 節）

長谷川 ちゆ子　元湊川短期大学　教授　（第 2 章第 2 節）

林　　照子　　甲南女子大学　准教授　（第 3 章第 3 節）

森脇 裕美子　　姫路獨協大学　准教授　（第 1 章第 2 節）

[第 II 部]

出井　梨枝　　元園田学園女子大学　教授　（第 3 章）

江嵜　和子　　園田学園女子大学　教授　（第 8 章）

北口　和美　　元大阪教育大学　教授（第 1 章、第 2 章、第 11 章）

北川　末幾子　　元大阪府立大学　准教授　（第 4 章、第 5 章）

米野　吉則　　兵庫大学　講師　（第 10 章）

土井　理恵　　大阪府立東淀川支援学校　主幹教諭　（第 6 章、第 7 章）

森脇 裕美子　　姫路獨協大学　准教授（第 9 章）

養護学概論
－養護の本質を捉えた実践の創造－

2020 年 12 月 11 日　初版第 1 刷発行
2023 年 10 月 17 日　オンデマンド発行

■編　著　　北口　和美・出井　梨枝
■発行人　　加藤　勝博
■発行所　　株式会社 ジアース教育新社
　　　　　　〒 101-0054　東京都千代田区神田錦町 1-23　宗保第 2 ビル
　　　　　　TEL：03-5282-7183　FAX：03-5282-7892
　　　　　　E-mail：info@kyoikushinsha.co.jp
　　　　　　URL：https://www.kyoikushinsha.co.jp/

■本文デザイン・DTP　　土屋図形 株式会社
Printed in Japan
ISBN 978-4-86371-566-0
定価は表紙に表示してあります。
乱丁・落丁はお取り替えいたします。（禁無断転載）